놀다

움베르토 에코의
# 논문 잘 쓰는 방법

김운찬 옮김

COME SI FA UNA TESI DI LAUREA
by UMBERTO ECO

Copyright (C) 2017 La nave di Teseo Editore, Milano
Korean Translation Copyright (C) 1994 The Open Books Co.
All rights reserved.

This Korean edition is published by arrangement with La nave di Teseo Editore Srl through Shinwon Agency.

**일러두기**
- 에코가 단 각주는 〈원주〉라고 표기했다. 그 외의 각주는 모두 옮긴이가 달았다.

이 책은 실로 꿰매어 제본하는 정통적인 사철 방식으로 만들어졌습니다.
사철 방식으로 제본된 책은 오랫동안 보관해도 손상되지 않습니다.

## 신판 서문

1. 이번 판은 이 책의 초판이 나온 지 8년 뒤에 나오는 셈이다. 애초 나의 학생들에게 매번 똑같은 충고를 반복하지 않기 위해 썼던 이 책은 지금까지 아주 널리 유통되었다. 지금도 이 책을 권하는 동료 교수들에게 감사를 드리며, 특히 우연히 이 책을 읽은 다음 그 덕택에 자신의 논문을 시작하거나 끝낼 용기를 찾은 학생들에게 고마움을 전한다. 내가 이탈리아 대학 졸업자의 숫자를 늘리는 데 기여한 것이 잘한 일인지는 모르지만 실제로 그렇게 되었고, 어쨌든 나로서는 그 책임을 져야 할 필요가 있다.

인문 과학, 특히 나의 개인적 경험을 토대로 문학과 철학을 염두에 두고 쓴 것이지만 나는 이 책이 어느 정도는 모두에게 유용하다고 생각한다. 본질적으로 논문의 내용보다는 논문 작업을 준비하는 데 필요한 마음가짐, 그리고 뒤따라야 할 합리적 방법에 대해 말하고 있기 때문이다. 그래서 대학에서 연구를 하지 않거나 또는 아직 시작하지 않은 사람들, 심지어는 연구나 보고서를 준비해야 하는 고등학생들까지 이 책을 읽기에 이르렀다.

또한 이 책은 졸업 논문의 요건이 서로 다른 여러 나라에서 번역되었다. 당연히 현지 교정자들의 손으로 몇 가지를 조정할 필요가 있기는 했지만, 전체적으로 보아 이 책의 논의는 충분히 수출될 수 있으리라 생각한다. 난이도의 수준이 어떠하든 훌륭한 연구를 하기 위한 규칙들이 결국 세계 어디서나 똑같다는 사실은 놀라운 일이 아니다.

내가 이 책을 쓸 당시에는 이탈리아 대학의 개혁이 아직 이루어지지 않았다.[1] 당시의 서문에서 나는, 이 책이 그때까지 이해되던 그대로의 라우레아 논문뿐만 아니라, 이후의 박사 학위dottorato 논문들에도 역시 유용할 것이라고 암시했다. 당시의 예상은 옳았다고 생각하며, 현재의 박사 과정 연구자에게도 이 책을 권하고 싶다(이미 박사 과정에 도달한 사람은 이 책에서 말하는 것들을 배웠기를 바라지만, 그것은 알 수 없는 일이다).

2. 초판의 서문에서는 혼자 알아서 논문을 작성하도록 방치된 수십만 명의 학생들에게 이와 같은 책이 필요하도록 만든 이탈리아 대학의 어려운 상황에 대해 이야기했다. 지금까지 판매되지 않은 나머지 책들을 모두 파기하고 나의 이 지침서를 또다시 편집하도록 사정이 흘러가지 않았더라면, 나로서는 더더욱 행복했을 것이다. 하지만 세상에! 여전히 나는 그 당시 했던 말을 또 반복할 수밖에 없다.[2]

6. 이 책이 나온 다음 나에게는 아주 신기한 일들이 발생했다. 예를 들어 이따금 나는 몇몇 학생들의 편지를 받곤 했는데 이런 내용도 써 있었다. 〈저는 이러저러한 주제에 대한 논문을 써야 하는데(분명히 말하건대, 논문 주제들의 범위는 너무나도 방대하고, 어떤 주제들에 대해서는 당혹감마저 든다), 저의 작업을 수행할 수 있도록, 미안하지만 저에게 완전한 참고 문헌 목록을 보내 주실 수 있겠습니까?〉 이런 편지를 쓰는 사람은 분명 내 책의 의미를 이해하지 못했거나, 아니면 나를 마법사로 생각하는 모양이다. 이 책은 어떻게 혼자서 논문을 작성할 것인지를 가르치려는 것이지, 흔히 말하듯이 〈다 된 밥〉을 어디에서 어떻게 찾을 것인지를 가르치려는 것이 아니다. 또한 나에게 참고 문헌 목록을 요구하는 사람은, 참고 문헌 목록을 작성하는 것은 아주 긴 작업이며, 만약 내가 그 참고 문헌 목록을 아주 일부만 보내려고 해도 최소한 몇 개월은 작업해야 한다는 것을 이해하지 못하고 있

---

1 이 책의 초판은 1977년에 출간되었는데, 이탈리아의 대학 제도 개혁은 1980년대에 들어와서야 이루어졌다. 개혁의 가장 두드러진 내용은 이탈리아 특유의 단일 학위인 라우레아laurea 이외에 미국의 Ph.D.에 해당하는 도토라토 디 리체르카dottorato di ricerca(연구 박사 과정)를 신설한 것이다. 이 과정에는 라우레아 학위를 받은 사람이 시험을 거쳐 들어갈 수 있다.
2 이하 3, 4, 5번 항목에서는 초판의 서문과 같은 말이 반복되고 있어 생략하기로 한다.

다. 만약 나에게 그럴 시간이 있다면, 맹세컨대 나는 그 시간을 좀 더 유용하게 쓸 수 있을 것이다.

7. 그런데 나에게 더욱 흥미로운 일이 일어났다. 지금 이야기하려는 그 일은 이 책의 일부에 관한 것이다. 그것은 4·2·4〈학문적 겸손〉과 관련된 것이다. 여러분이 직접 읽어 보면 알겠지만, 나는 훌륭한 생각이란 언제나 최고의 저자들만 제공하는 것이 아니기 때문에 어떠한 학문적 공헌도 경멸하지 말아야 한다는 것을 보여 주기 위하여, 내가 라우레아 논문을 쓸 때 일어났던 일을 이야기했다. 그 당시 나는 우연하게도 헌책 손수레 가게에서 발견한, 1887년에 발레Vallet 수사라는 사람이 쓴 별로 독창적이지 않은 소책자에서 나의 까다로운 이론적 문제를 해결해 줄 결정적인 생각을 발견했던 것이다.

이 책이 출판된 후 베니아미노 플라치도는 「라 레푸블리카」(1977년 9월 22일자)에 흥미로운 서평을 실었다. 거기에서 그는 대충 내가 내 연구의 모험을 마치 동화 속 등장인물의 사건처럼 소개했다고 썼다. 그러니까 숲 속에서 길을 잃은 등장인물이 (동화들에서 일어나듯이, 또한 프로프에 의해 이론화되었듯이) 어느 지점에서 그에게 〈마법의 열쇠〉를 건네는 〈제공자〉를 만난 것처럼 소개했다는 것이다. 플라치도의 해석이 그다지 괴상한 것은 아니었다. 연구란 언제나 하나의 모험이다. 다만 플라치도는, 내가 그 동화를 이야기하기 위해 발레 수사를 고안해 낸 것처럼 넌지시 암시했다. 얼마 후 플라치도를 만났을 때 나는 그에게 말했다. 「자네가 틀렸어. 발레 수사는 존재해. 아니 존재했었지. 나는 아직도 그 책을 집에 갖고 있어. 20년 이상 다시 그 책을 펼쳐 보지는 않았지만 아직도 기억해. 내 시각적 기억력은 좋으니까. 그런 생각을 발견한 페이지, 그리고 내가 그 여백에다 표시해 둔 빨간색 느낌표를 아직도 기억하고 있지. 내 집으로 가세. 자네에게 그 불쌍한 발레 수사의 책을 보여 줄 테니까.」

그리고 우리는 함께 집으로 갔고, 위스키 두 잔을 채웠고, 나는 기억을 더듬어 그 숙명적인 책이 20년 동안 쉬고 있는 서가의 높은 곳까지 사다리를 타고 올라갔다. 나는 책을 발견했고, 먼지를 털어 냈고, 가슴 벅찬 감동과 함께 책을 펼쳤고, 바로 그 숙명적인 페이지를 찾았다. 그리고 여백에 멋진 느낌표가 있는 그 페이지를 발견했다.

나는 플라치도에게 그 페이지를 보여 주었고, 나에게 그토록 많은 도움을 주었던 구절을 읽었다. 나는 그 구절을 두 번에 걸쳐 다시 읽어 보았다. 그리고 경악했다. 발레 수사는 내가 그의 것으로 돌렸던 그런 생각을 전혀 공식화하지 않았던 것이다. 말하자면, 판단의 이론과 아름다움의 이론 사이에 그러한 연결(나에게는 그토록 명석하게 보였던)을 하지 않았던 것이다.

그 당시 발레의 책을 읽고 있던 동안에(그는 다른 것에 대해 말하고 있었다) 어떤 신비로운 방식을 통해 그가 말하는 것에 자극을 받은 〈나에게〉 그런 생각이 머릿속에 떠올랐는데, 그 순간 내가 밑줄을 치고 있던 텍스트에 동화되어 그 생각을 발레의 것으로 돌렸던 것이다. 그러고는 20년이 넘도록 나는 그 늙은 수사에게 감사하고 있었다. 그가 나에게 전혀 주지 않았던 것에 대해서 말이다. 〈마법의 열쇠〉는 바로 내가 만들었던 것이다.

하지만 정말로 그럴까? 그런 생각의 업적이 정말로 나에게 있는 것일까? 만약 내가 발레의 글을 읽지 않았더라면, 그런 생각은 떠오르지 않았을 것이다. 발레 수사는 그 생각의 아버지는 아닐지 몰라도 분명 산파 역할을 했다. 그는 나에게 아무것도 선물하지 않았지만, 나의 정신을 훈련시켰으며, 어떠한 방식으로든 내가 생각하도록 자극했다. 혹시 스승에게 요구되는 것은 바로 이런 것이 아닐까? 생각을 찾도록 우리를 자극하는 것이 아닐까?

곰곰이 생각해 보면, 지금까지 나의 책 읽기 과정에서 나는 다른 사람들이 단지 나에게 찾도록 부추기기만 했던 생각들을 바로 그들의 것으로 돌렸던 적이 여러 번 있었음을 깨닫게 된다. 또한 어떤 생각은 내 것이라고 확신하고 있었는데, 오래전에 읽었던 책을 다시 들춰 보다가 그런 생각 또는 그 핵심이 다른 저자에게서 왔다는 사실을 발견한 적도 여러 번 있다. 나는 발레 수사에게 (타당하지는 않지만) 빚을 지고 있다고 확신한다. 그 외에도 나는 갚아야 할 얼마나 많은 빚들을 잊고 있었던가……. 이 책의 다른 논의들과 그다지 어긋나지 않는 이 이야기는, 연구라는 모험은 신비롭고, 매력적이며, 수많은 놀라움을 간직하고 있다는 사실을 가르친다고 믿는다. 연구에는 한 개인이 아니라 문화 전체가 개입하며, 때로는 생각들이 자기 스스로 여행하고, 옮겨 다니고, 사라졌다가 다시 나타난다. 마치 우스운 이야기들이 누군가 그것을 다시 이야기하면서 점차 더 좋아지는 것과 마찬가지이다.

그리하여 나는 발레 수사에 대한 고마움을 그대로 간직하기로 결정했다. 그는 나에게 정말로 〈마법의 제공자〉였기 때문이다. 그렇기 때문에 — 나의 몇몇 독자들은 아마 눈치챘겠지만 — 나는 그를 내 소설 『장미의 이름』에서 주요 등장인물로 소개했다. 소설 서문의 첫째 줄에서 그를 인용했는데, 이번에는 잃어버린 필사본 원고를 전해 준 지극히 신비롭고 마법적인 존재로서, 그리고 책들이 서로 이야기하는 도서관의 상징으로서 소개했다.

나는 이 이야기의 도덕적 교훈이 무엇인지 잘 모르겠다. 하지만 최소한 하나의 교훈은 안다. 그리고 그것은 정말로 멋진 교훈이다. 이 책의 독자들이 각자의 삶의 과정 속에서 수많은 발레 수사들을 찾기 바라며, 또한 나 자신이 다른 누군가에게 발레 수사와 같은 인물이 되기를 바란다.

1985년 2월, 밀라노

## 초판 서문

1. 예전의 대학은 엘리트의 대학이었다. 대학을 졸업한 사람의 아들만이 대학에 가곤 했다. 아주 드문 예외를 제외하면, 대학에서 공부하는 사람은 모든 시간을 자기 마음대로 활용할 수 있었다. 대학이란, 학생들이 약간의 시간을 공부에 할애하고, 또 약간의 시간을 대학생다운 〈건강한〉 여흥이나 혹은 대표적인 학생 단체의 활동 등에 할애하면서 평온하게 다닐 수 있는 곳으로 이해되었다.

수업은 권위 있는 강연이었으며, 강의 이상의 것에 관심이 있는 학생은 교수나 조교와 함께 광범위한 세미나를 따로 가졌는데, 그 숫자는 많아야 열 명 내지 열다섯 명이었다.

오늘날에도 미국의 여러 대학에서는 한 과정의 학생이 열 명이나 스무 명을 절대 넘지 않는다(그들은 비싼 수업료를 지불하고 원하는 대로 교수를 〈활용〉하고 함께 논의할 수 있는 권리를 갖고 있다). 옥스퍼드 같은 대학에는 **튜터**tutor라 일컫는 교수가 있는데, 그는 극소수 학생 집단의 연구 논문만을 전담하고(심지어는 1년에 한두 명의 학생만을 담당하는 경우도 있다), 매일매일 그 학생의 작업을 보살펴 주기도 한다.

만약 현재 이탈리아의 상황이 그와 같다면, 이런 책을 쓸 필요도 없을 것이다(비록 이 책의 몇몇 조언이 위에서 언급한 〈이상적인〉 학생에게도 역시 도움이 된다고 할지라도 그렇다).

하지만 오늘날 이탈리아의 대학은 **대중의 대학**이다. 모든 유형의 중·고등학교를 졸업한 모든 계층의 학생들이 입학한다. 따라서 라틴어는 말할 것 없고 그리스어를 전혀 공부하지 않은 기술계 고등학교 출신이 고전 문학이나 철학 과정에 등록하기도 한다. 물론 라틴어가 여러 가지 다른 활동에 별로 도움이 되지 않을 수는 있지만, 철학이나 문학을 공부하는 사람에게는 많은 도움이 된다.

어떤 과정에는 수천 명의 학생이 등록한다. 기껏해야 교수는 아마도 성실하게 출석하면서 공부하는 30여 명의 학생들만 알고 있으며, 자신의 보조자들(장학생, 계약직 직원, 교육 조교)의 도움으로 100여 명의 학생을 어느 정도 열심히 공부시킬 수 있을 것이다. 그중에는 교양 있는 가정에서 활발한 문화적 환경과 접촉하면서 성장한, 여유 있는 학생이 많다. 그들은 수학여행을 갈 수도 있고, 연극이나 예술 축제에 참가하고, 외국을 방문할 수도 있다. 그리고 또 **다른** 학생들이 있다. 그들은 아마도 서점도 없이 단지 서점을 겸한 문방구만 있는, 인구 1만 명 남짓한 소읍의 관청에서 일을 하며 하루를 보내는 학생들이다. 또한 그들은 대학에 실망을 느끼고 정치 활동을 선택하거나 혹은 다른 유형의 성장 과정을 걷고 있는 학생들이기도 하다. 하지만 조만간 그들은 논문이라는 의무에 복종해야 하리라. 혹은 그들은 아주 가난한 학생이어서, 시험 과목을 선택해야 할 때 정해진 여러 가지 참고 서적의 비용을 계산하고는 〈이것은 1만 2천 리라짜리 시험이로군〉 하고 말하면서, 두 개의 보충 과목 가운데 값이 싼 과목을 선택하기도 한다. 또한 그들은 이따금 강의에 왔다가는 엄청나게 꽉 찬 강의실에서 자리를 찾지 못하기도 하고, 나중에 교수와 면담을 하려고 하면 앞에 30여 명이 늘어서 있는 줄을 서야 하고, 호텔에 머물 수 없기 때문에 기차를 타야 하는 학생이기도 하다. 아마 도서관에서 책을 어떻게 찾아야 하는지, 또 어느 도서관에 책이 있는지, 그 누구에게서도 듣지 못한 학생이기도 하다. 종종 그들은 자기 도시의 시립 도서관에서도 책을 찾을 수 있다는 사실조차 모르거나, 혹은 어떻게 도서 대출증을 얻는지조차 모르는 학생이기도 하다.

이 책의 조언들은 특히 그런 학생에게 유용하다. 또한 대학에 진학하여 논문이라는 연금술이 어떻게 기능하는지 이해하고자 하는 고등학생에게도 마찬가지로 유용할 것이다.

그들 모두에게 이 책은 최소한 다음 두 가지를 제시하고자 한다.

― 크고 작은 여러 가지 차이로 어려운 상황에 처해 있다고 하더라도, 권위 있는 논문을 쓸 수가 있다.

― 논문의 기회를 활용하여(비록 대학의 나머지 기간이 실망스럽고 좌절을 주는 것이었을지라도), 학문 연구의 긍정적이고 진보적인 의미를 되찾을 수 있다. 즉, 학문 연구를 단순한 지식의 집합이 아닌 경험의 비판적 정교화로서, 또한 문제를 명확히 인식하고, 체계적으로 대처하고, 명확한 의사소통의 기법에 따라 설명할 수 있는 능력(미래의 삶에서 훌륭한 능력)의 습득으로서 이해한다는 의미에서 말이다.


2. 그렇다면 이 책은 〈학문 연구를 어떻게 할 것인가〉를 설명하려는 것이 아니며, 학문 연구의 가치에 대한 이론적, 비판적 논의도 아니라는 것이 명백해진다. 이 책은 단지 (이탈리아의) 법률에 규정되어 있는 바대로, 타자를 친 일정 분량의 페이지들로 이루어진 어떤 물리적 대상을, 졸업 논문 심사 위원회 앞에 제출하는 방법에 대한 일련의 고찰일 뿐이다. 그 물리적 대상은, 자신이 졸업하고자(학위를 받고자) 하는 학문 분야와 관계가 있으며, 또한 보고자(논문 지도 교수)를 아연실색 상태에 빠뜨리지 않을 것으로 가정된다.

따라서 당연히 이 책은 여러분에게 졸업 논문에다 무엇을 써야 하는가를 말해 주지는 않는다. 그것은 여러분이 해야 할 일이다. 이 책이 여러분에게 말해 주는 것은, (1) 졸업 논문이란 무엇인가, (2) 테마를 어떻게 선정하고 작업 시간을 어떻게 할애할 것인가, (3) 참고 문헌을 어떻게 조사할 것인가, (4) 여러분이 찾아낸 자료를 어떻게 체계화할 것인가, (5) 정리한 것을 어떻게 물리적으로 배치할 것인가 등이다. 그런데 핵심적인 것은, 이 중에서 마지막 항목이 가장 덜 중요하게 보일지도 모르지만, 실제로는 가장 정밀하게 작업해야 한다는 점이다. 왜냐하면 그것은 아주 정확한 법칙이 있는 유일한 부분이기 때문이다.


3. 이 책에서 다루는 논문은 인문 과학 분야에서 작성하는 논문이다. 필자의 경험이 **문학과 철학부**에 속하므로, 당연히 대부분의 예들은 바로 그 학부에서 공부하는 테마에 관한 것이다. 하지만 이 책이 제시하는 범위 안에서 필자가 권하는 기준

은 정치학, 교육학, 법학의 일반적인 논문에도 역시 해당된다. 만약 실험이나 응용 논문이 아니라 역사적 혹은 일반 법칙의 논문에 관한 것이라면, 그러한 모델은 건축학, 경제학과 경영학, 그리고 몇몇 자연 과학 계열의 학부에도 역시 유용할 것이다. 하지만 지나치게 믿지 않기를 바란다.

4. 이 책이 인쇄되고 있는 현재, (이탈리아에서는) 대학 교육 개혁에 관한 논의가 이루어지고 있는데, 그것은 두세 가지 수준의 학위를 대상으로 한다.
이러한 개혁이 논문의 개념 자체를 근본적으로 바꾸어 놓을지 의문의 여지는 남아 있다.
만약 여러 수준의 학위가 생기게 된다면, 또 그 모델이 현재 대부분의 외국에서 활용되고 있는 것이라면, 상황은 제1장(1·1)에서 설명하는 바와 크게 다르지 않을 것이다. 말하자면 석사(*Licenza*: 혹은 제1수준) 논문과 박사(*Dottorato*: 혹은 제2수준) 논문이 있게 될 것이다.
이 책에서 제시하는 조언들은 그 두 가지 모두에 해당되며, 만약 그 두 가지 유형의 논문 사이에 차이점이 있다면 그것을 명백히 밝혀 줄 것이다.
그러므로 다음의 글에서 언급되는 것은, 그러한 개혁의 전망, 특히 궁극적인 개혁의 실현을 향한 오랜 이행 과정의 전망에서도 역시 유용하리라고 믿는다.

5. 체사레 세그레는 타자 원고를 읽어 보고 필자에게 여러 가지 조언을 주었다. 그중 많은 조언을 귀중하게 받아들였지만, 나머지 조언에 대해서는 필자의 입장을 그대로 고수했다. 따라서 그는 최종적인 결과에 대해서는 책임이 없다. 물론 필자는 진심으로 감사를 드린다.

6. 마지막으로 덧붙이는 말. 다음의 논의는 분명 남녀 학생 모두에게 해당되며, 마찬가지로 남녀 교수에게도 해당된다. 이탈리아어에는 남녀를 모두 가리킬 수 있는 중성의 표현이 없기 때문에(미국인들은 점차적으로 〈사람*person*〉이라는 단어를 사용하고 있지만, 〈공부하는 사람*la persona studente*〉 또는 〈지원하는 사람*la persona candidata*〉이라고 말하는 것은 우스꽝스러우리라), 필자는 언제나 (남성

명사를 사용하여) 학생, 학위 지원자, 교수, 보고자(지도 교수)에 대하여 말하고자 한다. 물론 이러한 문법상의 용법이 성차별을 감추고 있지는 않다.[1]

---

[1] 그렇다면 무엇 때문에 필자는 여학생, 여교수 등이라 말하지 않았는지 질문해 볼 수 있으리라. 그 이유는, 필자는 개인적인 경험들과 기억에 의존하여 작업했고 그럼으로써 좀 더 잘 동화되었기 때문이다.

**차례**

신판 서문     5
초판 서문     11

# 1    졸업 논문이란 무엇이며 어디에 필요한가     21
    1·1 왜 논문을 써야 하며 또 논문이란 무엇인가     21
    1·2 이 책에 관심을 가져야 할 사람은 누구인가     24
    1·3 논문은 어떻게 졸업 후에도 도움이 되는가     26
    1·4 네 가지 명백한 규칙     28

# 2    테마의 선택     29
    2·1 단일 주제 논문인가, 파노라마식 논문인가     29
    2·2 역사적 논문인가, 이론적 논문인가     34
    2·3 옛날 테마인가, 현대적 테마인가     37
    2·4 논문 작성에는 얼마나 시간이 걸리는가     39
    2·5 필수적으로 외국어를 알아야 하는가     43
    2·6 〈과학적〉 논문인가, 〈정치적〉 논문인가     48
    2·7 지도 교수에게 이용당하는 것을 어떻게 피할 것인가     65

# 3 자료 조사 — 69
## 3·1 출처의 입수 가능성 — 69
## 3·2 참고 문헌 조사 — 78

# 4 작업 계획과 카드 정리 — 137
## 4·1 작업의 가설로서 차례 — 137
## 4·2 카드와 메모 — 146

# 5 원고 쓰기 — 173
## 5·1 누구에게 말하는가 — 173
## 5·2 어떻게 말할 것인가 — 176
## 5·3 인용문 — 186
## 5·4 페이지 아래의 각주 — 200
## 5·5 주의 사항, 함정, 관례 — 213
## 5·6 학문적 자부심 — 217

# 6 최종적인 원고 작성 — 223
## 6·1 서법상의 기준들 — 223
## 6·2 최종적인 참고 문헌 — 244
## 6·3 부록 — 247
## 6·4 차례 — 248

# 7 결론 — 253

**부록**  국내 학위 논문의 체제와 작성 방법

# 1  자료 조사 259
## 1·1 도서관 259
## 1·2 참고 자료집 260
## 1·3 인터넷 263

# 2  논문 계획서 267
## 2·1 논문 계획서의 구성 267

# 3  논문의 구성 271
## 3·1 표지 271
## 3·2 제목 271
## 3·3 간지 272
## 3·4 표제면 272
## 3·5 학위 논문 제출서 및 인준서 272
## 3·6 감사문 272
## 3·7 차례 273
## 3·8 서론 273
## 3·9 본론 274
## 3·10 결론 274
## 3·11 참고 문헌 274
## 3·12 부록 275

# 4 원고 쓰기 — 277
## 4.1 표현과 표기법 — 277
## 4.2 표현의 세부 항목 — 277
## 4.3 인용 — 281
## 4.4 주 — 292
## 4.5 참고 문헌 목록의 작성 — 299

이 책에 언급된 사람들 — 327
옮긴이의 말 — 333

# 1     졸업 논문이란 무엇이며 어디에 필요한가

## 1·1 왜 논문을 써야 하며 또 논문이란 무엇인가

졸업[1] 논문이란, 평균 1백 페이지에서 4백 페이지 사이의 다양한 길이로 타자를 친 연구 작업물로서, 거기에서 학생은 자신이 학위를 얻고자 하는 방향과 관련된 문제를 다룬다. 이탈리아의 법률에 의하면 논문은 졸업하는 데 필수적이다. 규정된 모든 시험을 치른 후에 학생은 졸업 논문 심사 위원회에 논문을 제출하고, 위원회는 보고자(논문을 함께 〈지도하는〉 교수) 및 반박자들의 간략한 견해를 듣는다. 반박자들은 때로는 학위 지원자(학생)에게 몇 가지 이의를 제기하기도 한다. 여기에서 토론이 이루어지고 거기에는 위원회의 다른 사람들도 참가한다. 글로 된 그 작업물의 장점(혹은 결점)을 주장하는 옹호자들의 말에서, 그리고 글로 표현된 견해를 주장할 때 지원자가 보여 주는 능력에서, 심사 위원회의 판단이 나오게 된다. 그 외에 시험에서 얻은 전체적인 평균 점수를 고려하여 위원회는 논문에 점수를 주게 되는데, 점수는 최저 60점에서 최고 110점까지, 그리고 칭찬[2]과 더불어 출판의 기회를 줄 수 있다. 이것이 거의 모든 인문 과학부에서 따르고 있는 규정이다.

일단 그런 연구 작업물의 〈외부적인〉 특성 및 그에 포함되는 의식(儀式)을 설명

---

1  *laurea*. 이탈리아의 대학 졸업자에게 부여하는 학위로서 이를 받은 자를 도토레*dottore*, 즉 학사라고 부름.
2  *lode*. 이탈리아의 대학 시험에서 만점에다 덧붙여 줄 수 있는 칭찬.

했지만, 논문의 속성에 대해서는 아직 언급해야 할 것이 많다. 무엇보다도 먼저, 무엇 때문에 이탈리아의 대학에서는 졸업의 조건으로서 논문을 요구하는가?

이러한 기준을 대부분의 외국 대학에서는 따르고 있지 않다는 것을 주목할 필요가 있다. 몇몇 대학에는 논문 없이도 얻을 수 있는 다양한 수준의 학위가 있다. 또 어떤 대학에는 대략 이탈리아의 라우레아에 해당하는 제1단계 수준의 학위가 있는데, 그것은 〈박사〉라는 칭호의 권한을 부여하지 않으며, 단지 일련의 시험이나 혹은 좀 더 평범한 요건의 작업물로 얻을 수 있는 학위이다. 또한 다른 대학에는 아주 복잡한 작업물을 요구하는 다양한 박사 학위 수준이 있다. 하지만 일반적으로 진정한 의미의 논문은, 일종의 졸업 이후 *superlaurea*의 학위인 **박사 학위***dottorato*를 위한 것인데, 이 과정에는 단지 학문 연구자로서 자신을 완성하고 전문화하려는 사람들만이 지원한다. 이러한 유형의 박사 학위는 여러 가지 이름으로 일컬어지는데, 이제부터 여기에서는 거의 국제적으로 통용되고 있는 영어권의 기호 Ph.D.로 지칭하고자 한다[*Philosophy Doctor*, 즉 원래는 철학 박사를 의미하지만, 사회학자에서 그리스어 교수에 이르기까지 모든 유형의 인문 과학 분야에서 통용된다. 비인문 과학 분야에서는 예를 들어 MD, *Medicine Doctor*(의학 박사)와 같은 다른 기호들을 사용한다].

그런데 Ph.D.와 대비되는 것으로서, 이탈리아의 라우레아와 매우 유사한 과정이 있는데, 이제부터 그것을 석사*licenza*라는 용어로 부르고자 한다.

여러 가지 형태의 석사들은 대부분 전문 직업 활동으로 나아가고, 반면에 Ph.D.는 학술 활동으로 나아간다. 말하자면 Ph.D. 학위를 받는 사람은 거의 언제나 대학에서 경력을 쌓게 된다.

이러한 유형의 대학에서는 논문이란 언제나 Ph.D. 논문을 말하며, 독창적인 연구 작업을 의미한다. 그 작업을 통해 지원자는 자신이 전념하는 학문에서 앞으로 나아갈 수 있는 능력을 갖춘 학자라는 걸 보여 주어야 한다. 그리고 실제로 그런 논문은, 이탈리아의 졸업 논문처럼 22세의 나이에 쓰는 게 아니라, 좀 더 많은 나이에, 때로는 40세 혹은 50세에 완성하기도 한다(물론 아주 젊은 Ph.D.들도 있다). 무엇 때문에 그토록 많은 시간이 걸리는가? 그것은 바로 **독창적인** 연구 작업이기 때문이다. 그런 논문에서는 물론 동일한 테마에 대해 다른 학자들이 말했던 것을 아는 것도 중요하지만, 무엇보다도 다른 학자들이 말하지 않은 무엇인가를 〈발견〉해야 한다. 〈발견〉이라 할 때, 특히 인문 과학 분야에서는, 원자핵 분열의 발견과 같은 엄청난 것이나, 상대성 이론이나 암 치료제의 발견 등 거창한 것을 생각하지 않아도 된다. 좀 더 소박한 발견이 있을 수도 있다. 또한 어떤 고전 문헌을 새로이 읽고 해석하는 방법이나, 어느 작가의 전기(傳記)를 새로이 조명해 줄 필사본 원고의 발견, 여러 가지 상이한 텍스트 안에 흩어져 있던 사상을 체계화하고 완성해 주는 이전 연구들의 재구성 및 재해석도 역시 〈과학적인〉 연구 결과로 간주된다. 어쨌든 연구자는, 무언가 새로운 것을 말함으로써, 이론적으로는 같은 분야의 다른 학자들이 결코 무시할 수 없는 작업을 제시해야 한다(2·6·1 참조).

이탈리아의 논문도 그와 동일한 것인가? 반드시 그렇지는 않다. 사실, 이탈리아에서는 대부분 스무 살에서 스물두 살 사이에, 즉 대학의 학과 시험을 치르는 동안에 논문 작업이 이루어지기 때문에, 그것이 오랜 기간의 사려 깊은 작업의 결론이나 완벽한 성숙함의 증거가 될 수는 없다. 그러므로 진정한 고유의 Ph.D. 논문과 같은 졸업 논문(특히 능력 있는 학생이 작성한)도 있고, 또 어떤 논문은 그런 수준에 도달하지 못하기도 한다. 대학 역시 꼭 그러한 수준을 요구하지 않는다. 따라서 독창적인 연구 논문이 아닌, 편집 논문이 있을 수도 있다.

편집 논문에서 학생은, 단순히 대부분의 기존 〈문헌〉의(말하자면 그 테마에 관해 출간된 저술들의) 견해를 비판적으로 파악했음을 보여 준다. 또한 다양한 관점을 서로 연결하려고 노력하면서 그러한 견해를 명백하게 설명함으로써, 바로 그 단일한 문제에 대해서는 깊이 연구하지 않은 그 분야의 전문가에게도 정보적인 관점에서 유용한 지성적 조망을 제시해 줄 수 있다는 것을 보여 주면 된다.

그러므로 바로 여기에서 첫 번째 예고 사항이 나온다. 즉 **편집 논문으로 할 것인가, 아니면 연구 논문으로 할 것인가.** 바꾸어 말하자면 〈석사〉 논문인가, 아니면 〈Ph.D.〉 논문인가 하는 것이다.

연구 논문은 언제나 길고 힘들고 의무적이다. 편집 논문 역시 길고 힘든 것이 될 수도 있지만(몇 년씩 걸리는 편집 작업도 있다), 대개는 비교적 짧은 시간에 덜 부담스럽게 이루어질 수 있다.

그렇다고 편집 논문을 쓰는 사람이 나중에 학문 연구의 길에서 배제된다는 말은 아니다. 젊은 연구자가 진정한 연구를 시작하기 전에 몇몇 개념을 잘 정리하여 명백히 밝히고자 하는 경우에는, 편집이 진지한 작업이 될 수도 있다.

반대로 어떤 논문은 연구 논문이라 주장하지만, 실제로는 성급하게 만들어진 볼품없는 것이어서, 읽는 사람을 짜증 나게 하고 연구하는 사람에게도 아무런 소용이 없는 경우도 있다.

그러므로 편집 논문과 연구 논문 사이의 선택은 지원자의 작업 능력 및 성숙도와 연관되어 있다. 불행하게도 종종 그것은 경제적 요인과도 연관되어 있다. 일을 하는 학생은 틀림없이 시간이 없고, 에너지가 부족하고, 때로는 오랜 연구에 몰두할 돈이 부족하기 때문이다(여기에는 때로 희귀하고 값비싼 책들의 구입, 외국 도서관이나 연구 센터의 방문 등이 포함된다).

불행히도 이 책에서는 경제적인 측면에서의 조언을 얻을 수 없다. 얼마 전까지만 해도 학문 연구는, 전 세계적으로 오직 부자 학생들만의 특권이었다. 오늘날에도 단순히 장학금, 여행 장학금, 외국 대학에서의 체류 기금이 있다고 해서 모든 사람의 경제적인 문제를 해결해 준다고 말할 수는 없다. 가장 이상적인 해결책은, 학문 연구가 국가에서 돈을 지불하는 작업이 되고, 학문에 대한 진정한 소명이 있는 사람이 대가를 받는 공평한 사회가 되는 것이다. 또한 일자리를 찾고, 승진하고, 경쟁에서 다른 사람들을 앞지르기 위해, 어떻게 해서든지 그 〈종잇조각〉을 꼭 얻지 않아도 되는 정당한 사회가 되는 것이다.

하지만 이탈리아의 대학, 그리고 그것이 표방하고 있는 사회는 현재로서는 지금 그대로의 모습이다. 다만 모든 계층의 학생이 억압적인 희생 없이 대학에 다닐 수 있고, 또한 자신의 구체적인 소양뿐만 아니라 가능한 시간과 역량을 고려하면서 자기가 할 수 있는 여러 방식으로 권위 있는 논문을 꾸준히 작성할 수 있게 되기를 기원하는 수밖에 없다.

### 1·2 이 책에 관심을 가져야 할 사람은 누구인가

상황이 그렇다면, 많은 학생이 빨리 졸업을 하기 위해, 또는 아마도 대학 등록의 목표였던 승진을 하기 위해 논문을 억지로 써야 하는 경우도 있다는 걸 우리는 생각해야 한다. 이런 학생의 몇몇은 40대의 나이이기도 하다. 따라서 그들은 어떤 점수라도 받고 대학을 마치기 위하여, 어떻게 하면 논문을 **한 달 안에** 쓸 수 있는가에 대한 가르침을 우리에게 요구할 수도 있다. 그렇다면 우리는 〈**이 책은 그들을 위한 것이 아니다**〉라고 단호하게 말해야 한다. 만약 그들의 요구가 그러한 것이라면, 만약 그들이 고통스러운 경제적 문제를 해결하기 위해 학위를 강요하는 역설적인 사법 질서의 희생자들이라면, 그들은 먼저 두 가지 일을 할 수 있으리라. 말하자면, (1) 다른 사람이 대신 논문을 써주도록 합당한 금액을 투자하는 것, (2) 몇 년 전에 다른 대학에서 이미 만들어진 논문을 베끼는 것이다(비록 외국어로 되어 있을지라도 이미 인쇄된 저술을 베끼는 것은 좋지 않다. 왜냐하면 교수가 약간이라도 정보를 갖고 있다면, 그 논문의 존재를 이미 알고 있을 것이기 때문이다. 하지만 카타니아[3]에서 만들어진 논문을 밀라노에서 베끼는 것은 확실히 성공할 가능성이 상당히 많다. 물론 논문의 지도 교수가 밀라노에서 가르치기 전에 혹시 카타니아에서 가르치지 않았는지 확인하는 것이 필요하다. 따라서 논문을 베낀다는 것 역시 지능적인 연구 작업임을 알 수 있다).

위에서 말한 두 가지 조언은 분명 **비합법적**이다. 그것은 마치 〈만약 당신이 상처를 입고 응급조치를 받으러 갔는데, 의사가 돌봐 주려 하지 않으면 그의 목을 칼로 찔러 버려라〉 하고 말해 주는 것과 마찬가지이다. 두 경우 모두 지극히 절망적인 행위이다. 우리가 이런 조언을 하는 것은 역설적으로, 이 책은 기존의 사법 질서나 사회 구조의 심각한 문제를 해결하려는 것이 아니라는 사실을 강조하기 위해서이다.

그러므로 이 책은, (비록 전 세계를 여행한 후에 졸업할 수 있도록 10년 동안의 자유로운 시간이 있거나, 혹은 백만장자가 아니더라도) 하루에 몇 시간 정도 학문에 몰두할 수 있는 사람, 그리고 졸업 후에도 자신에게 어느 정도 지적인 만족을 주고 도움이 되는 논문을 준비하고자 하는 사람을 위한 것이다. 또한 자신의 임무가 어느 정도 제한되어 있다고 하더라도, **진지한** 작업을 하고자 하는 사람을 위한 것이다. 그림엽서의 수집 역시 진지하게 할 수 있다. 수집의 주제, 분류의 기준, 수

---

3 Catania. 이탈리아 남부 시칠리아 섬의 도시.

집의 역사적 한계를 확정하는 것으로 충분하다. 1960년 이전까지 올라가지 않기로 결정해도 좋다. 단지 1960년부터 현재까지의 모든 그림엽서만 있으면 된다. 이러한 수집과 루브르 박물관 사이에는 언제나 차이가 있을 것이다. 하지만 진지하지 않은 박물관을 만드는 것보다는 1960년부터 1970년까지의 축구 선수들의 사진엽서를 진지하게 수집하는 것이 훨씬 낫다. 이러한 기준은 졸업 논문에도 역시 해당된다.

### 1·3 논문은 어떻게 졸업 후에도 도움이 되는가

졸업 후에도 역시 도움이 되는 논문을 작성하는 방법은 두 가지가 있다. 첫 번째는 논문이 나중에 계속할 더욱 방대한 연구의 출발점이 되도록 만드는 것이다. 물론 그런 연구에 대한 의욕과 방법론이 있어야 한다.

또한 두 번째 방법이 있다. 예를 들어 어느 지방 관광 공사의 책임자라면, 자신이 이전에 「『페르모와 루치아』에서 『약혼자』[4]에 이르기까지」라는 논문을 작성했다는 사실에서 자신의 직업에 유용한 도움을 받을 수도 있다. 실제로 논문을 쓴다는 것은 다음과 같은 작업을 의미한다. 즉, (1) 구체적인 테마를 찾아내는 것, (2) 그 테마에 관한 자료들을 수집하는 것, (3) 그러한 자료들을 정리하는 것, (4) 수집된 자료들을 토대로 자신이 직접 테마를 재검토하는 것, (5) 이전의 모든 고찰들에 대해 유기적인 형식을 부여하는 것, (6) 논문을 읽는 사람이 자기가 의도하는 바를 이해하도록 해주고, 또한 필요하다면 그 동일한 자료들로 거슬러 올라가서 논문의 테마를 나름대로 다시 파악할 수 있도록 해주는 것이다.

그러므로 논문을 작성한다는 것은 자신의 개념을 체계화하고 자료를 정리하는 방법을 배운다는 것을 의미한다. 그것은 방법론적 작업의 경험이며, 원칙적으로는 다른 사람에게도 도움이 되는 〈대상물〉을 구축한다는 것을 의미한다. 그러므로 **테마보다는 그 논문에 수반되는 작업의 경험이 더 중요하다.** 만초니 소설의 두 가지

---

4 *I promessi sposi*. 만초니의 대표작. 『페르모와 루치아』를 토대로 하여 완성되었음.

판본에 대해서 자료 수집을 잘할 수 있는 사람이라면, 나중에 관광 공사에서 자신에게 필요한 자료를 체계적으로 수집할 수도 있을 것이다. 필자는 다양한 테마에 관하여 이미 10여 권의 책을 출판했다. 그런데 나중에 나온 아홉 권의 책을 쓸 수 있었던 것은 첫 번째 책의 경험을 주로 활용했기 때문이다. 게다가 그 첫 번째 책은 바로 졸업 논문을 재정리한 것이었다. 그리고 잘되었든 잘못되었든, 나머지 책들은 첫 번째 책의 영향을 여전히 드러내고 있다. 시간이 지남에 따라 아마 좀 더 노련해지고 더 많은 것을 알게 되겠지만, 그 알고 있는 것들에 대해 작업하는 방법은, 처음에는 모르고 있던 많은 것들을 연구하던 바로 그 방법에 언제나 의존하게 될 것이다.

극단적으로 보자면 논문을 작성한다는 것은 기억력을 훈련하는 것과 마찬가지이다. 아주 젊었을 때 기억력을 잘 훈련해 놓으면 늙어서도 좋은 기억력을 갖게 된다. 그리고 세리에 A의 모든 축구팀의 구성이라든지, 카르두치의 시들, 혹은 아우구스투스에서 로물루스 아우구스툴루스까지의 로마 황제의 이름을 암기함으로써 기억력을 훈련해도 상관없다. 물론 기억력이 잘 활용된다면, 자신에게 관심이 있거나 도움이 되는 것을 기억하는 것이 더 낫다. 하지만 때로는 불필요한 것을 기억하는 것도 좋은 연습이 된다. 따라서 자기가 좋아하는 테마에 관해 논문을 작성하는 것이 더 좋다고 할지라도, 그 작업의 방법이나 거기서 나오는 경험에 비해 테마는 부차적인 것이다.

잘만 작업하면, 정말로 어리석은 테마란 없기 때문이기도 하다. 잘만 작업하면 겉보기에는 주변적이고 동떨어진 테마에서도 역시 유용한 결론을 도출해 낼 수 있다. 마르크스는 정치 경제학에 관한 논문이 아니라, 에피쿠로스와 데모크리토스라는 두 명의 그리스 철학자에 관한 논문을 썼다. 그리고 그건 우발적인 작업이 아니었다. 아마도 마르크스는 바로 그 두 그리스 철학자에 대해 생각하는 방법을 배웠기 때문에, 우리가 잘 알고 있는 이론적인 역량을 갖고 역사와 경제 문제를 생각할 수 있었던 것이다. 마르크스에 대한 야심만만한 논문으로 시작했다가, 결국은 거대한 자본주의 회사의 인사부에서 근무하게 되는 여러 학생들을 생각해 보면, 논문 테마의 유용성, 현실성, 임무에 관한 개념을 재고찰해 볼 필요가 있다.

## 1·4 네 가지 명백한 규칙

때때로 지원자는 교수가 부여해 준 테마로 논문을 작성하는 경우도 있다. 하지만 가능한 한 그러한 것은 피해야 한다.

물론 여기에서는 지원자가 지도 교수에게서 조언을 받는 경우를 지칭하는 것은 아니다. 오히려 교수가 잘못한 경우들(2·7 〈지도 교수에게 이용당하는 것을 어떻게 피할 것인가〉 참조), 또는 지원자가 관심도 없고 빨리 해치우기 위해 무엇이든 하려고 해서 잘못한 경우들을 말한다.

우리가 대상으로 하는 건, 어떤 것에 관심을 가진 지원자 및 그의 요구를 들어줄 지도 교수가 있다는 것을 전제로 하는 경우들이다.

그러한 경우에 테마를 선택하는 데에는 네 가지 규칙이 있다.

1) **테마가 지원자의 관심에 상응할 것**. 말하자면 지원자가 치른 시험들의 유형, 독서 유형, 그의 정치적, 문화적, 종교적 환경과 연결되어 있을 것.

2) **준거로 할 출전들이 입수 가능한 것일 것**. 말하자면 지원자가 얻을 수 있는 자료일 것.

3) **준거로 할 출전들이 쉽게 다룰 수 있는 것일 것**. 말하자면 지원자의 교양 능력에 합당한 자료일 것.

4) **연구의 방법론적 범주가 지원자의 경험 영역에 해당할 것**.

그렇다면 이 네 가지 규칙은 아주 평범한 것이며, 또한 〈논문을 작성하고자 하는 사람은 자기의 능력으로 가능한 논문을 작성해야 한다〉는 간단한 법칙으로 요약될 수 있을 것이다. 하지만 실제로 처음에 문제를 그렇게 명백하게 설정할 수 없었기 때문에 극적으로 논문이 무산되어 버린 경우들이 있다.[5]

다음 장들에서는 작성해야 할 논문이, 지원자가 잘 알고 있고 또 현실적으로 가능한 논문이 되기 위해서 필요한 몇 가지 조언을 제시하고자 한다.

---

5 여기에다 다섯 번째 규칙을 더할 수 있을 것이다. 즉 **올바른 지도 교수가 있을 것**이다. 사실 호감이나 태만함 때문에, 실제로는 B과목의 논문을 A과목의 교수와 함께 작성하려는 학생들이 있다. 또한 교수는 (호감, 허영, 혹은 부주의로 인하여) 그걸 받아들였다가 나중에는 논문을 따라가지 못하는 경우도 있다. — 원주.

# 2 ___ 테마의 선택

## 2·1 단일 주제 논문인가, 파노라마식 논문인가

학생의 첫 번째 욕망은 많은 것을 말하는 논문을 작성하고 싶은 것이다. 만약 학생이 문학에 관심이 있다면, 그의 첫 번째 충동은 〈오늘날의 문학〉이라는 제목의 논문을 쓰고자 하는 것이다. 테마를 제한해야 한다면 〈제2차 세계 대전 이후부터 1960년대까지의 이탈리아 문학〉이라는 제목을 선택하려 할 것이다.

그것은 아주 위험한 논문이다. 또한 좀 더 성숙한 학생의 혈관과 맥박을 떨리게 하는 테마이다. 하지만 스무 살의 학생에게는 불가능한 도전이다. 대개 학생은 일반적인 견해 및 이름을 단조롭게 나열하거나, 아니면 자신의 작품에 독창적인 재단을 가함으로써 용서할 수 없는 누락을 했다는 비난을 영원히 받게 될 것이다. 현대의 유명한 비평가인 잔프란코 콘티니는 1957년에 『19~20세기의 이탈리아 문학』이라는 책을 출판했다. 하지만 만약 그것이 졸업 논문이었다면, 비록 분량이 472면에 달한다 할지라도, 틀림없이 거부당했을 것이다. 실제로 그 책에서 대부분의 사람들이 중요하다고 생각하는 몇몇 이름을 인용하지 않았거나, 또는 소위 〈군소 작가들〉에게는 한 장(章) 전체를 할애하고 〈대표 작가들〉을 각주로 처리했다는 사실은 태만함이나 무지의 소산이라는 비난을 받았을 것이다. 물론 그 저서는 역사적인 연구나 비평적인 예리함으로 널리 알려진 학자의 책이므로, 그러한 배제와 불균형이 의도적인 것이며, 또한 빠뜨린 것이 한 페이지를 잘라 놓은 것보다 비평적으로는 훨씬 더 웅변적이라는 것을 모두들 잘 이해하고 있다. 하지만 만약 스물두 살의 학생이 그와 동일한 장난을 한다면, 침묵 뒤에는 노련함이 숨어 있으며, 또 누락된 것은 다른 데에 이미 썼거나 혹은 작가가 앞으로 쓸 수 있는 비평을 대신하고 있다고 누가 보장하겠는가?

그런 종류의 논문에서 대개 학생은 심사 위원들이 이해를 하지 못했다고 비난한다. 하지만 심사 위원들은 이해를 할 수가 없다. 따라서 지나친 파노라마식 논문은 언제나 자만심의 행위가 되곤 한다. 지성적인 자만심 — 논문에서의 — 을 미리 배격해야 한다는 것은 아니다. 단테는 볼품없는 시인이었다고 말할 수도 있다. 하지만 최소한 300여 면에 걸쳐 단테의 텍스트에 대한 치밀한 분석을 한 다음에야 그렇게 말해야 한다. 파노라마식 논문에서는 그러한 논증을 할 수 없다. 바로 그렇기 때문에 학생은 〈제2차 세계 대전 이후부터 1960년대까지의 이탈리아 문학〉보다는 좀 더 평범한 제목을 선택하는 것이 좋다.

어떤 테마가 이상적인가 곧바로 말하겠다. 〈페놀리오의 소설들〉보다는, 오히려 〈『빨치산 조니』¹의 이본(異本)들〉이 낫다. 따분한가? 그럴 수도 있지만, 하나의 도전으로서는 좀 더 흥미로운 테마이다.

무엇보다도, 잘 생각해 보면, 그건 노련한 판단이다. 40여 년에 걸친 문학 전반에 대한 파노라마식 논문으로는, 학생은 가능한 모든 반박 앞에 노출되는 것이다. 지도 교수 혹은 단순한 심사 위원이, 학생이 인용하지 않은 어느 군소 작가를 자기가 알고 있다는 사실을 알리고 싶은 유혹을 어떻게 물리칠 것인가? 심사 위원회의 각 위원이 목차를 살펴보고 두세 개의 누락을 발견하기만 하면, 학생은 빗발치는 비난의 표적이 되고 그의 논문은 단지 산만한 목록으로 보일 수도 있다. 반대로 만약 학생이 아주 구체적인 테마에 대해 진지하게 논구했다면, 대부분의 심사 위원들이 모르는 소재를 다루는 것이 된다. 지금 필자는 서푼짜리 술책을 제시하는 것이 아니다. 그건 술책이 될 수도 있지만, 노력이 드는 것이므로 그저 서푼짜리는 아니다. 다만 지원자는 자신보다 덜 전문적인 대중 앞에서는 〈전문가〉처럼 보일 수도 있으며, 또한 그는 전문가가 되기 위한 노력을 했으므로, 그러한 자기 상황의 유리

---

1 *Il partigiano Johnny*. 페놀리오의 대표작. 그의 사후에 원고가 발견되어 출간되었음.

함을 누리는 것은 당연하다.

40년 동안의 문학에 관한 파노라마식 논문, 그리고 간략한 텍스트의 여러 이본들에 대한 단일 주제 논문monografia이라는 양극단 사이에는 여러 가지 중간층이 있다. 따라서 〈1960년대의 네오아방가르드 문학〉, 또는 〈파베세와 페놀리오의 작품에 나타난 랑게 지방의 이미지〉, 또는 〈사비니오, 부차티, 란돌피 세 환상적 작가들의 차이점과 유사성〉 같은 테마를 찾아볼 수도 있다.

자연 과학 분야로 옮겨 보자면, 이 책과 유사하게 테마에 관해 다룬 어떤 소책자가 있는데, 그 책은 모든 분야에 적용할 수 있는 조언을 한다.

예를 들어, 〈지리학〉이라는 테마는 지나치게 방대하다. 지리학의 한 분야로서 〈화산학〉도 역시 지나치게 포괄적이다. 〈멕시코의 화산들〉은 멋진 논문으로 발전될 수는 있지만 약간 피상적이다. 좀 더 제한해서 〈포포카테페틀 화산의 역사〉(아마도 코르테스의 정복자들 중 한 사람이 1519년에 등정했고 1702년에야 격렬한 분출이 있었다)는 아주 권위 있는 연구를 탄생시킬 수 있을 것이다. 단지 몇 년만을 다루는, 좀 더 제한된 테마로는 〈파리쿠틴 화산의 탄생 및 가시적인 죽음(1943년 2월 20일에서 1952년 3월 4일까지)〉 같은 것이 있으리라.[2]

바로 이 마지막 테마를 필자는 권하고 싶다. 다만 바로 그 시점에서, 그 빌어먹을 화산에 관해서 정말로 언급되어야 할 것을 지원자가 모두 말해야 한다는 조건하에서 그렇다.

얼마 전에 〈현대 사상에서의 상징〉에 관하여 논문을 쓰고자 하는 학생이 필자를 찾아왔다. 그것은 불가능한 논문이었다. 최소한 필자로서는 그 〈상징〉이 무엇을 의미하는지 알 수가 없었다. 그리고 사실 그것은 저자에 따라 그 의미가 바뀌는 용어이며, 때로는 두 명의 상이한 저자에게서는 완전히 반대되는 두 가지를 의미할 수도 있는 용어이다. 형식 논리학자들 혹은 수학자들에게 〈상징〉이라는 말은, 어느 주어진 형식화된 계산에서 구체적인 기능을 갖고 정해진 위치를 점하고 있는,

---

2 C. W. Cooper & E. J. Robins, *The Term Paper — A Manual and Model*, Stanford, Stanford University Press, 제4판, 1967, p. 3 — 원주.

의미가 결여된 표현들(대수 공식들의 a와 b 또는 x와 y 같은)을 의미한다는 것을 생각해 보라. 반면에 다른 저자들에게 그것은 모호한 의미들로 충만한 어떤 형식을 가리킨다. 그것은 마치 꿈에서 자주 나타나는 이미지들처럼 나무, 성기, 성장기의 욕망 등과 연관될 수도 있다. 그렇다면 그러한 제목으로 어떻게 논문을 작성할 수 있겠는가? 현대의 모든 문화에서 상징의 모든 말뜻을 분석해야 할 것이며, 그 유사성과 차이점을 명백히 밝혀 줄 리스트를 작성하고, 혹시 차이점의 저변에는 모든 저자와 모든 이론에서 반복되어 나타나는 기본적인 단일한 개념이 있는지, 그러면서도 차이점들이 그 문제의 이론들을 서로 양립시켜 주는지 살펴보아야 할 것이다. 하지만 그러한 작업은 현대의 어떤 철학자, 언어학자, 정신분석가도 아직 만족스럽게 해내지 못했다. 하물며 아무리 조숙하다 할지라도, 어른다운 책 읽기 경험이 기껏해야 6~7년밖에 안 되는 걸음마 학자가 어떻게 그런 작업을 해낼 수 있겠는가? 지적으로는 부분적인 논의를 할 수도 있을 것이다. 하지만 그럴 경우 또다시 콘티니의 『이탈리아 문학사』 이야기로 되돌아가게 된다. 아니면, 다른 저자들이 말했던 것들을 모두 무시하고 상징에 대한 개인적인 이론을 제시할 수도 있을 것이다. 하지만 이러한 선택이 얼마나 논쟁의 여지가 많은지는 2·2에서 언급할 것이다. 문제의 그 학생과는 약간 논의를 했다. 그는 다른 모든 말뜻은 무시하고 단지 프로이트와 융 두 저자의 말뜻을 대비하면서, 그 두 사람에게서의 상징에 관한 논문을 작성할 수 있었으리라. 그런데 그 학생이 독일어를 모른다는 것이 드러났다(외국어 능력의 문제에 대해서는 2·5에서 다시 다루겠다). 그래서 〈퍼스, 프라이, 융의 상징 개념〉이라는 테마에 머무르기로 결정했다. 그 논문은, 한 명은 철학자이고, 한 명은 비평가이고, 한 명은 정신 분석가인 상이한 세 저자가 사용하는 동일 명칭의 세 가지 개념 사이의 차이점을 검토할 것이었다. 그리고 그 세 저자들이 갑자기 튀어나오는 수많은 논의에서, 한 사람이 사용한 의미를 다른 사람의 것으로 돌림으로써 어떻게 수많은 오해가 생기는가를 증명하려던 것이었다. 마지막에 가서야 가설적인 결론으로서 지원자는 최종적으로, 비록 알고는 있지만 테마의 명백한 제한으로 다룰 수 없고 또 다루려고 하지 않은 다른 저자들에 대해서도 암시를 하면서, 그 세 개의 동일 명칭의 개념들 사이에 유사성이 있는지, 또 있다면 어떠한 것들인지 밝히려고 노력할 것이다. 누구도 그에게 K라는 저자를 고찰하지 않았다고 말할 수는 없을 것이다. 왜냐하면 그 논문은 X, Y, Z에 관한 것이기 때문이다. 또한 J라는 저자를 단지 번역으로만 인용했다고 말할 수도 없을 것이다. 왜냐하면 그건 결론적으로 부수적인 언급일 뿐이며, 그 논문은 광범위하게 또 독창적으로 단지 제목에 명시된 세 저자만을 연구하고자 했기 때문이다.

지금까지 파노라마식 논문이 엄밀하게 단일 주제 논문이 아니면서도, 어떻게 모두가 수용할 수 있는 평균적인 방법으로 환원될 수 있는가를 살펴보았다.

그러므로 명백히 해두어야 할 것은, 〈단일 주제〉라는 용어는 우리가 여기에서 사용한 것보다 훨씬 방대한 말뜻을 가질 수 있다는 점이다. 단일 주제 논문은 단 한 가지 테마에 관한 논문으로서, 〈……의 역사〉 혹은 지침서, 백과사전과는 대립된다. 그러므로 〈중세 작가들에게서 나타나는 《거꾸로 본 세상》의 테마〉와 같은 테마 역시 단일 주제가 될 수 있다. 그것은 많은 작가를 검토하지만, 단지 구체적인 테마(말하자면, 물고기들이 하늘을 날아다닌다든지, 새들이 물속을 헤엄친다든지 등 하나의 예시, 역설, 또는 우화의 명목으로 제시된 상상적인 가설의 테마)의 관점에서만 다루게 된다. 이러한 작업을 잘하면 훌륭한 단일 주제 논문이 이루어질 것이다. 하지만 그러기 위해서는 그러한 테마를 다루었던 모든 작가들, 특히 아무도 기억하지 않는 군소 작가들까지 고려해야 한다. 따라서 이러한 논문은 파노라마적 단일 주제 논문으로 분류되어야 한다. 그러나 그것은 굉장히 어려운 작업이며, 엄청난 양의 책 읽기를 필요로 한다. 만약 정말로 그러한 작업을 하고자 한다면, 범위를 제한하여 〈카롤링거 왕조의 시인들에게서 나타나는 《거꾸로 본 세상》의 테마〉로 하는 것이 바람직하다. 그러면 범위가 줄어들며, 무엇을 다루고 무엇을 무시해도 될지 알 수 있다.

물론 파노라마식 논문을 작성하는 것이 훨씬 자극적이다. 왜냐하면 무엇보다도 단지 한 사람만 다루어야 하고 또 동일 작가에 대해서 2~3년 동안 매달린다는 건 지겹게 느껴지기 때문이다. 하지만 엄격하게 단일 주제의 논문을 작성한다고 해서 절대로 전체적인 파노라마를 무시한다는 의미는 아니라는 사실을 주목해야 한다. 페놀리오의 소설에 대한 논문을 쓴다는 것은, 바로 이탈리아 리얼리즘의 배경을 제시한다는 걸 의미하며, 또한 파베세나 비토리니의 작품들도 역시 읽어 보고, 페놀리오가 읽고 번역했던 미국 소설들에 대해서도 확인해야 한다는 것을 의미한다.

그 작가를 전체 파노라마 안에 넣어야만 그를 잘 이해하고 설명할 수 있다. 하지만 파노라마를 배경으로 사용하는 것과, 파노라마적 조망을 하는 것은 서로 다르다. 강이 있는 들판을 배경으로 한 어느 신사의 초상화를 그리는 것과, 들판, 계곡, 강을 그리는 것은 전적으로 다르다. 그 기법을 바꾸어야 하며, 사진술의 용어로 말하자면 초점을 바꾸어야 한다. 단일 작가에서 출발하면 전체 파노라마는 약간 흐릿해지고 불완전하거나 2차적인 것이 될 수도 있다.

결론적으로 **분야를 제한할수록 작업은 더욱 잘 이루어지고 더욱 확실하게 진행된다**는 기본적인 원리를 기억해야 한다. 단일 주제 논문이 파노라마식 논문보다 더 바람직하다. 논문이 전반적인 역사나 백과사전보다 평론에 가까울수록 더욱 좋다.

## 2·2 역사적 논문인가, 이론적 논문인가

이러한 양자택일은 단지 몇몇 과목에만 해당된다. 사실 수학의 역사라든지 로망스어 문헌학, 독일 문학사와 같은 과목의 논문은 역사적인 것이 될 수밖에 없다. 그리고 건축학적 구성, 원자로 물리학, 또는 비교 해부학과 같은 과목에서는 대개 이론적 논문이나 실험 논문을 작성하게 된다. 그렇지만 이론 철학, 사회학, 문화 인류학, 미학, 법철학, 교육학, 또는 국제법 등의 과목도 있는데, 거기에서는 두 가지 유형의 논문을 모두 쓸 수 있다.

이론적 논문이란, 이미 다른 고찰의 대상이 되었거나 그렇지 않은 추상적인 문제, 예를 들어 인간 의지의 본성, 자유의 개념, 사회적 역할의 개념, 신(神)의 존재, 유전의 법칙 등을 다룬다. 이렇게 나열된 테마들은 곧바로 실소를 자아낸다. 왜냐하면 그람시가 〈우주에 대한 간략한 언급들〉이라 지칭했던 그러한 접근 유형들이 생각나기 때문이다. 그럼에도 탁월한 사상가들은 그러한 테마에 몰두했다. 그러나 아주 드문 경우를 제외하고는, 대부분 그들은 수십 년에 걸친 성찰 작업의 결론으로서 그러한 테마에 몰두했던 것이다.

필연적으로 학문적 경험이 제한되어 있는 학생의 손에서는, 이러한 테마들은 두 가지 해결 방안으로 나아갈 수 있다. 첫 번째는(이것은 훨씬 덜 비극적이다), 앞의 절에서 〈파노라마식〉 논문으로 정의된 논문을 작성하는 것이다. 그러니까 사회적 역할에 대해 다루기는 하지만 일련의 저자들을 통해서만 다루는 것이다. 그리고 이에 관해서는 앞에서의 고찰이 유용하리라. 두 번째의 해결 방안은 그보다는 약간 더 불안한 것이다. 왜냐하면 학위 지원자는 신(神)의 문제라든지 자유의 정의 문제를 비교적 적은 페이지 안에서 해결할 수 있다는 것을 전제로 삼기 때문이다. 필자의 경험에 의하면, 그런 유형의 테마를 선택한 학생은 거의 언제나, 그럴싸한 내부적 체계도 없고, 과학적 연구라기보다는 하나의 서정시에 가까운 아주 간략한 논문을 작성했다. 그리고 대개 지원자는, 논의가 지나치게 개인적이고, 일반적이고, 형식이 없으며 역사적 증명과 인용이 없다는 반박을 받았을 때 이렇게 대답한다. 즉 그게 무슨 말인지 이해할 수 없다고, 또 자신의 논문은 여러 다른 진부한 편집 연습들보다 훨씬 더 지성적인 것이라고 말이다. 그게 사실일 수도 있다. 하지만 다시 한 번 경험에 의하자면, 대개 이러한 대답은 학문적 겸손과 의사소통 능력이 부족하고 혼란된 개념을 갖고 있는 지원자가 하는 것이다. 학문적 겸손이란 무엇을 의미하는가(그것은 약한 자의 미덕이 아니라, 오히려 자부심 있는 사람의 미덕이다)에 대해서는 4·2·4에서 언급할 것이다. 물론 학위 지원자가 고작 스물두 살의 나이에 모든 것을 깨달은 천재일 가능성을 배제할 수는 없다. 그리고 필자는 분명히 전혀 빈정거림 없이 이러한 가정을 하는 것이다. 그러나 실제로 이 지구 상에 그러한 천재가 나타날 때에는 인류가 그걸 깨닫는 데 오랜 세월이 걸리며, 또한 그의 위대함을 깨닫기 이전에 상당한 세월 동안 그의 작품이 읽히고 소화되어야 한다. 그리고 단 한 편이 아닌 수많은 논문을 검토하는 심사 위원회가, 그 외로운 선두 주자의 위대함을 단번에 알아본다고 어떻게 주장할 수 있겠는가?

그렇지만 학생이 중요한 문제를 명료하게 깨달았다고 단순하게 가정해 보자. 완전히 무에서 탄생하는 것은 아무것도 없으므로, 학생은 분명 누군가 다른 저자의 영향하에서 자신의 사상을 정교화했을 것이다. 그렇다면 당신의 논문을, 이론적 논문에서 역사적 논문으로 바꾸도록 하라. 말하자면 존재의 문제, 자유의 개념, 혹은 사회적 행동의 개념을 다루지 말고, 〈초기 하이데거에서 존재의 문제〉, 〈칸트의 자유 개념〉, 혹은 〈파슨스의 행동의 개념〉과 같은 테마를 전개하도록 하라. 만약 독창적인 사상이 있다면, 그것은 당신이 다루는 저자의 사상과의 대비 안에서도 역시 드러날 것이다. 다른 사람이 자유에 대해 말했던 방식을 연구하면서도 자유에 대해 새로운 많은 것을 말할 수 있게 되듯이 말이다. 그리고 정말로 자신의 논문이 이론적 논문이 되기를 원한다면, 역사 서술적 논문의 마지막 장이 그렇게 되도록 하라. 그러면 결과적으로 모두들 지원자가 말하는 바를 검토할 수 있을 것이다. 왜냐하면 그 문제의 개념들(이전의 어느 사상가와 관련된 개념들)은 공개적으로 검토될 수 있기 때문이다. 공허한 것에서 출발하여 어떤 논의를 **최초로** 제기한다는 것은 매우 어렵다. 특히 존재나 자유의 개념과 같이 모호한 문제에 대해서는 어떤 기준점을 찾아내야 한다. 비록 천재라 할지라도, 그리고 특히 천재일 경우, 다른 저자로부터 출발한다고 해서 결코 굴욕적인 것은 아니다. 또한 이전의 어느 저자로부터 출발한다는 것이 바로 그 저자를 물신화하고, 숭배하고, 그의 말을 그대로 믿는다는 것을 의미하지는 않는다. 오히려 어느 한 저자로부터 출발하여 그의 오류와 한계를 증명할 수도 있다. 그렇지만 그렇게 하면 하나의 기준점을 갖게 된다. 중세인들은 고전 작가들의 권위에 대해 과장된 존경심을 갖고 있었으며, 반면에 근대인들은 고전 작가들에 비해 〈난쟁이들〉에 불과하면서도, 그들을 기준점으로 삼음으로써 〈거인들의 어깨 위에 앉은 난쟁이들〉이 되었고, 따라서 자기 선조들보다 더 멀리 볼 수 있었다고 말하기도 한다.

   이러한 모든 고찰은 응용 및 실험 과목에는 해당되지 않는다. 만약 심리학 분야에서 논문을 작성한다면, 〈피아제에서 지각(知覺)의 문제〉 그리고 〈지각의 문제〉 사이에서 양자택일이 이루어지지는 않는다(비록 신중하지 못한 사람이 후자처럼 일반적으로 위험한 테마를 제기하더라도 그렇다). 역사 서술적 논문에 대한 대안은 오히려 〈신체 장애아 집단에서의 색의 지각〉과 같은 실험 논문이다. 여기에서는 논의가 뒤바뀌게 된다. 왜냐하면 특정한 조사 방법을 갖고 있으며 또 합당한 보조 장치가 갖추어진 합리적인 실험실에서 작업을 할 수만 있다면, 어떤 문제를 실험적인 형식으로 다룰 권리가 있기 때문이다. 그렇지만 훌륭한 실험 연구자라면, 먼저 최소한의 파노라마적 작업(이미 이루어진 유사한 연구에 대한 조사)을 하지 않고서는 자기 실험 대상의 반응 확인 작업을 시작하지 않는다. 그러지 않으면 〈우산을 발명〉한다거나, 이미 충분하게 증명된 것을 증명한다거나, 또는 이미 오류임이 증명된 방법을 적용할 위험이 있기 때문이다(비록 아직 만족스러운 결과가 나오지 않은 방법에 대한 새로운 확인 작업이 연구의 대상이 되더라도 그렇다). 그러므로 실험적 성격의 논문은 자기 집에서 이루어질 수는 없으며, 또한 그러한 방법이 발명될 수도 없다. 여기에서도 역시, 만약 현명한 난쟁이라면, 비록 크지는 않을지라도 어떤 거인이나 다른 난쟁이의 어깨 위로 올라가는 것이 더 낫다. 나중에 혼자서 앞으로 나아갈 시간은 얼마든지 있다.

### 2·3 옛날 테마인가, 현대적 테마인가

이러한 문제를 다룬다는 것은, 마치 신구 논쟁³이라는 낡은 논쟁을 다시 불러일으키는 것처럼 보일지 모르겠다. 그리고 여러 학문에서는 이런 문제가 전혀 제기되지 않는다(비록 라틴 문학사 논문 역시 호라티우스에 대해서나, 최근 20년 동안의 호라티우스 연구의 상황에 대해서 모두 논의할 수 있다 하더라도 그렇다). 반대로 만약 현대 이탈리아 문학사 분야에서 졸업하고자 한다면, 당연히 다른 선택의 여지가 없다.

그럼에도 불구하고, 16세기의 어느 페트라르카풍 시인이나 혹은 어느 아르카디아 시인에 관한 논문으로 졸업하라는 이탈리아 문학 교수의 충고 앞에서, 파베세, 바사니, 상구이네티와 같은 테마들을 더 선호하는 학생들이 적지 않다. 그런 선택은 진정한 소명 의식에서 나오는 경우가 많지만 그것을 입증하기란 매우 어렵다. 또 다른 경우에는, 현대 작가가 더 쉽고 더 흥미롭다는 그릇된 인식에서 그런 선택이 나오기도 한다.

**현대 작가는 언제나 더욱 어렵다**고 곧바로 말해 두기로 하자. 사실상 대개의 경우 참고 문헌이 더욱 제한되어 있고, 텍스트를 쉽게 찾을 수 있으며, 처음의 자료 조사 단계는 도서관에 처박혀 있는 대신에 해변에서 멋진 소설을 손에 든 채 쉽게 이루어질 수 있을 것이다. 그러나 단지 다른 비평가들이 말했던 것을 단순하게 반복함으로써 잘 치장된 논문을 작성하려 한다면, 더 이상 이런 논의를 할 필요도 없다

---

3 *querelle des anciens et des modernes*. 쿠르티우스의 표현으로서, 문학사 및 문학 사회학의 불변하는 현상을 지칭함.

(그리고 원한다면 16세기 페트라르카풍의 시인에 관해서 훨씬 더 잘 치장된 논문을 쓸 수 있다). 아니면 만약 무언가 새로운 것을 말하고자 한다면 이런 사실을 깨닫게 된다. 즉 고전 작가에 대해서는 최소한 그 위에 치장을 할 수 있는 확실한 해석적 토대들이 이미 존재하고 있으나, 현대 작가에 대해서는 그 견해들이 아직 일치되어 있지 않고 모호하며, 우리의 비평적 능력이 전망의 부족으로 인하여 잘못되어 있으며, 따라서 모든 것이 엄청나게 어려워진다는 사실을 깨닫게 된다.

물론 고전 작가는 더욱 힘든 책 읽기와 더욱 주의 깊은 참고 문헌 연구를 부과한다(그러나 작품 제목들은 비교적 덜 흩어져 있으며 이미 완벽한 참고 문헌 목록이 있다). 그렇지만 만약 논문을 학문 연구의 구축 방법을 배우는 기회로 이해하고 있다면, 고전 작가는 더 많은 훈련 문제들을 다양하게 제시해 줄 것이다.

그리고 만약 학생이 현대 비평에 역량이 있다고 느낀다면, 논문은 자신의 취향과 책 읽기 능력을 시험해 보기 위하여, 과거의 문학과 스스로를 비교해 볼 수 있는 마지막 기회가 될 수도 있다. 그러므로 그러한 기회를 적시에 포착하는 것도 나쁘지 않으리라. 아방가르드 작가들까지 포함하여 현대의 수많은 위대한 작가들은, 몬탈레나 파운드에 관한 논문이 아니라 단테나 포스콜로에 관한 논문을 썼다. 물론 정해진 규칙이 있는 것은 아니다. 훌륭한 연구자라면 고전 작가에 관해 작업하는 것과 동일한 통찰력과 문헌학적 정확함을 가지고 현대 작가에 대한 문체적 혹은 역사적 분석을 진행할 수 있다.

그 외의 문제는 학문에 따라 달라진다. 철학에서는 데카르트에 관한 논문보다는 후설에 관한 논문이 아무래도 더 많은 문제들을 제기한다. 따라서 〈쉬움〉과 〈읽기 쉬움〉 사이의 관계가 뒤바뀐다. 즉 카르납보다는 파스칼이 더 쉽게 읽힌다.

그러므로 필자가 정말로 하고 싶은 유일한 충고는, **마치 고전 작가인 양 현대 작가에 관해 작업하고, 마치 현대 작가인 양 고전 작가에 관해 작업하라**는 것이다. 아마 좀 더 흥미롭고 진지한 작업을 하게 될 것이다.

## 2·4 논문 작성에는 얼마나 시간이 걸리는가

곧바로 말하겠다. 3년 이상도 안 되고 6개월 이하도 안 된다. 3년 이상은 안 된다. 왜냐하면 만약 3년 안에 테마를 확정하고 필요한 자료 수집을 못 했다면, 그건 다음과 같은 세 가지 경우뿐이기 때문이다.

1) 능력을 넘어서는 잘못된 논문을 선택했다.

2) 모든 것을 말하고자 하여 불만족감이 있다. 그러면 20년 동안 논문 작업을 계속하게 된다. 반면에 유능한 학자라면, 비록 소박할지라도 한계를 확정하고, 그 한계 안에서 무언가 결정적인 것을 이끌어 낼 수 있어야 한다.

3) 논문에 대한 노이로제가 시작되었다. 즉 논문을 포기했다가, 다시 시작했다가, 실현이 불가능하다고 느꼈다가, 절망 상태에 빠졌다가, 논문을 여러 가지 비열함의 알리바이로 이용하다가, 결국은 절대 졸업을 못 하게 된다.

**6개월 이하는 안 된다.** 왜냐하면 원고가 60매를 넘지 않는 잡지의 멋진 평론과 같은 논문을 쓰고자 하더라도, 작업의 방법을 조사하고, 참고 문헌을 찾고, 자료를 정리하고, 텍스트를 펼쳐 보는 동안 6개월은 눈 깜짝할 사이에 지나가기 때문이다. 물론 아주 성숙한 학자는 아주 짧은 기간에도 평론을 쓸 수 있다. 그러나 그는 오랜 세월 책 읽기와 자료 정리, 메모를 한 경험이 있으며, 반면에 학생은 완전히 무에서 시작해야 한다.

물론 6개월 또는 3년이라고 말할 때, 최종적인 원고 작성의 시간을 생각해서는 안 된다. 최종적인 원고 작성은, 작업을 수행한 방법에 따라 한 달 혹은 보름이 걸릴 수도 있다. 논문에 대한 최초의 생각이 떠오를 때부터 작업물의 최종적인 제출까지 경과하는 전체 시간으로 생각해야 한다. 그러므로 어떤 학생은 단지 1년 동안만 실질적인 논문 작업을 하지만, 실제로는 어디에 도달할지도 모르면서 그 이전 2년 동안에 쌓아 올렸던 독서 경험과 생각을 활용하는 경우도 있을 수 있다.

필자의 견해로는, 가장 이상적인 것은(해당 지도 교수와 함께) **대학 2학년 말경에 논문을 선택하는 것**이다. 그 시점에는 이미 다양한 과목과 친숙해지고, 아직 시험을 치르지 않은 과목의 상태, 주제, 어려움까지도 알게 된다. 그러한 시간 선택은 위험한 것도 아니고 돌이킬 수 없는 것도 아니다. 자기 생각이 잘못되었다는 것을 깨닫고 또 테마, 지도 교수, 또는 심지어 과목까지도 바꿀 시간적인 여유가 충분히 있다. 그리스 문학에 관한 논문에 1년을 할애했는데 나중에야 현대 역사에 관한 논문이 더 낫다는 것을 깨달은 경우라도, 절대 시간을 낭비한 것이 아니라는 점에 주목해야 한다. 최소한 예비적인 참고 문헌 작성 방법, 텍스트를 기록하는 방법, 조직적으로 요약하는 방법을 배우게 된다. 앞서 1·3에서 언급했던 것, 즉 논문은 그 테마와는 무관하게 무엇보다도 자기 생각을 체계적으로 정리하는 방법을 배우는 데 도움이 된다는 사실을 기억해야 한다.

그러므로 2학년 말경에 논문을 선택하면, 연구에 몰두하고 또 할 수만 있다면 연구 여행에 몰두할 수 있는 세 번의 여름 방학 기간을 갖게 된다. 그리고 **논문의 완성에 합당한** 시험 과목들을 선택할 수도 있다. 만약 실험 심리학 논문을 작성한다면, 라틴 문학 시험을 그 논문에 포함시키기는 분명 어렵다. 그렇지만 많은 다른 철학, 사회학 과목들에서는, 교수와 함께 몇몇 텍스트들, 아마도 미리 정해진 텍스트들 대신에 그 시험을 자신의 주요 관심사의 범위 안에 포함시켜 주는 텍스트들을 선별할 수 있을 것이다. 궤변적인 왜곡이나 어린아이 같은 술책 없이도 그러한 것이 가능하다면, 학생은 단지 피할 수 없는 장애물을 넘기 위해 열정도 없이 준비한 시험, 억지로 강요된 부수적인 시험이 아니라, 방향이 정해져 있고 〈동기가 있는〉 시험을 준비하게 될 것이며, 현명한 교수는 언제나 그런 것을 더 좋아한다.

2학년 말에 테마를 선택한다는 것은, 4학년 10월까지 2년 동안을 완전히 마음대로 활용할 수 있으므로 이상적인 기간 안에 졸업하는 데 충분한 시간을 갖는다는 것을 의미한다.

그 이전에 테마 선택을 방해하는 것은 전혀 없다. 또한 유급 과정에 들어가도 된다면, 그 이후에 선택해도 상관없다. 다만 지나치게 늦게 선택하는 것을 절대 권하지 않을 뿐이다.

왜냐하면 좋은 논문을 쓰려면 가능한 범위 내에서 지도 교수와 함께 차근차근 논의해야 하기 때문이다. 그것은 교수를 떠받들기 위해서가 아니라, 논문을 작성한다는 것은 한 권의 책을 쓰는 것과 마찬가지이며, 독자 대중의 존재를 전제로 하는 의사소통의 연습이기 때문이다. 그리고 지도 교수는 학생이 자신의 작업 과정

동안에 활용할 수 있는, 유능한 독자의 유일한 견본이기도 하다. 최종적인 순간에야 작성한 논문은 지도 교수로 하여금 각 장(章)들이나 심지어 완성된 작업물 전체를 재빨리 훑어보도록 강요한다. 그리고 만약 지도 교수가 최종적인 순간에야 논문을 보고 그 결과에 대해 불만스럽게 생각한다면, 논문 심사 위원회에서 지원자를 공격하게 되고 좋지 않은 결과를 가져오게 된다. 그것은 지도 교수에게도, 즉 자신의 마음에 들지 않는 논문은 심사 위원회에 제출하지 말아야 할 지도 교수에게도 좋지 않다. 그것은 그에게도 역시 하나의 낭패가 된다. 정말로 지원자가 자기 작업을 제대로 하지 못한다고 생각되면 지도 교수는 그 사실을 미리 말해 주고, 다른 논문을 준비하라든지 또는 조금 더 기다리라든지 하는 충고를 해주어야 한다. 그런데도 지원자가, 그런 충고를 받고서도 교수가 잘못했다고 생각하거나, 또는 자기로서는 시간 문제를 고려할 수 없다고 생각한다면, 그는 폭풍우 같은 논쟁의 위험에 여전히 직면할 것이며, 최소한 그 점을 충분히 예상해야 할 것이다.

이러한 관찰에서 추론할 수 있는 것은, 6개월짜리 논문은 비록 잘못이 아주 적다고 하더라도 절대 최고의 것이 될 수는 없다는 점이다(다만 일반적으로 말하듯이, 마지막 6개월 안에 선택한 테마가 그 이전 수년간 쌓아 올린 경험의 결실로 이루어지는 경우는 제외된다).

그렇지만 필연적으로 모든 것을 6개월 안에 해결해야 하는 경우도 있을 수 있다. 그런 경우라면 그 기간에 권위 있고 진지하게 해결할 수 있는 테마를 찾아야 한다. 필자로서는 이러한 모든 논의를 지나치게 〈상업적인〉 의미로 받아들여서 마치 우리가 〈6개월짜리 논문〉과 〈3년짜리 논문〉을 다양한 가격으로 모든 유형의 고객에게 판매하고 있는 것처럼 받아들이지 않기를 바란다. 물론 6개월짜리라도 훌륭한 논문이 있을 수 있다.

그러한 6개월짜리 논문의 필요조건은 다음과 같다.

1) 테마가 한정되어야 한다.
2) 테마는 가능하다면 현대의 테마가 되어야 한다. 그것은 참고 문헌을 찾는 데 그리스인들까지 거슬러 올라가지 않기 위해서이다. 아니면 그것에 관해 쓴 것이 거의 없는 주변적인 테마가 되어야 한다.
3) 모든 종류의 자료들은 손쉽게 참조할 수 있고, 제한된 범위 안에서 활용할 수

있어야 한다.

몇 가지 예를 들어 보기로 하자. 만약 내가 〈알레산드리아의 산타마리아 델 카스텔로 교회〉를 테마로 선택한다면, 나는 그 교회의 복원의 역사와 변천 과정을 재구성하는 데 필요한 모든 것을 알레산드리아의 시립 도서관과 시의 문서 보관소에서 발견하리라고 기대할 수 있다. 필자가 〈기대할 수 있다〉고 말하는 것은, 하나의 가정을 하고 있기 때문이며, 또한 6개월짜리 논문을 찾고 있는 학생의 입장에서 말하고 있기 때문이다. 하지만 나는 계획을 갖고 출발하기 전에, 나의 가정이 타당한지 확인하기 위한 정보를 얻어야 한다. 또한 나는 알레산드리아 지방에 살고 있는 학생이어야 할 것이다. 만약 내가 칼타니세타[4]에 살고 있다면 최악의 선택을 한 것이다. 그 이외에 〈그러나〉라는 유보 조건이 있다. 만약 몇몇 자료들이 마음대로 이용할 수는 있지만 전혀 출판된 적이 없는 중세의 필사본이라고 한다면, 나는 고문서학에 대해 무언가 알고 있어야 한다. 말하자면 그 필사본을 읽고 해독할 수 있는 능력을 지니고 있어야 한다. 바로 그렇기 때문에 그토록 쉬워 보이던 그 테마는 어려운 것이 되고 만다. 반대로 만약 최소한 19세기 이후로 모든 것이 출판되어 있다면, 나는 안전하게 작업할 수 있다.

다른 예를 들어 보자. 라파엘레 라 카프리아는 단 세 편의 장편소설과 한 권의 평론집을 쓴 현대 작가이다. 그의 책들은 모두 봄피아니 출판사에서 출판되었다. 〈현대 이탈리아 비평에서 라파엘레 라 카프리아의 평가〉라는 제목의 논문을 상상해 보자. 대개 모든 출판사는 자체의 문서 보관소에 작가들에 관한 기사와 모든 평론의 인쇄 스크랩을 보관하고 있기 때문에, 나는 밀라노에 있는 그 출판사를 몇 번 방문함으로써 나의 흥미를 끄는 거의 모든 텍스트의 목록을 작성할 수 있으리라고 기대해 볼 수 있다. 게다가 그 작가는 현재 살아 있기 때문에 편지를 쓰거나 직접 찾아가 인터뷰를 하고, 거기에서 다른 참고 문헌 자료들을 얻거나 또는 내게 꼭 필요한 텍스트들을 복사할 수 있을 것이다. 물론 어떤 평론은 라 카프리아와 대비되거나 비교되는 다른 작가들을 살펴보도록 만들기도 한다. 따라서 범위는 약간

---

4 Caltanissetta. 시칠리아 남부의 도시 이름. 알레산드리아는 이탈리아 북부에 있다.

넓어지지만 합리적으로 넓어진다. 그리고 내가 라 카프리아를 선택한 것은, 내가 이미 현대 이탈리아의 문학에 약간의 관심을 갖고 있었기 때문이거나, 아니면 냉소적으로 냉담하게, 또 동시에 무심코 결정을 했기 때문이다.

다른 6개월짜리 논문으로는 〈최근 5년 동안의 중학교용 역사책에 나타난 제2차 세계 대전의 해석〉도 가능하리라. 현행의 모든 역사책들을 찾아내기란 다소 복잡하겠지만, 교과서 출판사들은 그리 많지 않다. 일단 텍스트들을 입수하거나 복사하고 나면, 그 문제를 다루는 페이지는 얼마 되지 않으며, 또한 상호 비교 작업이 짧은 시간 내에도 잘 이루어질 수 있다는 것을 알게 되리라. 물론 어느 책이 제2차 세계 대전에 대해 언급하는 방식은, 그 책이 제공하는 일반적인 역사적 테두리와 그 구체적인 논술을 비교하지 않고는 제대로 판단할 수 없다. 따라서 좀 더 깊이 있게 작업을 해야 한다. 또한 제2차 세계 대전에 관한 믿을 만한 역사책 대여섯 권을 매개 변수로 삼지 않고는 작업을 시작할 수 없다. 그런데 분명한 것은, 만약 이러한 모든 비판적 확인 형식을 무시한다면, 논문은 6개월이 아니라 1주일 만에 이루어질 수 있겠지만, 그것은 졸업 논문이 아니라 단순한 신문 기사가 될 것이며, 비록 탁월하고 재치 있는 것일지라도 지원자의 능력을 입증해 줄 수는 없을 것이란 점이다.

그리고 6개월짜리 논문을 쓰고자 하더라도, 단지 하루에 한 시간 정도만 작업을 한다면 더 이상 논의를 계속할 필요가 없다. 그런 경우는 1·2의 충고에 따르도록 하라. 즉 다른 논문을 베끼고 끝내 버려라.

## 2·5 필수적으로 외국어를 알아야 하는가

이 절은 외국어나 외국 문학에 관한 논문을 준비하는 사람들과는 관계가 없다. 사실 그들은 논문의 **대상이 되는** 언어를 알고 있는 것이 바람직하다. 아니, 만약 프랑스 작가에 관한 논문을 쓴다면 논문 자체를 프랑스어로 쓰는 것이 더 바람직하다. 외국의 많은 대학에서는 그렇게 하고 있으며, 그것은 옳은 일이다.

그렇지만 철학, 사회학, 법학, 정치학, 역사, 자연 과학 분야에서 논문을 제출하는 사람의 문제를 다루어 보기로 하자. 비록 논문이 이탈리아의 역사에 관한 것이거나, 단테 또는 르네상스에 관한 것일지라도, 언제나 외국어로 쓴 책을 읽어야 할 필요가 생긴다. 탁월한 르네상스 학자나 단테 학자들은 영어 또는 독일어로 책을 썼기 때문이다.

대개 이러한 경우에는 논문을, 자기가 모르는 언어로 책을 읽기 시작하는 기회로 삼는다. 테마를 하나의 동기로 삼아 약간 힘들기는 하겠지만 무언가 이해하기 시작한다. 많은 경우 외국어는 그렇게 배운다. 대개 나중에 그 외국어를 말할 수는 없지만, 읽을 수는 있다. 그것이 전혀 모르는 것보다는 훨씬 낫다.

만약 어느 정해진 테마에 관해 **단 한 권의** 독일어 책이 있는데 독일어를 모른다면, 가장 중요하다고 생각되는 부분들을 다른 사람에게 읽어 달라고 함으로써 문제를 해결할 수도 있다. 그 책에 많이 의존하지 않았다는 부끄러움은 있겠지만, 거기에서 견해를 얻었기 때문에 최소한 정당하게 그 책을 참고 문헌에 넣을 수 있으리라.

하지만 이 모든 것은 부차적인 문제이다. 중요한 문제는, **내가 알지 못하고 또 배울 준비가 되어 있지 않은 외국어 지식이 필요 없는 논문을 선택해야 한다**는 것이다. 어떤 경우에는 앞으로 부딪힐 위험을 전혀 모르고 테마를 선택하기도 한다. 무시할 수 없는 몇몇 경우를 잠시 살펴보기로 하자.

1) **어느 외국 작가를 원문으로 읽을 수 없다면 그 작가에 관한 논문을 쓸 수 없다.** 만약 시인을 다룬다면 문제는 명백해 보이지만, 많은 사람들은 칸트, 프로이트, 또는 애덤 스미스에 관한 논문에서 그런 염려는 불필요하다고 생각한다. 그렇지만 다음 두 가지 이유로 여전히 문제가 된다. 첫째, 언제나 그 저자의 모든 작품이 번역되어 있지는 않으며, 때로는 하나의 사소한 저술을 모름으로써 그의 사상이나 지적인 형성 과정을 제대로 이해하지 못할 수도 있다. 둘째, 대개 어느 저자에 관한 문헌들은 대부분 그가 저술했던 언어로 되어 있으며, 또한 저자의 글들이 번역되어 있다고 하더라도 그에 대한 해석자들의 글이 모두 번역되어 있는 것은 아니다. 마지막으로 번역이 언제든지 어느 저자의 사상을 정당하게 전해 주는 것은 아니다. 반면에 논문을 쓴다는 것은 바로 여러 종류의 번역이나 보급에 의해 잘못된 바로 그곳에서 원래의 사상을 재발견한다는 것을 의미한다. 논문을 쓴다는 것은, 교

과서 탓에 만연한 상투적인 공식들, 가령 〈포스콜로는 고전적이고 레오파르디는 낭만적이다〉라든지 〈플라톤은 이상주의자이고 아리스토텔레스는 현실주의자이다〉, 또는 〈파스칼은 가슴을 지향하고 데카르트는 이성을 지향한다〉 등의 상투적인 공식을 넘어선다는 것을 의미한다.

2) **어느 테마에 관한 아주 중요한 저술들이 우리가 모르는 언어로 쓰여 있다면 그 테마에 관한 논문은 쓸 수 없다.** 어느 학생이 독일어를 아주 잘하는데 프랑스어를 모른다고 한다면, 비록 니체가 독일어로 저술을 했을지라도, 니체에 대한 논문을 준비할 수는 없을 것이다. 왜냐하면 10여 년 전부터 니체에 관한 아주 흥미로운 몇몇 재평가들이 프랑스어로 저술되었기 때문이다. 프로이트에 대해서도 마찬가지이다. 미국의 수정주의자들이나 프랑스 구조주의자들의 평가를 전혀 고려하지 않고 빈의 그 거장을 다시 읽어 본다는 것은 어렵다.

3) **기껏 우리가 알고 있는 언어로 된 작품만을 읽으면서 어느 저자나 테마에 관한 논문을 쓸 수는 없다.** 결정적인 저술이 우리가 모르는 언어로 쓰이지 않았다고 누가 장담하겠는가? 물론 이러한 고려 사항이 노이로제를 유발할 수도 있으므로 상식 선에서 행동해야 한다. 대개는 과학적 정확성의 규칙들이 있기 때문에, 만약 어느 영국 저자에 대해 무언가 일본어로 쓰인 것이 있다면, 그 연구의 존재는 알고 있지만 그것을 읽지는 않았다는 것을 밝혀 두는 것이 합당하다. 이러한 〈무지의 허용〉은 (이탈리아에서) 대개 비서구어들과 슬라브 언어들까지 확대되며, 따라서 마르크스에 관해서 러시아어로 된 저술들을 고려하지 않았음을 인정하는 아주 진지한 연구가 있을 수도 있다. 하지만 이러한 경우 진지한 학자라면 그 저술들의 서평들이나 요약된 발췌문을 찾아볼 수 있기 때문에, 그것들이 종합적으로 무엇을 말하고 있는지를 언제나 알 수 있으며 또 알고 있음을 입증할 수 있다. 대개 러시아, 불가리아, 체코, 이스라엘 등의 학술지 말미에는 영어나 프랑스어로 된 논문 요약이 실려 있다. 바로 그렇기 때문에 비록 프랑스 작가에 대해 작업한다면 러시아어를 모르는 것이 정당할 수도 있지만, 장애물을 피하기 위해서는 최소한 영어는 읽을 줄 아는 것이 필수적이다.

그러므로 논문의 테마를 정하기 전에, 기존의 참고 문헌을 한번 훑어보는 신중함을 지녀야 한다. 눈에 띄는 언어적 어려움이 없는가 확인하기 위해서이다.

어떤 경우들은 이미 잘 알려져 있다. 독일어를 모르고 그리스 문헌학에 관한 논문을 쓴다는 것은 생각할 수도 없다. 왜냐하면 그 과목에 관한 엄청나게 많은 중요한 연구들이 독일어로 되어 있기 때문이다.

어떠한 경우든 논문은, 모든 서양 언어에 걸쳐 일반적인 용어들의 개념을 조금이라도 아는 데 도움을 준다. 비록 러시아어를 읽을 줄 모르더라도 최소한 키릴 문자들을 알아볼 수 있어야 하고, 또 인용된 어떤 책이 예술에 관한 것인지 과학에 관한 것인지는 알 수 있어야 하기 때문이다. 키릴 문자 읽는 법은 하룻저녁이면 배울 수 있고, 몇몇 제목을 비교해 보는 것만으로도 *iskusstvo*는 예술을 의미하고 *nauka*는 과학을 의미한다는 것을 알게 된다. 미리 두려워해서는 안 된다. 논문은 우리가 살아 있는 한 우리에게 도움을 주게 될 어떤 연습을 하는 유일한 기회로 이해해야 한다.

이러한 모든 고찰에서는, 어떤 외국의 문헌을 참조해야 할 경우 가장 좋은 방안은 바로 그 문제의 나라에 가서 얼마 동안의 시간을 보내는 것이라는 사실을 고려하지 않고 있다. 그러나 그것은 돈이 많이 드는 해결책이며, 여기에서는 그럴 가능성이 없는 학생에게도 조언을 주고자 한다.

그러나 마지막으로, 아마도 가장 타협적인 가정을 해보자. 가령 예술의 테마에 적용된 시각적 지각의 문제에 관심을 갖는 학생이 있다고 가정해 보자. 그 학생은 **외국어를 모르고 또 배울 시간도 없다**(혹은 심리적인 두려움을 갖고 있다. 어떤 사람은 1주일 만에 스웨덴어를 배우는 반면, 또 어떤 사람은 10년이 지나도 프랑스어를 제대로 말하지 못하기도 한다). 게다가 그는 경제적인 이유로 6개월짜리 논문을 제출해야 한다. 그렇지만 그는 진지하게 자신의 테마에 관심을 갖고 있으며, 일을 하기 위해서 대학을 빨리 마치기를 원하지만, 나중에 자기가 선택했던 테마를 다시 다루어 아주 평온하게 깊이 연구해 보고 싶어 한다. 우리는 그런 학생도 역시 생각해야 한다.

좋다. 그 학생은 〈현대의 몇몇 작가들에게서 나타나는 미술과 관계된 시각적 지각의 문제들〉이라는 유형의 테마를 선정할 수 있다. 무엇보다도 테마가 되는 심리학적 문제의 개요를 훑어보는 것이 좋으리라. 그리고 그 테마에 관해 그레고리의 『눈과 두뇌』에서 형태 심리학과 타협 심리학의 주요 텍스트들에 이르기까지 일련의 저서들이 이탈리아어로 번역되어 있는지 살펴보는 것이 좋으리라. 그런 다음 세 명의 저자의 테마에 초점을 맞출 수 있을 것이다. 예를 들어, 게슈탈트 심리학적 접근에는 아른하임, 기호학적-정보 이론적 접근에는 곰브리치, 도상학적 관점에서의 전망에 관한 접근으로는 파노프스키를 다룰 수 있다. 그 세 명의 저자들의 저술을 통해, 이미지 지각의 자연성 및 〈문화성〉 사이의 관계를 세 개의 상이한 관점에서 깊이 논의할 수 있을 것이다. 배경이 되는 전체 파노라마 안에 그 세 저자를 위치시키기 위해서는, 몇몇 중간 매개적 저술들, 예를 들어 질로 도르플레스의 책들이 이미 나와 있다. 일단 그 세 가지 전망의 윤곽을 그려 놓으면, 학생은 어느 구체적인 예술 작품에 비추어서 입수된 문제의 자료들을 다시 읽어 보려고 시도할 수도 있으리라. 아마도 이미 고전적인 해석(예를 들어 롱기가 피에로 델라 프란체스카를 분석하는 방식)을 다시 제시하거나, 그런 해석을 자신이 수집한 좀 더 〈현대적인〉 자료들로 보완할 수도 있을 것이다. 그 최종적인 결과는 전혀 독창적인 것이 아니며, 파노라마적 논문과 단일 주제 논문의 중간 상태에 머무를 것이다. 그러나 이탈리아어 번역판들을 토대로 그런 작업이 가능할 것이다. 그 학생은, 영어나 독일어로만 되어 있는 것까지 포함하여 파노프스키 **전체**를 읽지 않았다는 비난을 받지는 않을 것이다. 왜냐하면 그것은 파노프스키에 **대한** 논문이 아니라, 어느 한 문제에 대한 논문이며, 거기에서는 파노프스키에 대한 언급이 단지 몇몇 문제들의 준거로서 어느 정해진 측면에 관해서만 개입되기 때문이다.

  앞의 2·1에서 이미 말했듯이, 이런 유형의 논문이 가장 바람직하지 않다. 불완전하고 개괄적인 논문이 될 위험이 있기 때문이다. 분명하게 이것은 자기 가슴속에 있는 문제에 대해 미리 수집된 자료들을 황급히 제쳐 두려는 학생을 위한 6개월짜리 논문의 예일 뿐이다. 그것은 하나의 편법적인 해결책이지만, 최소한 권위 있는 방식의 해결책일 수는 있다.

  어쨌든 외국어를 모르면서 논문이라는 귀중한 기회를 포착하여 외국어를 습득할 수 없는 상황이라면, 가장 합리적인 해결책은 외국 문헌의 참조를 배제하거나 이미 번역된 소수의 텍스트만으로 해결할 수 있는, 구체적으로 이탈리아적인 테마에 관한 논문을 작성하는 것이다. 따라서 〈가리발디의 소설 작품들에 나타난 역사소설의 모델들〉과 같은 논문을 쓰려는 사람은, (물론 바로 그 테마에 대한 19세기 이탈리아의 논쟁 이외에도) 역사 소설의 기원 및 월터 스콧에 관한 몇몇 기초적인 개념을 알고 있어야 할 것이다. 하지만 이탈리아어로 된 몇 가지 참조 작품을 찾을 수 있을 것이며, 특히 도서관에서 19세기의 번역판들을 찾아보면 최소한 스콧의 대표적인 작품들을 읽어 볼 수 있을 것이다. 훨씬 더 문제가 없는 테마로는 〈이탈리아의 리소르지멘토 문화에서 구에라치의 영향〉 같은 것이 있다. 물론 절대로 낙관적인 선입관에서 출발해서는 안 된다. 참고 문헌들을 잘 조사해서, 혹시 그 테마를 외국의 저자들이 다루었는지 또 누가 다루었는지 살펴볼 필요가 있다.

### 2·6 〈과학적〉 논문인가, 〈정치적〉 논문인가

68 학생 운동 이후에 널리 만연한 견해는, 〈문화적〉이거나 책에 관한 테마들의 논문 대신, 오히려 직접적으로 정치적이고 사회적인 관심사와 연결된 논문을 써야 한다는 것이었다. 만약 그러한 상황이라면, 이 절의 제목은 도발적이거나 기만적으로 보이리라. 왜냐하면 〈정치적〉 논문은 〈과학적〉 논문이 아니라고 생각할 여지가 있기 때문이다. 현재 대학에서는 과학, 과학성, 과학적 연구, 어떤 작업물의 과학적 가치 등에 대해 종종 이야기하고 있으며, 이러한 용어들은 문화의 박제화라는 부당한 의구심이나 문화의 신비화 또는 무의식적인 오해를 유발할 수도 있다.

#### 2·6·1 과학성이란 무엇인가

몇몇 사람들은 과학이 자연 과학 또는 수치들을 기반으로 하는 연구와 동일하다고 간주한다. 말하자면 어떤 연구가 공식이나 도표들을 통해 이루어지지 않으면 과학적인 것이 아니라고 생각한다. 만약 그렇다면 아리스토텔레스의 도덕성에 관한 연구는 비과학적인 것이며, 또한 종교 개혁 동안의 농민 봉기나 계급 의식에 관한 연구도 비과학적인 것이 되리라. 분명 대학에서 〈과학적〉이라는 용어에 이런 의미를 부여하는 것은 아니다. 그러므로 무엇을 기준으로 어느 작업이 넓은 의미에서 과학적이라고 말할 수 있는지 정의해 보기로 하자.

가장 훌륭한 모델은 근대 초기부터 제시된 자연 과학이다. 이것은 다음과 같은 필요 조건에 상응할 때 과학적인 연구가 된다.

1) **다른 사람도 인정할 수 있는 방식으로 정의되거나 인정되는 것을 대상으로 한다.** 대상이라는 용어가 필연적으로 물리적 의미를 갖지는 않는다. 제곱근은 비록 아무도 본 적이 없지만 하나의 대상이다. 사회 계급은, 비록 누군가가 단지 개개인이나 통계적 평균치만 확인되지 엄밀한 의미의 진정한 계급은 확인되지 않는다고 반박하더라도, 하나의 연구 대상이 된다. 그러나 그런 의미에서 보면, 수학자만이 잘 다룰 수 있을 3,725 이상의 모든 정수(整數)들의 집단조차 물리적인 실재성을 갖지 못할 것이다. 그렇다면 대상을 정의한다는 것은, 우리가 제시하거나 또는 우리보다 먼저 다른 사람들이 제시했던 몇몇 규칙을 기반으로 우리가 말할 수 있는 조건을 정의한다는 것을 의미한다. 만약 우리가 3,725 이상의 정수는 단지 그것을 만날 경우에만 인정할 수 있다는 기본 규칙을 제시한다면, 우리는 우리의 대상을 식별하는 규칙을 제시한 것이 된다. 물론, 켄타우로스[5]와 같이 일반적으로 존재하지 않는다고 인정되는 가공의 존재에 대해서 말해야 한다면, 여러 문제가 발생한다. 그런 문제에 대해서 우리에게는 세 가지 대안이 있다. 무엇보다도 먼저, 우리는 켄타우로스를 고전 신화에 제시되는 존재라고 말할 수 있는지 결정할 수 있다. 만약 그렇다면 우리는 켄타우로스에 대해 말하는 (언어적 또는 시각적인) **텍스트**들을 다루기 때문에, 우리의 대상은 공개적으로 인정되고 구별될 수 있는 것이 된다. 그렇다면 고전 신화 속의 어떤 존재가 켄타우로스로 인정되기 위해서는 어떤 특징들을 지녀야 하는가 말해야 할 것이다.

두 번째로 우리는 가능성의 세계(실재 세계가 아닌)에 살고 있는 어떤 존재가 켄타우로스가 되기 위해서 **지녀야 하는** 특징들에 대한 가설적인 연구의 진행 방법 역시 설정할 수 있다. 그렇다면 우리는, 우리의 모든 논의가 그러한 가설의 범위 안에서 전개된다는 것을 미리 알리면서 그런 가능성의 세계의 존재 조건들을 정의해야 한다. 우리가 최초의 가정을 엄격하게 유지한다면, 어느 정도 과학적 연구의 대상이 될 가능성이 다분히 있는 어떤 〈대상〉에 대해 말할 수 있다.

---

[5] 그리스 신화에 나오는 반인반마(半人半馬)의 괴물.

세 번째로 우리는 켄타우로스들이 정말로 존재한다는 것을 증명하기에 충분한 증거들을 얻을 수 있는가를 결정할 수 있다. 그러한 경우 합당한 논의의 대상을 설정하기 위해, 우리는 증거들(해골, 뼈의 잔재, 화산 용암 위의 흔적, 그리스의 숲 속에서 적외선으로 촬영한 사진 등)을 제시함으로써, 우리의 가설이 옳든 그르든, 다른 사람들 역시 그것에 대해 무언가 말할 것이 있다는 사실에 동의할 수 있어야 한다.

물론 이러한 예는 역설적이며, 그 누구도 특히 세 번째 대안과 관련하여 켄타우로스에 대한 논문을 쓰려 하지 않으리라 생각한다. 하지만 필자로서는, 어떻게 해야 주어진 조건에 합치하며 공개적으로 인정될 수 있는 연구 대상을 언제나 선택할 수 있는지 보여 주고자 했을 뿐이다. 그리고 만약 켄타우로스에 대해 그렇게 할 수 있다면, 도덕적 행위, 욕망, 가치, 또는 역사적 진보의 이념과 같은 개념들에 대해서도 그와 동일하게 말할 수 있다.

2) 연구는 이러한 대상에 대해 전혀 언급되지 않은 것들을 말하거나 또는 이미 언급된 것들을 다른 시각에서 재조명해야 한다. 만약 수학적으로 정확한 어떤 논문이 전통적인 방법으로 피타고라스의 정리를 증명하기 위해 저술되었다면, 그건 과학적 작업이 아닐 것이다. 왜냐하면 우리의 지식에 아무것도 더해 주지 못할 것이기 때문이다. 그것은 기껏해야 멋진 보급판 작업이 될 것이다. 마치 나무, 못, 대패, 톱, 망치 등을 사용하여 개집을 만드는 방법을 가르치는 안내서와 마찬가지이다. 1·1에서 이미 말했던 바와 같이, 편집 논문 역시 과학적으로 유용한 것이 될 수 있다. 왜냐하면 편집자는 동일한 테마에 대해 다른 사람들이 이미 발표한 견해들을 모아 유기적으로 연결하기 때문이다. 그와 동일한 방식으로, 어떻게 개집을 만들 것인가에 대한 안내서는 과학적인 작업이 아니다. 그러나 개집을 만드는 잘 알려진 모든 방법을 비교하고 논의하는 작업은 과학성의 요구를 어느 정도나 소박하게 진행시킬 수 있다.

한 가지 고려해야 할 것은, 편집 작업은 그 분야에서 아직 그와 유사한 것이 없는 경우에 어느 정도의 과학적 유용성이 있다는 사실이다. 만약 개집을 만드는 체계들에 관한 비교 작업들이 이미 있다면, 거기에다 다른 동일한 것을 더하는 건 시간 낭비(또는 표절)일 뿐이다.

3) **연구는 다른 사람들에게 유용해야 한다.** 소립자들의 작용에 대한 새로운 발견을 소개하는 논문은 유용하다. 또한 레오파르디의 미간행 편지 한 장이 어떻게 발견되었는지 이야기하고 그 편지를 그대로 옮겨 적은 논문 역시 유용하다. 만약 (앞의 두 가지 요건을 충족하고) 일반적으로 이미 알고 있는 것에다 무언가 첨가한다면, 그리고 동일 테마에 관한 미래의 모든 작업들이 최소한 이론적으로 그것을 고려해야 한다면, 그 작업은 과학적이다. 물론 과학적 중요성은, 그 공헌의 필수 불가결한 정도에 따라 평가된다. 어떤 공헌들은, 나중에 학자들이 그에 대해 고려하지 않으면 좋은 것을 전혀 말해 줄 수 없는 것들도 있다. 그리고 어떤 공헌들은 학자들이 고려하지 않아도 상관없고, 그렇다고 누가 죽는 것도 아닌 것들도 있다. 최근에 제임스 조이스가 성(性) 문제에 대해 아내에게 썼던 뜨거운 편지들이 출판되었다. 의심할 바 없이 앞으로 조이스의 『율리시스』에 나오는 몰리 블룸이라는 등장인물의 유래를 연구하는 사람은, 조이스가 사생활에서 몰리의 성욕처럼 강렬하고 생생한 성욕을 아내에게 쏟았다는 사실을 알게 됨으로써 도움을 받을 수 있을 것이다. 따라서 그것은 유용한 과학적 공헌이 된다. 그런데 다른 한편으로는 그러한 자료들 없이도 몰리라는 등장인물에 정확하게 초점을 맞추어, 아주 훌륭하게 『율리시스』를 해석한 논문들도 있다. 그러므로 그것은 꼭 필수 불가결한 공헌은 아니다. 그와는 반대로 조이스의 소설 『젊은 예술가의 초상』의 초고인 『스티븐 히어로』가 출판되었을 때에는, 모두 그 아일랜드 작가의 발전 과정을 이해하기 위해서는 기본적으로 그 작품을 고려해야 한다는 것을 깨달았다. 그것은 필수 불가결한 과학적 공헌이다.

그렇다면 누군가는 아주 엄격한 독일 문헌학자들에 대해 종종 냉소적인 그러한 자료들 중의 하나를 조명해 볼 수도 있으리라. 그것들은 〈세탁부 여자의 메모들〉로 일컬어지는, 실제로 하찮은 가치의 텍스트들인데, 거기에는 혹시 저자가 그날의 씀씀이를 메모해 두었을 수도 있다. 때로는 그런 종류의 자료 역시 유용하다. 왜냐하면 모두가 세상에서 고립되어 있다고 생각하던 어느 예술가의 인간성을 조명해 주거나, 또는 어느 시기에 그가 아주 빈곤하게 살았다는 것을 밝혀 주기 때문이다. 그런가 하면 때로는 그런 자료들이 이미 알고 있는 것에다 아무것도 더해 주지 못하고, 사소한 전기적 호기심에 불과한 경우도 있다. 그리고 비록 그런 하찮은 것을 밝히는 데 지칠 줄 모르는 연구자로 유명한 사람이 있을지라도, 그것은 아무런 과학적 가치가 없다. 그렇다고 그런 연구를 즐기는 사람들을 실망시키자는 것은 아니지만, 인류 지식의 진보에 대해 말할 수는 없다. 그리고 비록 과학적 관점은 아닐지라도 최소한 교육적인 관점에서 보자면, 그 작가의 작품들을 요약하고 그의 생애를 이야기하는 좋은 보급판 책을 쓰는 것이 훨씬 더 유용할 것이다.

4) 연구는 **그것이 제시하는 가설을 검증하거나 반증할 요소들을 제공해야 한다**. 말하자면 그 연구의 공개적인 지속을 위한 요소들을 제공해야 한다. 그것은 기본적인 요건이다. 예를 들어 나는 펠로폰네소스 지방에 켄타우로스가 존재했다는 것을 증명하고 싶다. 하지만 나는 다음과 같은 네 가지를 명백히 해야 한다. 즉 (1) 그 증거들(앞서 말했듯이, 최소한 꼬리뼈 하나라도)을 제시하고, (2) 증거물을 발견하기 위해 내가 어떻게 작업했는지 말하고, (3) 다른 증거들을 발견하기 위해서는 어떻게 작업해야 하는지 말하고, (4) 가능하다면, 어떤 유형의 뼈(또는 다른 증거물)가, 또는 그 뼈의 발견 날짜가 나의 가설을 허공으로 날려 버릴지 말하는 것이다.

이러한 방식으로 나는 단지 나의 가설을 위한 증거들을 제시했을 뿐이다. 하지만 나는 다른 사람들 역시 연구를 계속하여, 나의 그 가설을 확인하거나 문제 삼을 수 있도록 했다.

다른 어떠한 테마라도 마찬가지이다. 가령, 내가 1969년의 의회 밖 정치 운동에는, 비록 일반적으로는 서로 완전히 동일한 것으로 여겨진다고 하더라도, 두 가지의 흐름, 즉 레닌주의적 흐름과 트로츠키주의적 흐름이 있었다는 것을 증명하기 위한 논문을 작성한다고 가정해 보자. 나는 내가 옳다는 것을 증명하기 위하여 자료들(유인물, 회합 기록, 기사 등)을 제시해야 한다. 또한 그 자료를 찾기 위해서 어떻게 했으며, 또 어디에서 찾아냈는지 말해 줌으로써, 다른 사람들이 그런 방향으로 연구를 계속할 수 있도록 해주어야 한다. 그리고 어떠한 기준에 따라 증거 자료들을 그 집단 회원들의 것으로 간주했는지 말해 주어야 한다. 예를 들어, 만약 그 집단이 1970년에 해체되었다면, 나는 활동 기간에 회원들이 작성한 이론적 자료들만을 그 집단의 표현으로 간주했는지 여부를 말해야 한다(그렇다면 어떠한 기준에 따라 어떤 사람들이 그 집단의 회원들이라고 판정하는지, 말하자면 회원 가입 또는 집회 참석, 경찰의 추정에 의한 것인가를 말해 주어야 한다). 아니면 만약 그 집단의 해체 후에 이전 회원들이 만든 자료들 역시 고려하는지(만약 그들이 나중에 그런 사상을 표방했다면, 그 집단이 활동하던 기간에 이미 희미하게나마 그런 사상을 배양하고 있었음을 의미한다는 원칙에서 출발하여) 말해야 한다. 단지 그런 방식을 통해서만 나는 다른 사람들에게 새로운 연구를 할 가능성을 제공하거나, 예컨대 나의 견해가 잘못되었다는 것(가령, 어떤 사람은 경찰의 주장으로는 그 집단에 참여했지만 다른 회원들이 전혀 그를 회원으로 인정하지 않았으므로, 적어도 증거 자료들로 판단하면 그 집단의 회원으로 간주할 수 없기 때문에)을 증명할 가능성을 제공하게 된다. 바로 그렇기 때문에 나는 가설과 증거들, 검증 및 반증의 과정들을 제시한 것이다.

필자가 일부러 아주 다양한 테마들을 선택한 것은, 과학성의 요건들은 어떠한 유형의 연구에도 적용될 수 있다는 것을 증명하기 위해서였다.

위에서 필자가 언급한 바에 의하면, 〈과학적〉 논문과 〈정치적〉 논문 사이의 대립 관계는 인위적인 것이 된다. 따라서 **과학성에 필요한 모든 규칙을 준수하면서도 정치적 논문을 쓸 수 있다.** 노동자 집단에서 시청각 체계들을 통한 정보 선택의 경험을 서술하는 논문도 있을 수 있다. 그것이 과학적 논문이 될 수 있는 것은, 확인 가능하고 공개적인 방법으로 나의 경험을 서술하고, 또한 다른 사람이 다시 연구를 하여 그와 동일한 결과를 얻거나, 아니면 나의 결과가 우연적인데, 그것은 나의 개입에 의해서 그런 것이 아니라 내가 고려하지 않았던 다른 요인들에 의해 그렇다는 것을 발견할 수 있도록 허용해 주는 범위 안에서이다.

과학적 작업의 장점은, 다른 사람들에게 절대 시간 낭비를 하지 않도록 해준다는 점이다. 과학적 가설의 궤도에서 작업했는데 나중에 그 가설을 반박해야 할 필요성을 발견하는 것 역시, 선행된 제안의 충동으로 무언가 유용한 것을 했다는 걸 의미한다. 만약 나의 논문이 다른 사람을 자극하여 노동자들 사이의 반대 정보의 경험들을 연구하도록 했다면(비록 나의 전제 조건들이 소박했을지라도), 나는 무언가 유용한 작업을 한 것이 된다.

이러한 의미에서 과학적 논문과 정치적 논문 사이에는 대립 관계가 없다는 것을 알 수 있다. 한편으로는, 모든 과학적 작업은 다른 사람의 지적 성장에 기여함으로

써, 언제나 긍정적인 정치적 가치를 획득한다(지식의 과정을 방해하려는 모든 행위는 부정적인 정치적 가치를 획득한다)고 말할 수 있다. 그러나 다른 한편으로는, 성공의 가능성이 있는 모든 정치적 활동은 과학적 진지함을 토대로 해야 한다는 것을 분명히 말해 두어야겠다.

앞서 보았듯이 대수 공식들이나 시험관을 사용하지 않고도 〈과학적인〉 논문을 쓸 수 있다.

### 2·6·2 역사적-이론적 테마인가, 〈뜨거운〉 경험인가

그러나 이 시점에서 우리의 최초 문제는 다른 방식으로 바뀌어 제시되고 있다. 즉 **박식함을 드러내는 논문을 쓰는 것이 유용한가, 아니면 실제적인 경험, 직접적인 사회적 참여와 연결된 논문을 쓰는 것이 유용한가.** 바꾸어 말하자면, 유명한 작가나 고전적인 텍스트에 대한 논문과, 이론적 차원(예를 들면, 〈신자본주의 이데올로기에서 착취의 개념〉)에서나 실천적 차원(예를 들면, 〈로마 변두리 하층민의 상황에 대한 연구〉)에서 자신이 직접 동시대의 문제에 개입하는 논문 중에서, 어느 것이 더 유용한가?

이러한 질문은 그 자체로는 무의미하다. 각자 자기가 좋아하는 것을 하면 된다. 그러므로 만약 어느 학생이 4년 동안 로망스 문헌학을 공부했다면, 그 누구도 하층민에 대해 연구하라고 요구할 수 없다. 또한 마찬가지로 4년의 기간을 다닐로 돌치와 함께 보낸 사람에게, 〈학문적 겸손〉의 행동을 기대하면서, 『프랑스의 왕가』에 대한 논문을 쓰라고 요구하는 것도 어리석은 일이리라.

하지만 그런 질문이, 대학의 공부들과 특히 논문의 경험이 자신에게 무슨 도움이 되는가 스스로 자문하는 학생에게서 나왔다고 가정해 보자. 그 학생은 지대한 정치 사회적 관심을 갖고 있으며, 따라서 〈교과서적인〉 테마에 몰두함으로써 자신의 소명을 배반하지 않을까 염려한다고 가정해 보자.

그리고 만약 그가 이미 정치 사회적 경험에 뛰어들었으며 거기에서 어떤 결론적인 논의를 이끌어 낼 가능성이 엿보인다면, 어떻게 자신의 경험을 과학적으로 다룰 것인가 하는 문제를 제기하는 것이 더 좋으리라.

하지만 만약 그런 경험이 아직 없다면, 필자의 생각으로는 그런 질문은 단지 고상하지만 순진한 불안감을 표현하고 있을 뿐이다. 앞서 말했듯이, 논문에 의해 부과되는 연구의 경험은 언제나 미래의 우리 삶(그것이 직업적이든 정치적이든 상관없이)에 도움을 주며, 그러한 도움은 자기가 선택하는 테마보다는 그 테마에 따르는 훈련, 엄격함의 수양, 거기에서 요구되는 자료들의 체계화 능력에 의해 주어진다.

그러므로 역설적으로, 정치적 관심이 많은 학생이 〈18세기의 어느 식물학 저술가의 지시 대명사의 반복 사용〉에 대한 논문을 쓴다고 해서, 자신의 정치적 관심을 무시하는 것은 아니라고 말할 수 있다. 또는 갈릴레이 이전의 과학에서 임페투스 *impetus* 이론에 대하여, 또는 비유클리드 기하학에 대하여, 또는 교회법의 발생에 대하여, 또는 헤시카스트들[6]의 신비주의적 종파에 대하여, 또는 중세 아랍 의학에 대하여, 또는 공개적 경매의 소유권 침해에 관한 형법의 조항에 대하여 논문을 쓸 수도 있다.

19세기의 노동 운동에 대한 훌륭한 역사적 논문을 쓰면서, 정치적인 관심, 예를 들어 노동조합에 대한 관심을 배양할 수도 있다. 르네상스 시기 목판 인쇄의 생산 양식, 확산, 스타일을 연구하면서도, 하층 계급의 정보 요구와 같은 동시대 문제들을 이해할 수 있다.

그리고 논쟁적으로 말하자면, 지금까지 오직 정치 사회적 활동만 해온 학생에게, 필자로서는, 자신의 직접적인 경험의 서술보다는 바로 위와 같은 논문들 중의 하나를 권하고 싶다. 왜냐하면 논문 작업이란 (자신의 정치적 활동의 이론적 또는 역사적 전제 조건들을 좀 더 광범위하게 고찰하는 것 이외에) 역사적, 이론적, 기술적 지식들을 습득하고 또 자료 조사 방법을 배울 수 있는 마지막 기회가 될 것이기 때문이다.

물론 이것은 필자의 의견일 뿐이다. 바로 그와 다른 의견을 존중하기 위하여 필자는, 정치 활동에 몰입하여, 자신의 정치 활동의 경험을 논문 작성에 활용하고 또한 논문을 자신의 활동에 부합시키고자 하는 사람의 관점에 서고자 한다.

그것은 가능하며, 또한 아주 훌륭한 작업이 될 수 있다. 그러나 바로 그런 작업

---

6 *Hesychast*. 11~14세기에 주로 명상을 강조하는 금욕적 교리를 추종했던 수도자들.

의 존경받을 만한 가치를 보호하기 위해서는, 여러 가지 사항을 지극히 명료하고 지극히 엄밀하게 언급해야 한다.

때때로 학생은 유인물, 토론 기록, 활동 보고서, 아마도 이전의 어느 논문에서 빌려 온 통계들을 얼기설기 모아 놓은 100여 페이지를 작성하여 〈정치적〉 논문이라고 제출하는 경우도 있다. 때로는 논문 심사 위원이 태만하거나 무능해서, 또는 선동을 목적으로 그런 작업물을 훌륭한 것으로 받아들이는 경우도 있다. 하지만 그것은 비단 대학의 기준들뿐만 아니라 바로 정치적인 기준에서 보아도 우스꽝스럽다. 정치를 하는 데에는 진지한 방법도 있고 아주 무책임한 방법도 있다. 사회 상황에 대한 충분한 정보도 없이 발전 계획을 결정하는 정치가는, 범죄자가 아니라면 한갓 우스꽝스러운 광대에 지나지 않는다. 또한 과학적 요건이 결여된 정치적 논문을 씀으로써 그는 자기가 속한 정당에 최악의 영향을 줄 수도 있다.

앞의 2·6·1에서, 그러한 과학적 요건이란 무엇이며, 또한 그것이 진지한 정치적 개입을 위해서도 역시 얼마나 중요한지 이미 언급했다. 언젠가 필자는, 어느 학생이 대중의 커뮤니케이션 문제에 대한 시험을 치르면서, 자기가 특정 구역의 노동자들에게 텔레비전 시청에 대한 〈설문 조사〉를 했다고 주장하는 것을 본 적이 있다. 사실 그 학생은 손에 녹음기를 들고, 두 번 기차 여행을 하는 동안에 10여 명의 통근 노동자들에게 질문을 했던 것이다. 그러한 의견들을 기록하여 나오는 것이 설문 조사가 될 수 없다는 것은 당연하다. 왜냐하면 모든 설문 조사에서 지켜야 할 검증 가능성의 요건들을 갖추지 않았을 뿐만 아니라, 거기에서 도출되는 결과는 연구를 하지 않고도 충분히 상상할 수 있는 것이기 때문이다. 하나의 예를 들어 보자면, 그 10여 명의 사람들 중에서 대다수가 운동 경기 실황 중계를 보는 것을 좋아한다고 말하리라는 것은 책상에 앉아서도 짐작할 수 있다. 그러므로 30여 페이지의 거짓 설문 조사를 제시하여 그런 멋진 결과에 도달한다는 것은 우스꽝스러운 일이다. 그리고 학생 자신에게도, 단지 자신의 의견을 개략적으로 주장하면서 〈객관적인〉 자료들을 얻었다고 믿는 것은 일종의 자기기만이다.

피상성의 위험은 특히 정치적 성격의 논문에서 나타나는데, 다음과 같은 두 가지 이유에서이다. (1) 역사적 또는 문헌학적 논문에서는 연구자가 빠져나갈 수 없는 전통적인 연구 방법들이 있는 반면에, 현재 전개되는 사회 현상에 대한 작업에서는 종종 그 연구 방법을 고안해야 하기 때문이다(그렇기 때문에 훌륭한 정치적 논문은 거의 언제나 평온한 역사적 논문보다 훨씬 더 어렵다). (2) 수많은 〈미국식〉 사회 연구 방법론이 수치 및 통계적 방법을 물신화함으로써, 실제적인 현상의 이해에는 별로 도움이 되지 않는 대량의 연구를 산출했기 때문이다. 그 결과 정치화된 수많은 젊은이들은 기껏해야 〈사회 측정법〉에 지나지 않는 그러한 사회학에 대하여 불신의 태도를 취하고 있으며, 또한 그것은 이데올로기적 껍데기로 둘러싸인 체제에서 단지 기능적인 역할을 할 뿐이라고 비난한다. 그러나 그런 유형의 연구에 대응한답시고 때로는 전혀 연구를 하지 않고, 논문을 단지 일련의 유인물이나 호소문, 또는 순수하게 이론적인 주장으로 변형시켜 버리는 경향도 있다.

어떻게 그러한 위험을 피할 것인가? 여러 가지 방법이 있는데, 그러기 위해서는 유사한 테마에 대한 〈진지한〉 연구의 견해를 따르고, 최소한 이미 성숙한 집단의 활동을 따르지 않고는 사회적 연구 작업에 함부로 빠지지 않고, 자료 수집 및 분석의 몇 가지 방법을 습득하고, 일반적으로 오랜 시간이 걸리고 비용이 드는 연구 작업을 단지 몇 주 만에 하겠다고 생각하지 말아야 한다. 그렇지만 문제는 연구 분야, 테마, 학생의 준비 상태에 따라 다르므로 — 그리고 일반적인 충고는 해줄 수도 없다 — 필자는 한 가지 예만 들겠다. 만약 필자라면, 그 분야에 대한 이전의 연구들이 전혀 없어 보이는 〈아주 새로운〉 테마, 의심할 바 없이 정치적, 이데올로기적, 실천적인 배경을 가진 오늘날의 뜨거운 테마(여러 전통적인 교수들이 〈순수하게 저널리즘적〉이라고 정의할 만한), 예를 들면 독립적인 자유 라디오 방송국들의 출현 현상 같은 테마를 선택하고 싶다.

### 2·6·3 어떻게 오늘날의 테마를 과학적인 테마로 전환시키는가

오늘날 우리가 잘 알고 있다시피, 대도시에는 그런 방송국들이 수십 개씩 있으며, 인구 10만의 도심지에도 두서너 개가 있고, 도처에 그런 방송국들이 생겨나고 있다. 그것들은 정치적 성격이나 상업적 성격을 띠고 있다. 또한 그 방송국들은 법적인 문제들이 있지만, 법률 자체가 모호하고 계속 변화하고 있으며, 따라서 필자가 현재 글을 쓰고 있는(또는 논문을 작성하고 있는) 지금 이 순간과 이 책이 출판

될(또는 논문이 논의될) 순간 사이에 이미 상황은 바뀌어 있을 것이다.

그러므로 무엇보다도 먼저 나는 내 연구의 지리적, 시간적 범위를 명확하게 정의해야 한다. 단순하게 〈1975년에서 1976년까지의 자유 라디오 방송국〉이 될 수도 있지만, 그 연구는 완벽한 것이 되어야 한다. 만약 밀라노의 라디오 방송국만을 검토하기로 결정한다면, 그 대상은 밀라노의 라디오 방송국들만이지만 **모든** 방송국이 되어야 한다. 그렇지 않으면 나의 연구는 불완전하게 될 것이다. 왜냐하면 혹시라도 나는 방송 프로그램, 청취율의 지표, 그 주요 활동자들의 문화적 구성 또는 분포(교외, 시내, 도심) 등과 관련하여 아주 중요한 라디오 방송국을 빠뜨릴지도 모르기 때문이다.

만약 전국적으로 30개의 라디오 방송국을 표본으로 작업하기로 결정한다면, 그렇게 해도 된다. 그렇지만 나는 그러한 표본의 선택 기준을 설정해야 한다. 그리고 만약 전국적인 현실에서, 정치적 라디오 방송국 5개당 3개의 상업적 라디오 방송국이 있다고 하면, 나는 30개의 라디오 방송국 중에서 29개가 정치적이고 좌파적(또는 그 반대)인 방송국이 되도록 선택해서는 안 된다. 왜냐하면 그럴 경우 내가 그러한 현상에 부여하는 이미지는, 실제적인 상황을 척도로 하지 않고 나의 개인적인 욕망이나 불안감을 척도로 하고 있기 때문이다.

또한 나는 현재 있는 그대로의 라디오 방송국에 대한 연구를 포기하고, 그 대신에 이상적인 자유 라디오 방송국을 다루는 계획을 제안하기로 결정할 수도 있다(그러면 또다시 가공의 세상에서의 켄타우로스의 존재에 대한 논문의 이야기로 되돌아가게 된다). 하지만 그럴 경우, 한편으로는 그러한 계획은 유기적이고 현실적인 것이 되어야 하며(실제 존재하지 않거나, 소규모의 사설 집단에서는 활용할 수 없는 설비의 존재를 가정할 수는 없다), 또한 다른 한편으로 나는 실제 현상의 경향을 고려하지 않은 채 이상적인 계획을 세울 수가 없다. 그렇기 때문에 그 경우에도 역시 기존의 라디오 방송국에 대한 예비 연구는 필수적이다.

그리고 나는 〈자유 라디오〉라고 정의하는 지표들을 공포하여야 한다. 말하자면 연구 대상을 공개적으로 인정할 수 있도록 해야 한다.

나는 자유 라디오 방송이라는 말로 좌파 라디오 방송만을 가리키는가? 아니면 전국적으로 준합법적인 상황에 있는 소규모 집단의 라디오 방송을 가리키는가?

아니면 비록 우연하게 순 상업적인 의도와 아주 밀착된 방송망이라 할지라도, 국영 라디오 방송국에 의존하지 않는 라디오 방송인가? 아니면 국가적 영토의 기준을 고려하여 단지 산마리노와 몬테카를로의 라디오 방송국만을 자유 라디오 방송국으로 간주할 것인가? 어떻게 선택하든, 나는 나의 기준을 명백히 밝혀야 하며, 무엇 때문에 어떤 현상은 연구 영역에서 제외했는가를 설명해야 한다. 분명 그 기준은 합리적이어야 한다. 혹은 내가 사용하는 용어들은 명백하게 정의되어야 한다. 나는 단지 극좌파적인 입장을 표명하는 방송국만이 자유 라디오 방송국이라고 결정할 수도 있다. 하지만 그렇다면, 나는 일반적으로 〈자유 라디오〉라는 용어가 다른 라디오 방송들 역시 가리킨다는 사실을 고려해야 한다. 그리고 그런 방송들에 대해서도 말하고 있다거나, 그런 방송국은 실제 존재하지 않는다고 독자들을 속일 수는 없다. 그럴 경우 나는 〈자유 라디오〉라는 말뜻을, 내가 검토하지 않는 라디오 방송에는 적용하지 않는다는 것을(하지만 그러한 배제의 기준은 논의되어야 한다) 구체적으로 밝히거나, 아니면 내가 조사하는 라디오 방송들에 대해 좀 더 구체적인 용어를 선택해야 한다.

그러한 시점에 이르면 나는 조직적, 경제적, 사법적 측면에서 자유 라디오 방송국의 구조를 설명해야 한다. 만약 그중 몇몇 방송국에는 전임 전문 기사들이 일하고 있고, 또 다른 방송국에는 활동가들이 교대로 일하고 있다면, 나는 조직적인 유형학을 세워야 할 것이다. 그러한 모든 유형이 자유 라디오 방송의 추상적인 모델을 정의하는 데 도움이 되는 어떤 공통적인 특성을 갖고 있는지 살펴보아야 한다. 혹은 〈자유 라디오〉라는 용어가 매우 상이한 일련의 잡다한 경험을 가리키고 있는지 살펴보아야 한다. 그렇다면 이러한 분석의 과학적 엄격함이 얼마나 실제적인 결과에도 유용한지 여러분은 곧바로 알 수 있으리라. 만약 내가 자유 라디오 방송국을 세우려고 한다면, 나는 그것의 기능에 최고로 적합한 조건이 무엇인가를 알아야 하기 때문이다.

믿을 만한 유형학을 세우기 위해서 나는, 예를 들어 내가 조사하는 다양한 라디오 방송국을 비교하여, 가능한 모든 특징을 고려한 표를 만들 수 있을 것이다. 그

표에서 나는 수직적으로는 어느 라디오 방송국의 특징을 얻을 수 있고, 수평적으로는 어느 특징의 통계적 빈도수를 얻을 수 있을 것이다. 이것은 순수하게 방향 제시적인 하나의 예이며, 단지 네 가지의 매개 변수들 — 전문 기사의 유무, 음악과 멘트의 비율, 광고의 유무, 이데올로기적 성향 — 에 관한 지극히 제한된 측면들을 가공적인 7개의 라디오 방송국에 적용해 본 것이다.

|  | 라디오 베타 | 라디오 감마 | 라디오 델타 | 라디오 오로라 | 라디오 첸트로 | 라디오 팝 | 라디오 채널100 |
|---|---|---|---|---|---|---|---|
| 전문 기사의 유무 | − | + | − | − | − | − | − |
| 음악의 우위 | + | + | − | + | + | + | + |
| 광고의 유무 | + | + | − | − | + | + | + |
| 명백한 이데올로기적 특성 | + | − | + | + | − | + | − |

이런 종류의 표는, 예를 들어 라디오 팝은 비전문적인 집단으로 구성되어 있고, 명백한 이데올로기적 특성을 갖고 있으며, 멘트보다는 음악을 더 많이 방송하고 또 광고를 받고 있다는 사실을 말해 준다. 또한 동시에 광고를 받는다거나 멘트보다 음악이 우위를 점한다고 해서 반드시 이데올로기적 특성과 대립하는 것은 아니라는 사실을 말해 주기도 한다. 왜냐하면 벌써 두 개의 라디오 방송국이 그런 상황에 있으며, 반면에 음악보다 멘트가 우위에 있으면서도 이데올로기적 특성을 지닌 방송국은 단 하나뿐이라는 것을 우리는 알 수 있기 때문이다. 다른 한편으로 광고가 없고 멘트가 우위를 차지하고 있으면서, 이데올로기적 특성이 없는 라디오 방송은 **전혀** 없다. 이러한 표는 순전히 가설적이며, 단지 소수의 매개 변수와 소수의 라디오 방송국만을 고찰하고 있다. 그러므로 신뢰할 만한 통계적 결론을 이끌어 낼 수는 없다. 이것은 단지 하나의 예시에 불과하다.

하지만 이러한 자료들은 어떻게 얻는가? 자료의 출처는 세 가지, 즉 공식 문서, 당사자들의 설명, 청취 기록이다.

**공식 문서.** 이것은 언제나 가장 확실한 출처이지만, 독립 라디오 방송국에 대해서는 거의 없다. 규정에 의하면 공공 안전 당국에 기록이 있다. 그리고 공증 사무소에는 회사의 설립 문서 또는 그와 유사한 무언가가 분명 있을 것이다. 그렇다고 그것을 볼 수 있다는 말은 아니다. 좀 더 자세한 규정에 이르면 다른 자료들을 찾을 수 있을 테지만, 현재로서는 그 이외에 다른 자료는 없다. 그렇지만 라디오 방송국의 이름, 방송 주파수, 활동 시간 역시 공식 자료에 속한다는 사실을 기억하기 바란다. 모든 라디오 방송국에 대하여 최소한 이 세 가지 요소를 제공해 주는 논문 역시 하나의 유용한 공헌을 할 것이다.

**당사자들의 설명.** 여기에서는 라디오 방송국의 책임자에게 질문을 하게 된다. 그들의 설명이 객관적인 자료가 되기 위해서는 그것이 분명하게 그들이 말한 것이어야 하며 또한 인터뷰의 수집 기준이 동일해야 한다. 우리가 중요하다고 생각하는 모든 테마에 대해 모든 책임자들이 대답을 하고, 또 어떤 문제에 대한 대답의 거부가 기록될 수 있도록 질문서를 만들어야 할 것이다. 질문서가 예 또는 아니요로만 대답해야 하는 무미건조하고 핵심적이어야 한다는 말은 아니다. 만약 각각의 책임자가 체계적인 설명을 한다면, 그러한 모든 설명의 기록은 유용한 것이 될 수 있다. 그런 경우 〈객관적 자료〉의 개념을 명백히 파악해야 한다. 만약 책임자가 〈우리는 정치적인 목적을 갖고 있지 않으며, 어느 누구에게서도 재정적 지원을 받지 않는다〉고 말한다고 해서, 그가 진실을 말하고 있다는 의미는 아니다. 하지만 그렇게 말하는 사람이 공개적으로 그런 입장을 표명한다면, 그런 사실은 **객관적 자료**이다. 기껏해야 그 라디오 방송국에서 방송된 내용의 비판적인 분석을 통해, 그런 주장을 반박할 수 있을 것이다.

**청취 기록.** 그것은 진지한 작업과 어설픈 작업 사이의 차이를 확인할 수 있는 논문의 일면이다. 어느 자유 라디오 방송국의 활동을 안다는 것은, 며칠 동안, 가령 1주일 동안 그 방송을 들으면서 일종의 〈라디오 가이드〉를 작성한다는 것을 의미한다. 그 가이드를 보면 무엇을 방송하는가, 해설은 언제 또 어느 정도 길이로 하는가, 얼마나 음악을 방송하고 얼마의 멘트를 하는가, 토론에는 누가 참가하는가, 만약 토론이 있다면 어떤 테마에 관한 토론인가 등을 알 수 있어야 한다. 그들이 1주일 동안 방송한 것을 모두 논문에 포함시킬 수는 없을 것이다. 하지만 그 해당 방송국의 예술적, 언어적, 이데올로기적 윤곽이 드러날 수 있도록, 몇 가지 중요한 예들(노래에 대한 해설, 토론하는 동안의 간단한 문장들, 뉴스를 전하는 방식들)을 기록할 수는 있을 것이다.

라디오 및 텔레비전 청취 기록의 양식들이 있는데, 그것은 볼로냐에 있는 ARCI[7]에서 수년에 걸쳐 제작한 것이다. 그 협회에서는 청취 전담자들이 뉴스의 길이, 일정한 용어의 빈도수 등을 정확하게 측정하는 작업을 수행했다. 일단 여러 라디오 방송국에 대해 이러한 조사를 한 다음에는 비교 작업을 진행할 수 있다. 예를 들면, 두 개 혹은 그 이상의 라디오 방송국에서 동일한 노래 또는 동일한 오늘의 뉴스가 어떻게 소개되었는지 비교하는 작업이다.

또한 국영 라디오 방송국의 프로그램과 자유 라디오 방송국들의 프로그램을 비교할 수도 있다. 말하자면, 음악과 멘트의 비율, 뉴스와 오락물 사이의 비율, 프로그램과 광고의 비율, 클래식 음악과 경음악, 이탈리아 음악과 외국 음악, 전통적인 경음악과 〈젊은이들의〉 경음악의 비율 등이다. 여기에서 알 수 있듯이, 녹음기와 펜을 손에 들고서 체계적인 청취 기록을 하면, 아마도 책임자들과의 인터뷰에서는 나올 수 없는 여러 결론을 이끌어 낼 수도 있다.

때로는 다양한 광고 의뢰인 사이의 단순 비교(식당, 영화관, 출판사 등 사이의 비율)만으로도, 특정 라디오 방송국의 재정 지원의 출처들(그렇지 않으면 감추어져 있는)에 대해서 무엇인가 말할 수도 있다.

한 가지 조건이 있다. 예컨대, 〈정오에 팝송을 방송하고 판아메리칸 사의 광고를 방송했으니, 이것은 이 방송국이 친미 성향을 띤 라디오 방송국이라는 의미이다〉하는 식으로 무분별한 인상이나 추론으로 작업하지 말아야 한다는 조건이다. 왜냐하면 1시, 2시, 3시에 무엇을 방송했는지, 그리고 월요일, 화요일, 수요일에 무엇을 방송했는지도 역시 알아야 하기 때문이다.

만약 조사할 방송국이 많다면 두 가지 방법이 있다. 즉 각각의 라디오에 그만큼의 녹음기를 갖춘 청취 집단을 만들어서, 모든 라디오 방송을 동시에 청취하거나(그것은 가장 진지한 해결책이다. 동일한 한 주 동안에 여러 라디오 방송을 비교할 수 있기 때문이다), 아니면 1주일에 한 방송씩 청취하는 것이다. 그렇지만 이 두 번째의 경우에는 꾸준하게 작업을 하여, 청취 기간이 너무 벌어지지 않도록 하나하

---

[7] 이탈리아 공산당의 문화 조직들 중의 하나인, 이탈리아 문화 레크리에이션 협회 Associazione Ricreativa Culturale Italiana의 약자.

나 이어서 해야 한다. 그 청취 기간이 6개월 또는 1년 동안에 걸쳐 이어질 수는 없다. 라디오 방송의 분야에서는 변화가 빠르고 자주 나타나기 때문이다. 따라서 1월의 라디오 베타 방송의 프로그램과 8월의 라디오 오로라 방송의 프로그램을 비교하는 것은 아무런 의미가 없을 것이다. 그 기간에 라디오 베타 방송국에 무슨 일이 일어났을지 아무도 알 수 없기 때문이다.

이 모든 작업이 잘 이루어졌다면, 무슨 일이 남아 있을까? 아직 상당한 양의 다른 일들이 남아 있다. 그중 몇 가지를 열거해 보자.

— 청취율을 결정한다. 그에 대한 공식 자료는 없으며, 개개 책임자들의 설명을 믿을 수도 없다. 유일한 해결책은 무작위 전화(〈지금 이 순간에 어떤 라디오 방송을 듣고 계십니까?〉) 방식을 통한 조사이다. 그것은 RAI(이탈리아 국영 방송)에서 행하는 방법인데, 상당히 비용이 많이 드는 특수한 조직을 필요로 한다. 단지 우리의 친구 다섯 명이 라디오 델타 방송을 듣는다고 말한다고 해서 〈대부분은 라디오 델타 방송을 청취한다〉는 식의 개인적인 인상을 기록하느니 차라리 그러한 연구를 포기하도록 하라. 청취율의 문제만 보아도, 그토록 현실적인 당대의 현상에 대해서도 어떻게 과학적으로 작업할 수 있는가, 그리고 그 작업이 얼마나 어려운가를 알 수 있다. 로마의 역사에 대한 논문이 훨씬 낫고 더 쉽다.

— 간행물에서의 논쟁 및 개개의 라디오 방송국에 관련된 견해들을 기록한다.

— 관계 법률을 수집하고 그에 대해 유기적인 논평을 한다. 그리고 방송국들이 어떻게 그 법률을 회피하거나 준수하는가, 또 어떠한 문제들이 발생하는지 설명한다.

— 여러 정당에 대한 입장을 체계적으로 조사한다.

— 광고 수입에 대한 비교 도표를 작성하도록 시도한다. 아마도 여러 라디오 방송국의 책임자들은 그것을 말해 주지 않거나 거짓말을 할지도 모른다. 하지만 만약 라디오 델타에서 〈아이 피니〉 식당의 광고를 한다면, 우리에게 필요한 자료를 〈아이 피니〉 식당의 소유주에게서 쉽게 구할 수도 있다.

— 하나의 예시적인 사건을 선택하여(1976년 6월의 정치 선거는 하나의 예시적인 주제가 될 수 있으리라), 두세 개 또는 그 이상의 라디오 방송국에서 그

사건을 어떻게 다루는지 기록한다.
— 여러 라디오 방송의 언어 스타일(RAI 방송국 아나운서 모방, 미국 디스크자키의 모방, 정치 집단 용어의 사용, 사투리에 대한 집착 등)을 분석한다.
— RAI의 특정 방송이 자유 라디오 방송들로부터 영향을 받는(프로그램의 선택 또는 언어학적 용법에 관하여) 방식을 분석한다.
— 법률가, 정치 지도자 등으로부터 자유 라디오 방송에 대한 의견들을 유기적으로 수집한다. 세 개의 의견은 기껏해야 신문 기사용이지만, 백 개의 의견은 하나의 여론 조사가 된다.
— 다른 나라의 유사한 실험에 관한 책이나 논문에서부터 이탈리아의 소규모 잡지 또는 지방의 군소 신문의 기사에 이르기까지, 해당 경우에 대해 가능한 한 완벽한 자료 수집이 될 수 있도록, 동일 테마와 관련한 기존의 모든 참고 문헌을 수집한다.

여러분이 이러한 작업을 **모두** 해야 한다는 것은 분명히 아니다. 그중에서 **단 하나만** 완벽하게 잘 이루어지면, 하나의 논문을 위한 테마가 된다. 그렇다고 해서 이것만 해야 한다는 말은 아니다. 필자는 단지, 그렇게 별로 〈박식〉하지도 않고 비판적인 문헌도 없는 테마라도 다른 사람들에게 유용하고, 좀 더 광범위한 연구 안에 포함될 수 있고, 그 테마를 깊이 연구하고자 하는 사람에게 필수 불가결하고, 우발적인 관찰이나 인상주의나 성급한 추측에 빠지지 않고 어떻게 과학적인 작업이 이루어질 수 있는가를 보여 주기 위해서, 단지 몇 개의 예를 제시했을 뿐이다.

그러므로 결론적으로, 〈과학적 논문인가 아니면 정치적 논문인가?〉 하는 것은 어리석은 질문이다. 플라톤의 이데아 이론에 관한 논문이나 1974년에서 1976년까지 발표된 로타 콘티누아[8]의 정책에 관한 논문이나 모두 동일하게 과학적이다. 만약 여러분이 진지하게 작업하고자 한다면, 선택을 하기 전에 미리 생각해 보기 바란다. 왜냐하면 후자의 논문이 틀림없이 전자보다 더욱 어렵고 최대의 과학적 노련함을 필요로 하기 때문이다. 또한 무엇보다도 여러분이 기준으로 삼을 도서

---

8  Lotta Continua. 지속적인 투쟁이라는 뜻으로 1970년대 이탈리아의 좌파 정치 집단.

관이 없으며, 오히려 여러분이 도서관을 하나 세워야 할 것이기 때문이기도 하다.
그러므로 다른 사람이, 그 테마에 관해 그야말로 〈저널리즘적〉이라고 정의할 만한 논문을 과학적으로 작성할 수도 있다. 그리고 제목으로 판단하자면, 완전히 과학적으로 보이는 제목의 논문을 그야말로 저널리즘적으로 작성할 수도 있다.

## 2·7 지도 교수에게 이용당하는 것을 어떻게 피할 것인가

때로는 학생이 자신의 관심을 토대로 테마를 선택한다. 그러나 때때로 학생은 자기 논문의 방향을 교수로부터 암시받기도 한다.

테마들을 암시하는 경우에 교수들은 두 가지 상이한 기준을 따를 수 있다. 말하자면, 자신이 아주 잘 알고 있으며 쉽게 학생을 지도할 수 있는 테마를 제시하거나, 아니면 자신이 잘 모르고 있으며 따라서 좀 더 알고자 하는 테마를 제시하는 것이다.

분명한 것은, 언뜻 보기와는 달리 이 두 번째의 경우가 더욱 정직하고 너그럽다는 점이다. 교수는 그 논문을 지도하면서 스스로 자기 고유의 지평을 넓힐 수 있으리라고 생각한다. 왜냐하면 학위 지원자를 제대로 평가하고, 작업하는 동안에 도와주고자 한다면, 자기가 무언가 새로운 것에 몰두해야 하기 때문이다. 대부분 이 두 번째의 길을 선택하는 것은 지원자를 믿기 때문이다. 그리고 대개 테마가 자신에게도 새로운 것이며, 깊이 연구해 보고 싶다고 명백하게 학생에게 말해 준다. 반면에 이미 지나치게 진부한 영역에 대한 논문의 지도를 거부하는 교수도 있다. 비록 대중의 대학이라는 현재의 상황으로 인해, 이미 많은 교수들의 엄격함이 완화되고 최대한 포용력을 갖는 경향으로 기울어지고 있더라도 그렇다.

그러나 몇몇 특수한 경우, 교수가 아주 방대한 규모의 연구를 하고 있어서 수많은 자료들이 필요할 때는 졸업 예정자들을 공동 작업의 일원으로 활용하기로 결정하기도 한다. 말하자면 그는 정해진 몇 년 동안에는 논문을 특수한 방향으로 지도한다. 만약 어느 경제학자가 일정 기간의 산업의 상황에 관심을 갖고 있다면, 그 상황에 대한 완전한 모습을 세우려는 의도로 구체적인 분야에 관한 논문을 쓸 것이다. 그렇다면 그러한 기준은 타당할 뿐만 아니라 학문적으로도 유용하다. 논문 작업은 집단적인 관심사에서 아주 방대한 규모의 연구에 기여한다. 그리고 그것은 교육적으로도 유용하다. 왜냐하면 지원자는 그 문제에 대해 많은 정보를 가진 교수의 충고들을 이용할 수 있으며, 또한 다른 학생들이 상호 관련되고 인접된 테마에 대해 이미 작성한 논문을, 하나의 배경 및 비교 자료로 사용할 수 있기 때문이다. 그리고 만약 지원자가 훌륭한 작업을 하게 되면, 혹시라도 전체 집단의 작업 범위 안에서, 자신의 성과물들이 최소한 부분적으로라도 출판되기를 기대할 수도 있다.

그러나 거기에는 다음과 같은 몇 가지 불리함이 있다.

1) 지도 교수가 완전히 자신의 테마에만 사로잡혀, 그 방향에는 별로 관심이 없는 학위 지원자에게 횡포를 부린다. 그러면 학생은 결국 나중에는 다른 사람이 해석하게 될 자료들을 끊임없이 수집하는 물 긷는 사람이 된다. 결국 학생의 논문은 평범해질 것이며, 따라서 지도 교수는 최종적인 연구 작업을 하는 과정에서 아마 수집된 자료의 일부를 건져 올림으로써 그 논문을 활용하면서도, 학생의 이름을 전혀 밝히지 않는 경우도 있을 것이다. 그것은 교수 자신에게 어떤 정확한 아이디어를 제공하지 못했기 때문이기도 하다.

2) 지도 교수가 정직하지 못하여 학생들에게 작업을 시키고, 학위를 받게 해준 다음에는 학생들의 작업을 마치 자기 것인 양 마음대로 활용한다. 때때로 그것은 거의 선의에 가까운 부정직함이 되기도 한다. 즉 교수는 열심히 논문을 지도하고 여러 가지 아이디어를 암시해 주지만, 어느 정도 시간이 지난 후에는, 자신이 암시해 준 아이디어와 학생에게서 얻은 아이디어를 구별하지 못하게 된다. 마치 어떤 테마에 대한 열렬한 집단적 토론을 한 후에 우리가 처음 출발하면서 갖고 있던 생각들이 무엇인지, 그리고 다른 사람의 자극에 의해 우리가 얻은 생각이 무엇인지 기억할 수 없는 것과 마찬가지이다.

이러한 불리함을 어떻게 피할 것인가? 학생이 어느 교수에게 접근할 때에는, 먼저 그 교수에 대한 친구의 이야기를 듣고, 이전에 졸업한 사람들과 접촉을 하고,

그의 공평함에 관해 어떤 생각을 갖고 있어야 할 것이다. 미리 그 교수의 책을 읽어 보아야 할 것이며, 그가 자기 협력자들을 자주 인용하는지 아닌지 살펴보아야 할 것이다. 그 나머지에 대해서는 그의 명성과 신뢰도가 사소한 요인으로 작용할 것이다.

그러한 이유는, 위와는 반대로 노이로제 같은 태도에 빠져 누군가가 자기 논문의 테마와 유사한 것을 언급할 때마다 표절이라고 생각하지 않기 위해서이다. 만약 여러분이 다윈주의와 라마르크주의 사이의 관계에 대한 논문을 작성한다면, 여러분은 비판적 문헌들을 읽어 보면서 얼마나 많은 사람들이 이미 그 테마에 대해 언급했으며, 또한 모든 학자에게 공통적인 사상이 얼마나 많은지 곧바로 깨닫게 될 것이다. 그러므로 얼마 후에 교수 또는 조교 또는 여러분의 동료가 동일한 테마에 대해 다룬다고 해서 여러분이 사기당한 천재라고 생각하지는 않을 것이다.

학문적 도용이라는 말이 의미하는 것은, 그 주어진 실험이 아니면 수집할 수 없는 실험 자료의 활용, 여러분의 작업 이전에는 전혀 옮겨 적은 일이 없는 희귀한 필사본 원고들을 무단으로 옮겨 적는 행위, 출전을 밝히지도 않은 채(왜냐하면 일단 논문이 공개되면 누구든지 그 논문을 인용할 권리가 있으므로) 여러분 이전에는 아무도 수집하지 않았던 통계 자료들을 활용하는 것, 그리고 이전에 전혀 번역되지 않았거나 또는 다른 방식으로 번역된 텍스트들을 다루면서 여러분이 번역한 것을 이용하는 것이다.

어떠한 경우든 병적인 불신의 상태에 빠지지 말고, 논문의 테마를 받아들이는 데에서도 여러분이 집단적인 프로젝트 안에 포함되는지 아닌지 깊이 생각해 보고, 또한 그럴 만한 가치가 있는지 생각해 보아야 한다.

# 3 　자료 조사

## 3·1 출처의 입수 가능성

### 3·1·1 과학적 작업의 출처란 무엇인가

논문이란 정해진 **도구**들을 이용하여 어떤 **대상**을 연구하는 것이다. 종종 한 권의 책이 그 대상이 되며, 다른 책들은 도구가 된다. 가령 「애덤 스미스의 경제 사상」이라는 논문이 그런 경우인데, 거기에서는 애덤 스미스의 책들이 대상이 되고, 반면에 애덤 스미스에 대한 다른 책들은 도구가 된다. 그렇다면 그런 경우에 애덤 스미스의 저술들은 **1차적 출처**가 되고, 애덤 스미스에 대한 책들은 **2차적 출처** 또는 **비평적 문헌**이 된다. 물론 논문의 주제가 〈애덤 스미스의 경제 사상의 출처〉라고 한다면, 애덤 스미스가 자기 사상의 영감을 얻은 저술이나 책들이 1차적 출처가 될 것이다. 물론 어느 한 저자의 출처는 역사적 사건들의 상태(어떤 구체적인 현상에 관하여 그 당시에 있었던 토론들)가 될 수도 있지만, 그러한 사건들 역시 언제나 글로 된 자료, 말하자면 다른 텍스트들의 형식으로만 접근이 가능하다.

그러나 경우에 따라서는, 어떤 현실적인 현상이 연구 대상이 될 수도 있다. 가령 오늘날의 이탈리아 국내 이주자들의 움직임에 대한 논문, 신체 장애아 집단의 행동에 대한 논문, 현재 진행 중인 텔레비전 방송에 대한 대중의 여론을 다룬 논문이 그러한 경우이다. 그 경우 출처들은 아직 글로 된 텍스트의 형식으로는 존재하지 않지만, 여러분이 자료로 논문 안에 집어넣음으로써 텍스트화 하여야 한다. 그것은 통계 자료들, 인터뷰 내용을 옮겨 적은 것, 때로는 사진, 또는 심지어 시청각 자료들이 될 수도 있다. 반면에 비평적 문헌에 관해서는 앞의 경우에 비해 상황이 많이 바뀌지 않는다. 비록 책이나 잡지의 논문이 아닐지라도, 신문 기사 또는 다양한 종류의 자료들이 될 수도 있다.

출전(1차적 출처)과 비평적 문헌(2차적 출처) 사이의 구별은 명백히 해두어야 한다. 왜냐하면 비평적 문헌은 종종 여러분의 출전의 구절을 인용하고 있지만, 그것은 ― 다음 항에서 알 수 있듯이 ― **2차적인 출처**이기 때문이다. 게다가 성급하고 무질서한 연구에서는 출전에 관한 논의와 비평적 문헌에 관한 논의를 쉽게 혼동하기도 한다. 만약 내가 〈애덤 스미스의 경제 사상〉을 테마로 선택했는데, 차츰차츰 작업이 진행됨에 따라 스미스에 대한 직접적인 해석을 소홀히 하면서 어떤 저자의 해석을 주로 논의하고 있음을 깨닫게 된다면, 다음과 같은 두 가지 중에 하나를 선택해야 한다. 즉 원래의 출처로 되돌아오든가, 아니면 테마를 바꾸어서 〈당대 영국의 자유주의 사상 속에서의 스미스의 해석〉을 다루기로 결정하든가 해야 한다. 그렇다고 스미스가 무엇을 말했는지 몰라도 된다는 말은 아니다. 그러나 이 시점에서 스미스가 말한 것보다는 오히려 그의 영향을 받아 다른 사람들이 말한 것을 논의하는 데 더 관심이 있다는 것이 분명하다. 그렇지만 또 하나 분명한 것은, 만약 내가 그에 대한 해석가들을 깊이 있게 비판하고자 한다면, 나는 그들의 해석과 원래의 텍스트를 비교해야 할 것이다.

그러나 원래의 사상에 대해서는 거의 관심이 없는 경우도 있을 수 있다. 가령 내가 일본 전통에서의 선(禪) 사상에 대한 논문을 시작한다고 가정해 보자. 분명히 나는 일본어를 읽어야 하고 또 내가 활용하는 소수의 서양 번역판들을 믿을 수는 없다. 그렇지만 가령 비평적 문헌을 검토하는 과정에서, 내가 1950년대 미국의 어떤 문학 및 아방가르드 예술에서 선을 이용한 방식에 관심이 끌렸다고 가정해 보자. 분명하게 이 시점에서 나는, 문헌학적으로나 신학적으로 완전히 정확하게 선 사상의 의미가 무엇인지에는 관심이 없고, 오히려 원래 동양의 사상이 어떠한 방식으로 서양의 예술적 이데올로기의 요소가 되었는가에 관심이 끌리고 있다. 그러므로 논문의 테마는 〈1950년대의 《샌프란시스코 르네상스》에서 선 사상의 활용〉이 될 것이며, 케루악, 긴스버그, 펄링게티 등의 텍스트들이 바로 나의 출처가 될 것이다. 그것들이 바로 내가 작업해야 할 출전이며, 반면에 선 사상에 관해서는 몇몇 확실한 책들과 몇 권의 훌륭한 번역판만으로 충분할 것이다. 물론 내가 그 캘리포니아 사람들이 원래의 선 사상을 오해했다는 것을 증명하고자 하지 않는다는 조건 하에서 그렇다. 그런 사실을 증명하려는 경우에는 일본의 텍스트들과의 비교 작업이 필수적이다. 그러나 만약 내가 단지 그들이 일본어판을 번역한 책들에서 자유롭게 영향을 받았다는 것만을 증명하고자 한다면, 나는 선 사상을 그들이 어떻게 받아들였는가에 관심이 있지, 원래의 선 사상이 무엇인가에 대해서는 관심이 없다.

이러한 모든 것은, 논문의 진정한 대상을 곧바로 정의하는 것이 매우 중요하다는 사실을 말해 준다. 출처를 찾아낼 가능성의 문제를 맨 처음부터 제기해야 하기 때문이다.

3·2·4에서는 어떻게 하면 거의 백지 상태에서 출발하여 조그마한 도서관에서 우리의 작업에 필요한 출전을 찾아낼 수 있는가에 대한 실험적인 예를 볼 수 있을 것이다. 하지만 그것은 극한적인 경우이다. 대개 테마를 수락할 때는 자기가 출전에 접근할 수 있는 경우이며, 또한 (1) 어디에서 찾을 수 있는지, (2) 쉽게 접근할 수 있는지, (3) 내가 그것들을 마음대로 다룰 수 있는지 알고 있어야 한다.

실제로 나는, 조이스의 어떤 필사본 원고들이 버팔로 대학에 있다는 것을 모르면서, 또는 내가 절대 버팔로에 갈 수 없다는 것을 잘 알고 있으면서, 조이스의 그 필사본들에 대한 논문을 경솔하게 받아들일 수도 있다. 또한 근교의 어느 개인 가문에 속하는 일련의 자료들에 대해 열정적으로 작업하기로 결정했는데, 그 가문은 아주 질투심이 강하여 단지 아주 유명한 학자들에게만 그 자료들을 보여 준다는 것을 나중에야 알게 될 수도 있다. 또한 나는 어떤 접근 가능한 중세의 자료들에 대해 작업하기로 결정하면서, 내가 옛 필사본 읽는 방법을 훈련하는 강좌를 전혀 이수하지 않았다는 것을 미처 생각하지 못할 수도 있다.

그렇게 과장된 예들을 찾을 것 없이, 나는 어느 작가에 대해 작업하기로 결정하면서, 그 작가의 원본 텍스트들이 아주 희귀하다는 것을 미처 생각하지 못하거나, 또는 내가 이 도서관에서 저 도서관으로, 이 나라에서 저 나라로 미친 듯이 여행을 할 수 없다는 사실을 미처 생각하지 못할 수도 있다. 아니면 그의 모든 작품의 마이크로필름을 구하기 쉽다고 생각하면서, 나의 대학 연구소에는 마이크로필름을 읽는 설비가 없다는 것을 미처 고려하지 않거나, 또는 내가 결막염으로 고통을 받고 있어서 그렇게 힘겨운 작업을 견디지 못한다는 것을 미처 고려하지 못할 수도 있다.

영화에 광적인 취미를 갖고 있는 내가 1920년대 어느 감독의 별로 중요하지 않은 작품에 대한 논문을 구상했는데, 나중에야 그 영화의 필름은 워싱턴의 영화 기록 보관소에 유일하게 하나 남아 있다는 것을 발견하는 것은 아무런 소용이 없다.

일단 출처의 문제가 해결되면, 그와 동일한 문제들이 비평적 문헌에서도 나타난다. 나는 18세기 어느 군소 작가의 작품 초판이 우연하게도 우리 도시의 도서관에 있다는 이유로 그 작가에 대한 논문을 선택할 수도 있다. 그런데 그 작가에 대한 가장 훌륭한 비평 문헌은 엄청난 재정적 대가를 지불해야만 찾을 수 있다는 사실을 나중에야 알 수도 있다.

단지 갖고 있는 것에 대해서만 작업하기로 결정한다고 그런 문제에서 벗어날 수는 없다. 왜냐하면 비평적 문헌에 대해서는, 비록 전부는 아닐지라도 최소한 중요한 것은 모두 읽어야 하며, 출전은 직접 접근해야 하기 때문이다(다음 항을 참조하라).

용서받을 수 없는 경솔한 행동을 하는 것보다는, 차라리 제2장에 설명된 기준에 따라 다른 논문을 선택하는 것이 더 낫다.

참고로, 최근에 필자가 심사에 참석했던 몇몇 논문의 예를 들어 보겠다. 그 논문들에는 출처들이 아주 정확하게 확인되었으며, 또한 확인 가능한 범위로 제한되어 있었으며, 분명하게 학위 지원자의 능력에 합당했고, 또한 지원자는 그것들을 어떻게 다룰지 잘 알고 있었다. 첫 번째 논문은 「모데나 시 행정(1889~1910)에서 온건 성직 계층의 영향」이었다. 논문의 지원자와 지도 교수는 연구의 범위를 아주 정확하게 제한했다. 지원자는 모데나 출신이었으며 따라서 현지에서 작업을 했다. 참고 문헌은 일반 참고 문헌과 모데나에 관한 참고 문헌으로 나뉘어 있었다. 필자의 추측으로는 모데나에 관한 참고 문헌은 시립 도서관에서 작업할 수 있었을 것이다. 일반 참고 문헌은 어느 정도 다른 곳을 찾아보아야 했을 것이다. 진정한 고유의 출전들은 **고문서** 자료들과 **신문 잡지** 자료들로 나뉘어 있었다. 지원자는 모든 자료를 살펴보았으며, 그 당시의 모든 신문과 잡지를 조사했다.

 두 번째 논문은「중도 좌파 연합에서 학생 운동에 이르기까지 이탈리아 공산당의 교육 정책」이었다. 여기에서도 테마가 정확하게, 그리고 신중하게 결정되었다는 것을 알 수 있었다. 만약 시기가 1968년 이후였다면 그 연구는 아주 복잡했을 것이다. 출전은 공산당의 공식 출판물, 의회의 의사 기록, 당의 문서들, 그리고 다른 출판물들이었다. 필자의 추측으로는, 그 연구가 아무리 정확하다고 하더라도, 다른 출판물들에서는 많은 것들이 누락되었을 것이다. 그렇지만 분명히 그것은 여론이나 비판들을 찾아볼 수 있는 2차적인 자료들이었을 것이다. 그리고 공산당의 교육 정책을 정의하기 위해서는, 공식적인 발표만으로 충분했다. 만약 그 논문이 그리스도교 민주당, 말하자면 여당의 교육 정책이었다면 상황은 아주 달라졌을 것이다. 왜냐하면 한편으로는 공식 발표들이 있고, 다른 한편으로는 어쩌면 그 발표와 모순되는 정부의 실질적인 문서들이 있을 수 있기 때문이다. 그러면 연구는 아주 극적인 양상을 띠었을 것이다. 또한 만약 기간이 1968년 이후까지 넘어갔다면, 그때 이후로 급속히 번창하기 시작한 원외(院外) 집단들의 모든 간행물들 역시 비공식적인 자료들 안에 포함되었어야 한다는 사실을 생각해 보기 바란다. 그랬다면 더욱더 힘든 연구가 되었을 것이다. 마지막으로, 필자의 생각으로는 그 지원자는 로마에서 작업하거나 또는 자신에게 필요한 모든 자료의 복사본을 받아 볼 수 있었을 것이다.

 세 번째 논문은 중세 역사에 관한 것인데, 평범한 눈으로 보자면 아주 어려워 보이는 논문이었다. 그것은 중세 후기 베로나에 있는 산제노 수도원의 재산 변천 과정에 관한 논문이었다. 작업의 핵심은, 그 이전까지 전혀 이루어진 적이 없는, 13세기 산제노 수도원의 몇몇 기록 문서들을 옮겨 적는 것이었다. 물론 지원자는 고문서학에 대한 지식이 어느 정도 있어야 했다. 말하자면 어떻게 고문서를 읽고 또 어떤 기준에 따라 옛 필사본을 옮겨 적는지 알고 있어야 했다. 그러나 일단 그런 기술을 갖고 있더라도, 아주 진지하게 작업을 수행하고 또 옮겨 적은 것의 결과를 설명해야만 했다. 어쨌든 그 논문의 끝 부분에는 30여 권의 참고 문헌이 실려 있었는데, 그것은 이전의 문헌을 기초로 하여 그 구체적인 문제를 역사적으로 조명했다는 증거이다. 필자의 견해로는, 지원자는 아마도 베로나 출신이고 여행할 필요 없이 연구할 수 있는 작업을 선택했을 것이다.

네 번째 논문은 〈트렌티노 지방에서의 산문 연극의 경험〉에 관한 것이다. 그 지방에 살고 있던 지원자는 제한된 숫자의 그런 경험들이 있었다는 것을 알고 있었으며, 몇 년 동안의 신문 잡지들, 시 당국의 문서들, 대중의 관람 수치에 관한 통계적 고찰을 참조하여 그것을 재구성하는 작업을 했다. 이 논문은, 다섯 번째 논문인 「부드리오에서의 문화 정책의 양상들 — 특히 시립 도서관의 활동과 관련하여」와 크게 다르지 않다. 이 두 개의 논문은 아주 조사하기 쉬운 자료들에 근거한 논문의 예이다. 그러면서도 그것은 아주 유용한 자료이다. 왜냐하면 이후의 연구자도 이용할 수 있는 통계적, 사회학적 자료 조사를 하고 있기 때문이다.

이와는 달리 여섯 번째의 논문은, 어느 정도 시간과 경제적 여유를 갖고 이루어진 연구인데, 언뜻 보기에는 단지 착실한 편집 논문으로 보일 수도 있는 테마를 어떻게 훌륭한 과학적 차원에서 전개할 수 있는가를 보여 주고 있다. 제목은 〈아돌프 아피아의 작품에서 배우의 문제〉였다. 그것은 아주 유명한 작가, 연극사가 및 이론가들이 많은 연구를 했고, 그에 대해서는 더 이상 독창적으로 말할 것이 없어 보이는 작가에 관한 논문이었다. 그렇지만 지원자는 스위스의 여러 고문서 보관소에서 지극히 꼼꼼한 연구 작업에 뛰어들었으며, 수많은 도서관을 찾아다녔고, 아피아가 활동했던 장소들을 하나도 빠짐없이 모두 조사했다. 그리고 아피아의 저술들(아무도 읽지 않는 사소한 논문까지 포함하여) 및 아피아에 관한 저술에 대한 참고 문헌 목록을 작성했는데, 지도 교수의 말에 의하면, 그것은 광범위하고 정확하게 그 테마를 연구할 수 있도록 결정적인 공헌을 했다. 따라서 그 논문은 편집 수준을 넘어서 당시까지 접할 수 없었던 출전들을 명백히 밝혀 주었다.

### 3·1·2 직접적인 출전과 간접적인 출전

책에 대해 작업할 때에는, 직접적인 출전은 원래의 초판 또는 해당 작품의 비평적 교정판이 된다.

**번역은 출전이 아니다.** 번역은 안경이나 의치(義齒)와 같은 보조 기구이며, 나의 능력 너머에 있는 무언가를 제한적으로 얻기 위한 수단이다.

**선집(選集)은 출전이 아니다.** 그것은 출전의 한 조각이며, 최초의 접근으로는 유용할 수도 있다. 하지만 어느 작가에 대해 논문을 쓴다는 것은, 다른 사람이 미처 보지 못한 것을 내가 볼 수 있는가 내기한다는 것을 의미한다. 선집은 단지 다른 사람이 본 것만을 나에게 보여 줄 뿐이다.

**다른 저자들에 의한 설명은, 아무리 방대한 인용이 포함되어 있을지라도, 출전이 아니다.** 그것들은 기껏해야 간접적인 출전이다.

출전이 간접적으로 이루어지는 방식은 여러 가지이다. 만약 내가 팔미로 톨리아티의 의회 연설에 대한 논문을 쓰고자 한다면, 「우니타」에 발표된 연설은 간접적인 출전이 된다. 편집자가 일부를 삭제하거나 오류를 범하지 않았다고 그 누구도 장담할 수 없다. 직접적인 출전은 오히려 의회의 의사 기록일 것이다. 그리고 만약 톨리아티가 직접 쓴 텍스트를 발견할 수 있다면, 그것은 진짜 직접적인 출전이 될 것이다. 만약 내가 미국의 독립 선언문을 연구하고자 한다면, 유일한 직접적 출전은 원래의 진짜 문서이다. 그렇지만 나는 좋은 복사본 역시 직접적인 출전으로 간주할 수 있다. 그리고 논의의 여지가 없는(여기에서 〈논의의 여지가 없는〉이라는 말은, 기존의 비평적 문헌에서 아직 논의가 되지 않았다는 의미이다), 어느 진지한 역사학자가 비판적으로 확정한 텍스트 역시 직접적인 출전으로 간주할 수 있다. 그렇다면 〈직접적〉 및 〈간접적〉이라는 개념은 내가 논문에 부여하는 각도에 의존한다는 것을 알 수 있다. 만약 논문이 기존의 비평적 교정판들을 논의하고자 한다면, 원래의 텍스트로 거슬러 올라가야 한다. 만약 논문이 독립 선언의 정치적 의미를 논의하고자 한다면, 나에게는 훌륭한 교정판으로 충분하다.

만약 내가 〈『약혼자』의 이야기 구조〉에 관한 논문을 쓰고자 한다면, 만초니의 작품들에 대한 어떠한 교정판이라도 나에게는 충분할 것이다. 그러나 만약 언어적인 문제들을 논의하고자 한다면(예를 들어 〈밀라노와 피렌체 사이의 만초니〉를 다룬다면), 나는 만초니 작품의 여러 판들에 대한 훌륭한 비평적 교정판들을 입수해야 할 것이다.

그렇다면 내 **연구 대상에 의해 확정된 범위 안에서 출전들은 언제나 직접적인** 것이어야 한다고 말할 수 있다. 내가 해서는 안 될 유일한 것은, 다른 사람의 인용을 통해서 대상 작가를 인용하는 일이다. 이론적으로 보자면 진지한 과학적 작업은, 비록 직접적으로 관련되는 저자가 아닐 경우에도, **절대로** 인용문에서 재인용하지 않아야 한다. 그렇지만 특히 논문에서는 합리적인 예외들이 있다.

예를 들어 만약 여러분이 〈토마스 아퀴나스의 『신학 대전』에 나타난 아름다움의 초월성 문제〉를 선택한다면, 여러분의 1차적인 출전은 토마스 아퀴나스의 『신학 대전』이 될 것이다. 그리고 원래의 텍스트를 손상했다는 의혹이 생기지 않는 한, 현재 판매되고 있는 마리에티판으로 충분하다고 말할 수 있다. 만약 원래의 텍스트와 어긋나는 경우에는 여러분은 다른 판들로 거슬러 올라가야 할 것이다(하지만 그럴 경우 여러분의 논문은 철학적, 미학적인 성격 대신에 문헌학적 성격의 논문이 될 것이다). 그리고 아름다움의 초월성 문제는 토마스 아퀴나스가 위(僞) 디오니시우스의 『신(神)의 이름들에 대하여』에 대한 주석에서도 역시 다루었다는 사실을 알게 될 것이다. 그러면 여러분은 작업의 제한적인 제목에도 불구하고 그 주석 역시 직접 살펴보아야 할 것이다. 마지막으로 토마스 아퀴나스는 그 테마를 이전의 모든 신학적 전통에서 이끌어 내고 있으며, 그 모든 원래의 출전을 다시 찾는다는 것은 평생에 걸친 현학적 작업이 된다는 사실을 깨닫게 될 것이다. 그런데 그런 작업은 동 앙리 푸이용에 의해 이미 이루어졌다는 것도 알게 될 것이다. 그는 자신의 방대한 작업에서 위 디오니시우스의 작품에 주석을 단 모든 저자들의 아주 방대한 문장을 인용하면서, 그 상호 관계, 일탈, 모순을 밝히고 있다. 그러므로 여러분의 논문 범위 안에서는, 여러분이 헤일즈의 알렉산더 또는 힐두이노에 대해 언급하고자 할 때마다, 푸이용이 수집한 자료를 활용할 수 있을 것이다. 만약 헤일즈의 알렉산더의 텍스트가 여러분의 논의 전개에 핵심이 된다는 걸 발견한다면, 여러분은 그것을 콰라키판에서 직접 찾아보아야 할 것이다. 하지만 단지 간략한 인용에 그친다면 그 출전이 푸이용을 통해 재인용되었다는 사실을 밝히는 것으로 충분할 것이다. 푸이용은 아주 진지한 학자이며, 또한 여러분이 그에게서 인용하는 텍스트는 논문의 직접적인 대상이 아니기 때문에 그 누구도 여러분이 가볍게 행동했다고 말하지 않을 것이다.

여러분이 하지 말아야 할 것은 단 하나, 마치 원문을 직접 살펴본 것처럼 간접적인 출전에서 인용하는 일이다. 만약 누군가가 그 필사본이 1944년에 소실된 사실이 널리 알려져 있는데, 어떻게 직접 볼 수 있었느냐고 물을 경우를 생각해 보라!

그렇지만 직접적인 출전의 노이로제에 걸리지 말아야 한다. 나폴레옹이 1821년 5월 5일에 사망했다는 사실은 대개 간접적인 출처들(다른 역사책들을 토대로 쓰인 역사책들)을 통하여 모두에게 잘 알려져 있다. 만약 누군가 바로 나폴레옹의 사망 날짜를 연구하고자 한다면, 그 당시의 자료들을 찾아보아야 할 것이다. 하지만 만약 여러분이 나폴레옹의 사망이 당시 유럽의 자유주의적 젊은이들의 심리에 미친 영향에 대해 언급하고자 한다면, 어떠한 역사책이라도 믿을 수 있고 또 그 날짜를 옳다고 생각할 수 있다. 간접적인 출전에 의존할 때(그것을 명백히 밝히면서) 주의할 점은, 하나 이상의 출전에서 확인을 하고, 어떤 인용이나 사실 또는 견해에 대한 언급이 여러 저자에 의해 확인되었는지 살펴보는 것이다. 만약 그렇지 않다면 의심해 보아야 한다. 그래서 그 자료에 의존하는 것을 피한다든지, 아니면 원본에서 확인해야 한다.

예를 들어, 앞에서 토마스 아퀴나스의 미학 사상에 대한 예를 들었는데, 한 가지 말해 둘 것은 그 문제를 논의하는 현대의 몇몇 텍스트들은 아퀴나스가 〈시각을 즐겁게 하는 것이 아름답다*pulchrum est id quod visum placet*〉고 말했다는 전제에서 출발하고 있다는 점이다. 필자는 바로 그 문제에 대한 논문을 썼는데, 원래의 텍스트를 찾아본 결과 아퀴나스는 **전혀 그런 말을 하지 않았다**는 것을 발견했다. 그는 〈보아서 즐거운 것은 아름답다고 말할 수 있다*pulchra dicuntur quae visa placent*〉고 말했던 것이다. 지금 필자는 그 두 개의 표현이 어떻게 완전히 상이한 해석적 결론으로 유도될 수 있는가를 설명하려는 것이 아니다. 도대체 무슨 일이 일어났는가? 처음의 문장은 여러 해 전에 철학자 마리탱이 제시했는데, 그는 토마스 아퀴나스의 사상을 충실하게 요약하고자 했던 것이다. 그리고 그 이후로 많은 해석자들이, 직접적인 출전으로 거슬러 올라갈 생각도 하지 않고, 그 (간접적인 출전에서 이끌어 낸) 표현에 의존했던 것이다.

그와 동일한 문제가 참고 문헌의 인용에서도 제기된다. 논문을 빨리 끝내기 위해 어떤 사람은 자기가 읽지도 않은 것까지 참고 문헌 안에 넣으려고 하거나, 또는 심지어 다른 곳에서 얻은 정보에 의거하여 페이지의 각주에서(본문 안에서의 언급은 더욱 나쁘다) 그 저술에 대해 언급하려고 한다. 그럴 경우 바로크 시대에 대한 논문을 쓰면서, 루치아노 안체스키의 논문 「르네상스와 바로크 사이의 베이컨」을 『베이컨에서 칸트까지』(Bologna, Mulino, 1972)에서 읽는 경우가 생길 수 있다. 그리고 그 논문을 인용하고는, 멋지게 보이기 위해 다른 텍스트에 대한 주석을 발견하고는 이렇게 덧붙이리라. 즉 〈동일 테마에 대한 다른 예리하고 고무적인 고찰에 대해서는, 『영국 경험주의의 미학』(Bologna, Alfa, 1959)에 실린, 같은 저자의 「베이컨의 미학」을 참조하라〉고 말이다. 그런데 누군가가 그것은 13년의 간격을 두고 재출판된 동일한 논문이며, 처음에는 더 적은 부수의 대학 간행물로 발표되었다고 지적한다면, 여러분은 천박한 모습을 보이게 된다.

직접적인 출전에 대해 위에서 언급한 것은 모두, 비록 여러분의 논문 대상이 일련의 텍스트들이 아니라 현재 진행 중인 어떤 현상에 대한 것일지라도, 역시 동일하게 해당된다. 만약 내가 텔레비전 뉴스에 대한 로마냐 지방 농민의 반응에 대해 말하고자 한다면, 직접적인 출전은, 내가 규정에 따라 충분히 믿을 만한 농부들의 표본 집단을 **현장**에서 인터뷰하여 얻는 조사이다. 혹은 부득이한 경우, 믿을 만한 출전으로 최근에 출간된 그와 유사한 현장 조사이다. 그러나 만약 내가 단지 10년 전의 연구에서 자료들을 인용하고자 한다면, 그것은 분명 잘못된 작업 태도이다. 무엇보다도 10년 전부터 오늘날까지 농부들과 텔레비전 방송 모두 변화했기 때문이다. 만약 내가 「1960년대 대중과 텔레비전 사이의 관계에 대한 연구」라는 논문을 쓴다면 상황은 달라질 것이다.


## 3·2 참고 문헌 조사

### 3·2·1 도서관을 어떻게 활용할 것인가

도서관에서의 예비 연구는 어떻게 이루어지는가? 이미 확실한 참고 문헌 목록을 활용할 수 있다면, 곧바로 저자별 목록으로 가서 해당 도서관이 우리에게 무엇을 제공해 줄 수 있는지 보면 된다. 그런 다음 다른 도서관으로 옮겨 가면 된다. 하지만 이런 방법은 이미 완성된 참고 문헌 목록을 전제로 한다(그리고 아마도 로마에 있는 도서관, 런던에 있는 도서관 등 일련의 도서관에 접근할 수 있는 가능성을 전제로 한다). 분명히 그것은 이 책의 독자에게 해당되는 경우가 아니다. 그렇다고 전문적인 학자에게 해당된다고 생각하지 말기 바란다. 학자는 때로 이미 그 존재를 알고 있는 책을 찾으러 도서관에 갈 수도 있지만, 종종 도서관에 갈 때에 참고 문헌 목록을 갖고 가는 것이 아니라, 문헌 목록을 **만들기 위해** 가기도 한다.

참고 문헌 목록을 만든다는 것은 아직 그 존재 여부를 모르는 것을 찾는다는 것을 의미한다. 훌륭한 연구자란, 어떤 테마에 대한 최소한의 생각도 없이 도서관에 들어가서 무엇인가 더 알고 나올 수 있는 사람이다.

**도서 목록**. 아직 그 존재를 모르고 있는 것을 찾도록, 도서관은 우리에게 몇 가지 편리함을 제공한다. 그 첫 번째는 물론 **주제별 도서 목록**이다. 저자별 알파벳 순서의 도서 목록은 자기가 무엇을 원하는지 이미 알고 있는 사람에게 도움이 된다. 바로 그곳에서 훌륭한 도서관은, 가령 서로마 제국의 몰락에 대해 내가 서고 안에서 무엇을 찾을 수 있는지를 모두 말해 준다.

하지만 주제별 도서 목록은 찾는 방법을 알아야 한다. 분명히 〈로마 제국의 몰락〉이라는 항목을 〈ㄹ〉 항에서 찾을 수는 없다(지극히 세밀한 분류가 이루어진 도서관이 아니라면 그렇다). 그것은 〈로마 제국〉 항에서, 그리고 〈로마〉 항에서, 그리고 〈(로마) 역사〉 항에서 찾아야 한다. 만약 우리가 어느 정도 예비적인 정보를 갖고 간다면, 신중하게 〈로물루스 아우구스툴루스〉 또는 〈아우구스툴루스 (로물루스)〉, 〈오레스테스〉, 〈오도아케르〉, 〈야만족〉, 〈로마-야만족(왕국)〉 항에서 찾아볼 것이다. 그러나 문제는 거기에서 끝나지 않는다. 왜냐하면 대부분의 도서관에는 두 개의 저자별 도서 목록과 두 개의 주제별 도서 목록이 있기 때문이다. 말하자면 어느 정해진 날짜까지만 정리된 옛 도서 목록이 있고, 현재 완성 중에 있으며, 언젠가는 옛 목록을 포함할 것이지만 현재로서는 포함하지 않은 새로운 도서 목록이 있다. 그렇다고 로마 제국의 몰락은 오래전에 일어난 일이기 때문에 옛 도서 목록에서만 찾을 수 있다는 말이 아니다. 실제로 2년 전에 출판되어 새로운 도서 목록 안에만 분류된 책이 있을 수도 있다. 그리고 어떤 도서관에는 특수한 문고를 따로 분리해 놓은 도서 목록이 있다. 또 어떤 도서관에는 주제와 저자들이 모두 함께 있을 수도 있다. 또 어떤 도서관에는 책과 잡지가 따로 분리된 도서 목록(주제 및 저자별로 나뉜)이 있다. 간단히 말해서 작업을 하는 도서관의 기능을 파악하고 그에 따라 결정해야 한다. 때로는 1층에 책이 있고 2층에 잡지가 있는 도서관이 있을 수도 있다.

또한 약간의 직관도 필요하다. 만약 옛 도서 목록이 아주 오래되었고, 내가 *Retorica*(수사학) 항을 찾는다면, *Rettorica* 항도 한번 살펴보는 것이 좋으리라. 어느 착실한 분류자가 자랑스럽게 t를 겹쳐 쓰던, 아주 고풍스러운 제목들을 모두 그곳에 분류했는지 누가 알겠는가.

그리고 저자별 도서 목록은 언제나 주제별 도서 목록보다 확실하다는 사실을 주목하라. 저자별 도서 목록의 분류는 도서관 사서의 해석에 의존하지 않기 때문이다. 반면에 사서의 해석은 주제별 도서 목록에 개입된다. 실제로 만약 도서관이 로시 주세페의 책을 한 권 갖고 있다면, 저자별 목록에서 로시 주세페를 찾아야 한다는 것은 의심할 여지가 없다. 그러나 로시 주세페가 〈서로마 제국의 몰락 및 로마-야만족 왕국들의 진출에서 오도아케르의 역할〉에 대한 논문을 썼다면, 사서는 아마 그것을 〈로마 (역사)〉 또는 〈오도아케르〉 항의 주제 안에 기록했을 것이다. 그런데 여러분은 〈서로마 제국〉 항을 뒤적일 것이다.

하지만 도서 목록이 내가 찾는 정보를 주지 못하는 경우도 있다. 그런 경우에는 더욱 초보적인 기초에서 출발해야 한다. 도서관마다 *Cons.*, 즉 〈참고 자료실〉이라 일컬어지는 구역 또는 방이 있는데, 거기에는 백과사전, 일반 역사, 참고 문헌 목록이 소장되어 있다. 만약 내가 서로마 제국에 대해 무엇인가 찾는다면, 우선 로마 역사에 대해 무엇을 찾을 수 있는지 살펴보고, 거기에서 찾은 참고 도서에서 출발하여 기초 문헌 목록을 작성하고, 그런 다음 저자별 도서 목록을 확인해야 할 것이다.

**참고 문헌 목록.** 이것은 자신의 테마에 대해 이미 명확한 개념을 가진 사람에게 가장 확실하다. 어떤 과목에는 기존의 탁월한 지침서들이 있어서, 거기에서 필요한 모든 문헌 정보들을 찾을 수 있다. 어떤 과목에는 계속해서 새롭게 개정되는 문헌 목록, 혹은 심지어 그 과목의 참고 문헌만을 전문적으로 다루는 잡지들이 있다. 또 어떤 과목에는, 각 발행 호수마다 최근의 출판 정보를 훌륭하게 부록으로 싣고 있는 잡지들이 있다. 문헌 목록 — 최근에 **새로이 개정**되었다면 — 의 참고는 도서 목록 조사를 완성하는 데 필수적이다. 사실 도서관에는 아주 오래된 저술은 아주 훌륭하게 완비되어 있으면서 최근의 저술은 소장되어 있지 않을 수도 있다. 아니면 해당 과목에 대하여 — 예를 들어 — 1960년까지의 지침서 또는 역사책들이 있어서, 여러분이 아주 유용한 문헌적 정보를 찾을 수는 있지만, 혹시 1975년에 무언가 흥미로운 것이 나왔는지 알 수 없는 경우도 있다(그리고 혹시 도서관이 그 최근의 작품을 소장하고 있으면서도, 여러분이 미처 생각하지 못한 주제 안에 분류했을 수도 있다). 그럴 경우 새로이 개정된 문헌 목록이 그 해당 과목의 최근의 공헌에 대한 정보를 여러분에게 정확하게 제공해 준다.

문헌 목록을 찾아내는 가장 편리한 방법은, 무엇보다도 논문의 지도 교수에게 제목을 문의하는 것이다. 두 번째로 사서(또는 참고 자료실 담당 직원)에게 문의할 수 있다. 아마도 그는 그런 목록이 배치된 서가 또는 방을 가르쳐 줄 것이다. 다른 충고는 지금으로서는 해줄 수 없다. 앞서 말했듯이 학문에 따라 문제가 다르기 때문이다.

**도서관의 사서.** 소심함을 극복해야 한다. 종종 사서는 여러분에게 확실한 충고를 해줌으로써 시간을 절약하도록 해준다. (일이 많아 바쁘거나 신경질적인 사람의 경우를 제외하고) 도서관의 책임자는, 특히 작은 도서관일수록 다음의 두 가지, 즉 자신의 박식함과 기억력, 그리고 자기 도서관의 풍부함을 보여 줄 수 있을 때, 아주 행복해 한다는 사실을 기억하라. 도서관이 변두리에 있고 또 찾는 사람이 없을수록, 책임자는 그 도서관이 인정받지 못하는 데 대한 불만감에 괴로워한다. 도움을 요청하는 사람은 그런 책임자를 즐겁게 해준다.

물론 여러분은 한편으로는 사서의 도움에 많이 의존해야 하지만, 다른 한편으로는 맹목적으로 사서를 믿어서는 안 된다. 그의 충고에 귀를 기울이되, 다른 것은 여전히 여러분 나름대로 찾아보아야 한다. 사서는 만능 전문가가 아니며, 여러분이 여러분의 연구에다 어떤 구체적인 것을 부여하고자 하는지 모른다. 혹시 그는 여러분에게 거의 도움이 안 되는 작품을 필수적인 거라고 평가하고, 반면에 여러분에게 아주 유용한 다른 작품을 고려하지 않을 수도 있다. 그것은 중요하고 유용한 작품의 서열이란 미리 정해져 있는 것이 아니기 때문이기도 하다. 다른 데에는 불필요한(그리고 대부분의 사람이 중요하지 않다고 평가하는) 어느 책의 한 페이지에 마치 실수처럼 담긴 생각 하나가 여러분의 연구 목적에 결정적인 것이 될 수도 있다. 그리고 바로 그 페이지는 여러분이 여러분의 후각으로(그리고 약간의 행운과 함께) 찾아내야 한다. 아무도 그것을 은쟁반 위에 담아 여러분에게 가져 오지는 않는다.

**도서관 상호 간의 참고, 컴퓨터 데이터화된 도서 목록 및 다른 도서관으로부터의 대출.** 많은 도서관에서는 최근 구입 도서의 목록을 간행하고 있다. 또한 어떤 도서관에서는, 특정 학문에 대하여, 외국 및 이탈리아의 다른 도서관에 있는 책에 대해 알려 주는 도서 목록을 참고할 수도 있다. 여기에서도 역시 사서에게 정보를 얻는 것이 좋다. 어떤 전문화된 도서관은 컴퓨터 중앙 기억 장치에 연결되어 있어서, 어느 특정한 책이 어디에 있는지 순식간에 알려 주기도 한다. 예를 들어 베네치아의 비엔날레 예술제에서는 현대 예술사 자료관이 세워졌는데, 그것은 로마 국립 도서관의 문헌 보관소와 연결된 컴퓨터 설비를 갖추고 있다. 오퍼레이터가 여러분이 찾고 있는 책의 제목을 검색하면, 잠시 후 그 책의 카드(또는 카드들)가 화면에 나타난다. 저자의 이름, 책의 제목, 테마, 총서, 출판사, 출판 연도 등으로 조사할 수도 있다.

이탈리아의 보통 도서관에서 그런 편리함을 찾아보기는 힘들다. 하지만 언제나 주의 깊게 문의하기 바란다. 혹시 있을지도 모르기 때문이다.

일단 외국 또는 이탈리아의 다른 도서관에서 책을 찾아내면, 대개의 도서관은 국내 또는 국제적으로 도서관 상호 간의 대출 서비스를 제공할 수 있다는 것을 기억하라. 약간 시간은 걸리겠지만, 매우 구하기 어려운 책이라면 시도해 볼 만한 가치는 있다. 문제는 대출을 요청받은 도서관이 그 책을 빌려 주는가에 달려 있다(어떤 도서관은 복사본만을 대출한다). 여기에서도 역시 가능하다면 지도 교수의 충고를 듣고 경우에 따라서 조사해 보아야 한다. 어쨌든 기억해야 할 것은, 어떤 제도들이 실제로 있음에도 불구하고 단지 우리가 그걸 요구하지 않음으로써 활용되지 않는 경우도 종종 있다는 사실이다.

예를 들어 다른 도서관에 어떤 책이 있는지 알기 위해서는 다음의 기관에 문의할 수 있다.

Centro Nazionale di Informazioni Bibliografiche(국립 도서 정보 센터) ─ Biblioteca Nazionale Centrale Vittorio Emanuele II(비토리오 에마누엘레 2세 국립 중앙 도서관), 00186 ROMA

또는

Consiglio Nazionale delle Ricerche(국립 학술 연구 자문) ─ Centro Nazionale Documentazione Scientifica(국립 학술 자료 센터) ─ Piazzale delle Scienze 7 ─ ROMA (tel. 490151)

그 밖에 많은 도서관에서는 새로운 구입물들, 말하자면 최근에 구입하여 아직 도서 목록 안에 분류하지 않은 저술들의 리스트를 갖고 있다는 점을 기억하라. 마지막으로 잊지 말아야 할 것은, 만약 여러분의 지도 교수가 관심을 갖고 있는 진지한 작업을 하고 있다면, 다른 방법으로는 얻을 수 없는 중요한 텍스트들을 구입하도록 여러분의 대학 기관을 설득할 수도 있다는 사실이다.

### 3.2.2 참고 문헌을 어떻게 다룰 것인가: 카드 정리

물론 기본적인 참고 문헌을 작성하려면 많은 책을 보아야 한다. 그리고 많은 도서관에서는 한 번에 한두 권만을 대출해 주며, 곧바로 책을 교환하러 가면 불평을 하면서, 이 책 저 책을 찾는 데 많은 시간을 낭비하게 한다.

그렇기 때문에 처음부터 여러분이 찾아낸 책을 모두 읽어 보려고 하지 말고 기본적인 참고 문헌 목록을 작성하도록 하라. 그런 의미에서 도서 목록에 대한 예비 조사를 통하여, 이미 준비된 리스트를 기초로 여러분의 연구를 시작할 수도 있다. 하지만 도서 목록에서 얻어 낸 리스트가 아무것도 말해 주지 않을 수도 있으며, 따라서 어떤 책을 우선적으로 대출받아야 할지 모를 수도 있다. 그렇기 때문에 도서 목록의 조사는 참고 자료실의 책들에 대한 예비 조사와 함께 이루어져야 한다. 여러분의 테마에 관하여 훌륭한 참고 문헌 목록이 실린 장(章)을 발견했을 때에는,

그 장을 재빨리 훑어볼 수도 있지만(그리고 나중에 다시 읽어 보아야 할 것이다), 곧바로 참고 문헌 목록으로 옮겨 가서 그 목록을 **모두** 복사하도록 하라. 그렇게 하는 동안에, 여러분이 훑어본 장과 참고 문헌에 수반되는 부수적인 메모 사이에서, 그 참고 문헌이 합리적인 것이라면, 여러분은 열거된 책 중에서 어느 것을 저자가 기본적인 것으로 간주하는지 알 수 있다. 그러면 그 책부터 대출받기 시작한다. 그리고 만약 참고 도서가 한 권이 아니라 여러 권일 경우에는, 참고 문헌 사이의 비교 확인도 해야 한다. 그럼으로써 모두가 인용하는 저술들이 무엇인지 알 수 있을 것이다. 그런 식으로 최초의 서열을 세우게 된다. 그 서열은 혹시 여러분의 이후 작업에 의해 무너질 수도 있지만, 당분간은 기본적인 토대가 된다.

만약 참고 도서가 10여 권이나 있다면, 그 각각의 참고 문헌을 복사하려면 시간이 오래 걸린다고 반박할 것이다. 실제로 때로는 그런 식으로 수백 권의 책을 모을 수도 있다. 비록 상호 비교 확인으로 중복되는 것을 배제하더라도 그렇다(사실 여러분이 최초의 참고 문헌 목록을 알파벳 순서로 잘 정리하면, 그다음 목록에 대한 확인은 더욱 쉬워진다). 하지만 오늘날 괜찮은 도서관에는 모두 복사기가 있고, 한 장 복사하는 데 보통 1백 리라 정도가 든다. 참고 도서에서 하나의 전문적인 참고 문헌은, 특이한 경우를 제외하고는 몇 페이지 되지 않는다. 2~3천 리라로 여러분은 일련의 참고 문헌을 복사하여 나중에 집에서 편안히 정리할 수 있다. 참고 문헌 목록을 완성한 다음에야 여러분은 도서관으로 다시 돌아와 정말로 무엇을 찾을 수 있는지 살펴보면 된다. 그 시점에서는 각각의 책마다 카드로 정리하는 것이 유용할 것이다. 왜냐하면 각각의 책에 해당하는 카드에다 도서관의 약자(略字)와 배치 번호를 기록할 수 있기 때문이다(하나의 카드에 여러 개의 약자와 여러 개의 배치 번호가 적혀 있을 수도 있다. 그것은 그 책이 여러 도서관에서 널리 이용될 수 있다는 의미이다. 그리고 아무런 약자도 없는 카드들이 있을 수 있는데 그것은 곤란한 일이 될 것이다. 그건 바로 여러분의 곤란함, 또는 여러분 논문의 곤란함이다).

참고 문헌을 찾는 동안에는, 책의 제목을 하나하나 찾아감에 따라 그것을 노트에 적어 두고 싶은 생각이 들 것이다. 나중에 도서 목록에서 저자를 찾아야 할 때, 참고 문헌 목록에 들어 있는 책이 현지에 있다면, 제목의 한쪽에다 배치 번호를 기록하면 끝난다. 그러나 만약 수많은 책을 적어 두었다면(그리고 어떤 테마에 관한 최초 조사에서는 손쉽게 1백여 권에 이른다 — 물론 나중에 무시하기로 결정하는 많은 경우를 제외하더라도 그렇다), 어느 시점에 이르러서는 더 이상 찾지 못할 수도 있다.

그러므로 가장 편리한 방법은 조그마한 **카드함**을 준비하는 것이다. 책을 하나하나 찾을 때마다 카드함에 해당 카드를 집어 넣으면 된다. 그 책이 어느 도서관에 있다는 것을 발견하면 그 배치 번호를 기록한다. 그런 종류의 작은 카드함은 값싸고 문방구에서 쉽게 구할 수 있다. 아니면 자기가 직접 만들 수도 있다. 1~2백 장의 카드는 별로 공간을 차지하지 않으며, 도서관에 갈 때마다 가방에 넣어 다닐 수 있다. 그러면 결국에는 여러분이 찾아야 할 것과 이미 찾은 것을 명확히 알 수 있다. 게다가 알파벳 순서로 되어 있어 찾기가 쉬울 것이다. 원한다면 카드의 상단 오른쪽에다 도서관의 배치 번호를, 상단 왼쪽에다 관례적인 기호를 적어, 그 책이 여러분에게 전반적인 참고서로서 필요한지, 또는 특수한 장의 출전으로서 필요한지 등을 알려 주도록 정리할 수도 있을 것이다.

물론 카드 정리를 할 인내심이 없다면 노트 정리에 의존할 수도 있다. 그렇지만 그 불편함은 명백하다. 첫 페이지에는 A로 시작하는 저자들을 기록하고, 다음 페이지에는 B로 시작하는 저자들을 기록할 수는 있지만, 얼마 후에 첫 페이지가 끝나면, 아치몬티, 페데리코Azzimonti, Federico 또는 아바티, 잔 사베리오Abbati, Gian Saverio의 논문을 어디에다 넣어야 할지 모를 수도 있다. 그렇다면 차라리 전화번호부를 이용하는 것이 더 낫다. 아바티를 아치몬티 앞에다 적어 넣지는 못하지만, 여하간 그 두 사람은 모두 A에 배당된 몇 페이지 안에 들어 있을 것이다. 하지만 카드함 방식이 가장 좋다. 그것은 논문이 끝난 이후의 다른 작업에 도움을 주거나(거기에다 합치면 된다), 혹은 나중에 그와 유사한 테마에 관해 작업하는 다른 사람에게 빌려 주는 데에도 유용하다.

제4장에서 **독서 카드, 아이디어 카드, 인용 카드**와 같은 여러 유형의 카드 정리에 대해 이야기할 것이다(그리고 어떠한 경우에 이렇게 다양한 카드들이 필요한지 살펴볼 것이다). 현재로서는 참고 문헌 카드와 독서 카드를 동일시하지 말아야 한다는 점을 주목하기 바란다. 따라서 잠시 독서 카드에 대한 간단한 설명을 미리 하기로 하자.

**독서 카드**는, 가능하면 규격이 큰 것으로, 여러분이 실제로 읽은 책(또는 논문)에 관련된 카드이다. 그 카드에다 여러분은 요약, 판단, 인용, 간단히 말해서 논문을 편집할 때(혹시 그 책을 더 이상 활용할 수 없을 때), 그리고 **최종적인 참고 문헌**을 작성할 때에, 여러분이 읽었던 책을 이용하는 데 도움이 될 모든 것을 기록해 둘 수 있다. 항상 갖고 다녀야 하는 카드가 아니며, 때로는 카드 대신에 상당히 넓은 종이로 만들 수도 있다(그래도 카드 형식이 언제나 더 다루기 쉽긴 하다).

반면에 **참고 문헌 카드**는 다르다. 거기에는 여러분이 찾아서 읽은 것뿐만 아니라 **찾아야 할 모든 책**을 기록해야 한다. 참고 문헌 카드에는 1천여 권의 책 이름이 기록되어 있는데, 독서 카드에는 열 권의 제목만이 기록되어 있을 수도 있다. 그런 상황에서는, 논문이 처음에는 너무나도 잘 시작되었어도, 나중에는 너무나도 잘못 끝났다는 인상을 주지만 말이다.

참고 문헌 카드는 여러분이 도서관에 갈 때마다 항상 갖고 다니도록 하라. 참고 문헌 카드에는 해당 책의 본질적인 자료들과 여러분이 조사할 도서관에서의 배치 번호만을 기록한다. 그 카드에는 기껏해야 가령, 〈저자 X에 의하면 아주 중요함〉, 또는 〈절대적으로 찾아보아야 할 것〉, 또는 〈누구는 전혀 가치가 없는 작품이라고 말함〉, 혹은 심지어 〈구입해야 할 것〉 등과 같은 다른 메모를 덧붙일 수 있다. 하지만 그것으로 충분하다. 독서 카드는 여러 장이 될 수 있는 반면에(즉 한 권의 책에 대해 여러 장의 메모 카드를 작성할 수도 있다), 참고 문헌 카드는 오직 한 장이다.

참고 문헌 카드는 잘 만들수록 더 잘 보관할 수 있고, 또 이후의 연구들을 위해 덧붙일 수 있으며, 빌려 줄 수도 있다(심지어 팔 수도 있다). 그러므로 읽기 쉽게 잘 만들 가치가 있다. 혹시라도 속기 방식으로 책 제목을 틀리게 휘갈겨 쓰는 것은 바람직하지 않다. (여러분이 찾은 책들을 카드에 기록하고, 읽고, 독서 카드에 정리한 후에) 종종 최초의 참고 문헌 카드는 최종적인 참고 문헌 목록의 작성을 위한 토대가 될 수 있다.

그러므로 제목의 정확한 기록을 위한 지침, 말하자면 **참고 문헌의 인용 규칙**을 이 시점에서 삽입하고자 한다. 그 규칙은 다음을 위하여 유용하다.

1) **참고 문헌 카드**
2) **독서 카드**

3) 페이지 하단의 각주에서 책들의 인용
4) 최종적인 참고 문헌 목록의 작성

그러므로 우리가 이러한 작업 단계들에 대해 다룰 다음의 여러 장에서 위의 사실을 기억해 둘 필요가 있다. **그러나 여기에서 한 번에 모든 것을 확인해 볼 가치도 있을 것이다.** 그것은 아주 중요한 규칙이며 여러분은 끈기 있게 거기에 친숙해져야 한다. 그것은 무엇보다도 기능적인 규칙이라는 점을 알게 되리라. 왜냐하면 그것은 여러분에게나 여러분의 독자에게 언급되는 책을 확인하도록 해주기 때문이다. 또한 그것은 소위 **학자로서의 예절** 규칙이기도 하다. 그것을 준수한다는 것은 그 사람이 학문과 친숙하다는 것을 의미하며, 그것을 위반하면 스스로 학문적 **벼락부자**임을 폭로하고, 때로는 그렇지 않았다면 잘 완성되었을 작업에다 경솔함의 그림자를 던지기도 한다. 그렇다고 이러한 예절 규칙이 전혀 중요하지 않고, 단지 개념주의자다운 빈약함을 의미한다는 말은 아니다. 그것은 스포츠, 우표 수집, 당구 게임, 정치 활동에도 적용된다. 만약 누군가 〈*chiave*(열쇠, 핵심)〉라는 표현을 잘못 사용하면, 그는 마치 〈우리 중의 하나〉가 아니라, 외부에서 온 사람처럼 의혹을 받게 된다. 자기가 들어가고자 하는 집단의 규칙을 지킬 필요가 있다. 집단에서 함께 오줌을 누지 않는 사람은 도둑이거나 간첩이다.

또한 규칙을 위반하거나 반대하기 위해서는, 먼저 그 규칙을 **알아야** 하고, 그것의 순수하게 억압적인 기능 또는 불합리성을 궁극적으로 밝혀야 하기 때문이다. 그러나 책의 제목을 강조하는 것이 불필요하다고 말하기 전에, 먼저 현재 그것이 강조되고 있다는 사실과 그 이유를 알아야 한다.

### 3·2·3 참고 문헌의 인용

**책** — 다음은 잘못된 참고 문헌 인용의 예이다.

Wilson, J., "Philosophy and religion" Oxford, 1961.

이 인용은 다음과 같은 이유로 잘못되었다.

1) 저자의 이름을 머리글자만 쓰고 있다. 머리글자만으로는 충분하지 않다. 무엇보다도 어떤 사람에 대해 우리는 언제나 그의 이름과 성을 알고 싶기 때문이다. 그리고 동일한 성과 동일한 머리글자를 가진 두 명의 저자가 있을 수 있기 때문이다. 만약 내가 『만능 열쇠』라는 책의 저자가 P. Rossi로 되어 있는 것을 읽는다면, 나는 그가 피렌체 대학에 있는 Paolo Rossi인지, 아니면 토리노 대학에 있는 Pietro Rossi인지 전혀 알 수 없을 것이다. J. Cohen은 누구인가? 프랑스의 비평가이자 미학자인 Jean Cohen인가, 아니면 영국의 철학자 Jonathan Cohen인가?

2) 어떤 책의 제목을 쓰더라도, 절대로 따옴표 안에 쓰지 않아야 한다. 왜냐하면 (이탈리아에서는) 잡지의 제목이나 또는 잡지에 실린 논문의 제목을 따옴표 안에 쓰는 것이 거의 보편적인 관행이기 때문이다. 어쨌든 문제의 제목에서는 대문자 R로 시작하여 Religion이라고 쓰는 것이 더 나았다. 영어권 제목에서는, 명사, 형용사, 동사는 대문자로 쓰고, 반면에 관사, 접속사, 전치사, 부사는 소문자로(그러나 제목의 마지막 단어가 될 때에는 이것도 역시 대문자로 쓴다. 가령 *The Logical Use of If*) 쓰기 때문이다.

3) 어떤 책이 **어디**에서 출판되었다는 것을 말하면서 **누구에 의해** 출판되었는지 말하지 않는 것은 보기 싫다. 가령 여러분이 중요하다고 생각되는 책을 발견하여 구입하고자 하는데, 책에 단지 〈Milano, 1975〉라고 표시되어 있다고 가정해 보자. 그건 어느 출판사의 책인가? 몬다도리? 리촐리? 루스코니? 봄피아니? 펠트리넬리? 발라르디? 서점 주인이 어떻게 여러분을 도와줄 수 있겠는가? 그리고 만약 〈Paris, 1976〉이라고 쓰여 있다면, 어디로 편지를 쓸 것인가? 다만 아주 오래된 책이어서 단지 도서관이나 제한된 골동품 가게에서나 찾아볼 수 있는 경우에는 도시 이름만으로 제한할 수도 있다(Amsterdam, 1678). 만약 어느 책에 〈Cambridge〉라고만 쓰여 있다면, 어느 케임브리지를 말하는가? 영국에 있는 것인가, 아니면 미국에 있는 것인가? 단지 도시 이름만을 표기하는 중요한 저자들이 많이 있다. 백과사전 항목에 관한 경우가 아니라면(백과사전에는 공간을 절약하기 위한 약어 기준이 있다), 그들은 자신의 독자 대중을 경멸하는 속물들이라는 사실을 기억하라.

4) 어쨌든 위의 인용에서 〈Oxford〉는 잘못된 것이다. 이 책은 옥스퍼드에서 출판된 것이 **아니다**. 그 책은 표지에 쓰여 있는 바대로 옥스퍼드 대학 출판부에서 출

판되었다. 그렇지만 그 출판사는 런던에(그리고 뉴욕과 토론토에) 본부를 두고 있다. 또한 무엇보다도 그 책은 글래스고에서 인쇄되었다. 그렇지만 **인쇄 장소가 아니라 발행 장소**를 표시하는 것이 상례이다(다만 오래된 책들, 인쇄소-출판사-서점이 하나로 동시에 운영되기 때문에, 그 두 장소가 일치하는 경우는 예외이다). 필자는 어느 논문에서 〈Bompiani, Farigliano〉라고 표기된 책을 발견했는데, 그 이유는 우연히도 그 책이 (〈인쇄 완료〉라는 표기에서 추론되듯이) 파릴리아노에서 인쇄되었기 때문이다. 그런 식으로 표기하는 사람은 마치 자기 생애에서 책을 전혀 본 적이 없는 듯한 인상을 준다. 확실하게 하기 위해서는 단지 책표지에서만 출판 자료를 찾지 말고, 그다음 페이지의 **저작권**이 표시된 곳도 역시 보아야 한다. 거기에서 실제 출판 장소와 날짜, 판수(版數)를 확인할 수 있다.

만약 책 표지만 본다면 가슴 아픈 실수를 범할 수도 있다. 마치 예일 대학 출판부, 또는 코넬 대학 출판부, 하버드 대학 출판부에서 출판된 책들에 대하여 출판 장소로서 예일, 코넬, 하버드를 적어 놓는 사람들과 같은 실수를 범할 수도 있다. 그것들은 실제의 지명이 아니라 그 유명한 사립 대학의 **고유** 이름들이다. 출판 장소는 뉴헤이번, 이타카, 케임브리지 등이다. 마치 어느 외국인이 가톨릭 대학에서 출판된 책을 발견하고는, 그것이 아드리아 해변의 해수욕장이 있는 아늑한 소읍 카톨리카에서 출판된 것처럼 표시하는 것과 마찬가지이다. 마지막으로 주의할 것이 있다. 언제든지 출판된 도시의 이름은 **원래의 언어**로 쓰는 것이 상식이다. 그러므로 Paris이지 Parigi가 아니며, Berlin이지 Berlino가 아니다.

5) 우연하게도 출판 연도는 잘 적혀 있다. 표지에 적힌 연도가 언제나 그 책이 정말로 출판된 연도는 아니다. 최신판의 연도가 될 수도 있다. **저작권**이 표시되어 있는 페이지에서만 초판의 연도를 발견할 수 있다(혹시 초판은 다른 출판사에서 출판되었다는 사실을 발견할 수도 있다). 때로는 그 차이가 굉장히 중요하다. 가령 여러분이 다음과 같은 인용을 발견한다고 가정해 보자.

Searle, J., *Speech Acts*, Cambridge, 1974.

다른 부정확한 것들은 차치하고라도, **저작권**이 있는 곳을 확인해 보면 그 초판 연도는 1969년이라는 것을 알 수 있다. 그런데 여러분의 논문에서는, 설의 *speech acts*에 대한 언급이 다른 저자들보다 먼저였는지, 또는 나중이었는지 확인하는 것이 중요할 경우도 있다. 그러므로 초판의 연도는 기본적이다. 무엇보다도 만약 여러분이 책의 서문을 잘 읽어 본다면, 설의 그 기본적인 논문은 1959년에(그러니까 10년 전에) 옥스퍼드에서 Ph.D. 논문으로 제출되었으며, 그동안에 이미 그 책의 여러 부분이 여러 철학 잡지에 발표되었다는 사실을 발견할 것이다. 그 누구도 절대 다음과 같이 인용을 하려고 생각하지는 않을 것이다.

>   Manzoni, Alessandro, *I promessi sposi*, Molfetta, 1976.

단지 최근에 몰페타에서 출판된 판을 손에 들고 있다는 이유만으로 그렇게 하지는 않을 것이다. 그렇다면 여러분이 어느 저자에 대해 작업한다면, 만초니의 경우는 바로 설의 경우에도 해당된다. 어떠한 경우라도 여러분은 그의 작품에 대한 그릇된 생각을 퍼뜨리지 말아야 한다. 그리고 만초니를 연구하거나 설 또는 윌슨을 연구하면서, 나중에 수정되고 증보된 판을 기초로 작업했을 경우에는, 초판의 연도나 여러분이 인용하는 나중 판의 연도를 모두 구체적으로 밝혀야 한다.

지금까지 우리는 책을 인용할 때 어떻게 하지 **말아야** 하는지 살펴보았다. 우리가 언급했던 두 권의 책을 올바르게 인용하는 다섯 가지 방법을 예로 들겠다. 물론 다른 기준도 있으며, 각각의 기준은 다음과 같은 조건하에서 타당성을 갖는다. 말하자면, (1) 책이 다른 책들의 장이나 논문과 구별되도록 하고, (2) 저자의 이름이나 제목을 명백히 밝히고, (3) 출판 장소, 출판사, 판수를 명백히 밝히고, (4) 가능하다면 책의 크기나 판형을 밝혀 줄 수 있으면 된다. 그러므로 다음의 다섯 가지 예는 여러 방식으로 모두 훌륭하다. 다만 앞으로 언급하겠지만, 우리는 여러 가지 이유로 첫 번째를 선호한다.

>   1. Searle, John R., *Speech Acts — An Essay in the Philosophy of Language*, 초판, Cambridge, Cambridge University Press, 1969 (제5판, 1974), pp. VIII~204.

Wilson, John, *Philosophy and Religion — The Logic of Religious Belief*, London, Oxford University Press, 1961, pp. VIII~120.
2. Searle, John R., *Speech Acts* (Cambridge: Cambridge, 1969).
   Wilson, John, *Philosophy and Religion* (London: Oxford, 1961).
3. Searle, John R., Speech Acts , Cambridge, Cambridge University Press, 초판, 1969 (제5판, 1974), pp. VIII~204.
   Wilson, John, Philosophy and Religion, London, Oxford University Press, 1961, pp. VIII~120.
4. Searle, John R., Speech Acts. London: Cambridge University Press, 1969.
   Wilson, John, Philosophy and Religion. London: Oxford University Press, 1961.
5. SEARLE, John R.
   1969    *Speech Acts — An Essay in the Philosophy of Language*, Cambridge, Cambridge University Press (제5판, 1974), pp. VIII~204.
   WILSON, John,
   1961    *Philosophy and Religion — The Logic of Religious Belief*, London, Oxford University Press, pp. VIII~120.

물론 혼합된 해결책도 있다. 가령 1번의 예에서 저자의 이름을 5번처럼 대문자로 쓸 수도 있다. 또한 4번의 예에다 1번 및 5번의 예와 마찬가지로 부제를 써 넣을 수도 있다. 그리고 앞으로 살펴보겠지만 총서의 제목까지 써 넣는 더욱 복잡한 방식도 있다.

어쨌든 모두 타당한 이 다섯 가지의 예를 자세히 살펴보기로 하자. 당분간 5번의 예는 무시하기로 하자. 그것은 전문적인 참고 문헌 목록(저자-연도 인용 방식)의 경우인데, 이에 대해서는 앞으로 각주 및 최종적인 참고 문헌 목록과 관련하여 언급할 것이다. 두 번째의 예는 전형적인 미국식이며, 또한 최종적인 참고 문헌 목록보다는 페이지의 각주에서 더 많이 사용된다. 세 번째는 전형적인 독일 방식인데, 지금은 상당히 드물게 사용하며 필자의 견해로는 아무런 장점이 없다. 네 번째는 미국에서 아주 많이 사용하고 있으며, 필자로서는 작품의 제목을 곧바로 구별할 수 없기 때문에 상당히 싫어한다. 1번의 방식은 우리에게 필요한 것을 모두 말해 주며, 그것이 어떤 책인가, 그리고 그 책이 어느 정도의 분량인가를 명백하게 밝혀 준다.

**잡지** — 이 1번의 방식이 얼마나 편리한가는, 다음과 같이 세 가지 방법으로 잡지의 논문을 인용해 보면, 곧바로 알 수 있다.

Anceschi, Luciano, "Orizzonte della poesia", *Il Verri* 1 (NS), febbraio 1962: 6~21.
Anceschi, Luciano, "Orizzonte della poesia", *Il Verri* 1 (NS), pp. 6~21.
Anceschi, Luciano, *Orizzonte della poesia*, in "Il Verri", febbraio 1962, pp. 6~21.

이외에도 다른 방식이 있겠지만, 곧바로 첫 번째와 세 번째를 살펴보기로 하자. 첫 번째는 논문 제목을 따옴표 안에 써 넣고 잡지 이름은 이탤릭체로 쓰고 있다. 세 번째의 예는 논문 제목을 이탤릭체로 쓰고 잡지 이름을 따옴표 안에 쓰고 있다. 무엇 때문에 **첫 번째가 더 바람직한가?** 그 이유는 바로 〈Orizzonte della poesia(시의 지평)〉가 하나의 책이 아니라 짧은 논문이라는 것을 첫눈에 알아볼 수 있도록 해주기 때문이다. 따라서 잡지의 논문은(앞으로 살펴보겠지만) 책의 개별적인 장 및 학회 발표 논문의 범주에 속한다. 분명히 두 번째의 예는 첫 번째의 변형이며, 단지 발행 연도와 달만을 생략하고 있다. 그러나 첫 번째의 예는 논문의 날짜까지 알려 주지만, 두 번째는 그렇지 않기 때문에 불완전하다. 최소한 *Il Verri* 1, 1962라고 써 넣는 것이 더 나았으리라. 여러분은 (NS), 즉 〈Nuova Serie(새로운 총서)〉라는 표시가 되어 있음에 주목했을 것이다. 그것은 아주 중요하다. 왜냐하면 *Il Verri* 지는 1956년에 별도로 제1호를 발행한 첫 번째 총서도 있기 때문이다. 그 제1호를 인용해야 한다면[거기에는 분명히 〈vecchia serie(옛 총서)〉라는 표현을 할 수는 없다], 이렇게 하는 것이 좋으리라.

> Gorlier, Claudio, "L'Apocalisse di Dylan Thomas", *Il Verri* I, 1, autunno 1956, pp. 39~46.

여기에서는 보이는 바와 같이 발행 호수 외에 연도까지 구체적으로 밝히고 있다. 따라서 만약 그 새로운 총서에 발행 연도가 있다면, 다음과 같이 새로운 형식으로 달리 인용을 할 수도 있다.

> Anceschi, Luciano, "Orizzonte della poesia", *Il Verri* VII, 1, 1962, pp. 6~21.

그 외에 어떤 잡지들은 1년에 여러 권을 간행하여 점진적으로 호수를 헤아린다는 사실을 주목해야 한다(혹은 **권**당 호수를 헤아린다. 따라서 1년에 여러 권이 간행될 수도 있다). 그러므로 원한다면, 잡지의 간행 호수를 표시할 필요는 없으며, 연도와 페이지를 기록하는 것으로 충분할 것이다. 예를 들면,

> Guglielmi, Guido, "Tecnica e letteratura", *Lingua e stile*, 1966, pp. 323~340.

만약 내가 그 잡지를 도서관에서 찾는다면, 323면은 첫 번째 연도의 제3호에 있다는 것을 알 수 있을 것이다. 하지만 다음과 같이 훨씬 더 편리하게 쓸 수 있는데, 필자로서는 독자들에게 이런 훈련을 시킬 필요가 없다고 생각한다.

> Guglielmi, Guido, "Tecnica e letteratura", *Lingua e stile*, I, 1, 1966.

여기에서는 비록 페이지를 표시하지 않더라도, 그 논문은 아주 쉽게 찾을 수 있다. 또한 만약 내가 그 잡지를 이전에 간행된 호수로 출판사에 주문하고자 한다면, 나로서는 페이지가 아니라 발행 호수를 알아야 한다는 점을 생각하라. 그렇지만

그것이 긴 논문인지 또는 짤막한 주석인지 알기 위해서는, 처음 페이지와 마지막 페이지가 도움을 준다. 그러므로 어떠한 경우라도 페이지 표시는 바람직하다.

**여러 명의 저자들 및 편자** — 이제 동일 저자의 논문 모음이든 여러 저자의 저술이든, 아주 방대한 저술의 각 장에 대해 다루어 보기로 하자. 다음에 간단한 예가 있다.

> Morpurgo-Tagliabue, Guido, "Aristotelismo e Barocco" in AAVV, *Retorica e Barocco*, Atti del III Congresso Internazionale di Studi Umanistici, Venezia, 15~18 giugno 1954, Enrico Castelli 편, Roma, Bocca, pp. 119~196.

이런 유형의 표시는 무엇을 나에게 말해 주는가? 내게 필요한 모든 것을 말해 준다. 말하자면,

(1) 그것은 다른 글들의 모음 안에 수록된 텍스트이다. 따라서 비록 페이지 분량(77)을 보고 그것이 지극히 탄탄한 연구라고 추론하더라도, 모르푸르고-탈리아부에의 논문은 한 권의 책이 아니다.

(2) 그 논문집은 『수사학과 바로크』라는 제목의 책이며, 거기에는 여러 저자(AAVV 또는 AA.VV.)의 글들이 함께 실려 있다.

(3) 이 모음은 학술 회의 발표물들의 기록이다. 그것을 아는 것은 매우 중요하다. 어떤 문헌 목록에서는 그 책이 〈학회 및 회의의 발표 자료〉라는 항목으로 분류되어 있는 것을 발견할 수도 있기 때문이다.

(4) 그 책의 편자는 엔리코 카스텔리이다. 그것은 매주 중요한 자료이다. 왜냐하면 어떤 도서관에서는 그 모음을 〈Castelli, Enrico〉라는 이름 아래에서 발견할 수도 있을 뿐만 아니라, 영어권의 관행에 의하면, 여러 저자의 이름이 A[즉 *Autori Vari*(여러 저자)] 항에 기록되어 있지 않고, 편자의 이름 아래에 기록되어 있기 때문이다. 그러므로 이 책은 이탈리아의 문헌 목록에서는 다음과 같이 나올 것이다.

> AAVV, *Retorica e Barocco*, Roma, Bocca, 1955, pp. 256, 20 tav.

그러나 미국식 문헌 목록에서는 다음과 같이 나올 것이다.

    Castelli, Enrico (ed.), *Retorica e Barocco* etc.

여기에서 〈ed.〉는 〈editore(편집자)〉, 또는 편자, 또는 〈XXX의 감수〉를 의미한다(〈eds.〉는 편자가 한 명 이상이라는 것을 의미한다).
미국식 방법을 모방하여 요즈음 어떤 사람은 이 책을 다음과 같이 기록하는 경향도 있다.

    Castelli, Enrico (a cura di), *Retorica e Barocco* etc.

이것은 도서관의 도서 목록이나 다른 참고 문헌 목록에서 책을 찾아내기 위해서는 꼭 알아야 할 것이다.
참고 문헌 조사의 구체적인 실증과 관련하여 나중에 3·2·4에서 살펴보겠지만, 가르찬티 출판사의 『이탈리아 문학사』에서 필자가 이 논문에 대해 발견한 최초의 인용은, 모르푸르고-탈리아부에의 글에 대하여 이렇게 언급하고 있다.

    da tener presenti… il volume miscellaneo *Retorica e Barocco*, *Atti del* III *Congresso Internazionale di Studi Umanistici*, Milano, 1955, e in particolare l'importante saggio di G. Morpurgo-Tagliabue, *Aristotelismo e Barocco*.
    (주목해야 할 것은…… 논문집 『수사학과 바로크』, 제3차 국제 인문학 연구 학술 회의 발표 자료, 밀라노, 1955 및 특히 모르푸르고-탈리아부에의 중요한 논문 「아리스토텔레스주의와 바로크」.)

이것은 최악의 참고 문헌 표시이다. 그 이유는, (1) 저자의 이름을 밝히지 않고, (2) 학술 회의가 밀라노에서 개최되었거나 또는 밀라노에 출판사가 있다고 믿게 하고(그리고 두 가지 모두 잘못되어 있다), (3) 어느 출판사인지 말하지 않고, (4) 문제의 논문이 몇 페이지인지 밝히지 않고, (5) 비록 〈*miscellaneo*(여러, 잡다한)〉

라는 낡은 표현으로 보아 여러 저자의 글을 수록하고 있다고 생각할 수 있을지라도, 그 논문집의 편자가 누구인지 말해 주지 않기 때문이다.

만약 우리의 참고 문헌 카드에다 그렇게 기록한다면 곤란하다. 우리는 카드에다 현재로서는 우리에게 부족한 사항들을 위한 공간이 남아 있도록 해야 한다. 그러므로 이 책은 다음과 같이 기록해야 할 것이다.

Morpurgo-Tagliabue, G...

"Aristotelismo e Barocco", in AAVV, *Retorica e Barocco* – Atti del III Congresso Internazionale di Studi Umanistici, ..., a cura di..., Milano, ...1955, pp....

나중에 다른 도서관에서, 또는 도서관의 장서 목록에서, 또는 곧바로 그 책의 표지에서 우리에게 부족한 자료를 발견했을 때, 그것을 여백의 공간에다 써넣을 수 있도록 해야 한다.

**저자가 여러 명이고 편자가 없을 경우** — 이제 우리는 어느 책에 있는 논문을 하나 기록하고자 하는데, 그 책은 네 명의 저자에 의한 작품이고 아무도 편자로 나와 있지 않았다고 가정해 보자. 예를 들어 나는 반 다이크, 옌스 이웨, 야노슈 페퇴피, 하네스 리저의 논문 네 편이 실린 독일 책을 손에 들고 있다. 그럴 경우에는 편의상 단지 처음 저자만 표시하고 그 다음에 〈et alii(및 다른 사람들)〉을 의미하는 〈et al.〉을 덧붙인다.

Dijk. T. A. van et al., *Zur Bestimmung narrativer Strukturen* etc.

이번에는 좀 더 복잡한 예를 보기로 하자. 어느 논문집의 제12권*volume*의 제3호 *tome*에 나오는 기다란 논문인데, 그 논문집에서는 각 권의 제목이 논문집의 제목과는 다르게 되어 있는 경우이다.

Hymes, Dell, "Anthropology and Sociology", in Sebeok, Thomas A., ed.,

> *Current Trends in Linguistics*, vol. XII, *Linguistics and Adjacent Arts and Sciences*, t. 3, The Hague, Mouton, 1974, pp.1445~1475.

이것은 델 하임스의 논문을 인용하는 경우이다. 그런데 만약 논문집을 인용해야 하는 경우에는, 독자가 기대하는 정보는 **몇째** 권에 델 하임스의 논문이 있는가가 아니라 그 논문집이 **몇 권**으로 되어 있는가이다.

> Sebeok, Thomas A., ed., *Current Trends in Linguistics*, The Hague, Mouton, 1967~1676, 12 vols.

동일한 저자의 논문집에 들어 있는 어느 논문을 인용해야 할 때의 과정은 여러 저자의 경우와 다르지 않다. 다만 책 제목 앞의 저자 이름만 생략한다.

> Rossi-Landi, Ferruccio, "Ideologia come progettazione sociale", in *Il linguaggio come lavoro e come mercato*, Milano, Bompiani, 1968, pp. 193~224.

여기에서 알 수 있는 것은, 통상적으로 어느 장의 제목은 특정한 책 **안**in에 들어 있는 것이다. 반면에 잡지에 게재된 논문일 경우에는 잡지 앞에 in을 붙이지 않고, 잡지의 이름이 논문의 제목 바로 뒤에 나온다.

**총서**(叢書) — 좀 더 완벽한 인용 방식에서는 그 책이 포함된 총서도 밝히는 것을 권한다. 필자의 견해로는 그것은 꼭 필수 불가결한 정보는 아니라고 생각한다. 왜냐하면 저자, 제목, 출판사, 출판 연도를 알면 어떤 저술인지 충분히 밝혀지기 때문이다. 그러나 어떤 과목에서는 총서가 어떤 학문적 경향의 지표 또는 보증이 될 수도 있다. (이탈리아에서는) 총서명을 책 제목 뒤에 따옴표 안에 기록하며, 권의 일련 번호를 붙인다.

Rossi-Landi, Ferruccio, *Il linguaggio come lavoro e come mercato*, "Nuovi Saggi Italiani 2", Milano, Bompiani, 1968, p. 242.

**익명, 가명 등의 경우** ── 그러면 익명의 저자들, 가명을 사용하는 저자들, 저자가 약자로 표기된 백과사전의 논문들의 경우를 살펴보기로 하자.

첫 번째의 경우에는 저자의 이름이 들어가는 자리에 〈Anonimo(익명)〉라는 표기를 하는 것으로 충분하다. 두 번째 경우에는 가명 뒤에, 괄호 안에 실제 이름(이미 그 이름이 알려져 있다면)을 써주면 된다. 혹시 상당히 믿을 만하게 가정되는 사람일 경우에는 이름 뒤에 물음표를 덧붙인다. 만약 저자가 전통적으로 어떤 사람이라고 인정되었는데, 그 역사적 인물이 최근의 비평에서 의문시되고 있을 경우에는, 〈Pseudo(가명)〉로 표기한다. 예를 들면,

Longino (Pseudo), *Del Sublime*.

세 번째의 경우, 만약 『트레카니 백과사전』의 〈17세기주의〉 항목이 〈M. Pr.〉라는 약자로 표기되어 있다면, 책의 서두에 있는 약자 목록에서 찾아보고, 그가 마리오 프라츠라는 것을 확인하면 다음과 같이 적는다.

M(ario) Pr(az), "Secentismo", *Enciclopedia Italiana* XXXI.

**현재는 ...... 에 실림** ── 그리고 어떤 논문은 현재는 동일 저자의 논문집이나 널리 활용되는 선집(選集) 안에서 찾아볼 수 있지만, 어쨌든 맨 처음에는 잡지에 발표되었던 것도 있다. 만약 논문의 테마와 관련하여 부수적인 참고가 되는 것이라면, 가장 쉽게 접근할 수 있는 출전을 인용할 수도 있다. 그러나 그것이 만약 여러분의 논문에서 특수하게 다루는 저술이라면, **최초** 출판에 관한 자료들은 역사적 정확성이라는 이유로 필수적이다. 여러분이 가장 쉽게 접근할 수 있는 판을 이용하는 것을 아무도 금지하지는 않는다. 그렇지만 선집이나 논문집이 잘 만들어졌다면, 거기에서는 분명 해당 글의 초판에 관한 참고 자료들을 찾을 수 있다. 그렇다면 그

자료에서 추론하여 다음과 같은 식으로 참고 문헌 인용을 할 수 있다.

> Katz, Jerrold J. & Fodor, Jerry A., "The Structure of a Semantic Theory", *Language* 39, 1963, pp. 170~210 (현재는 Fodor Jerry A. & Katz Jerrold J. 편, *The Structure of Language*, Englewood Cliffs, Prentice-Hall, 1964, pp. 479~518에 실림).

만약 특수한 참고 문헌 인용 방법으로서 저자-연도 방식(이에 대해서는 5·4·3에서 언급할 것이다)을 사용하고자 한다면, 최초 출판 연도를 다음과 같이 표기하면 된다.

> Katz, Jerrold J. & Fodor, Jerry A.
> 1963  "The Structure of a Semantic Theory", *Language* 39 (현재는 Fodor J. A. & Katz J. J. 편, *The Structure of Language*, Englewood Cliffs, Prentice-Hall, 1964, pp. 479~518에 실림).

**정기 간행물에서의 인용** — 일간지와 주간지에서의 인용 방법은 잡지에서의 인용과 동일하다. 다만 (쉽게 찾도록 하기 위하여) 발행 호수보다는 날짜를 기록하는 것이 더욱 편리하다. 잠시 훑어보는 논문을 인용해야 한다면, 페이지까지 표시하는 것이 꼭 필요하지는 않으며(어쨌든 그것은 언제나 유용하다), 또한 일간 신문에서는 총서를 표시하는 것이 절대적으로 필요하지는 않다. 그러나 만약 인쇄물에 대한 특수한 연구를 한다면, 이러한 표시는 거의 필수 불가결한 것이 된다.

> Nascimbeni, Giulio, "Come l'Italiano santo e navigatore è diventato bipolare", *Corriere della Sera*, 25. 6. 1976, p. 1, col. 9.

전국적으로 또는 국제적으로 널리 알려진 신문들(「더 타임스The Times」, 「르

몽드Le Monde」, 「코리에레 델라 세라Il Corriere della Sera」와 같이)이 아닌 경우에는, 발행되는 도시의 이름을 구체적으로 밝혀 주는 것이 좋다. 가령, 「일 가체티노Il Gazzettino」 (Venezia), 7. 7. 1975.

**공문서 또는 기념비적 작품에서의 인용** —— 공문서에 대해서는 학문별로 상이한 약어와 약자 기호들이 있다. 마치 옛 필사본에 대한 작업에서 전형적인 약어들이 있는 것과 마찬가지이다. 여기에서는, 여러분이 조사해 보아야 할 전문적인 문헌을 참조하라고 말해 주는 수밖에 없다. 다만 한 가지 기억해야 할 것은, 어떤 학문에서는 몇몇 약어들이 일반적으로 사용되므로 다른 추가 설명을 할 필요가 없다는 점이다. 미국 의회의 의사 기록에 대한 연구에는 다음과 같은 인용을 권한다.

S. Res. 218, 83d Cong., 2d Sess., 100 Cong. Rec. 2972 (1954).

이것을 전문가들은 이렇게 읽을 수 있다. 〈Senate Resolution number 218 adopted at the second session of the Eighty-Third Congress, 1954, and recorded in volume 100 of the *Congressional Record* beginning on page 2972 (1954년 제83대 의회의 두 번째 회기에서 채택되어, 『의회 기록』 제100권의 2,972면 이하에 기록된 상원 의결 제218호).〉

이와 마찬가지로 중세 철학에 대한 연구에서, 어떤 텍스트를 *P.L.* 175, 948(또는 *PL*, CLXXV, col. 948)에서 찾을 수 있는 것으로 표시한다면, 누구든지 그것은 그리스도교적 중세 라틴어 텍스트들의 고전적 집성인, 미뉴의 『라틴 교부들의 저술 집대성*Patrologia Latina*』의 제175권의 948단을 언급하고 있다는 것을 알게 된다. 그러나 만약 여러분이 새로이 참고 문헌 카드 목록을 만들고 있다면, 처음에는 작품의 완전한 참조 사항을 기록하는 것도 나쁘지 않다. 일반 참고 문헌 목록에서는 그것을 완전하게 표시하는 것이 좋기 때문이다.

*Patrologiae Cursus Completus*, Series Latina, accurante(편자) J. P. Migne, Paris, Garnier, 1844~1866, 222 voll. (+ *Supplementum*,

Turnhout, Brepols, 1972).

**고전의 인용** ─ 고전 작품을 인용하는 데에는, 제목-권-장 방식, 또는 부분-절 방식, 또는 곡(曲)-행(行) 방식과 같은 상당히 보편적인 관행이 있다. 어떤 작품들은 고대까지 거슬러 올라가는 기준에 의해 세분되어 있지 않다. 현대의 편자들이 거기에 다른 구분을 가할 때에는, 통상적으로 전통적인 표시들을 그대로 유지한다. 그러므로 아리스토텔레스의 『형이상학』에서 비모순 원리의 정의를 인용하고자 한다면, *Met*. IV, 3, 1005 b, 18이라고 인용할 것이다.

퍼스의 『논문집*Collected Papers*』의 한 구절을 인용하려면, 일반적으로 *CP*, 2.127과 같이 인용한다.

성서의 한 구절은 1 *Sam*. 14: 6~9와 같이 인용한다.

고전 희극과 비극(현대극도 마찬가지)은, 로마 숫자로 막을, 아라비아 숫자로 장 및 필요한 경우 행을 표기하여, 『말괄량이』, IV, 2: 50~51과 같이 인용한다. 때로는 영어권 사람들은 *Shrew*, IV, ii, 50~51식의 인용을 선호한다.

물론 논문의 독자는, *Shrew*(말괄량이)는 바로 셰익스피어의 『말괄량이 길들이기*The Taming of the Shrew*』를 의미한다는 것을 알고 있어야 한다. 만약 여러분의 논문 주제가 엘리자베스 시대의 희곡이라면 문제가 없다. 그러나 만약 그것이 심리학의 논문에서 우아하고 박식한 기분 전환으로 인용되는 경우라면, 좀 더 정확한 인용을 하는 것이 좋으리라.

인용의 첫째 기준은 실용적이고 쉽게 이해될 수 있어야 한다는 것이다. 만약 단테의 한 구절을 II.27.40과 같이 인용한다면, 그것이 「연옥」편 제27곡의 40번째 행을 말하고 있다는 것을 쉽게 눈치챌 수 있다. 그러나 어떤 단테 학자는 Purg. XXVII, 40을 선호할 수도 있다. 그러므로 그 학문의 관례 ─ 이것은 두 번째 기준이지만 그에 못지않게 중요한 기준이다 ─ 를 따르는 것이 좋다.

물론 모호한 경우에 대해서는 주의해야 한다. 예를 들어 파스칼의 『팡세』는, 그것이 브룬스빅판인가 또는 다른 판인가에 따라 다른 숫자로 표시된다. 왜냐하면 그것은 서로 다른 순서로 배열되어 있기 때문이다. 그리고 이러한 것은 바로 그 테마에 대한 비평적 문헌을 읽으면서 배우게 되는 것이다.

**출판되지 않은 작품 및 개인적인 자료들에서의 인용** — 졸업 논문, 필사본 원고 등은 다음과 같이 구체적으로 명시된다. 다음에 두 가지 예가 있다.

La Porta, Andrea, *Aspetti di una teoria dell'esecuzione nel linguaggio naturale*, Tesi discussa alla Facoltá di Lettere e Filosofia, Bologna, A.A. 1975~1976(문학 및 철학부에서 논의된 논문, 볼로냐, 1975~1976학년도).

Valesio, Paolo, *Novantiqua: Rhetorics as a Contemporary Linguistics Theory*, dattiloscritto in corso di pubblicazione (per gentile concessione dell'autore). [현재 인쇄 중인 타자본 원고(저자의 친절한 양해하에서).]

사적인 편지나 개인적인 통지문도 이와 마찬가지로 인용할 수 있다. 만약 2차적으로 중요한 것이라면 각주에서 언급해도 되지만, 우리의 논문에 결정적인 중요성을 갖는 것이라면, 참고 문헌 목록에도 다음과 같이 기록한다.

Smith, John, Lettera personale all'autore (5.1.1976).
(1976년 1월 5일자 저자에게 보낸 개인 편지.)

5·3에서 다시 언급하겠지만, 이런 방식의 인용에서는 우리에게 개인적인 통지를 한 사람의 허락을 얻고, 또한 만약 그것이 구술된 것이라면 우리가 옮겨 적은 후에 승인을 받는 것이 예의이다.

**원본과 번역** — 엄격히 말하자면 책은 언제나 원래의 언어로 참조하고 인용해야 할 것이다. 그러나 현실은 완전히 다르다. 첫 번째 이유로는, 일반적인 통념상 (불가리아어처럼) **필수적으로** 알아야 하는 것도 아니고, 또 **의무적으로** 배우지 않아도 되는 언어들이 있기 때문이다(대개 이탈리아인들은 모두 프랑스어와 영어를 어느 정도 알고 있으며, 독일어는 조금 알고, 또한 스페인어와 포르투갈어는 전혀 모르면서도 이해할 수 있다고 생각한다. 하지만 그것은 환상이다. 또한 일반적으로 러시아어와 스웨덴어는 이해하지 못한다고 생각한다). 두 번째 이유로, 어떤 책은 번역판으로도 아주 잘 읽을 수 있기 때문이다. 만약 여러분이 몰리에르에 대한 논문을 쓰는데, 그 작가를 이탈리아어로 읽는다면 아주 심각한 문제가 될 것이다. 그러나 만약 리소르지멘토의 역사에 대한 논문을 쓴다면, 우연히 데니스 맥 스미스의 『이탈리아 역사』를 라테르차 출판사에서 나온 번역판으로 읽었다고 해서, 심각한 문제가 생기지는 않는다. 그리고 솔직하게 그 책을 이탈리아어로 인용할 수도 있다.

그러나 여러분의 참고 문헌 표시는, 원본을 찾아보고자 하는 다른 사람에게도 역시 도움을 줄 수 있다. 그러므로 이중으로 표시하는 것이 좋으리라. 여러분이 그 책을 영어로 읽었을 경우에도 마찬가지이다. 그것을 영어로 인용하는 것은 좋다. 하지만 이탈리아어 번역판이 있는지, 어디에서 출판되었는지 알고자 하는 다른 독자에게 왜 도움을 주지 않는가? 그러므로 어떠한 경우든 다음과 같은 인용 형식이 가장 좋다.

Mack Smith, Denis, *Italy. A Modern History*, Ann Arbor, The University of Michigan Press. 1959 (Alberto Acquarone 역, *Storia d'Italia - Dal 1851 al 1958*, Bari, Laterza, 1959).

여기에도 예외가 있는가? 몇 가지 예외가 있다. 예를 들어, 여러분이 논문을 그리스어로 쓰지 않으면서 플라톤의 『공화국』을 인용하는 경우에는(가령 사법적 테마에 관한 논문에서), 여러분이 참조한 번역과 판을 명확히 밝히기만 하면 된다. 마찬가지로 문화 인류학에 대한 논문을 쓰는데 다음의 책을 인용해야 하는 경우에는,

Lotman, Ju. M. & Uspenskij, B. A., *Tipologia della cultura*, Milano, Bompiani, 1975.

이런 식으로 정당하게 단지 이탈리아어 번역판만을 인용할 수 있다. 그것은 두 가지 이유에서 그렇다. 첫째로, 여러분의 독자들이 러시아어 원본을 확인하고 싶은 열망에 불타오르지는 않을 것이며, 둘째로, 그것은 여러 잡지에 발표된 논문들을 이탈리아의 편자가 모아 놓은 논문집이기 때문에, 책으로 된 원본은 없다. 기껏해야 여러분은 제목 다음에, 〈레모 파카니와 마르치오 마르차두리 편〉이라고 인용할 수 있을 뿐이다. 그러나 여러분의 논문이 현재의 기호학적 연구 상황에 관한 것이라면, 최대한 정확하게 작업해야 할 것이다. 가령 여러분이 러시아어를 읽을 수는 없지만(여러분의 논문이 러시아의 기호학에 관한 것이 아니라면), 여러분은 이 논문집을 전반적으로 참조하는 것이 아니라, 예를 들어 일곱 번째 논문만을 논의할 수도 있다. 그렇다면 그 논문이 맨 처음 어디에서 출판되었는지 알면 좋을 것이다. 그러한 표시들은 모두 편저자가 배려하여 제목에 대한 각주에서 제공하고 있다. 그러므로 그 논문은 이렇게 기록하면 된다.

> Lotman, Juri M., "O ponjatii geograficeskogo prostranstva v russkich srednevekovych tekstach", *Trudy po znakovym sistemam* II, 1965, pp. 210~216 (Remo Faccani 역, "Il concetto di spazio geografico nei testi medievali russi", 현재는 Lotman, Ju. M. & Uspenskij, B. A., *Tipologia della cultura*, Remo Faccani & Marzio Marzaduri 편, Milano, Bompiani, 1975에 실림).

그럼으로써 여러분은 원전 텍스트를 읽은 것처럼 가장하지는 않았다. 여러분의 이탈리아어 출전을 명백히 밝히고 있기 때문이다. 또한 여러분은 혹시 독자에게 도움이 될 수도 있는 모든 정보를 제공했다.

별로 알려지지 않은 언어로 된 작품의 경우, 아직은 번역판이 없지만 그 존재를 표시하고 싶을 때에는, 통상 원래의 제목 뒤에다 이탈리아어 번역 제목을 괄호 안에 써 넣는다.

마지막으로 언뜻 보기에는 매우 복잡해 보이고, 또한 〈완전한〉 해결책은 지극히 번잡스러워 보이는 경우를 살펴보기로 하자. 그리고 그 해결책 역시 어떻게 변화될 수 있는지 보기로 하자.

다비드 에프론은 아르헨티나 출신의 유대인으로서, 1941년에 뉴욕에 사는 유대인과 이탈리아인의 몸짓에 관한 연구서를 〈*Gesture and Environment*(몸짓과 환경)〉이라는 제목으로, 미국에서 출판했다. 1970년에 이르러서야 아르헨티나에서 스페인어 번역판이 나왔는데, 제목은 〈*Gesto, raza y cultura*(몸짓, 인종 및 문화)〉로 바뀌었다. 1972년에는 네덜란드에서 영어로 재판이 나왔는데, 제목은 (스페인어 제목과 비슷하게) 〈*Gesture, Race and Culture*〉였다. 바로 이 판에 의거하여 1974년에 이탈리아어 번역판 *Gesto, razza e cultura*가 나왔다. 그렇다면 이 책을 어떻게 인용할 것인가?

곧바로 두 가지 극단적인 예를 보기로 하자. 첫 번째 경우는 다비드 에프론에 대한 논문이다. 그럴 경우 최종적인 참고 문헌 목록에는 저자의 저술에 대한 부분이 따로 있을 것이며, 위의 모든 판이 각각의 책처럼 날짜 순서대로 모두 인용되어야 할 것이다. 또한 각 인용마다 그것이 이전 판의 재판이라는 것을 구체적으로 명시해야 한다. 그것은 바로 지원자가 모든 판을 살펴보았다는 것을 전제로 한다. 수정 또는 삭제된 부분이 있는지 확인을 해야 하기 때문이다. 두 번째 경우는 이민 문제와 관련된 사회학, 경제학, 정치학 논문을 쓰는 경우이다. 그리고 거기에서는 단지 에프론의 책이 한계적인 양상에 대한 어느 정도 유용한 정보를 담고 있기 때문에 인용되는 경우이다. 그런 경우에는 단지 이탈리아어 번역판만을 인용할 수도 있다.

하지만 그 중간의 경우도 있다. 즉 그것이 부수적인 인용이기는 하지만, 그러한 연구가 몇 년 전의 것이 아니라 1941년의 연구라는 사실을 아는 것이 중요한 경우이다. 그 경우 최상의 해결책은 다음과 같다.

> Efron, David, *Gesture and Environment*, New York, King's Crown Press, 1941 (Michelangelo Spada 역, *Gesto, razza e cultura*, Milano, Bompiani, 1974).

그런데 이탈리아어판의 저작권을 기재하는 곳에서, 그 초판이 1941년에 킹스 크라운 출판사에서 나왔다는 것을 밝히면서도, 원래의 제목을 인용하지 않은 채 1972년의 네덜란드 판을 그대로 참조하는 경우도 있을 수 있다. 그것은 아주 심각한 실수이다(필자 자신이 바로 에프론의 그 책이 나온 총서를 편집했기 때문에 이렇게 말할 수 있다). 왜냐하면 어떤 학생은 1941년판의 제목을 〈*Gesture, Race and Culture*〉로 인용할 수도 있기 때문이다. 바로 그렇기 때문에 언제나 하나 이상의 출전에서 참고 문헌적 자료를 확인해야 한다. 좀 더 숙련된 학위 지원자가 에프론에 대한 평판 및 학자들에 의한 재발견 과정에 관하여 충분한 정보를 제공하고자 한다면, 충분한 정보를 찾아서 다음과 같은 카드로 제공할 수 있을 것이다.

> Efron, David, *Gesture and Environment*, New York, King's Crown Press, 1941 (제2판, *Gesture, Race and Culture*, The Hague, Mouton, 1972; Michelangelo Spada 역, *Gesto, razza e cultura*, Milano, Bompiani, 1974).

여기에서 결론적으로 알 수 있는 것은, 제공하는 정보의 정확함은 논문의 유형 및 그 주어진 책이 전체적인 논의에서 갖는 역할(그것이 1차적 출전인지, 2차적 출전인지, 부수적이고 보조적인 출전인지 등)에 달려 있다는 사실이다.

이러한 지적을 기초로, 이제 여러분은 여러분의 논문을 위한 최종적인 참고 문헌 목록을 작성할 수도 있을 것이다. 하지만 최종적인 목록에 대해서는 제6장에서 다시 언급할 것이다. 또한 5·4·2와 5·4·3에서는, 두 가지의 서로 다른 참고 문헌 참조 방식 및 각주와 참고 문헌 사이의 관계에 대하여, 두 페이지에 걸친 참고 문헌의 예를 볼 수 있을 것이다(204~205면의 〈표 16〉과 〈표 17〉을 참조). **그러므로 지금까지 말한 것의 최종적인 요약은 그 페이지를 참조하라.** 지금 이 자리에서는 우리의 참고 문헌 카드를 작성하기 위해서 어떻게 훌륭한 참고 문헌적 인용을 하는지를 아는 것이 급선무이다. 정확한 카드 정리를 하기 위해서는 지금까지의 지적만으로 충분하다.

그리고 결론적으로 참고 문헌 카드 정리의 예가 〈표 2〉에 나와 있다. 여기에서 볼 수 있는 바와 같이, 참고 문헌 조사 과정에서 나는 처음에는 이탈리아어 번역판을 찾아냈다. 그런 다음 도서관 목록에서 그 책을 발견했고, 카드 상단 오른쪽에다 도서관의 머리글자와 책의 배치 번호를 기록했다. 마지막으로 나는 그 책을 찾아서 **저작권**이 기재된 페이지에서 원래의 제목과 출판사를 이끌어 냈다. 거기에는 날짜에 대한 표시는 없었지만, 표지 뒷장에서 날짜를 발견하여 목록에 기록했다. 그리고 나는 왜 그 책을 고찰해야 하는지 그 이유를 적었다.

### 3·2·4 알레산드리아의 도서관: 하나의 실험

그러나 누군가 이렇게 반박할 수도 있다. 즉 지금까지의 충고는 전문적인 학자에게는 적합하겠지만, 아무런 구체적 준비도 없이 논문에 접근하는 젊은이는 다음과 같은 많은 어려움에 부딪힐 것이라고 반박할 수도 있다.

— 가령 조그마한 소읍에 살고 있기 때문에, 제대로 정비된 도서관을 마음대로 활용할 수 없다.

— 교수로부터 충분한 교육을 받지 못했기 때문에, 자기가 찾는 것에 대해 아주 희미하게 알고 있으며 주제별 목록을 갖고 어디에서 출발해야 할지도 모르고 있다.

— 이 도서관에서 저 도서관으로 찾아다닐 수가 없다(돈이 없기 때문에, 시간이 없기 때문에, 아프기 때문에 등).

그렇다면 하나의 한계적인 상황을 가정해 보기로 하자. 4년 동안 대학에는 거의 나가지도 않았고, 또 직장에 다니고 있는 어떤 학생을 상상해 보자. 그는 단 한 명의 교수, 예를 들어 미학 또는 이탈리아 문학사 교수와 이따금 접촉을 가졌다. 뒤늦게 논문을 쓰려고 준비하는데, 그는 단지 마지막 1년만을 활용할 수 있을 뿐이다. 그는 9월경에 그 교수 또는 조교와 면담을 할 수 있었지만, 마침 시험 기간이어서 아주 간단한 대화만 나누었다. 교수는 말했다. 〈이탈리아 바로크 시대 평론가들의 은유 개념에 대한 논문을 쓰는 것이 어떻겠는가?〉 그리고 학생은 자신의 조그마한 소읍, 시립 도서관도 없고 천여 명의 주민이 살고 있는 조그마한 소읍으로 돌아왔다. 가장 가까운 대도시(인구 9만의)는 자동차로 반 시간가량 걸리는 거리에 있다. 그곳에는 도서관이 하나 있는데 오전과 오후에 개방되어 있다. 그는 직장에서 허락을 받아 반나절씩 두 번 그 도서관에 가서, 거기에 있는 것만으로 논문에

## 표 1  참고 문헌 인용 규칙들의 요약

문헌 목록 작성의 관례에 대한 이 기다란 고찰의 마무리로서, 훌륭한 참고 문헌 인용에서 갖추어야 할 모든 사항들을 열거하면서 요약해 보기로 하자.

별표(*)가 표시된 것은 절대 생략해서는 안 되는 중요한 사항이다. 다른 사항들은 선택적이며 논문의 유형에 달려 있다.


책

* 1. 저자의 성과 이름(또는 여러 명의 저자들, 또는 편자, 그리고 경우에 따라 가명이나 틀린 저자에 대한 표시도 한다).
* 2. 작품의 제목 및 부제(이탤릭체로).
  3. (〈총서〉).
  4. 판수(여러 개의 판이 있을 경우).
* 5. 출판 장소: 만약 책에 없을 경우에는 〈출판 장소 불명〉이라 적는다.
* 6. 출판사: 만약 책에 없을 경우에는 생략한다.
* 7. 출판 연도: 만약 책에 없을 경우에는 〈출판 연도 불명〉이라 적는다.
  8. 경우에 따라서는 참조한 최신판에 대한 자료들.
  9. 페이지 수 및 경우에 따라 그 작품의 권수.
  10. (번역: 만약 제목이 외국어로 되어 있고 이탈리아어 번역판이 있다면, 번역자의 이름, 출판 장소, 출판사, 출판 연도, 경우에 따라 페이지 수를 구체적으로 밝힌다.)


잡지의 논문

* 1. 저자의 성과 이름
* 2. 〈논문 또는 장의 제목〉.
* 3. 잡지의 제목(이탤릭체로).
* 4. 권 및 발행 호수[경우에 따라 *Nuova Serie*(새로운 총서)의 표시].

5. 월 및 연도.
6. 논문이 게재된 페이지.


책의 각 장들, 학회의 보고물들, 논문집의 논문들

* 1. 저자의 성과 이름.
* 2. 〈장 또는 논문의 제목〉.
* 3. ……에 실림.
* 4. 경우에 따라 여러 저자AAVV 또는 편자의 이름.
* 5. 논문집의 제목.
  6. (경우에 따라 처음에 AAVV가 쓰여 있으면 편자의 이름.)
* 7. 경우에 따라 인용된 논문이 들어 있는 저술의 편주.
* 8. 단일 저자의 책에서와 마찬가지로, 출판 장소, 출판사, 날짜, 페이지 수.

표 2 참고 문헌 카드의 예

AUERBACH, Erich    BS. Con. 107-5171
Mimesis. Il realismo nella letteratura occidentale, Torino, Einaudi, 1956, 2 voll., pp. XXXIX-284 e 350

Titolo originale:
Mimesis. Dargestelle Wirklichkeit in der abendländischen Literatur, Bern, Francke .... 1946

[vedere nel secondo volume il saggio "Il mondo nella bocca di Pantagruele"]

대한 최초의 착상을 얻을 수 있을지, 그리고 혹시 다른 도움이 없이 모든 작업을 할 수 있을지 살펴볼 수 있다. 그는 비싼 책들을 살 수도 없고, 다른 도서관에서 마이크로필름을 요청할 수도 없다. 기껏해야 1월과 4월 사이에 단지 두세 번 (장서가 더 잘 갖추어진 도서관이 있는) 대학 소재지에 갈 수 있을 뿐이다. 하지만 지금으로서는 자기가 사는 곳에서 모든 것을 처리해야 한다. 만약 정말로 필요하다면, 기껏해야 2만 리라 정도를 들여 최근의 값싼 보급판 책을 한두 권 살 수 있다.

이것은 하나의 가설적인 상황이다. 그래서 필자는 그 학생이 처한 상황 속에 직접 들어가 보기로 했다. 즉 필자는 알레산드리아(인구 9만, 시립 도서관-미술관-박물관을 겸한 시설이 있는)에서 23킬로미터 떨어진, 몽페라토의 작은 마을에서 이 글을 쓰기로 했다. 가장 가까운 대학이 있는 곳은 제노바(차로 한 시간 거리)이지만, 한 시간 반이면 토리노나 파비아에 도착한다. 세 시간이면 볼로냐에 도착한다. 그것은 이미 특권적인 상황이지만, 일단 그러한 대학들을 고려하지 말기로 하자. 단지 알레산드리아에서만 작업을 하기로 하자.

두 번째로 필자는 필자가 전혀 구체적인 연구를 하지 않았던, 따라서 거의 준비가 되어 있지 않은 테마를 찾아보았다. 바로 이탈리아 바로크 시대 평론가들의 은유 개념이다. 필자는 이미 미학과 수사학에 대해 연구했기 때문에, 분명 그 테마에 대해 완전히 문외한은 아니다. 예를 들어 필자는 최근에 이탈리아에서 바로크 시대를 다룬 조반니 제토, 루치아노 안체스키, 에치오 라이몬디의 책이 나왔다는 사실을 알고 있다. 또한 필자는 그러한 개념들이 상세하게 논의되어 있는 17세기의 저술로서 에마누엘레 테사우로의 『아리스토텔레스의 망원경』이 있다는 것도 안다. 하지만 이러한 것들은 분명히 우리의 학생도 알고 있을 것이다. 왜냐하면 그는 3학년 말에 몇몇 시험을 치렀을 것이며, 또한 앞서 말한 교수와 접촉이 있었다면 틀림없이 이런 것들에 대해 언급하고 있는 어떤 글을 읽었을 것이기 때문이다. 어쨌든 아주 엄격한 실험을 하기 위해, 필자는 알고 있는 것도 전혀 모르는 것으로 하겠다. 단지 필자의 고등학교 시절의 지식으로 제한하기로 하자. 즉 필자는 바로크란 17세기의 문학 및 예술과 관련된 것이라고 알고 있으며, 또한 은유는 수사학의 한 형식이라는 것을 알고 있을 뿐이다. 그것이 전부이다.

필자는 세 번에 걸쳐, 오후 세 시에서 여섯 시까지 예비 조사에 몰두하기로 결정한다. 그러니까 필자는 아홉 시간을 활용할 수 있다. 아홉 시간 동안에 책을 읽지는 않지만, 최초의 문헌 조사를 할 수는 있다. 다음에 이야기하는 모든 것은 아홉 시간 동안에 이루어진 것이다. 필자는 완벽하고 잘 이루어진 작업 모델을 제시하려는 것이 아니라, 다른 결정을 하는 데 도움이 될 최초의 접근 작업의 예를 제시하고자 한다.

도서관에 들어가면, 앞서 3·2·1에서 말한 바대로, 필자는 세 가지 길을 활용할 수 있다.

1) 주제별 목록을 조사하기 시작한다. 필자는 〈이탈리아 (문학)〉, 〈문학(이탈리아의)〉, 〈미학〉, 〈17세기〉, 〈바로크〉, 〈은유〉, 〈수사학〉, 〈평론가〉, 〈시학〉[1] 등의 항목을 찾아볼 수 있다. 도서관은 두 개의 목록, 그러니까 옛날 목록과 최근 목록을 갖추고 있으며, 두 가지 모두 주제별 및 저자별로 나뉘어 있다. 그 두 개의 목록은 아직 합쳐지지 않았으므로 두 가지 모두를 찾아보아야 한다. 필자가 만약 19세기에 나온 책을 찾는다면, 그것은 옛날 목록에 들어 있을 것이라고 경솔하게 생각할 수도 있다. 그것은 잘못이다. 만약 도서관에서 그 책을 1년 전에 고서점에서 구입했다면, 최근 목록에 들어 있다. 확실하게 알 수 있는 유일한 것은, 만약 필자가 지난 10년 동안에 나온 책을 찾는다면, 분명히 최근 목록에 들어 있다는 사실이다.

2) 참고 자료실에서 문학사와 백과사전들을 찾아보기 시작한다. 문학사(또는 미학사)에서는 17세기 또는 바로크에 관한 장을 찾아보아야 할 것이다. 백과사전에서는 주제별 목록에서 하듯이, 17세기, 바로크, 은유, 시학, 미학 등의 항목을 찾으면 될 것이다.

3) 도서관 사서에게 문의한다. 그러나 필자는 그런 가능성을 곧바로 배제한다. 왜냐하면 그것은 가장 손쉬운 방법이고 또한 그 테마에 대해서는 믿을 만한 정보를 얻을 수 없을 것이기 때문이다. 사실 필자는 사서를 개인적으로 알고 있었다.

---

[1] 〈17세기〉, 〈바로크〉 또는 〈미학〉 항목을 찾는 것은 아주 당연한 작업인 반면에, 〈시학〉을 찾아본다는 것은 약간 영리해 보인다. 자기 변명을 하자면, 우리는 어떤 학생이 정말로 전혀 모르는 상태에서 그 테마에 접근한다고 상상할 수는 없다. 전혀 모른다면 그런 테마를 생각할 수조차 없을 것이다. 그러므로 분명히 교수나 친구에게서, 또는 독서를 하면서 생각이 떠올랐을 것이다. 따라서 분명히 〈바로크의 시학〉이나 일반 시학(혹은 예술 입문)에 대해 말하는 것을 들었을 것이다. 그러므로 우리는 그 학생이 그런 자료를 갖고 있다고 가정하기로 하자 — 원주.

그래서 필자가 무엇을 하고 있는지 말하자, 그는 활용 가능한 일련의 문헌 목록 제목들을, 심지어 독일어와 영어로 된 책들까지 필자에게 줄줄 열거하기 시작했다. 필자는 곧바로 전문적인 맥락을 잡을 수 있었을 테지만, 그의 제안을 고려하지 않았다. 또한 그는 필자에게 한 번에 많은 책을 빌려 볼 수 있도록 호의를 베풀었지만, 필자는 정중하게 거절하고 언제나 하급 직원들에게만 문의했다. 필자는 일반적인 기준에 따르는 어려움과 시간을 고려해야 했다.

따라서 필자는 주제별 목록부터 찾기로 했는데, 그것이 실수였다. 왜냐하면 필자는 의외로 운이 좋았기 때문이다. 〈은유〉 항목에는, 주세페 콘테의 『바로크의 은유 — 17세기의 시학에 대한 논문』(Milano, Mursia, 1972)이 들어 있었다. 실질적으로 그것은 바로 필자의 논문이라 할 수 있을 정도이다. 만약 필자가 정직하지 않다면, 간단하게 그 논문을 베낄 수도 있다. 하지만 그건 어리석은 짓이 될 것이다. 왜냐하면 필자의 지도 교수 역시 이 책을 알고 있을 가능성도 있기 때문이다. 만약 독창적인 멋진 논문을 쓰고 싶다면 이 책은 오히려 필자를 곤경에 빠뜨린다. 왜냐하면 필자는 그와는 다른 더 이상의 것을 말해야 하는데, 그러지 못하면 시간 낭비로 끝날 것이기 때문이다. 하지만 만약 성실한 편집 논문을 쓰고자 한다면, 그 책은 훌륭한 출발점이 될 수도 있다. 원한다면 필자는 다른 문제 없이 곧바로 거기에서 출발할 수도 있다.

그 책은 최종적인 참고 문헌 목록이 없다는 결점이 있었지만, 각 장의 끝에는 치밀한 주들이 있는데 거기에는 책들이 인용되어 있을 뿐만 아니라 종종 그 책들에 대한 설명과 평가도 담겨 있었다. 필자는 대략 50여 권 정도의 제목을 이끌어 낼 수 있었으며, 나중에는 저자가 현대 기호학과 미학 저술들에 대해 자주 언급하고 있음을 깨달았다. 그 저술들은 필자의 테마와는 밀접한 관계가 없지만 오늘날의 문제들과의 관계를 밝혀 주는 것들이었다. 경우에 따라서는 이러한 자료들이 약간 성격이 다른 논문, 가령 나중에 살펴보겠듯이, 바로크와 현대 미학 사이의 관계에 대한 논문을 구상하는 데 도움을 줄 수도 있다.

필자가 수집할 수 있었던 50여 권의 〈역사적인〉 책들의 제목만으로, 필자는 이미 나중에 저자별 목록을 조사하기 위한 예비적 카드 목록을 갖게 된 셈이다.

**그러나 필자는 이러한 길도 포기하기로 결정했다.** 그러한 행운은 너무나도 특이한 것이었다. 그러므로 필자는 도서관에 콘테의 책이 없는 것처럼 (또는 주제별 목록에 아직 기록되지 않은 것처럼) 작업을 진행했다.

작업을 좀 더 체계적으로 하기 위하여 필자는 두 번째 길로 가기로 결정했다. 따라서 필자는 참고 자료실로 가서, 참고 서적들, 정확히 말하자면 『트레카니 백과사전』에서 시작했다.

거기에는 〈바로크〉 항목은 없고, 대신 〈바로크의 예술〉 항목이 있었는데, 완전히 미술에 할애되어 있었다. B 항목의 책은 1930년에 나온 것인데, 이로써 모든 것이 설명된다. 즉 그 당시 이탈리아에서는 바로크에 대한 재평가가 아직 시작되지 않았던 것이다. 그 순간 〈17세기주의〉를 찾아보고 싶은 생각이 필자에게 떠올랐다. 그 용어에는 오랫동안 상당히 경멸적인 의미가 내포되어 있었다. 그렇지만 크로체의 바로크에 대한 불신에서 많은 영향을 받은 1930년의 문화적 분위기에서는 그 항목을 선택하는 데 영향을 끼쳤을 수도 있다. 여기에서 필자는 기분 좋게 놀라운 것을 발견했다. 즉 테사우로 또는 마리노와 같은 이탈리아 바로크 시인 및 이론가에서 시작하여, 다른 나라의 바로크주의 현상들(그라시안이모랄레스, 릴리, 공고라, 크라쇼)에 이르기까지, 그 당시의 모든 문제들을 자세하고 방대하게 다룬 멋진 글을 발견했던 것이다. 훌륭한 인용과 핵심적인 참고 문헌 목록도 들어 있었다. 그 책의 출판 연도를 살펴보니 1936년이다. 머리글자를 찾아보니 글을 쓴 사람은 마리오 프라츠이다. 그 당시에 (그리고 여러 가지 면에서 오늘날에도 역시) 그보다 나은 글을 어떻게 찾을 수 있겠는가. 하지만 우리의 학생은 프라츠가 얼마나 위대하고 섬세한 비평가인지 모른다고 가정하기로 하자. 그렇지만 그 항목이 고무적이라는 것을 깨달을 것이며, 나중에 그것을 자세히 카드에 정리하기로 결정할 것이다. 현재로서는 그 학생은 참고 문헌 목록으로 옮겨가서, 그토록 멋진 글을 쓴 프라츠라는 사람이 그 테마에 대해 두 권의 책을 썼다는 사실을 발견한다. 즉 1925년에 나온 『영국에서의 마리노주의와 17세기주의』와 1934년에 나온 『착상주의 연구』가 그것이다. 따라서 그 두 권의 책을 카드에 기록한다. 그러고는 크로체에서 단코나에 이르기까지 몇몇 이탈리아 책의 제목을 발견하여 기록한다. 또한 엘리엇과 같은 현대의 시인과 비평가에 대한 언급을 찾아내고, 마지막으로 영어와 독일어로 된 일련의 저술에 직면한다. 비록 외국어를 모르지만(나중에 살펴보겠듯이), 그 책들도 모두 분명히 기록한다. 그런데 자신은 좀 더 구체적으로 이탈리아의 상황에 관한 것을 찾고 있는 반면에, 프라츠는 17세기주의에 대해 일반적으로 언급하고 있다는 것을 깨닫는다. 분명 외국의 상황을 하나의 배경으로 고려해야겠지만, 아마도 거기에서 출발해서는 안 될 것이다.

다시 한 번 『트레카니 백과사전』에서 〈시학〉(아무것도 없음. 〈수사학〉, 〈미학〉 및 〈문헌학〉을 참조하라고 되어 있음), 〈수사학〉, 〈미학〉 항목을 찾아보자.

수사학은 상당히 방대하게 다루어져 있고, 17세기주의에 대한 항목은 나중에 조사해 볼 가치는 있지만, 구체적인 참고 문헌 기록이 전혀 없다.

미학은 구이도 칼로제로에 의한 것이지만, 1930년대에 으레 그러했듯이, 눈에 띄게 철학적인 학문으로 다루어져 있다. 비코는 들어 있었지만, 바로크 시대의 평론가들은 들어 있지 않았다. 여기에서 어느 길을 가야 할지 어렴풋이 알 수 있었다. 즉 만약 필자가 이탈리아 자료를 찾는다면, 철학사에서보다는 문학사와 문학비평에서 좀 더 쉽게 찾을 수 있을 것이다(나중에 살펴보겠지만, 최소한 최근에까지는 그랬다). 어쨌든 〈미학〉 항목에서 필자는, 필자에게 무언가 말해 줄 수 있을 일련의 고전적인 미학사 책들의 제목을 발견한다. 그것들은 거의 모두 독일어와 영어로 된 아주 오래된 책들이다. 즉 1858년의 치머만, 1872년의 슐라슬러, 1895년의 보즌켓, 또한 세인츠버리, 메넨데스이펠라요, 나이트, 그리고 마지막으로 크로체 등이다. 곧바로 말하자면, 크로체를 제외한 그 누구의 책도 알레산드리아 도서관에는 없다. 어쨌든 그 책들도 기록한다. 조만간 한번 훑어볼 필요는 있으리라. 그건 논문이 어떤 길로 나가느냐에 달려 있다.

필자는 『우테트 대백과사전』을 찾아본다. 거기에는 〈시학〉을 비롯해 필자에게 필요한 여러 가지에 대해 매우 방대하고 새로 증보된 항목들이 있다는 것이 생각났기 때문이다. 그런데 이곳에는 그 사전이 없다. 그렇다면 필자는 산소니 출판사에서 나온 『철학 백과사전』을 훑어본다. 흥미로운 것으로 〈은유〉와 〈바로크〉 항목을 발견한다. 첫 번째 항목은 필자에게 유용한 참고 문헌 자료를 제공하지는 못하지만, 모든 것은 바로 아리스토텔레스의 은유 이론에서 출발한다고 말해 준다(그리고 필자는 작업을 진행하면서 그것이 얼마나 중요한 지적인가 발견하게 된다).

두 번째 항목에서는, 나중에 필자가 좀 더 구체적인 참고 서적에서 발견하게 될 몇 권의 책들(크로체, 벤투리, 게토, 루세트, 안체스키, 라이몬디)을 인용하고 있다. 필자는 그 책들을 잘 기록해 둔다. 실제로 필자가 나중에야 발견한 바에 의하면, 여기에는 로코 몬타노의 상당히 중요한 연구가 기록되어 있는 반면에, 후에 참조한 다른 출전들은 거의가 그 이전에 나온 것이기 때문에, 그것을 간과하고 있었다.

이 시점에서 필자는 좀 더 최근의 상세한 참고 서적을 찾아보는 것이 더 바람직하리라고 생각한다. 그래서 가르찬티 출판사에서 나온, 체키와 사페뇨가 편찬한 『이탈리아 문학사』를 찾아본다.

시, 산문, 희곡, 기행문 작가 등에 대한 여러 저자의 여러 장들 이외에, 필자는 프랑코 크로체의 논문 「바로크 시대의 비평 및 평론」(약 50여 페이지)을 발견한다. 필자는 단지 이 글로만 제한하기로 한다. 필자는 재빨리 훑어본다(지금은 텍스트를 읽고 있는 것이 아니라, 참고 문헌을 기록하고 있는 중이다). 그리고 그 비판적 논의는 타소니의 (페트라르카에 대한) 논의에서 시작하여, 마리노의 『아도네』에 대해 논쟁을 벌였던 일련의 저자(스티글리아니, 에리코, 아프로시오, 알레안드리, 빌라니 등)로 이어지고, 크로체가 온건 바로크주의자라고 지칭했던 평론가들(페레그리니, 스포르차 팔라비치노) 및 바로크의 재능과 예리함을 옹호하는 진정한 평론인 테사우로의 기본 텍스트(《아마도 전 유럽에 걸쳐 모든 바로크 평론의 가장 모범적인 작품》)를 통하여, 17세기 후반의 비평(프루고니, 루브라노, 보스키니, 말바시아, 벨로리 및 기타)으로 끝난다는 것을 알게 된다. 필자는 관심의 핵심이 바로 스포르차 팔라비치노, 페레그리니, 테사우로에 집중되어야 한다고 생각하고, 100여 권의 책이 기록된 참고 문헌 목록으로 옮겨 간다. 참고 문헌 목록은 테마별로 나뉘어져 있고, 알파벳 순서로 되어 있지 않다. 순서를 정리하기 위해 필자는 바로 카드에 의존해야 한다. 우리가 앞서 보았듯이 프랑코 크로체는 타소니에서 프루고니에 이르기까지 여러 비평가를 다루고 있으므로, 결국 그가 언급하는 모든 참고 문헌 자료들을 카드에 기록하는 것이 좋으리라. 아마도 논문을 쓰는 데에는 온건 평론가들과 테사우로에 관한 저술들만이 필요하겠지만, 서론이나 각주를 위해서는 그 당시의 다른 논의에 대해서 언급하는 것도 아마 유용할 것이다. 기억해야 할 것은, 이 최초의 참고 문헌 목록은 일단 정리된 다음에 최소한 한 번은 지도

결함이 있는 최초의 참고 문헌 출전을 기초로 작성한, 앞으로 완성해야 할 카드의 예

```
                                    BCA
                                   Co D 119

   RAIMONDI, E
   La Letteratura barocca, Firenze,
           , 1961,
```

**표 3** 세 가지의 참고 텍스트(『트레카니 백과사전』, 『산소니 철학 백과사전』, 『가르찬티 이탈리아 문학사』)를 조사하여 찾아낸 이탈리아의 바로크에 대한 일반 저술들

| 도서관에서 발견 | 저자별 목록에서 찾아낸 저술 | 목록에서 발견한 동일 저자의 저술들 |
|---|---|---|
| OK | Croce, B., *Saggi sulla letteratura italiana del seicento* | |
| OK | | *Nuovi Saggi sulla letteratura italiana del seicento* |
| OK | Croce, B., *Storia dell'età barocca in Italia* | |
| OK | | *Lirici marinisti — Politici e moralisti del 600* |
| | D'Ancona, A., "Secentismo nella poesia cortigiana del secolo XV" | |
| | Praz, M., *Secentismo e manierismo in Inghilterra* | |
| | Praz, M., *Studi sul concettismo* | |
| OK | Wölfflin, E., *Rinascimento e Barocco* | |
| | AAVV, *Retorica e barocco* | |
| OK | Getto, G., "La polemica sul barocco" | |
| | Anceschi, L., *Del barocco* | |
| OK | | "Le poetiche del barocco letterario in Europa" |
| OK | | *Da Bacone a Kant* |
| OK | | "Gusto e genio nel Bartoli" |
| OK | Montano, R., "L'estetica del Rinascimento e del barocco" | |
| OK | Croce, F., "Critica e trattatistica del Barocco" | |

| 도서관에서 발견 | 저자별 목록에서 찾아낸 저술 | 목록에서 발견한 동일 저자의 저술들 |
|---|---|---|
| OK ············ | Croce, B., "I trattatisti italiani del concettismo e B. Gracián" | |
| OK ············ | Croce, B., *Estetica come scienza dell'espressione e linguistica generale* | |
| OK ············ | Flora, F., *Storia della letteratura italiana* | |
| OK ············ | Croce, F., "Le poetiche del barocco in Italia" | |
| | Calcaterra, F., *Il Parnaso in rivolta* | |
| OK ·························································· | | "Il problema del barocco" |
| | Marzot, G., *L'ingegno e il genio del seicento* | |
| | Morpurgo-Tagliabue, G. "Aristotelismo e barocco" | |
| | Jannaco, C., *Il seicento* | |

표 4  세 가지의 참고 텍스트(『트레카니 백과사전』, 『산소니 철학 백과사전』, 『가르찬티 이탈리아 문학사』)를 조사하여 찾아낸 17세기의 이탈리아 평론가들에 대한 전문적인 저술들

| 도서관에서 발견 | 저자별 목록에서 찾아낸 저술 | 목록에서 발견한 동일 저자의 저술들 |
|---|---|---|
|  | Biondolillo, F., "Matteo Peregrini e il secentismo" |  |
| OK ············· | Raimondi, E., *La letteratura barocca* |  |
| OK ························································ |  | *Trattatisti e narratori del 600* |
| OK ············· | AAVV, *Studi e problemi di critica testuale* |  |
|  | Marocco, C., *Sforza Pallavicino precursore dell'estetica* |  |
|  | Volpe, L., *Le idee estetiche del Card. Sforza Pallavicino* |  |
|  | Costanzo, M., *Dallo Scaligero al Quadrio* |  |
|  | Cope, J., "The 1654 Edition of Emanuele Tesauro's *Il cannocchiale aristotelico*" |  |
|  | Pozzi, G., "Note prelusive allo stile del cannocchiale" |  |
|  | Bethell, S. L., "Gracián, Tesauro and the Nature of Metaphysical Wit" |  |
|  | Mazzeo, J. A., "Metaphysical Poetry and the Poetics of Correspondence" |  |
|  | Menapace Brisca, L., "L'arguta e ingegnosa elocuzione" |  |
|  | Vasoli, C., "Le imprese del Tesauro" |  |
| OK ························································ |  | "L'estetica dell'umanesimo e |

| 도서관에서 발견 | 저자별 목록에서 찾아낸 저술 | 목록에서 발견한 동일 저자의 저술들 |
|---|---|---|
| | | del rinascimento" |
| | Bianchi, D., "Intorno al *Cannocchiale Aristotelico*" | |
| | Hatzfeld, H., "Three National Deformations of Aristotle: Tesauro, Gracián, Boileau" | |
| OK | ································································ | "L'Italia, la Spagna e la Francia nello sviluppo del barocco letterario" |
| | Hocke, G. R., *Die Welt als Labyrinth* | |
| OK | ·········· Hocke, G. R., *Manierismus in der Literatur* ········ | (이탈리아어 번역) |
| OK | ·········· Schlosser Magnino, J., *La letteratura artistica* | |
| | Ulivi, F., *Galleria di scrittori d'arte* | |
| OK | ································································ | Il manierismo del Tasso |
| | Mahon, D., *Studies in 600 Art and Theory* | |

교수와 논의해야 한다는 사실이다. 지도 교수는 분명 그 테마를 잘 알고 있을 것이므로, 무엇을 버리고 무엇을 꼭 읽어야 할지 곧바로 말해 줄 것이다. 만약 여러분이 카드 목록을 제대로 갖추고 있다면, 짧은 시간 내에 모두 훑어볼 수 있을 것이다. 어쨌든, 우리의 실험을 위하여, **필자는 바로크에 관한 일반 저술과 평론가들에 대한 전문적인 문헌으로만 제한한다.**

우리의 참고 문헌 출처에 결함이 있을 때 어떻게 책들을 카드에 기록하는가에 대해서는 앞에서 이미 언급했다. 148면에 있는 카드에서 필자는 저자의 이름(에르네스토, 에파미논다, 에바리스토, 엘리오)과 출판사 이름(산소니, 누오바 이탈리아, 네르비니)을 써 넣기 위한 공간을 남겨 두었다. 날짜 다음에는 다른 기록을 위한 공간이 남아 있다. 상단의 머리글자는 분명히 나중에, 그러니까 알레산드리아 도서관의 저자별 목록에서 확인을 하고[BCA(알레산드리아 시립 도서관)라는 약자는 필자가 선택한 것이다], 그 결과 라이몬디(에치오Ezio!!)의 책은 〈Co D 119〉라는 배치 번호가 부여되어 있다는 것을 발견한 이후에 첨가된 것이다.

그리고 필자는 다른 모든 책들에 대해서도 그런 식으로 작업할 것이다. 대신 그 다음에 나오는 페이지에서는 좀 더 빠르게, 다른 표시 없이 저자와 제목만을 인용하면서 작업할 것이다.

요약하자면, 지금까지 필자는 『트레카니 백과사전』과 『철학 백과사전』의 항목들(그리고 필자는 단지 이탈리아의 평론에 대한 저술들만을 기록하기로 결정했다)과 프랑코 크로체의 논문을 참조했다. 〈표 3〉과 〈표 4〉에서 여러분은 필자가 정리한 카드의 목록을 볼 수 있을 것이다(주의: 필자의 간략한 표시들은 각각 필자에게 없는 정보들을 위한 빈 공간이 있는 완벽하고 분석적인 카드에 해당한다).

앞에 〈OK〉라고 표시된 제목들은 알레산드리아 도서관의 저자별 목록 안에 들어 있는 **책들이다.** 사실 이 첫 번째 카드 정리가 끝난 뒤 필자는 기분 전환 겸 목록을 한번 훑어보았다. 따라서 이제 필자는 필자의 참고 문헌 목록을 완성하기 위해서는 다른 어떤 책들을 참조할 수 있는지 알게 되었다.

앞서 말했듯이 필자는 단지 (바로크 시대의) 평론가들에 관한 제목들만을 제한적으로 선택했다. 따라서 다른 비평가들에 대한 텍스트들은 무시했으므로, 예를 들어 파노프스키의 『이데아』를 기록하지 않았는데, 그 책이 필자가 관심을 가진 이론적 문제에는 여전히 중요하다는 것을 나중에야 다른 출전에서 알게 되었다. 또한 나중에 프랑코 크로체의 논문「이탈리아 바로크의 시학」을, 여러 저자의 책인『미학사의 여러 문제 및 순간들』에서 찾아보았을 때, 필자는 바로 그 책 안에 유럽 바로크 시대의 시학에 대하여, 분량이 세 배나 많은 루치아노 안체스키의 논문도 들어 있다는 것을 발견했다. 크로체는 이탈리아의 문학에만 제한하고 있기 때문에 그것을 인용하지 않고 있다. 이것은, 참고 문헌의 표시에서 텍스트로 거슬러 올라가고, 그 텍스트에서 또 다른 표시로 거슬러 올라가고 하는 식으로 무한정 올라갈 수 있다는 것을 말해 준다. 그러므로 여러분이 보는 바와 같이, 단순히 훌륭한 이탈리아 문학사에서 출발하더라도, 이미 상당한 지점에 도달하게 된다.

이제 다른 문학사, 오래된 플로라의 문학사를 한번 살펴보자. 그는 단지 단편적인 사실들을 맛보는 것을 즐기기 때문에, 이론적인 문제에 깊이 빠지지는 않는다. 그렇지만 그는 테사우로에 대해서는 흥미로운 인용들로 가득한 한 장을 온통 할애하고 있으며, 17세기 작가들의 은유 기법에 관하여 적절한 다른 인용들을 많이 하고 있다. 참고 문헌에 관해서는, 1940년에 머물러 있는 일반적인 저술에서 많은 것을 기대할 수는 없으며, 단지 앞서 인용한 몇 권의 고전적 텍스트들을 재확인할 수 있을 뿐이다. 필자는 에우헤니오 도르스의 이름을 발견하고 깜짝 놀란다. 그의 책을 찾아보아야겠다. 테사우로와 관련하여 필자는 트라발차, 발라우리, 데르비외, 빌리아니의 이름을 발견한다. 그리고 그것들을 기록한다.

이제 필자는 여러 저자의『미학사의 여러 문제 및 순간들』을 참조하러 간다. 필자는 그 책을 발견하여 그것이 마르초라티 출판사에서 나온 것임을 보고 카드를 보충한다(크로체는 단지 Milano라고만 적었다).

여기에서 필자는 이탈리아의 문학적 바로크의 시학에 대한 프랑코 크로체의 논문을 발견한다. 그것은 앞서 보았던 논문과 유사한 것인데, 다만 그보다 앞에 나온 것이어서 참고 문헌 목록이 최신의 것은 아니다. 그러나 좀 더 이론적인 접근을 하고 있어서 마음에 든다. 게다가『가르찬티 백과사전』과 마찬가지로, 테마가 17세기의 평론가들에만 제한되어 있지 않고 일반적인 시학에까지 확대되어 있다. 그렇기 때문에 예를 들어 가브리엘로 키아브레라를 상당히 광범위하게 다루고 있다. 그리고 키아브레라와 관련하여, 앞서 카드에 기록했던 조반니 제토의 이름이 다시 등장하고 있다.

그런데 마르초라티 출판사의 책에는 크로체의 논문과 함께 안체스키의 「유럽의 바로크 문학의 시학」이라는 논문(그 자체로 거의 한 권의 책에 가까운)이 들어 있다. 필자는 그것이 매우 중요한 연구라는 것을 발견한다. 왜냐하면 바로크라는 여러 가지 말뜻의 개념을 철학적으로 정립해 줄 뿐만 아니라, 스페인, 영국, 프랑스, 독일 등 유럽 문화에서 그 문제가 어떠한 차원에 있었는지 이해시켜 주기 때문이다. 여기에서 필자는 『트레카니 백과사전』에 나온 마리오 프라츠의 항목에서 언급된 몇몇 이름들과 베이컨에서 릴리, 시드니, 그라시안이모랄레스, 공고라, 오피츠에 이르는 다른 이름들을 다시 발견한다. 그리고 **재치**wit, **기지**agudeza, 재능에 관한 이론들을 발견한다. 필자의 논문이 유럽의 바로크를 고찰하지 않을 수도 있지만, 이러한 개념들은 분명 배경으로서 유용할 것이다. 어쨌든 모든 것에 대한 완벽한 참고 문헌 목록을 갖고 있어야 하리라. 안체스키의 텍스트는 대략 250권의 제목을 제공하고 있다. 필자는 1946년 이전 책들의 최초 리스트를 발견하고, 다음에 1946년에서 1958년까지 연도별로 나뉘어진 참고 문헌 목록을 발견한다. 첫 부분에서 필자는 『수사학과 바로크』라는 책(그리고 여기에서 필자는 그 책이 엔리코 카스텔리가 편찬한 것임을 발견한다)에 실린, 제토와 하츠펠트의 연구들의 중요성을 재확인한다. 그 텍스트는 이미 뵐플린, 크로체, 도르스의 저술을 상기시켜 주었다. 두 번째 부분에서 필자는 엄청난 제목들을 발견했는데, 그 책들을 모두 목록에서 찾아보지는 않았다. 왜냐하면 — 정확히 말하자면 — 필자의 실험은 세 번의 오후 시간으로 제한되어 있기 때문이다. 어쨌든 그 문제를 다양한 시각에서 다룬 몇몇 외국 저자들이 있다는 사실을 확인한다. 필자는 어떻게 해서라도 그들의 저술을 찾아보아야 할 것이다. 그들은 바로 쿠르티우스, 웰렉, 하우저, 타피에이다. 호케를 다시 찾아보았는데, 예술적 시학과의 연관에 대해서는 에우제니오 바티스티의 『르네상스와 바로크』를 참조하라고 되어 있다. 필자는 모르푸르고-탈리아부에의 중요성을 다시 한 번 확인하고, 또한 르네상스 시기의 아리스토텔레스 시학의 주석자들에 대한 델라 볼페의 연구도 한번 살펴보아야 한다는 것을 깨닫는다.

이러한 생각에서 필자는 (여전히 손에 들고 있는 마르초라티 출판사의 책 안에서) 르네상스와 인문주의 시대의 미학에 대한 체사레 바솔리의 방대한 논문도 보아야 하리라는 확신을 갖는다. 바솔리의 이름은 프랑코 크로체의 참고 문헌 목록에서 이미 발견했다. 앞서 은유에 대한 백과사전 항목들을 조사하면서, 필자는 그 문제가 아리스토텔레스의 『수사학』 및 『시학』에 이미 제기되어 있다는 것을 깨달았으며, 분명히 그 사실을 기록해 두었을 것이다. 그리고 이제 바솔리의 글을 통하여, 16세기에는 아리스토텔레스의 『시학』과 『수사학』에 대한 일련의 주석자들이 있었다는 것을 깨닫는다. 뿐만 아니라 그러한 주석자들과 바로크 시대의 평론가들 사이에는 매너리즘의 이론가들도 있었는데, 그들은 필자가 방금 전 훑어본 바로크에 대한 페이지에서 나왔던, 재치와 이데아의 문제를 이미 다루었다는 사실을 발견한다. 무엇보다도 놀라운 것은 슐로서와 같은 이름들 및 인용들이 반복해서 나타난다는 점이다.

필자의 논문이 지나치게 방대해질 위험이 있다는 말인가? 아니다. 다만 관심의 초점을 아주 정확하게 제한하고, 또한 단지 특정한 측면에 대해서만 작업을 해야 할 것이다. 그렇지 않으면 정말로 모든 것을 보아야 할 것이다. 그러나 다른 한편으로 필자는 전체적인 파노라마를 파악하고 있어야 하며, 따라서 최소한 간접적인 자료들을 얻기 위해서라도 필자는 그 텍스트들 중에서 많은 것을 조사해야 할 것이다.

안체스키의 방대한 텍스트를 보면서, 필자는 그가 동일 테마에 대해 쓴 다른 저술들도 읽어 보고 싶은 생각이 든다. 필자는 차례차례 『베이컨에서 칸트까지』, 『바로크의 이념』, 논문 「바르톨리의 재능과 취향」을 기록한다. 알레산드리아의 도서관에서는 이 마지막 논문과 『베이컨에서 칸트까지』라는 책만을 발견한다.

이 시점에서 필자는, 『마르초라티 철학 대선집』 제11권에 실린, 로코 몬타노의 논문 「르네상스와 바로크의 미학」을 참조한다. 그것은 『르네상스와 종교 개혁의 사상』을 위한 글이었다.

필자는 그것이 하나의 연구일 뿐만 아니라, 필자의 작업에 아주 유용한 여러 구절들이 많이 실린 선집이라는 것을 곧바로 발견한다. 그리고 르네상스기의 『시학』 연구자들과 매너리스트들, 그리고 바로크 시대의 평론가들 사이에 얼마나 밀접한 관계가 있었는지 필자는 다시 한 번 확인한다. 또한 필자는 라테르차 출판사에서 두 권으로 나온 선집 『매너리즘과 반동 종교 개혁 사이의 예술 평론가들』에 대한 언급도 발견한다. 필자는 알레산드리아 도서관의 목록에서 이 책을 찾아 여기저기 뒤적이는 동안에, 이곳 알레산드리아 도서관에는 라테르차에서 출판된 다른 선집 『17세기의 수사학 및 시학 평론들』도 있다는 것을 발견한다. 이 테마에 대한 1차적인 정보를 거기에서 찾아야 할지 지금으로서는 알 수 없다. 그러나 신중하게 그 책을 카드에 기록한다. 지금으로서는 그 책이 있다는 사실은 알고 있다.

필자는 몬타노의 저술과 그의 참고 문헌 목록으로 되돌아오는데, 확실한 재구성 작업을 해야만 한다. 왜냐하면 참고 문헌 표시들이 각 장별로 나뉘어져 있기 때문이다. 어쨌든 필자는 이미 알려진 여러 이름들을 재발견하고, 보즌켓, 세인츠버리, 질베르, 쿤 등이 저술한 몇몇 고전적인 미학사들을 찾아보아야 한다고 생각한다. 스페인의 바로크에 대해 많은 것을 알기 위해서는 마르셀리노 메넨데스이펠라요의 방대한 저술 『스페인 미학 사상사』를 찾아보아야 한다는 것을 깨닫는다.

필자는 16세기의 『시학』 주석자들의 이름(로베르텔로, 카스텔-베트로, 스칼리제로, 세니, 카발칸티, 마기, 바르치, 베토리, 스페로니, 민투르노, 피콜로미니, 지랄디 친치오 등)을 신중하게 기록한다. 나중에 그중 몇 명은 몬타노 자신의 선집에 나오고, 다른 사람들은 델라 볼페의 저술에, 또 다른 사람들은 라테르차 출판사의 선집에 나와 있음을 확인한다.

필자는 다시 매너리즘을 참조하게 된다. 이제는 파노프스키의 『이데아』에 대한 언급의 중요성이 강하게 부각된다. 다시 한 번 모르푸르고-탈리아부에의 중요성이 드러난다. 필자는 세를리오, 돌체, 주카리, 로마초, 바사리 등 매너리스트 평론가들에 대해 좀 더 알아야 하지 않을까 스스로 자문해 본다. 하지만 여기에서는 미술과 건축 분야로 나가게 되는데, 아마도 뵐플린, 파노프스키, 슐로서, 또는 최근에 나온 바티스티의 저술과 같은 몇몇 역사적 텍스트들로 충분하리라. 필자는 시드니, 셰익스피어, 세르반테스 등 이탈리아인이 아닌 작가들의 중요성을 기록하지 않을 수 없다.

필자는 쿠르티우스, 슐로서, 하우저, 그리고 이탈리아인으로서 칼카테라, 제토, 안체스키, 프라츠, 울리비, 마르초트, 라이몬디 등의 저술이 기본적인 것으로 인용되어 있음을 재발견한다. 어떤 이름들은 모두가 인용되고 있다.

숨을 돌리기 위해 필자는 다시 저자별 목록을 뒤적인다. 라틴 중세와 유럽의 문학에 대한 쿠르티우스의 그 유명한 책이 독일어가 아닌 프랑스어 번역판으로 이곳에 있다는 것을 발견한다. 우리가 앞서 보았듯이 슐로서의『예술 문학』도 있다. 아르놀트 하우저의『문학과 예술의 사회사』를 찾아보았는데(그 책은 현재 문고판으로도 나와 있는데, 이 도서관에 없다는 것은 이상하다), 오히려 동일 저자의 매너리즘에 관한 기본서의 이탈리아어 번역판을 발견한다. 그리고 그 테마와 관련하여 파노프스키의『이데아』를 발견한다.

필자는 델라 볼페의『16세기의 시학』, 산탄젤로의『비평에서 17세기주의』, 촌타의 논문「르네상스, 아리스토텔레스주의 및 바로크」를 발견한다. 그리고 헬무트 하츠펠트의 이름을 통하여, 다른 여러 가지 면에서 중요한 여러 저자들의 책인『문체 비평과 문학적 바로크』(제2회 이탈리아학 연구 국제 학술 회의 발표 자료, 피렌체, 1957)를 발견한다. 필자는 카르미네 얀나코의 중요해 보이는 저술을 발견하지 못해 자못 실망스럽다. 또한 발라르디 출판사에서 나온 문학사 책인『17세기』, 프라츠의 책들, 루세와 타피에의 연구들, 앞서 말했던 모르푸르고-탈리아부에의 논문이 실린『수사학과 바로크』, 에우헤니오 도르스와 메넨데스이펠라요의 저술들에 대해서도 마찬가지이다. 간단히 말해서 알레산드리아의 도서관은 워싱턴의 의회 도서관이나 밀라노의 브라이덴세 도서관과는 다르다. 그렇지만 필자는 이미 서른다섯 권의 확실한 책을 확보했고, 그것은 시작 단계로는 적지 않은 분량이다. 또한 여기에서 끝나는 것도 아니다.

사실 때로는 단 한 권의 텍스트만으로 충분하게 일련의 문제들을 완전히 해결하는 경우도 있다. 저자별 목록의 확인 작업을 계속하면서, 필자는(앞서 그 책이 있다는 것을 보았고 또 기초적인 참고 저술이라 생각되어) 여러 저자의『이탈리아 문학 — 사조』, 제1권(Milano, Marzorati, 1956)에 실린 조반니 제토의 논문「바로크에 대한 논쟁」을 한번 훑어보기로 결정한다. 그리고 그것은 거의 100여 페이지에 달하는 지극히 중요한 연구라는 것을 곧바로 깨닫는다. 왜냐하면 거기에는 당시부터 현재까지의 바로크에 대한 논쟁이 서술되어 있기 때문이다. 바로크에 대해서는 모든 사람들, 즉 그라비나, 무라토리, 티라보스키, 베티넬리, 바레티, 알피에리, 체사로티, 칸투, 조베르티, 데 상티스, 만초니, 마치니, 레오파르디, 카르두치, 심지어는 쿠르치오 말라파르테, 그리고 필자가 이미 방대하게 기록해 둔 여러 저자들에 이르기까지 모두가 논의되었다는 사실을 발견한다. 그리고 그 저자들의 대부분에 대해 제토는 길게 인용하고 있다. 따라서 필자에게 하나의 문제가 명백히 제기된다. 만약 필자가 바로크에 관한 역사적 논쟁에 대하여 논문을 써야 한다면, 필자는 그 저자들을 모두 찾아보아야 한다. 그러나 만약 그 당시의 텍스트들 또는 현대의 해석에 대하여 작업한다면, 누구도 필자에게 그토록 엄청난 작업을 요구하지는 않는다(하지만 다른 사람이 이미 훌륭하게 그런 작업을 해놓았다. 다만 필자가 오랜 세월이 걸리는 고도로 독창적인 과학적 논문 작업을 하여, 바로 제토의 연구는 불충분하고 또한 잘못 조명했다는 것을 증명하고자 하지 않는 경우에 그렇다. 대개 그런 종류의 작업은 수많은 경험을 필요로 한다). 그렇다면 제토의 연구는, 필자의 논문에서 구체적인 테마는 아니지만 하나의 배경으로 꼭 언급되어야 할 모든 것에 대한 충분한 자료를 제공해 준다. 그러므로 그런 작업에 대해 일련의 독자적인 카드 정리를 해야 한다. 말하자면 필자는 무라토리에 대해 카드 한 장, 체사로티에 대해 한 장, 레오파르디에 대해 한 장 하는 식으로 카드를 작성하여, 바로크에 대한 그들의 평가가 나와 있는 저술을 기록한다. 그리고 각각의 카드에 인용이 담긴 제토의 요약을 재인용한다(물론 그 자료는 제토의 그 논문에서 나왔다는 것을 카드 하단에 기록한다). 나중에 이 자료를 논문에서 활용한다면, 그것이 간접적인 정보이므로, 필자는 언제나 각주에다 〈제토, ……에서 재인용〉이라 표시해야 한다. 이것은 단지 정직함 때문이 아니라 신중함을 기하기 위해서이다. 필자는 그 인용을 확인하지 않을 것이므로, 그것의 우발적인 불완전함에 대해서는 책임이 없다. 필자는 그것을 다른 학자에게서 따온 것임을 정당하게 밝히고, 모두 읽어 본 것처럼 가장하지 않을 것이다. 따라서 안심해도 되리라. 물론 이렇게 이전의 연구에 의존하는 경우에도, 이상적인 것은 바로 재인용하는 모든 인용문을 원문에서 재확인하는 것이다. 하지만 여기에서 우리는 지금 짧은 시간에 적은 수단으로 이루어지는 연구의 모델을 제시하고 있다는 점을 기억해야 한다.

그러나 이 시점에서 필자가 허용할 수 없는 유일한 일은, 논문의 **주 대상이 되는 원래의 저자들**을 무시하는 것이다. 이제 필자는 바로크 저자들을 찾아보아야 한다. 왜냐하면 3·2·2에서 말했듯이, 논문은 직접적인 자료들도 갖고 있어야 하기 때문이다. 평론가들을 읽지 않고는 평론가들에 대해 말할 수 없다. 반면 미술의 매너리즘 이론가들을 읽지 않고 단지 비평적 연구들에 의존해도 된다. 그것은 필자의 논문에서 초점이 아니기 때문이다. 하지만 테사우로를 무시할 수는 없다.

그러는 동안에, 필자는 어떻게든 아리스토텔레스의 『시학』과 『수사학』을 읽어야겠다고 생각하고 그 항목을 한번 훑어본다. 그리고 놀랍게도 필자가 발견한 바에 의하면, 1515년에서 1837년에 나온 『수사학』의 옛 판본이 무려 열다섯 개나 되는데, 에르몰라오 바르바로의 주석이 붙은 것, 베르나르도 세니의 번역판, 아베로에스와 피콜로미니의 해설판 등이며, 게다가 앞면에 그리스어 텍스트가 실린 로엡의 영어판도 있다. 라테르차 출판사의 이탈리아어판은 이곳에 없다. 『시학』에 관해서도 역시 여러 판본이 있는데, 카스텔베트로와 로베르텔로의 주석이 붙은 것, 그리스어 텍스트가 실린 로엡판, 로스타니와 발지밀리의 근대 이탈리아어 번역판 두 권 등이다. 그것으로 충분하고도 남는다. 『시학』에 대한 르네상스 시기의 주석에 대한 논문을 쓰고 싶은 생각이 들 정도이다. 하지만 옆길로 빠지지 말자.

참고한 책들에 나온 여러 가지 언급들을 보면서, 필자의 연구를 위해서는 밀리치아, 무라토리, 프라카스트로의 관찰들도 중요하다는 생각이 들었다. 따라서 찾아본 결과 알레산드리아의 도서관에는 그런 저자들의 옛날 판들이 있다는 것을 발견한다.

하지만 바로크의 평론가들로 옮겨 가보자. 무엇보다도 리차르디 출판사에서 나온 에치오 라이몬디의 선집 『17세기의 평론가와 소설가들』이 있는데, 거기에는 『아리스토텔레스의 망원경』 100여 페이지, 페레그리니 60페이지, 스포르차 팔라비치노 60페이지가 인용되어 있다. 만약 필자가 논문이 아니라 시험을 위한 30페이지짜리 세미나 원고를 작성한다면, 그것만으로 충분하고 남으리라.

하지만 필자는 완전한 텍스트들도 보고 싶다. 그중에서 최소한 에마누엘레 테사우로의 『아리스토텔레스의 망원경』, 니콜라 페레그리니의 『재치에 관하여』와 『예술로 환원된 재능의 원천』, 스포르차 팔라비치노 추기경의 『선에 관하여』와 『문체와 대화에 관한 논문』을 보고 싶다.

필자는 저자별 목록에서 옛날 부분을 찾아본 결과, 『아리스토텔레스의 망원경』의 두 가지 판본을 발견한다. 하나는 1670년에, 다른 하나는 1685년에 나온 것이다. 1654년의 초판이 없다는 것이 정말로 유감이다. 어디에선가 필자는 판이 거듭

되면서 그 책이 증보되었다는 것을 읽었기 때문이다. 필자는 19세기에 나온 스포르차 팔라비치노의 전집 두 가지 판을 발견한다. 페레그리니는 찾을 수 없다(애석한 일이다. 하지만 라이몬디의 책에 그중 80여 페이지가 나와 있다는 사실에서 위안을 받는다).

덧붙여 말하자면, 필자는 여기저기 비평적 텍스트들에서 아고스티노 마스카르디의 흔적을 발견했다. 1636년에 나온 그의 책 『예술의 역사에 대하여』는 예술에 대한 수많은 고찰들이 담긴 저술이다. 그런데 바로크 시대의 평론에서는 그 저술을 고려하지 않고 있다. 이곳 알레산드리아 도서관에는 그것의 다섯 가지 판이 있는데, 세 개는 17세기의 것이고 두 개는 19세기의 것이다. 마스카르디에 대한 논문을 쓰는 것이 필자에게 유리할까? 잘 생각해 보면 그건 이상한 질문만은 아니다. 만약 한 장소에서 움직일 수 없다면, 단지 그 자리에 있는 자료만으로 작업을 해야 한다.

언젠가 한 철학 교수가 필자에게 말했다. 자기는 어느 독일 철학자에 대한 책을 썼는데, 그것은 자신의 연구소에서 그 철학자의 전집을 새로운 판으로 모두 구입했기 때문이라는 것이었다. 그렇지 않았다면 그는 다른 저자를 연구했을 것이다. 그것은 학문적 소명에 불타는 훌륭한 예는 아니지만, 그럴 수도 있다.

이제는 배의 노를 저어 보기로 하자. 필자는 지금 알레산드리아에서 무엇을 하고 있는가? 필자는, 신중하게 말하자면, 최소한 300여 권의 참고 문헌 목록을 작성했고, 필자가 발견한 모든 자료들을 기록해 두었다. 그 300여 권 중에서 알레산드리아의 도서관에서 최종적으로 족히 30여 권을 발견했으며, 그 외에 필자가 연구할 수 있는 최소한 두 명의 저자, 즉 테사우로와 스포르차 팔라비치노의 원본 텍스트를 발견했다. 지방의 조그마한 도시로서는 나쁘지 않다. 그것만으로 필자의 논문에 충분한가?

분명하게 말해 두자. 만약 필자가 순전히 간접적인 자료만으로 3개월짜리 논문을 쓰고자 한다면, 아마 충분할 것이다. 필자가 발견하지 못한 책들은 발견한 책들에서 재인용할 것이며, 필자의 자료를 잘 조합하면 하나의 치밀한 논의가 나올 수도 있으리라. 그것은 아마도 아주 독창적인 것은 아닐지라도 정확한 논의가 될 것이다. 그러나 문제는 참고 문헌에서 발생할 것이다. 왜냐하면 만약 필자가 실제로 본 것만을 기록하면, 지도 교수는 필자가 간과했던 어느 기본적인 텍스트에 대해 질문을 퍼부을 수도 있다. 그런데 만약 필자가 속인다면, 앞서 보았듯이 그것은 아주 그릇되고 동시에 경솔한 방법이다.

하지만 필자는 한 가지는 분명히 알고 있다. 즉 처음 3개월 동안 필자는 주변으로 돌아다닐 필요 없이 도서관에 앉아서 또는 대출을 받아 평온하게 작업을 할 수 있다는 사실이다. 참고 도서들이나 옛날 책들은 대출이 되지 않으며, 또한 잡지의 1년치 합본들도 대출되지 않는다는 점(하지만 잡지의 논문들은 복사본으로 작업할 수 있다)을 필자는 고려해야 한다. 그렇지만 책들은 대출이 가능하다. 만약 필자가 그 후 몇 개월 동안 대학이 있는 도시에서 몇 번 집중적으로 연구할 계획을 세울 수만 있다면, 9월부터 12월까지는 상당량의 자료를 확인하면서 피에몬테에서 평온하게 작업할 수 있을 것이다. 게다가 테사우로와 스포르차의 저술들을 모두 읽을 수 있을 것이다. 아니, 필자는 그 두 저자 중의 한 사람에게만 완전히 초점을 맞추어, 직접 원본에 대해 작업을 하고 필자가 발견한 참고 문헌 자료를 하나의 배경으로 이용하는 것이 유리하지 않을까 생각해 보아야 한다. 그다음에 꼭 보아야 하는 책들을 분류하여 토리노나 제노바에 가서 찾아보아야 할 것이다. 약간의 행운과 함께 필자는 필요한 모든 것을 발견했다. 또한 이탈리아에 국한된 테마 덕분에 필자는 파리나 옥스퍼드에 가지 않아도 된다는 것을 알고 있다.

그렇지만 아직 어려운 결정들이 남아 있다. 가장 현명한 일은, 일단 참고 문헌 목록을 작성했으므로, 논문의 지도를 부탁한 교수를 찾아가서 필자가 갖고 있는 것을 보여 주는 일이다. 지도 교수는 필자가 범위를 축소할 수 있도록 편리한 해결책을 충고해 주거나, 어떤 책들을 필수적으로 읽어야 하는가 말해 줄 수도 있다. 그런 책들에 대해서는 만약 알레산드리아 도서관에서 찾을 수 없는 것들이 있다면, 사서에게 부탁하여 다른 도서관에서 대출받을 수 있는지 알아볼 수도 있다. 하루면 대학이 있는 도시에서, 읽어 볼 시간은 없더라도 일련의 책들과 논문들을 찾을 수 있을 것이다. 논문들에 대해서는 알레산드리아의 도서관 측에 편지를 써서 복사본을 요구할 수도 있다. 20페이지의 중요한 논문은 우편 요금을 합해 2천 리라 정도 들 것이다.

이론적으로는 필자는 다른 결정을 내릴 수도 있다. 알레산드리아에서 필자는 두 명의 주요 저자의 텍스트와 충분한 숫자의 비평적 글들을 갖고 있다. 그것은 문헌학적 또는 역사 서술적 차원에서 무언가 새로운 것을 말하기에는 충분하지 않을지라도, 그 두 저자를 이해하는 데에는 충분하다(최소한 테사우로의 초판이 있다면, 필자는 그 17세기의 세 가지 판 사이의 비교 연구를 할 수도 있을 것이다). 그렇다면 누군가 필자에게, 은유에 대한 **현대**의 이론들을 서술한 네댓 권의 책만을 고찰하라고 충고한다고 가정해 보자. 필자라면 다음 책들을 권하겠다. 즉 야콥슨의 『일반 언어학 평론』, 리에주의 뮤μ 그룹의 『일반 수사학』, 알베르 앙리의 『환유와 은유』이다. 그러면 필자는 은유에 대한 구조주의적 이론을 설명하는 데 필요한 자료들을 갖게 된다. 그리고 그 책들은 모두 현재 판매되고 있으며, 모두 2만 리라 또는 그 이하이며, 또한 무엇보다도 이탈리아어로 번역되어 있다.

 이 시점에서 필자는 바로크 이론과 근대 이론들을 비교할 수도 있으리라. 그런 종류의 작업을 하기 위해서는, 아리스토텔레스의 텍스트들, 테사우로의 저술과 테사우로에 관한 30여 권의 연구서들, 현대에 나온 세 권의 참고 도서들을 바탕으로, 필자는 약간의 독창성을 지닌 지적인 논문을 만들어 낼 수 있을 것이다. 거기에는 문헌학적 발견의 요구는 전혀 없다(그러나 바로크에 대한 언급들에 관해서는 정확함이 요구된다). 그리고 알레산드리아를 벗어나지 않고도 모든 것을 할 수 있다. 다만 알레산드리아에 없는 겨우 두세 권의 기본적인 책들을 찾기 위해 토리노나 제노바에 가는 경우를 제외하고.

 하지만 이 모든 것은 가설에 지나지 않는다. 심지어는 필자의 연구에 스스로 매료되어, 필자가 1년이 아니라 3년 동안 바로크에 대한 연구에 몰입하고 싶고, 또한 편안하게 연구하기 위해 빚을 지거나 장학금을 받으려고 노력할 수도 있을 것이다. 이 책이 여러분은 논문에다 무엇을 써 넣어야 하는지, 여러분의 인생에서 무엇을 해야 하는지 말해 주기를 기대하지는 말라.

 우리가 보여 주고자 한 것은(그리고 필자는 그것을 보여 주었다고 생각하는데), **어떤 테마에 대해 거의 또는 전혀 아는 것도 없이 지방의 도서관에 가서 세 번의 오후를 보낸 다음에는, 충분히 명백하고 완벽한 아이디어를 얻을 수 있다는 사실이다.** 말하자면 〈나는 지방에 살고 있고, 책들도 없고, 어디에서 시작할지도 모르고, 아무도 나를 도와주지 않는다〉라고 말할 필요가 없다.

물론 이러한 게임에 적합한 테마를 선정해야 한다. 가령 필자가 크립키와 힌티카에서 가상 세계의 논리에 대한 논문을 쓰려고 했다고 가정해 보자. 필자는 그것도 시도해 보았는데, 거의 시간이 걸리지 않았다. 주제별 목록(〈논리학〉 항목)에 대한 최초의 조사에서, 필자는 이 도서관에 최소한 열다섯 권의 형식 논리학에 대한 아주 유명한 저술들(타르스키, 루카시에비치, 콰인, 몇 권의 지침서, 카사리, 비트겐슈타인, 스트로슨의 연구 등)이 있다는 것을 발견했다. 물론 가장 최근의 양상 논리에 관해서는 아무것도 없었다. 그것은 대부분 아주 전문적인 잡지들에서나 발견되는 자료이며, 종종 철학 연구소의 도서관에도 없는 자료이다.

하지만 기본적인 텍스트도 집에 없고 또 아무것도 모른 채, 그 누구도 마지막 학년에 선택하지 않을 그런 테마를 필자는 일부러 골랐던 것이다. 그것은 부유한 학생의 논문이라는 말이 아니다. 필자는 부유하지 않은 어느 학생을 알고 있는데, 그는 어느 종교 단체의 기숙사에 기거하면서 또 거의 책도 살 수 없는 형편에서, 그와 유사한 테마에 대한 논문을 제출했다. 물론 그는 충분한 시간을 갖고 작업을 선택했다. 또한 분명히 다른 희생이 있었지만, 어려운 가정 형편 때문에 일을 해야 하는 것은 아니었다. 그 자체로서 부유한 학생들을 위한 논문이란 없다. 왜냐하면 가령 〈5년 동안 아카풀코의 수영복 패션의 변화〉라는 테마를 선택하더라도, 언제나 그런 연구를 지원해 줄 재단을 찾을 수 있기 때문이다. 그러나 분명 지극히 어려운 상황에 있다면 쓸 수 없는 논문들도 있다. 바로 그렇기 때문에 이 책에서는, 아주 풍요롭지는 않더라도 약간의 지원만으로, 어떻게 권위 있는 작업을 할 수 있는지 보여 주고자 했던 것이다.

### 3·2·5 그런데 책을 읽어야 하는가? 그리고 어떤 순서로 읽어야 하는가?

도서관에서의 연구에 대한 장 및 필자가 제시한 **최초** 연구의 예에 의하면, 논문을 쓴다는 것은 바로 수많은 책들을 함께 연결한다는 것을 의미한다는 생각이 든다.

그러나 논문은 언제나 단지 책에 대하여, 또 책을 갖고 쓰는 것인가? 앞서 보았듯이 실험 논문들도 있다. 거기에는 현장 연구, 가령 미로 안에서 생쥐 한 쌍의 행태를 몇 개월 동안 관찰한 연구 결과를 기록한다. 그런 논문에 대해서 필자는 정확한 충고를 할 수 없다고 생각한다. 왜냐하면 학문의 유형에 따라 연구 방법이 다르고, 또한 그런 연구를 시작하는 사람은 이미 실험실 안에서 다른 연구자들과 접촉하고 있으므로 이 책을 필요로 하지 않기 때문이다. 앞에서 말했듯이 필자가 알고 있는 유일한 것은, 그런 논문에서도 역시 실험은 이전의 과학적 문헌의 논의하에서 틀을 갖추어야 하며, 따라서 그런 경우에도 책과 관계가 있다는 사실이다.

학위 지원자가 실제적인 상황들과 오래 접촉해야 하는 사회학 논문에서도 마찬가지이다. 여기에서도 역시 최소한 그와 유사한 연구들이 이전에는 어떻게 이루어졌는지 이해하기 위해서라도 책이 필요하다.

신문이나 의회의 기록들을 뒤적이면서 쓰는 논문들도 있는데, 그것 역시 배경이 되는 문헌을 필요로 한다.

그리고 마지막으로 단지 책에 대해서만 이야기하는 논문들도 있다. 일반적으로 문학, 철학, 과학사, 교회법, 또는 형식 논리학의 논문들이 그렇다. 그리고 이탈리아의 대학, 특히 인문학부에서는 그런 논문이 대부분이다. 그 이유로는, 만약 미국 학생이 문화 인류학을 연구한다면 집 가까이 인디언들이 있고 또 콩고에서 연구할 수 있는 돈이 있는 반면에, 이탈리아 학생은 대개 차라리 프란츠 보애스의 사상에 대한 논문을 쓰기로 체념하기 때문이다. 물론 이탈리아의 현실을 연구하여 쓴 아주 훌륭한 민속학 논문들도 있다. 하지만 그런 경우에도 최소한 이전의 민속학적 문헌들을 찾기 위해서라도 도서관 작업은 언제나 필요하다.

어쨌든 이 책은, 여러 명백한 이유로, 단지 책들을 이용하여 또 책에 대해 쓰는 대부분의 논문을 대상으로 한다고 말할 수 있다.

그러나 이와 관련하여 기억해야 할 것은, 대개 책에 대한 논문은 두 가지 유형의 책들, 즉 **언급의 대상이 되는** 책들과 언급에 도움을 주는 책들에 의존한다는 사실이다. 바꾸어 말하자면, 연구의 대상이 되는 텍스트들이 있고, 또한 그 텍스트들에 관한 문헌들이 있다. 앞 항의 예에서는 바로크의 평론가들이 있고, 또한 그 바로크의 평론가들에 대해 글을 썼던 모든 사람들이 있었다. 그러므로 우리는 원래의 텍스트와 비평적 문헌을 구별해야 한다.

따라서 다음과 같은 질문이 제기된다. 즉 곧바로 텍스트들을 접해야 하는가, 아니면 먼저 비평적 문헌을 거쳐야 하는가? 그 질문은 다음 두 가지 이유로 의미가 없다고 할 수 있다. (1) 왜냐하면 결정은 학생의 상황에 따라 좌우되기 때문이다. 학생은 벌써 자신의 저자를 잘 알고 있으며 따라서 그에 대해 깊이 연구하기로 결정할 수 있거나, 아니면 언뜻 보기에는 이해할 수 없고 아주 어려운 저자에게 처음으로 접근할 수도 있다. (2) 그것은 그 자체로서는 하나의 악순환이다. 왜냐하면 예비적인 비평적 문헌이 없으면 텍스트를 읽을 수 없으며, 반면에 텍스트를 모르고는 비평적 문헌을 평가하기 어렵기 때문이다.

그러나 그런 질문이 방향을 잡지 못한 학생에게서 제기되었을 때에는 나름대로의 합리성을 갖는다. 가령 우리가 가정한 학생이 처음으로 바로크의 평론가들을 접하게 되었을 경우이다. 그 학생은 곧바로 테사우로를 읽어야 하는지, 아니면 그보다 먼저 제토, 안체스키, 라이몬디 등에 대해 골격을 잡아야 하는지 질문할 수도 있다.

필자에 의하면 가장 현명한 대답은 다음과 같다. 우선 그 배경을 이해하기 위하여 곧바로 아주 일반적인 비평적 텍스트 두세 권을 읽는다. 그런 다음 직접 원래의 저자를 접하여 무엇을 말하는가 이해하도록 한다. 그리고 나서 나머지 비평적 문헌을 확인한다. 마지막으로 새로 얻은 생각들에 비추어 저자를 재검토한다. 하지만 이것은 지극히 이론적인 충고이다. 실제로 각자 자신의 욕구 리듬에 따라 공부하며, 때로는 무질서하게 〈먹어 치우는 것〉도 나쁘지 않다. 목표를 교대로 바꾸면서 지그재그로 나아갈 수도 있다. 가능하다면 카드 형식으로 작성한 개인적인 기록들의 치밀한 그물이 그러한 〈모험적인〉 행동의 결과를 받쳐 주기만 하면 된다. 물론 모든 것은 연구자의 심리 구조에 따라 달라지기도 한다. **단색적**인 사람들도 있고 **다색적**인 사람들도 있다. 단색적인 사람들은 한 번에 한 가지 일만 시작하여 끝내야만 잘 작업한다. 그들은 음악을 들으면서 책을 읽을 수 없고, 다른 소설을 읽기 위해 읽던 소설을 중단하지 못한다. 그러지 않으면 맥을 잃어버린다. 극단적인 경우에는 면도를 하거나 화장을 하는 동안에는 질문에 대답조차 하지 못한다.

다색적인 사람들은 그와는 정반대이다. 그들은 한꺼번에 여러 가지 관심사를 이끌어야만 잘 작업한다. 그리고 단 한 가지 일에만 몰두하면 지겨움을 견디지 못한다. 단색적인 사람들은 좀 더 체계적이지만 종종 상상력이 결여되어 있다. 다색적인 사람들은 좀 더 창조적으로 보이지만 종종 기분에 좌우되고 뒤죽박죽을 만든다. 하지만 위대한 사람들의 전기를 살펴보면, 단색적인 사람들과 다색적인 사람들이 모두 있다는 것을 알게 될 것이다.

# 4 ___ 작업 계획과 카드 정리

### 4·1 작업의 가설로서 차례

   졸업 논문 작업을 **시작**하는 단계에서 가장 먼저 해야 할 일들 중의 하나는 바로 제목, 서문, 그리고 최종적인 차례를 쓰는 일이다 — 말하자면 모든 저자들이 **마지막**에 하는 일들이다. 이러한 충고는 아마 역설적으로 보일 것이다. 끝에서부터 시작한다? 하지만 차례는 마지막에 나와야 한다고 누가 말했는가?[1] 어떤 책들에는 차례가 앞에 나와 있어서, 독자는 앞으로 읽어 가면서 무엇을 발견하게 될지 곧바로 생각할 수 있다. 바꾸어 말하자면 작업의 가설로서 차례를 곧바로 작성해 본다는 것은 곧 논문의 범위를 정의하는 데 도움을 준다.
   물론 작업이 진행됨에 따라 이 가설적인 차례는 여러 번 재구성되며, 혹시 처음과는 완전히 다른 형식을 가질 수도 있다고 반박할 것이다. 물론이다. 하지만 재구성을 전제로 한 출발점이 있을 경우에는, 더욱더 잘 재구성할 수 있다.
   가령 여러분이 1주일의 시간을 갖고 수천 킬로미터의 자동차 여행을 해야 한다고 가정해 보자. 비록 여러분이 휴가 중이라 할지라도 무작정 집을 나서서 마음 내키는 방향으로 갈 수는 없을 것이다. 여러분은 최상의 계획을 짤 것이다. 여러분은 밀라노에서 나폴리까지(솔레 고속도로를 이용하여) 여행을 하면서, 도중에 피렌

---

[1] 이탈리아의 책들은 대부분 차례가 책 끝에 붙어 있다.

체, 시에나, 아레초에서 잠시 머물고, 로마에서는 좀 더 오래 머물고, 몬테카시노를 방문하려고 생각할 수도 있다. 그리고 여행하는 도중에, 가령 시에나에서 예상보다 오래 머물렀거나, 또는 시에나와 함께 산지미니아노를 구경할 만하다는 생각이 들면, 몬테카시노를 취소하기로 결정할 수도 있다. 심지어는 아레초에 도착했을 때 동쪽으로 방향을 돌려 우르비노, 페루자, 아시시, 구비오를 구경하고 싶은 생각이 머리에 떠오를 수도 있다. 말하자면 — 아주 진지한 이유로 인해 — 여러분은 여행 도중에 경로를 바꾸게 될 것이다. 하지만 여러분이 바꾼 것은 바로 **그** 경로이지, **전혀 없는** 경로는 아니다.

여러분의 논문도 마찬가지이다. **작업 계획**을 세우도록 하라. 이 계획은 잠정적인 차례의 형식을 띨 것이다. 이 차례가 하나의 요약이 되어 거기에다 각 장마다 간략한 개요를 적어 두는 것이라면 더욱 좋다. 그런 식으로 작업을 진행함으로써 무엇보다도 여러분은 자신이 하고자 하는 것을 스스로에게도 명백히 할 수 있다. 두 번째로 여러분은 지도 교수에게 납득할 만한 계획을 제시할 수 있다. 세 번째로 여러분이 이미 명백한 생각들을 갖고 있는지 스스로 알 수 있다. 어떤 계획들은 생각해 보면 아주 명백하게 보이지만, 일단 쓰기 시작하면 손안에서 완전히 흩어져 버리는 경우도 있다. 처음 출발점과 도착점에 대해서는 분명한 생각들을 가지고 있는데, 이것과 저것을 어떻게 연결해야 할지, 또 중간에 무엇이 들어가야 할지 전혀 모를 수도 있다. 논문이란 마치 수많은 행마로 이루어진 체스 게임과 같다. 다만 상대방을 이기기 위해 어떤 행마를 해야 하는지 예측할 수 있어야 한다. 그러지 않으면 결코 도달할 수 없을 것이다.

좀 더 정확히 말하자면, 작업 계획은 **제목과 차례, 서문**을 포함한다. 훌륭한 제목은 이미 그 자체로서 하나의 계획이다. 필자가 말하는 제목은, 여러분이 오래전에 대학의 담당 사무실에 제출하는 제목, 따라서 거의 언제나 아주 일반적이어서 무한한 변화 가능성이 있는 그런 제목이 아니다. 필자는 바로 여러분 논문의 〈은밀한〉 제목, 대개 나중에 부제로 나오는 그런 제목을 말하고 있다. 어떤 논문은 〈공개적인〉 제목을 붙여 「톨리아티에 대한 암살 기도와 라디오 방송」이 될 수 있다. 그러나 그것의 부제(그리고 진짜 테마)는 〈돌발적인 정치적 사건으로부터 대중 여론의 관심을 돌리기 위하여 지노 바르탈리의 투르 드 프랑스 경주 우승을 이용하려는 (라디오 방송의) 내용 분석〉이 될 수도 있으리라. 말하자면 테마의 범위에 초점을 맞춘 다음에 거기에서 단 하나의 구체적인 관점만을 다루기로 한다는 의미이다. 그러한 관점의 표현은 일종의 질문이 되기도 한다. 가령, 톨리아티 암살 기도에서 대중의 관심을 돌리려는 계획이 드러날 정도로 지노 바르탈리의 승리를 라디오 방송에서 특별하게 이용했는가? 그리고 그러한 계획은 라디오 뉴스들의 내용을 분석함으로써 밝혀질 수 있는가? 바로 그런 식으로 〈제목〉(질문으로 전환된)은 작업 계획의 핵심적인 부분이 되기도 한다.

이러한 질문을 이끌어 낸 후에는 곧바로 작업의 단계들을 제시해야 한다. 작업 단계들이란 차례의 각 장에 해당할 것이다. 예를 들어,

1. 테마에 대한 문헌
2. 사건
3. 라디오 뉴스
4. 뉴스 및 뉴스의 시간 배치에 대한 양적 분석
5. 뉴스의 내용에 대한 분석
6. 결론

아니면 다음과 같은 전개 과정을 예상해 볼 수도 있다.

1. 사건: 정보의 다양한 출처들에 대한 종합
2. 암살 기도에서 바르탈리의 승리까지의 라디오 뉴스
3. 바르탈리의 승리에서 그 후 3일 동안의 라디오 뉴스
4. 그 두 부류의 뉴스에 대한 양적 분석
5. 두 부류 뉴스의 내용에 대한 비교 분석
6. 사회·정치적 평가

앞서 말했듯이, 차례는 분석적일수록 더욱 바람직하다. 원한다면 눈금이 그려진 커다란 종이에다 펜으로 차례를 쓰고 각 장의 제목들을 연필로 써두면, 작업에 따

라 지우거나 다른 제목으로 바꿀 수 있으므로 여러 가지 재구성 단계들을 확인할 수도 있다.

가설적 차례를 작성하는 다른 방법은 바로 나무형 구조이다.

1. 사건의 서술

2. 라디오 뉴스 ─── 암살 기도에서 바르탈리까지
　　　　　　　　　바르탈리 이후

3. 기타

여기에는 다양한 가지를 덧붙일 수 있다. 결론적으로 가설적 차례는 다음과 같은 구조를 갖추어야 할 것이다.

1. 문제의 상황
2. 이전의 연구들
3. 우리의 가설
4. 우리가 제시할 수 있는 자료들
5. 그 자료들의 분석
6. 가설의 증명
7. 결론 및 이후의 연구에 대한 언급

작업 계획의 세 번째 단계는 서문의 초안을 작성하는 것이다. 서문이란 단지 차례에 대한 분석적인 언급일 뿐이다. 가령 〈이 작업을 통하여 우리는 이러이러한 주장을 증명하고자 한다. 이전의 연구들은 수많은 문제를 미해결로 남겨 두었으며, 수집된 자료들은 아직도 불충분하다. 제1장에서 우리는 이러이러한 점을 명백히 설정하고자 하며, 제2장에서는 어떠어떠한 문제를 다루고자 한다. 결론에서 우리는 이런저런 것을 증명하려고 한다. 우리는 어떤 정확한 한계들, 그러니까 이런저런 한계들을 설정했다는 점을 기억해야 한다. 그러한 범위 안에서 우리가 취할 연구 방법은 다음과 같다…… 등).

이러한 잠정적인 서론(그것은 논문이 완성되기 전에 여러 번 다시 쓸 것이므로 잠정적이다)의 기능은, 하나의 중심선, 즉 의식적으로 차례를 재구성하기 전에는 바뀌지 않을 중심선에 따라 여러분의 생각들을 고정해 준다는 것이다. 그럼으로써 여러분은 이탈이나 충동을 통제하게 된다. 이러한 서문은 또한 지도 교수에게 **여러분이 무엇을 하고자 하는지** 설명하는 데에도 도움을 준다. 그러나 무엇보다도 여러분이 이미 **잘 정돈된 생각들을** 갖고 있는지 알려 준다. 대개 이탈리아의 학생들은 고등학교에서 엄청난 양의 이탈리아어 숙제를 해야 하므로, 아마도 글 쓰는 방법을 배운 다음에 졸업을 한다는 사실을 생각해 보라. 그런데 대학에서 4년, 5년, 6년 동안 대부분 아무도 글쓰기를 요구하지 않는 기간을 보내고 나면, 막상 논문을 써야 할 때 글쓰기 훈련이 전혀 되어 있지 않게 된다.[2] 그것은 커다란 충격이며, 원고 작성의 순간에야 깨달으면 정말로 곤란하다. 곧바로 글쓰기를 시도해 보아야 하며, 따라서 자신의 가설적 연구를 써볼 필요가 있다.

정말로 주의해야 한다. 왜냐하면 차례와 서문을 쓸 수 있을 때까지는 여러분은 그것이 **여러분의** 논문이라고 확신할 수 없기 때문이다. 만약 여러분이 서문을 쓸 수 없다면, 그것은 어떻게 출발해야 할지 아직 명백한 생각을 갖지 못했다는 의미이다. 여러분이 어떻게 출발해야 할지 명백한 생각을 갖고 있다면, 최소한 어디에 도달하게 될지 〈의혹을 갖고 있기〉 때문이다. 바로 이러한 의혹을 토대로 여러분은, 마치 이미 달성한 연구 작업의 서평을 쓰듯이 서문을 써야 한다. 지나치게 앞으로 나아간다고 두려워하지 말라. 여러분이 뒤로 되돌아갈 시간은 언제나 있다.

이 시점에서 분명한 것은, **서문과 차례는 작업이 점차 진행됨에 따라 계속해서 다시 쓰게 된다는** 사실이다. 대개 논문 작성 과정은 그렇게 진행된다. 최종 차례와 서문(타자를 친 최종 논문에 나오는)은 처음의 것과는 다를 것이다. 만약 동일하다면 완성된 모든 작업이 여러분에게 전혀 새로운 아이디어를 주지 않았다는 의미이

---

2 미국 같은 다른 나라에서는 상황이 다르다. 거기에서는 학생들은 구두시험 대신에, 자신이 등록한 각 과정마다 **페이퍼**, 말하자면 10 내지 20페이지 정도의 〈소논문〉 또는 보고서를 쓴다. 그것은 아주 유익한 방식으로 이탈리아에서도 이미 일부는 그 방식을 채택하고 있다(규정상 그것을 전혀 배제하지는 않으며, 개념적인 구술시험 형식은 단지 학생의 적성을 파악하기 위해 교수에게 허용된 방식들 중 하나이기 때문이다) — 원주.

다. 아니면 혹시 여러분이 대단한 인물일 수도 있다. 하지만 그렇다면 여러분은 논문을 쓸 필요도 없을 것이다.

　서문의 최초 원고와 최종 원고를 구별해 주는 것은 무엇인가? 그것은 여러분이 최종 원고에서는 최초의 것보다 훨씬 적게 약속하고, 더욱 신중해진다는 사실이다. 최종 서문의 마지막 부분은 여러분의 독자로 하여금 논문 안으로 들어갈 수 있도록 도와준다. 하지만 여러분이 나중에 줄 수 없는 것을 약속한다면 곤란하다. 훌륭한 최종 서문의 마지막 부분은, 독자가 그 서문으로 만족하고, 모든 것을 이해하고, 더 이상 나머지를 읽지 않아도 되게끔 한다. 그것은 역설처럼 보이리라. 하지만 종종 인쇄된 책에서 훌륭한 서문은 서평자에게 올바른 생각들을 제공하고, 또한 저자가 원하는 대로 그 책에 대해 말하도록 해준다. 그런데 만약 지도 교수가 (또는 다른 사람들이) 논문을 읽고 나서, 여러분이 서문에서 예고한 결과들이 나중에 이루어지지 않았다는 것을 발견한다면 어떻게 하겠는가? 바로 그렇기 때문에 서문은 신중해야 하고, 또한 논문이 나중에 줄 수 있는 것만을 약속해야 한다.

　서문은 또한 무엇이 논문의 **중심**이고 무엇이 **주변**인가 확정하는 데에도 도움을 준다. 그것은 아주 중요한 구별인데, 단지 방법적인 이유에서만 중요한 게 아니다. 여러분이 주변으로 정의한 것보다 중심으로 정의한 것에 대해서는 훨씬 더 철저하게 다룰 필요가 있다. 만약 몽페라토에서의 빨치산 전쟁에 대한 논문에서 그 중심이 바돌리오 부대의 움직임이라면, 가리발디 여단에 대한 약간 부정확하거나 대충의 언급은 용서받을 수 있지만, 프랑키와 마우리의 부대에 대한 정보는 절대적인 완벽함을 필요로 한다. 물론 그 반대의 경우 또한 가능하다.

　무엇을 논문의 중심(또는 초점)으로 할지 결정하기 위해서는, 여러분이 이용할 자료에 대해 무언가 알고 있어야 한다. 바로 그렇기 때문에 〈은밀한〉 제목, 잠정적인 서론 및 가설적인 차례는 여러분이 해야 할 **첫 번째 일들 중의 하나**에 속하면서도, 그렇다고 **맨 첫째** 일은 아니다.

　맨 첫째 작업은 참고 문헌 조사이다(그리고 3·2·4에서 보았듯이, 그것은 조그마한 소도시에서도 1주일 안에 할 수 있는 작업이다). 알레산드리아의 실험으로 돌아가 보자. 3일 후면 여러분은 믿을 만한 차례를 작성할 수 있을 것이다.

　가설적인 차례를 작성하는 데에는 어떠한 논리적 원칙이 있을까? 선택의 기준은 논문의 유형에 달려 있다. 역사적 논문에서는 **연대기** 순서로(예를 들어, 「이탈리아에서 발드 교도들의 박해」), 또는 **원인과 결과** 순서로(예를 들어, 「아랍과 이스라엘 분쟁의 원인」) 할 수 있을 것이다. 또한 공간적인 계획(「카나베사노 지역에서 이동 도서관의 분포」) 혹은 **비교-대조적인** 계획(「제1차 세계 대전 기간의 이탈리아 문학에서 민족주의와 인민주의」)이 있을 수도 있다. 실험적인 성격의 논문에서는, 몇 가지 증거에서 출발하여 이론을 제기하는 **귀납적** 계획을 세우고, 반면에 논리적이고 수학적인 논문에서는, 먼저 이론을 제기한 다음 구체적인 실례들에 대해 가능한 적용을 하는 **연역적** 계획을 세울 수 있다. 필자의 견해로는, 여러분이 참조하는 비평적 문헌이 훌륭한 작업 계획의 예들을 제공해 줄 것이다. 그것을 비평적으로 활용하여 여러 저자들을 비교하고, 또한 논문의 〈은밀한〉 제목 안에 제기된 문제의 요구들에 누가 가장 부합하는지 살펴보는 것으로 충분하다.

차례는 논문을 어떻게 논리적으로 장, 절, 소항목으로 나눌 것인가를 이미 확정해 준다. 이러한 구분 방법에 대해서는 4·2·4와 6·4를 참조하라. 여기에서도 역시 분기(分岐)식의 훌륭한 구분 방법은 최초의 순서를 지나치게 변화시키지 않으면서 새로 덧붙일 수 있도록 해준다. 예를 들어, 여러분의 차례가 다음과 같다고 하자.

1. 중심 문제
   1·1 1차적인 하위 문제
   1·2 2차적인 하위 문제
2. 중심 문제의 전개
   2·1 첫째 가지
   2·2 둘째 가지

이러한 구조는 다음과 같은 나무형 일람 방식으로 표현될 수 있는데, 여기에 나오는 선들은 여러분이 전반적인 작업 조직을 깨뜨리지 않으면서 도입할 수 있는 하위 분기들을 표시한다.

각 하위 구분의 아래에 표시된 약자는, 차례와 작업 카드 사이의 상호 관련을 나타낸다.

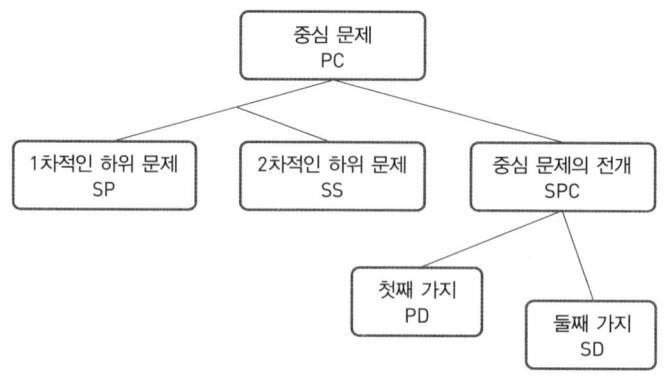

일단 작업의 가설로서 차례를 작성한 다음에는, **독서 카드와 다른 종류의 자료들을 언제나 차례의 각 지점과 상호 관련시키면서** 작업을 진행해야 한다. 이러한 상호 관련은 처음부터 명확해야 하며, 약자나 색깔을 이용하여 분명하게 표시해야 한다. 실제로 그것들은 내부적인 참조 관계들을 세우는 데 도움을 줄 것이다.

**내부 참조**가 무엇인가는 이 책에서 이미 살펴보았다. 흔히 앞의 장에서 다루어진 것을 이야기하는 경우가 종종 있는데, 그럴 경우에는 대부분 그 장, 또는 절, 또는 소항목의 번호를 괄호 안에 넣어 참조하라고 말한다. 내부 참조는 동일한 말을 여러 번 반복하지 않도록 도와주며, 논문 전체의 일관성을 보여 주기도 한다. 내부 참조를 사용하는 경우에는, 동일한 하나의 개념이 두 가지 상이한 관점에서도 타당하다는 것, 동일한 예가 두 가지 상이한 논증을 보여 준다는 것, 일반적인 의미에서 말한 것이 특수한 관점의 논의에도 적용된다는 것 등을 보여 준다.

잘 조직된 논문은 분명히 내부 참조가 많을 것이다. 내부 참조들이 없다면, 그것은 바로 각각의 장이 마치 앞의 장들에서 언급된 것을 전혀 고려하지 않는 듯이 나름대로 진행되고 있다는 의미이다. 의심할 바 없이 그런 식으로 전개되는 논문들(예를 들어 문서들의 수집)도 있지만, 최소한 결론을 이끌어 내는 순간에는 내부 참조들이 필수적으로 나타나야 할 것이다. 잘 세워진 가설적인 차례는 바로 숫자가 매겨진 그물과 마찬가지이며, 그것은 여러분이 이러저러한 것을 언급했던 종이나 쪽지들 사이를 매번 확인할 필요 없이 내부 참조만으로 작업할 수 있도록 한다. 여러분이 읽고 있는 이 책을 쓰기 위해 필자는 어떻게 했으리라고 생각하는가?

논문의 논리적 구조(중심 및 주변, 중심 테마와 그것의 가지들 등)를 제대로 반영하기 위해, 차례는 **장, 절, 항**으로 구별한다. 긴 설명이 필요 없이 여러분이 이 책의 차례를 보면 알 수 있을 것이다. 이 책에는 수많은 절들과 항목들이 있다(그리고 때로는 차례에 나와 있지도 않은 아주 자세한 소구분들도 많다. 예를 들어 3·2·3을 살펴보라). 아주 분석적인 소구분들은 논의의 논리적 이해에 도움을 준다.

논리적 조직은 바로 차례에 반영되어야 한다. 말하자면 가령 1·3·4가 1·3의 부연 설명을 전개시킨다면, 그것은 차례에서 명백하게 도식적으로 나타나야 한다. 아래에 나온 바와 같다.

차례

1. 텍스트의 소구분
   1·1 **장**
      1·1·1 여백 남기기
      1·1·2 새로운 글의 시작
   1·2 **절**
      1·2·1 제목 부여의 여러 유형
      1·2·2 소절들의 하위 구분
2. 최종 편집
   2·1 **직접 정서 또는 타자**
   2·2 **타자기의 가격**
3. 제본

이러한 소구분의 예는, 모든 장에서 다른 장들처럼 분석적 소구분을 필수적으로 하지 않아도 된다는 것을 보여 준다. 논의의 필요에 따라 어떤 장은 여러 개의 작은 소절들로 나뉘어야 하고, 반면에 어떤 장은 일반적인 표제 아래에서 하나의 지속적인 논의로 진행될 수도 있다.

어떤 논문들은 여러 구분을 필요로 하지 않으며, 지나치게 자세한 구분이 오히려 논의의 맥락을 끊을 수도 있다[예를 들어, 전기(傳記)의 재구성을 생각해 보라]. 하지만 어떠한 경우든지, 자세한 구분은 대상을 확인하고 여러분의 논의를 따라갈 수 있도록 도와준다. 만약 어떤 관찰이 1·2·2 안에 들어 있는 것을 본다면, 그것은 1·2와 관련되어 있으며 또한 1·2·1의 관찰과 동일한 중요성을 갖고 있다는 것을 곧바로 알 수 있다.

마지막으로 주의할 것이 있다. 만약 〈확고한〉 차례를 갖고 있다면, 여러분은 처음부터 시작하지 않아도 된다. 오히려 대개는 가장 확실하고 자료가 많다고 생각되는 부분부터 써나가기 시작한다. 하지만 그것은 단지 방향을 **잡아 주는 틀**, 말하자면 작업의 가설로서의 차례가 그 배경에 있을 때에만 할 수 있는 일이다.

### 4·2 카드와 메모

#### 4·2·1 카드의 여러 가지 형태: 카드는 어디에 필요한가

여러분의 참고 문헌 목록이 점차 불어남에 따라 여러분은 자료를 읽기 시작한다. 훌륭하고 완벽한 참고 문헌 목록을 작성한 다음에 책 읽기를 시작한다는 것은 순전히 이론적인 생각일 뿐이다. 실제로는 일단 최초의 제목 목록을 작성한 후에, 곧바로 여러분이 찾아낸 최초의 책들을 읽기 시작한다. 아니, 때로는 어느 책 한 권을 읽기 시작하고, 거기에서 출발하여 최초의 문헌 목록을 작성하기도 한다. 어쨌든 책과 논문들을 점차 읽어 감에 따라, 참고할 내용들이 더욱 치밀해지고 참고 문헌 카드들이 많아지게 된다.

논문을 쓰기에 가장 이상적인 상황은, 바로 필요한 모든 책들, 새 책들이건 오래된 책들이건 모두 집 안에 갖고 있는 것이다(그리고 멋진 개인 도서관과, 여러분이 참조할 책들을 여러 책상들 위에 무더기로 쌓아 놓을 수 있는 널찍하고 편안한 작업 환경을 갖고 있는 것이다). 하지만 이러한 이상적인 상황은 전문적인 학자에게서도 지극히 찾아보기 어렵다.

어쨌든 여러분이 필요한 모든 책들을 발견하고 구입할 수 있었다고 가정해 보자. 원칙적으로는 앞서 3·2·2에서 말한 참고 문헌 카드 이외에 다른 카드들은 필요하지 않다. 여러분은 각 장들의 번호가 잘 매겨진 작업 계획(또는 가설적인 차례, 4·1 참조)을 준비한 다음에, 차례차례 책들을 읽으면서 밑줄을 치고 또 각 장들에 해당하는 약자들을 모서리에 표시할 것이다. 마찬가지로 작업 계획의 각 장들 옆에다 주어진 책에 해당하는 약자와 페이지 숫자를 기록할 것이고, 그럼으로써 원고를 작성하는 순간에 어떤 인용 또는 생각을 어디에서 찾을 수 있을지 알게 된다. 예를 들어 여러분이 〈미국 SF에서 가상 세계들의 관념〉에 대한 논문을 쓰는데, 작업 계획의 소구분 4·5·6이 〈가상 세계들 사이의 통로로서의 시간 계곡〉이라고 가정해 보자. 가령 로버트 셰클리의 『정신 교환』을 읽으면서, 몬다도리 출판사의 옴니버스판 137면의 제XXI장에서, 마빈의 아저씨인 맥스가 골프 경기를 하는 동안에 스탠호프의 페어헤이번 컨트리클럽에 있는 시간의 계곡에 떨어져서 클레시우스 행성으로 날아가게 되었다는 내용을 발견했다고 하자. 여러분은 그 책 137면의 모서리에다 다음과 같이 표시할 것이다.

T. (4. 5. 6.) 시간의 계곡

이것은 이러한 의미이리라. 즉 그 메모는 논문 *Tesi*과 관련이 있으며(그런 메모를 함으로써 여러분은 10년 후에 다른 작업을 위하여 같은 책을 이용할 수도 있을 것이다. 따라서 어느 특정한 강조가 어떤 작업과 관련되는지 아는 것이 좋다), 또한 그 특정한 소구분과 관련이 있다는 것을 의미한다. 그와 동일하게 여러분의 작업 계획상에서 4·5·6에 상응하는 여백에다 이렇게 표시할 것이다.

*cf.* Sheckley, *Mindswap*, 137

그런데 그 여백에는 이미 브라운의 『미치광이 우주』와 하인라인의 『여름으로 가는 문』에 대한 참조 표시들이 적혀 있을 수도 있다.
그러나 이러한 과정은 다음의 몇 가지를 전제로 한다. 즉 (1) 여러분이 그 책을 집에 갖고 있을 것, (2) 그 책에다 밑줄을 그을 수 있을 것, (3) 작업 계획이 이미 결정적으로 작성되어 있을 것을 전제로 한다. 가령, 그 책이 희귀하고 도서관에만 있어서 여러분이 가질 수 없거나, 대출을 받을 수는 있지만 밑줄을 그을 수 없거나 (혹은 그것이 여러분의 책이지만 엄청난 가치가 있는 고서일 수도 있다), 또는 차츰차츰 작업 계획을 바꾸어야 한다고 가정해 보자. 그러면 어려움에 부딪히게 된다. 그중 마지막 문제는 아주 일반적으로 일어난다. 여러분이 작업을 진행함에 따라 작업 계획은 더욱 풍부해지고 재구성될 것이며, 따라서 여러분은 매번 책의 모서리에 써둔 메모들을 바꿀 수 없게 된다. 그러므로 그러한 메모는, 예컨대 〈가상 세계!〉 하는 식으로 일반적인 것이 될 수밖에 없을 것이다. 그렇다면 그렇게 부정확한 것에 대해 어떻게 대처할 것인가? 예를 들어 **아이디어 카드**를 작성한다면, 여러분은 가령 **시간 계곡, 가상 세계들 사이의 평행성, 모순성, 구조의 변형** 등의 제목을 가진 일련의 카드를 갖게 될 것이다. 그러면 첫 번째 카드에다 셰클리에 대한 정확한 참고를 기록할 수 있을 것이다. 그리고 시간 계곡에 대한 모든 언급들은 여러분의 결정적인 계획의 어느 한곳에 배치될 것이다. 그러나 카드는 이리저리 옮겨져서, 다른 카드들과 뒤섞이고 다른 카드의 앞이나 뒤에 놓일 수도 있다.

바로 여기에서 최초의 카드, 즉 **테마별 카드** 정리의 필요성이 대두된다. 그것은 가령 사상사에 관한 논문에 아주 적합하다. 만약 미국의 SF 소설에서 가상 세계들에 대한 여러분의 작업이, 여러 작가들이 다양한 논리적, 우주론적 문제들을 다루는 다양한 방식들을 열거하는 것이라면, **테마별 카드**는 아주 이상적이다.

그렇지만 가령 여러분이 논문을 다른 식으로, 말하자면 **초상화 방식**으로 구성하기로 결정했다고 하자. 먼저 테마에 대한 서론적인 장이 나오고, 그다음에 주요 작가들(셰클리, 하인라인, 아시모프, 브라운 등) 각각에 관한 장, 또는 곧바로 모델이 되는 소설 각각에 할애된 일련의 장들이 나오게 될 것이다. 그럴 경우에는 테마별 카드보다는 **저자별 카드**가 여러분에게 필요하다. 셰클리의 카드에다 여러분에게 필요한 모든 참조 지시들을 기록함으로써, 그의 책들에서 가상 세계에 대해 언급하는 구절들을 쉽게 발견할 수 있다. 그리고 카드는 **시간 계곡, 평행성, 모순성** 등으로 세분될 수도 있다.

여러분의 논문이, SF를 기준점으로 삼고 있지만 실제로는 가상 세계의 논리를 논의하는, 문제를 훨씬 더 이론적으로 다루는 것이라고 또다시 가정해 보자. SF에 대한 언급은 더욱더 부수적인 것이 되고, 상당히 재미있는 텍스트 인용을 집어넣는 데 도움을 줄 것이다. 그런 경우에는 **인용 카드**가 필요하리라. 거기에서 여러분은 가령 **시간 계곡** 카드에다 특별하게 의미 있는 세클리의 문장을 기록하고, **평행성**의 카드에다 완전히 동일한 두 개의 우주 — 유일한 차이는 주인공이 구두끈을 매는 방법인 — 에 대한 브라운의 설명을 기록할 수 있을 것이다.

그렇지만 가령 세클리의 책이 여러분의 소유가 아닐 경우, 그리고 시간 계곡이나 평행성의 테마를 전제로 하는 작업 계획을 생각하기 훨씬 오래전에, 여러분이 다른 도시에 사는 친구의 집에서 그 책을 읽었을 경우도 역시 가정해 보아야 한다. 그렇다면 『정신 교환』이라는 책, 그 책의 문헌적 자료들, 전체적인 요약, 그 중요성에 대한 일련의 평가, 특별하게 중요하다고 생각되는 일련의 텍스트 인용문들 등에 대한 카드를 포함하는 **독서 카드**들을 준비하는 일이 필요할 것이다.

여기에다 우리는 **작업 카드**를 덧붙일 수 있다. 작업 카드는 작업 계획의 각 부분과 생각들 사이의 연결 카드, 문제 제기 카드(그러한 문제를 어떻게 다룰 것인가?), 제안 카드(다른 사람들이 제시한 생각들, 예상 가능한 전개에 대한 제안들을 적어 두는 카드) 등 여러 가지 유형으로 만들 수 있다. 이러한 카드들은 각 총서마다 상이한 색깔로 만들고, 또한 오른쪽 상단 여백에다 다른 색깔의 카드나 전체적인 계획과 연결시켜 주는 약자들을 기록해야 할 것이다. 그것은 멋진 일이다.

그러므로 결론적으로 말하자면, 우리는 앞의 절에서 참고 문헌 카드함(정보를 얻을 수 있는 모든 유용한 책들의 단순한 참고 문헌적 자료들이 담긴 자그마한 카드들)의 존재를 가정하여 출발했는데, 이제는 다음과 같은 일련의 모든 보조 카드들의 존재를 예상하고 있다. 즉,

1) 책 또는 논문들의 독서 카드
2) 테마별 카드
3) 저자별 카드
4) 인용 카드
5) 작업 카드

그런데 정말로 이 모든 카드들을 만들어야 하는가? 물론 그렇지는 않다. 여러분

은 아주 간단한 독서 카드만 만들고, 그 대신 다른 모든 생각들은 노트에 적어 둘 수도 있다. 또한 인용 카드만으로 제한할 수도 있다. 가령 여러분의 논문(예컨대 〈1940년대의 여성 문학에서의 여성상〉에 관한)이 이미 아주 정확한 계획에서 시작되고, 조사해야 할 비평적 문헌이 조금뿐이고, 다만 인용해야 할 풍부한 소설적 자료들의 수집만이 필요한 경우에 그렇다. 보는 바와 같이 카드의 숫자와 성격은 바로 논문의 성격에 따라 결정된다.

다만 여러분에게 제시하고 싶은 유일한 것은, 어떤 종류든 카드 정리는 완벽하고 통일성이 있어야 한다는 점이다. 가령 여러분이 테마와 관련하여 스미스, 로시, 브라운, 데 고메라의 책을 집에서 읽고, 반면에 뒤퐁, 루페스쿠, 나가사키의 책은 도서관에서 읽었다고 가정해 보자. 만약 여러분이 마지막 세 권만을 카드에 정리하고 나머지 네 권의 책들은 기억력에(그리고 집 안에 갖고 있다는 확실함에) 의존한다고 하면, 원고의 작성 순간에 어떻게 할 것인가? 절반은 책에 의존하여 작업하고, 절반은 카드에 의존하여 작업할 것인가? 그리고 만약 작업 계획을 재구성해야 한다면, 무엇을 손에 들고 할 것인가? 책? 카드? 노트? 낱장 종이들? 그보다는 차라리 뒤퐁, 루페스쿠, 나가사키에 대한 풍부한 인용이 담긴 광범위한 카드 정리를 하고, 또한 동시에 스미스, 로시, 브라운, 데 고메라에 대해서도 역시, 비록 중요한 인용들을 그대로 옮겨 적지 않고 단지 인용문이 들어 있는 페이지만을 기록하더라도, 간략한 카드 정리를 하는 것이 더 유용할 것이다. 어떠한 경우든 최소한 여러분은 갖고 다니기 쉽고 다루기 용이한 동질적인 자료를 갖고 작업하게 된다. 그리고 간단하게 훑어보기만 해도 여러분이 무엇을 읽었는지, 그리고 무엇을 더 참고해야 할지 알 수 있다.

대부분의 경우 모든 것을 카드에 기록하는 것이 편리하고 유용하다. 가령 어느 동일한 테마에 대한 여러 저자들의 중요한 인용문들을 많이 찾아내고, 그에 대해 주석을 가해야 하는 문학 분야의 논문을 생각해 보라. 예컨대 〈낭만주의와 퇴폐주의 사이의 예술로서의 삶의 개념〉에 대한 논문을 써야 한다고 가정해 보자. 〈표 5〉에 필요한 인용문들을 담고 있는 네 가지 카드의 예가 나와 있다.

보는 바와 같이 카드의 상단에는 CIT[3]라는 약자(다른 유형의 카드들과 구별하

---

3 〈인용〉을 의미하는 *citazione*의 약자.

기 위하여), 그리고 〈예술로서의 삶〉이라는 테마가 기록되어 있다. 내가 이미 테마를 알고 있는데 무엇 때문에 구체적으로 기록하는가? 그 이유는 바로 〈예술로서의 삶〉이라는 테마가 전체 논문의 일부분이 되는 방향으로 논문이 전개될 수도 있기 때문이며, 또한 이 카드는 논문이 끝난 후에도 나에게 도움을 주고, 다른 테마들에 관한 인용 카드와 합쳐질 수도 있기 때문이다. 또한 20년 후에 이 카드를 발견하고는 도대체 무엇에 관한 것인가 의문이 날 수도 있기 때문이다. 세 번째로 저자의 이름을 기록했다. 단지 성(姓)만으로 충분하다. 그 저자들에 대한 참고 문헌 카드들을 이미 갖고 있거나, 또는 논문의 서두에서 이미 그들에 대해 언급했을 것이기 때문이다. 그리고 카드의 몸체에 인용문이 들어 있는데, 그것은 길든 짧든 상관없다 (단 한 줄 또는 서른 줄이 될 수도 있다).

휘슬러에 대한 카드를 보자. 거기에는 이탈리아어로 된 인용문이 있고 뒤에 물음표가 붙어 있다. 그것은 내가 그 문장을 다른 사람의 책에서 처음으로 발견했는데, 어느 곳에서 나왔는지, 그 문장이 정확한지, 원래의 영어 문장은 어떻게 되어 있는지 모르고 있다는 의미이다. 그리고 나중에 나는 원전 텍스트를 발견했고, 그에 관한 자료와 함께 추가로 기록해 넣었다. 이제 나는 정확한 인용을 위해 그 카드를 활용할 수 있다.

그러면 릴라당에 대한 카드를 보자. 나는 이탈리아어로 된 인용문을 갖고 있고, 그것이 어디에서 나온 것인지 알고 있지만, 자료들은 불완전하다. 보충해야 할 카드이다. 그와 마찬가지로 고티에 대한 카드 역시 불완전하다. 와일드의 카드는, 만약 나의 논문이 이탈리아어 인용을 허용하는 것이라면, 만족스러운 카드이다. 미학에 대한 논문이더라도 역시 충분할 것이다. 영국 문학 또는 비교 문학에 대한 논문이라면, 나는 원전 인용을 하여 그 카드를 보충해야 할 것이다.

와일드의 인용문은 내가 집에 갖고 있는 책에서 발견했을 수도 있다. 그러나 카드에다 기록하지 않는다면 곤란하다. 작업이 끝날 무렵에는 더 이상 기억하지 못할 수도 있다. 또한 만약 카드에다 문장을 옮겨 적지 않고 단순하게 〈16면을 볼 것〉이라고 써놓아도 곤란하다. 왜냐하면 원고를 작성하는 순간에는 모든 텍스트를 눈앞에 갖고 있어야만 인용문들을 적절히 조합할 수 있기 때문이다. 그러므로 처음에는 카드를 작성하는 데 시간을 빼앗기지만 결국에는 더 많은 시간을 벌게

표 5  인용 카드

| CIT | |
|---|---|
| 예술로서의 삶 | N |
| Whistler | |

〈대개 자연은 틀렸다.〉
　　　　?
원문
"Nature is usually wrong"
　　J.A. McNeill Whistler
　　*The gentle art of making*
　　*enemies*
　　XXXXXXXX 1890

---

| CIT | |
|---|---|
| 예술로서의 삶 | N |
| Villiers de l'Isle Adam | |

〈삶? 우리의 하인들이 우리를 위하여 생각한다.〉
　　　　　　　　(『악셀의 성』)

---

| CIT | |
|---|---|
| 예술로서의 삶 | N |
| Th. Gauthier | |

〈일반적으로, 어떤 것이 유용해지면 아름다워지기를 멈춘다.〉
　　(Préface des premières
　　　poésies, 1832······)

---

| CIT | |
|---|---|
| 예술로서의 삶 | N |
| Oscar Wilde | |

〈어떤 유용한 일을 하는 사람이 그것을 찬양하지 않는 한, 우리는 그를 용서할 수 있다. 어떤 쓸모없는 것을 만드는 데 대한 유일한 변명은, 그것을 무한하게 찬양하는 것이다. 모든 예술은 완전 무용지물이다.〉
　　(『도리언 그레이의 초상』서문, 외국의 위대한 작가들, UTET, 16페이지)

표 6  연결 카드

---

Racc.
촉각에서 시각으로의 이행

　　Hauser, 『문학과 예술의 사회사』 II, 267페이지 참조. 거기에서는 르네상스와 바로크 사이의 촉각에서 시각으로의 이행에 대하여 뵐플린을 인용하고 있다: 직선적 대 회화적, 표면성 대 심층성, 닫힘 대 열림, 절대적 명료함 대 상대적 명료함, 다양성 대 통일성.
　　이러한 생각들은 Raimondi의 『목가 없는 소설』에서 재발견되는데, 그것은 McLuhan(『구텐베르크의 은하계』) 그리고 Walter Ong의 최근 이론들과 연결되어 있다.

---

된다.
　　다른 종류의 카드는 바로 **작업 카드**이다. 〈표 6〉에는 우리가 앞서 3·2·4에서 말했던 논문, 즉 〈17세기 평론가들의 은유〉에 대한 논문을 위한 **연결 카드**의 예가 나와 있다. 여기에다 나는 RACC.[4]라는 표시를 했고, 〈촉각에서 시각으로의 이행〉이라는 깊이 연구해야 할 테마를 기록했다. 그것이 하나의 장, 조그마한 절, 또는 간단한 각주, 또는 논문의 중심 테마(그렇게 되지 말라는 법이 있는가?)가 될지 아직 나는 알 수 없다. 나는 어떤 저자의 글을 읽으면서 떠오르는 생각들을 적어 두었고, 참조해야 할 책들, 전개할 생각들을 표시해 두었을 뿐이다. 원고 쓰기 작업을 할 때 나는 작업 카드들을 들춰 봄으로써, 실제로는 중요한 어떤 생각을 간과했다는 것을 깨닫고 몇몇 결정을 내릴 수 있을 것이다. 또한 논문을 조정하여 그 생각을 집어넣거나, 그것에 대해 언급할 필요가 없다고 결정할 수도 있고, 각주를 삽입

---

4 〈연결〉을 의미하는 *raccordo*의 약자.

하여 그런 생각을 갖고는 있지만 그 입장에서 전개하는 것은 적절하지 않다고 생각했다는 것을 보여 줄 수도 있다. 마찬가지로 논문을 완성하여 제출한 뒤에도 나는 바로 그 테마에만 집중하여 나의 이후 연구를 계속하기로 결정할 수도 있다. 카드 정리는 논문을 기회로 삼아 이루어지는 일종의 투자이며, 만약 우리가 공부를 계속하고자 한다면, 나중에 때로는 몇십 년이 지난 후에 우리에게 도움을 준다는 사실을 기억해야 한다.

그렇지만 지금 우리는 카드의 여러 가지 유형에 대해서 지나치게 오래 이야기할 수는 없다. 그러므로 1차적 출전의 카드 정리와 2차적 출전의 독서 카드에 대해서만 이야기하기로 하자.

### 4·2·2 1차적 자료의 카드 정리

독서 카드는 비평적 문헌에만 이용된다. 필자로서는 1차적 출전에 대해서는 독서 카드를 활용하지 않거나, 또는 최소한 그와 동일한 유형의 카드를 사용하고 싶지 않다. 바꾸어 말하자면 만약 여러분이 만초니에 대한 논문을 준비한다면, 만초니에 대한 모든 책과 논문을 카드에 정리하는 것은 당연한 일이다. 그렇지만 만초니의 작품인 『약혼자』 또는 『카르마뇰라 백작』을 카드로 정리한다는 것은 이상하게 들릴 것이다. 만약 여러분이 민법 법전의 몇몇 조항들에 대한 논문이나, 또는 클라인의 에를랑겐 프로그램에 대한 수학사 논문을 쓰는 경우에도 마찬가지일 것이다.

1차적 출전들에 대해서 가장 이상적인 것은 그것들을 직접 손에 갖고 있는 것이다. 만약 훌륭한 비평서들이 있는 고전 작가의 책이거나 현재 판매되는 현대 작가의 책이라면, 그렇게 하기가 어렵지 않다. 어떠한 경우든 그것은 필수 불가결한 투자이다. 여러분이 소유하고 있는 하나 혹은 여러 권의 책에다 여러분은 여러 가지 색깔로 밑줄을 그을 수도 있다. 그것이 무엇에 도움이 되는지 살펴보기로 하자.

**밑줄은 책을 개인의 것으로 만든다.** 밑줄은 여러분의 관심의 흔적을 표시한다. 오랜 시간이 흐른 뒤에도 그 책으로 다시 돌아오면, 여러분의 관심을 끌었던 것을 한눈에 재발견할 수 있다. 그러나 기준을 갖고 밑줄을 그어야 한다. 모든 것에다 밑줄을 치는 사람들이 있다. 그것은 전혀 밑줄을 치지 않은 것과 마찬가지이다. 다른 한편으로, 동일한 페이지 안에 여러 관점에서 여러분의 관심을 끄는 여러 가지 정보들이 있을 수도 있다. 그런 경우에는 밑줄들을 서로 구별해야 한다.

**끝이 뾰족한 펜으로 하되, 색깔들을 사용하라.** 각각의 색깔마다 하나의 테마를 부여하라. 그와 동일한 색깔들을 사용하여 작업 계획서나 여러 카드에도 기록하라. 그것은 원고 작성 단계에서 여러분에게 도움을 줄 것이다. 가령 빨간색은 제1장과 관련된 구절들에 관한 것이고, 녹색은 제2장과 관련된 구절들에 관한 것이라는 것을 곧바로 알게 된다.

**색깔들을 약자와 연결하라**(또는 색깔 대신에 약자들을 사용하라). SF 소설에 나타나는 가상 세계에 대한 우리의 테마로 되돌아가 보자면, PT라는 약자는 시간의 계곡*piega temporale*에 관한 것이고, 또한 C는 대체 세계들 사이의 모순*contraddizione*에 관한 것이다. 만약 논문이 여러 저자들에 관한 것이라면 각각의 저자마다 하나의 약자를 부여하라.

**여러 정보들의 중요성을 강조하기 위해 약자들을 사용하라.** 모서리 여백에다 수직으로 IMP라고 표시해 둔 것은, 그것이 **매우 중요한** *molto importante* 구절이라는 것을 말해 주며, 여러분은 모든 줄에 다 밑줄을 그을 필요는 없다. CIT는 그것이 전체적으로 인용해야 할 구절이라는 것을 의미한다. CIT / PT는 시간 계곡의 문제를 설명하는 데 이상적인 인용문이라는 의미이다.

**다시 돌아와야 할 부분들을 약자로 표시하라.** 최초의 책 읽기에서는 어떤 부분들은 모호하게 보일 것이다. 그러면 위쪽 여백에다 커다랗게 R [*rivedere*(다시 볼 것)]이라 표시하고 계속 읽어 갈 수 있다. 그럼으로써 나중에 다른 책들을 읽고 생각들이 명료해진 다음에 깊이 연구할 단계에 되돌아와야 한다는 것을 알 수 있다.

**언제 밑줄을 치지 말아야 하는가?** 물론 그 책이 여러분의 것이 아닐 때, 또는 아주 값비싼 희귀본이어서 손을 대면 가치가 떨어지는 경우이다. 그러한 경우에는 중요한 페이지들을 복사하여 거기에다 밑줄을 그어라. 또는 조그마한 노트를 준비하여 중요한 구절들을 적고 논평을 가한다. 또는 1차적 출전들에 대해서도 적절한 카드들을 작성할 수 있지만, 그것은 굉장히 힘든 일이다. 왜냐하면 실질적으로 각 페이지마다 모두 카드에 기록해야 하기 때문이다. 만약 논문이 아주 짧은 작품인

『대장 몬』⁵에 관한 것이라면 괜찮다. 그러나 만약 헤겔의 『논리학』에 관한 논문이라면? 그리고 만약, 알레산드리아의 도서관에 대한 우리의 실험(3·2·4)으로 되돌아가 보자면, 여러분은 테사우로의 『아리스토텔레스의 망원경』의 17세기판을 카드에 정리해야 하는가? 결국 약자와 색깔들로 표시된 메모 노트 또는 복사를 이용하는 수밖에 없다.

**책갈피에 끼우는 삽입표들로써 밑줄 치기를 보완하라. 그리고 책 밖으로 튀어나오는 여백 부분에다 약자와 색깔들을 표시하라.**

**복사라는 알리바이에 빠지지 말 것!** 복사는, 도서관에서 이미 읽은 텍스트를 자기 가까이 두기 위해서든 아직 읽지 않은 텍스트를 집으로 가져 가기 위해서든, 필수 불가결한 수단이다. 하지만 종종 복사는 하나의 알리바이로 이용되기도 한다. 수백 페이지의 복사물을 집에 가져 와서는, 그 복사된 책에 대한 간단한 수작업만으로 그 책을 소유했다는 인상을 받기도 한다. 복사물의 소유는 책 읽기를 방해한다. 많은 사람들에게 그런 일이 발생한다. 그것은 일종의 수집 현기증이며, 정보의 신자본주의다. 복사물에서 자신을 지키도록 하라. 일단 복사를 하자마자 읽고 곧바로 기록하라. 정말로 시간에 쫓기는 경우가 아니라면, 이전의 복사물을 **소유하기** (말하자면 읽고 기록하기) 이전에는 새로운 것을 복사하지 말라. 어떤 텍스트를 복사할 수 있었기 때문에, 사실은 내가 많은 것들을 **모르고 있는** 경우가 있다. 마치 내가 그것을 읽은 것처럼 안심하고 있기 때문이다.

**만약 책이 여러분의 것이고 골동품의 가치가 없다면 망설이지 말고 거기에 기록을 하라.** 책을 존경해야 한다고 말하는 사람들을 믿지 말라. 책들은 그대로 놔두는 것이 아니라, 사용함으로써 존경하는 것이다. 그 책을 다시 헌책방에 판다고 하더라도 서너 푼밖에 받지 못한다. 그보다는 여러분의 소유의 흔적들을 남기는 것이 더 낫다.

논문의 테마를 선택하기 전에 이러한 모든 것들을 고려하도록 하라. 만약 테마가 입수하기도 어렵고 복사도 불가능한 수천 페이지짜리 책들을 이용해야 하는 것인 데다가, 노트에 옮겨 적을 시간도 없다면, 그 논문은 여러분을 위한 것이 아니다.

---

5  1913년에 출간된 알랭 푸르니에의 소설.

### 4·2·3 독서 카드

모든 유형의 카드들 중에서 가장 일반적인 것, 간단히 말해 가장 **필수 불가결한 카드**는 바로 독서 카드이다. 말하자면 그것은 어떤 책, 또는 논문에 대한 모든 참고 문헌적 자료들을 정확하게 기록하고, 그 요약문을 적어 두고, 몇몇 핵심적인 인용문들을 이끌어 내고, 평가를 기록하고, 일련의 관찰들을 덧붙이는 카드이다.

간단히 말해서 독서 카드는 3·2·2에 설명된 참고 문헌 카드를 완성하는 것이다. 참고 문헌 카드는 단지 책을 찾는 데 필요한 자료들만을 담고 있는 반면에, 독서 카드는 그 책 또는 논문에 대한 모든 정보들을 담고 있다. 따라서 훨씬 **더 방대해야** 한다. 표준 규격품을 사용하거나 또는 여러분이 만들 수도 있다. 그러나 일반적으로 그 폭은 수평으로 놓은 작은 노트의 종이 크기 또는 타자 용지 절반의 크기이다. 그것은 카드함 안에서 넘기기 쉽고 고무줄로 묶어 뭉치를 만들 수 있도록, 두꺼운 종이로 되어 있는 것이 좋다. 또한 볼펜이나 만년필로 쓸 경우, 잉크가 흡수되거나 번지지 않으며 글씨가 잘 써져야 한다. 대략 그 모양은 〈표 7~14〉에 예시되어 있는 카드들과 같은 것이어야 한다.

그 누구도 금하지 않고 또 많이 충고하는 바에 의하면, 중요한 책들에 대해서는 적절하게 일련번호를 매긴 여러 장의 카드를 작성하고, 또한 각각의 카드에는 조사 중인 논문 또는 책의 약자 표시들이 정확하게 기록되도록 한다.

독서 카드는 비평적 문헌에 사용된다. 앞의 항에서 말했듯이, 필자는 1차적 출전에 대해서는 독서 카드를 권하고 싶지 않다.

어떤 책을 카드에 정리하는 방법은 여러 가지이다. 그것은 여러분의 기억력에 의존하기도 한다. 어떤 사람은 모든 것을 기록해 두어야 하고 또 어떤 사람은 간단한 메모만으로 충분하다. 표준 방법은 다음과 같다고 말할 수 있다.

1) **정확한 참고 문헌적 표시.** 가능하다면 참고 문헌 카드보다 더 완벽한 표시가 되어 있어야 한다. 참고 문헌 카드는 책을 찾는 데 필요한 것이고, 독서 카드는 최종적인 참고 문헌 목록에 기록하듯이 그 책에 대해 말하고 인용하는 데에 필요한 것이다. 여러분이 독서 카드를 작성할 때에는 이미 그 책을 손에 갖고 있을 것이며, 따라서 페이지 수, 판 수, 출판사에 관한 자료 등 가능한 모든 표시들을 기록할 수

**표 7 독서 카드**

Croce, Benedetto                                                            Th. Gen.(빨강)
Nelson Sella, 『성 토마스 아퀴나스의 음악 미학』에 대한 서평(카드 참조),
『비평 La critica』, 1931, 71면

---

그는 Sella가 그 테마를 다루는 데에서 보이는 미학적 확신의 근대성, 섬세함을 칭찬한다. 그러나 성 토마스 아퀴나스에게로 옮겨 가서 크로체는 다음과 같이 확인한다.
〈······사실은 아름다움과 예술에 대한 그의 사상은 틀리지는 않지만, 아주 일반적이다. 그러므로 어떤 의미에서는 언제든지 그의 사상을 수용하거나 적용할 수 있다. 미 또는 아름다움에다 총체성, 또는 완전성, 또는 일치, 그리고 명료성, 말하자면 색깔들의 산뜻함을 부여하는 사상들이 그렇다. 아름다움은 인식적 능력과 관련되어 있다는 다른 사상도 그렇다. 또한 심지어 창조물의 아름다움은 사물들 속에 개입된 신성한 아름다움과 유사하다는 이론 역시 그렇다. 본질적인 점은, 중세 일반, 특히 토마스 아퀴나스에게 미학적 문제들은 진정하고 본질적인 관심의 대상이 되지 못했다는 사실이다. 아퀴나스의 정신은 다른 것에 몰두해 있었다. 그러므로 그것은 일반성에 머물러 있다. 따라서 다른 세 명의 중세 철학자의 미학에 관한 성 토마스의 작업들은 별로 도움이 되지 못하고 또 지루하게 진행되고 있다. 특히 Sella가 자신의 글을 썼던 것과 같은 신중함과 멋진 태도를 다루지 않았을 경우(대개는 그렇지 않다)에 그렇다.〉
(이러한 주장에 대한 논박은 나에게 서론적인 테마로 이용될 수 있을 것이다. 마지막 말을 전제로.)

표 8  독서 카드

Biondolillo, Francesco                                    Th. Gen.(빨강)
「중세의 미학과 취향」, 『미학 사상 및 취향의 간략한 역사』의 제II장,
Messina, Principato, 1924, 29면

---

Biondolillo 또는 근시안적 젠틸레주의.
서문을 훑어보자. 젊은이들에게 젠틸레적이라는 말의 통속화. 중세에 대한 장을 보자. 토마스 아퀴나스는 18줄로 간단히 요약되어 있다. 〈중세에는 신학이 주로 지배하고 철학은 그 시녀로 간주됨으로써…… 예술의 문제는, 특히 아리스토텔레스와 플로티누스의 활동에 힘입어 누렸던 그러한 중요성을 상실했다.〉 (문화적 결핍 또는 불신? 그의 오류 또는 학교의 오류?) 계속 읽어 보자. 〈말하자면 우리는 성숙한 나이의 단테에 이르렀다. 단테는 『향연』(II, 1)에서 예술에 대해 무려 네 개의 의미를 부여했다. (그는 이미 Beda가 설명했다는 것을 모르고 네 가지 감각의 이론을 설명한다. 정말 아무것도 모르는가)…… 그리고 이 네 가지 의미는 『신곡』 안에 들어 있다고 단테와 다른 사람들은 믿었다. 그러나 『신곡』이 예술적 가치를 갖는 것은, 단지 자기 내면 세계의 순수하고 공정한 표현이 되고, 또한 단테가 자신의 비전 속에 완전히 몰입해 있을 경우다.〉 (불쌍한 이탈리아! 그리고 불쌍한 단테, 평생 초감각들을 찾으려고 노력했는데, 이 사람은 없노라고, 아니 〈……에 있다고 믿었는데〉 없노라고, 말하고 있다. 역사 서술의 기형으로서 인용할 만함.)

### 표 9 독서 카드

Glunz, H. H.　　　　　　　　　　　　　　　　Th. Gen. Lett.(파랑)
『유럽 중세의 문예 미학Die Literarästhetik des europäischen Mittelalters』
Bochum-Langendreer, Poppinghaus, 1937, 608면

---

미학적 감수성은 중세에 존재했으며, 그것에 비추어 중세 시인들의 작품들을 보아야 한다. 연구의 핵심은 그 당시 시인이 자신의 예술에 대해 갖고 있던 의식이다. 중세 취향의 전개 과정을 발견한다.

7~8세기　　　 — 그리스도교적 교의가 고전의 텅 빈 형식들 안에 들어 있다.
9~10세기　　 — 고대의 우화들이 그리스도교적 윤리의 목적으로 이용된다.
11세기 이후　— 고유한 의미의 그리스도교적 에토스가 나타난다(예배 의식 작품, 성인들의 삶, 성서의 해설, 내세의 우위).
12세기　　　　— 플라톤주의가 좀 더 인간적인 세계관으로 인도한다. 만물은 자기 나름대로 하느님을 반영한다(사랑, 직업적 활동, 자연).
　　　　　　　 알레고리의 흐름이 발전된다(Alcuino에서 Vittorini 및 그 이후까지).
14세기　　　　— 하느님에 대한 봉사로 남아 있으면서도 시(詩)는 도덕적인 것에서 미학적인 것으로 바뀐다. 하느님이 자기 창조물 안에서 스스로를 표현하듯이 시인은 자기 자신, 사상, 감정을 표현한다(영국, 단테 등).

이 책에 대한 De Bruyne의 서평은 *Re. néosc. de phil*, 1938에 들어 있다. 전개 과정을 시대별로 나누는 것은, 여러 흐름들이 언제나 공존하기 때문에, 불확실하다고 말한다. (Etudes에 대한 그의 주장이다. 이러한 역사 감각의 결핍을 의심해 볼 것. 그는 Philosophia Perennis를 너무 믿는다!) 중세의 예술 문명은 다성적이다.
De Bruyne은 Glunz를 비판한다. 그가 시의 형식적 즐거움에 대해서 설명하지 않았기 때문이다. 중세인들은 시에 대해 매우 생생한 감각을 갖고 있었다. 시 작품들을 생각해 보면 충분하다. 그리고 문학적 미학은 Glunz가 간과하고 있는 좀 더 일반적인 미학적 비전의 일부였다. 그것은 바로 피타고라스의 비율 이론, 아우구스티누스의 질적 미학(modus, species, ordo) 및 디오니소스적 미학(claritas, lux)이 한데 모이는 미학이었다. 그 모든 것은 Vittorini의 심리학 및 그리스도교적 우주관에 의해 뒷받침되었다.

표 10 독서 카드

Maritain, Jacques　　　　　　　　　　　　　　Th. Simb(상징) (녹색)
『기호와 상징 Signe et symbole』
Revue Thomiste, 1938년 4월, 299면

---

테마에 대한 깊이 있는 연구(중세에서 현재까지의)를 기대하면서, 그는 <u>철학적 기호 이론</u> 및 마술적 기호에 대한 고찰들을 살펴보고자 한다. (으레 그렇듯이 견딜 수 없다. 그는 문헌학을 하지 않고 현대화하려고 한다. 그래서 예를 들면 성 토마스에서 시작하지 않고 Giovanni di San Tommaso에서 시작하고 있다!)
그는 Giovanni의 이론을 전개시킨다(나의 카드 참조): "Signum est id quod repraesentat aliud a se potentiae cognoscenti"(Log. II, P. 2I, 1).
"(Signum) essentialiter consistit in ordine ad signatum"
그러나 <u>기호</u>가 언제나 <u>이미지</u>는 아니며 그 반대도 아니다(성자는 성부의 기호가 아니라 그 이미지이며, 비명은 고통의 이미지가 아니라 그 기호이다). Giovanni는 이렇게 덧붙인다.
"Ratio ergo imaginis consistit in hoc quod procedat ab alio ut a principio, et in similitudinem ejus, ut docet S. Thomas, I. 35 e XCXIII"(???)
그러자 Maritain은 <u>상징</u>은 기호-이미지라고 말한다. "quelque chose de sensible <u>signifiant</u> un objet en raison d'une relation presupposée d'analogie"(303) (유사함의 관계를 전제로 함으로써, 어떤 대상을 <u>의미하는</u> 감지 가능한 그 무엇)
나에게 성 토마스의 *De Ver.* VIII, 5 및 *C. G.* III, 49를 확인하도록 암시한다.
그리고 Maritain은 형식적, 도구적, 실제적 등의 기호에 대한 생각과 주술 행위로서의 기호에 대한 생각을 전개한다(자료 조사가 아주 많은 부분).
예술은 거의 다루지 않는다. (그러나 여기에서 이미 예술의 심오하고 무의식적인 뿌리에 대한 언급이 나타나는데, 그것은 나중에 『창조적 직관 Creative Intuition』에서 발견될 것이다.)
토마스주의적인 흥미로운 해석을 보면 다음과 같다: 〈……예술 작품에서는 사변적 기호(작품이 그것 이외의 다른 것을 표명한다) 및 시적 기호(작품이 하나의 명령, 호소를 전달한다)가 나타난다. 그렇다고 그것이 명백히 실제적인 기호라는 말은 아니다. 지나치게 잠재적으로 실제적인 사변적 기호가 있다. 그리고 작품 자체는 스스로 원하지 않으면서 또 원하지 않는다는 조건하에서, 일종의 주술적 기호이기도 하다(작품은 유혹하고, 매혹한다)〉(329).

표 11 독서 카드

Chenu, M. D.                                                  Th. Im. fant.(암갈색)
"Imaginatio - Note de lexicographie philosophique"
*Miscellanea Mercati*, Vaticano, 1946, 593면

용어의 여러 의미, 특히 아우구스티누스의 의미:
"Im. est vis animae, quae per figuram corporearum rerum absente corpore sine exteriori sensu dignoscit"(일부는 Isacco di Stella가, 일부는 Ugo di San Vittore와 다른 사람들이 쓴 것으로 추정되는 『정신과 영혼에 대하여 *De spiritu et anima*』의 38장).
Ugo의 『육체와 정신의 결합에 관하여 *De unione corporis et spiritus*』(PL, 227, 285)에서는, 어떤 감성적인 것을 지성적인 것으로의 승화에 대해 말하고 있는데, 그것은 imaginatio를 구현한다. 이러한 신비적 전망에 있어서 정신의 계몽 및 능력들의 역동적인 결합을 formatio라 부른다. 신비적 formatio의 이러한 과정에서의 imaginatio는 Bonaventura(Itinerarium)에게서도 다시 나타난다: sensus, im. (=sensualitas), ratio, intellectus, intelligentia, apex mentis, imaginatio는 intellectus의 대상인 감성적인 것의 형성에 개입하는 반면에, 감성적인 연결들에 의해 완전하게 정화된 intelligentia는 intellectibile를 포착한다.
이와 동일한 구별을 보이티우스도 채택하고 있다. intellegibile는 감성의 세계이며, 반면에 intellectibile는 하느님, 이데아, hyle, 최초의 원리들이다(Comm. in Isag, Porph, I, 3 참조). Ugo di San Vittore는 Didasc.에서 이러한 입장을 요약하고 있다. Gilberto de la Porrée는, imaginatio와 intellectus는 많은 사람들에 의해 opinio라 일컬어지고 있다고 말한다. Guglielmo di Conches 역시 그렇게 한다.

Chenu 2

imago는 forma이지만, 순수한 형상이 아니라 질료 안에 몰입되어 있다.
이제 성 토마스에 이르렀다!
그에게는 아랍인들과 마찬가지로(De ver., 14, 1), imago는 apprehensio quidditatis simplicis, quae alio etiam nomine formatio dicitur (in I Sent, 19, 5, 1 ad 7). (하지만 그렇다면 그건 simplex apprehensio이다!!!) imaginatio는 아랍어의 surat(이미지)에서 유래한 tasawor를 번역한 것이다. 그것은 동사 sawara(만들다, 형성하다)에서 나온 forma임을 의미하며, 또한 그리다, 착상하다를 의미하기도 한다. (매우 중요함, 다시 볼 것!!!)
아리스토텔레스의 noesis는 formatio가 된다. 즉 자기 자체 안에서 사물의 표상을 형성한다.
그러므로 성 토마스에게(I Sent., 8, 1, 9), "Primo quod cadit in imaginatione intellectus est ens"
그리고 아리스토텔레스는 『정신과 영혼에 대하여』에서 상상력에 대한 그 유명한 정의를 도입한다. 그러나 중세인들에게 상상력이란 sensus communis를 의미했고 imaginatio는 virtus cogitativa였다.
유일하게 Gundisalvi만이 이렇게 말하기를 시도한다. "sensus communis = virtus imaginativa = fantasia".
(엉망진창! 모두 확인할 것)

표 12  독서 카드

---

Curtius, Ernst Robert                                    Th. gen
『유럽 문학과 라틴 중세*Europäische Literatur und lateinisches Mittelalter*』, Bern, Franke, 1948
특히 12장 3절.

---

방대한 저서. 현재로서는 단지 228페이지만 나에게 필요하다.
시의 모든 품위, 계시력, 진리의 심화라는 면에서 시의 개념은 스콜라 학자들에게는 알려지지 않은 반면에, 단테 및 14세기 시인들에게는 생생하게 살아 있다는 것을 증명하려고 한다. (그 점에서는 옳다.)
예를 들어 Albertus Magnus에게 과학적 방법(modus definitionis, divisivus, collectivus)은 성서의 시적 방법(이야기, 우화, 비유)과 대립된다. 철학적 방법들 중에서 가장 약한 것으로서의 modus poeticus(성 토마스에게도 이와 유사한 것이 있다. 확인해 볼 것!!!)
실제로 Curtius는 성 토마스 및 infima doctrina로서의 시의 구별을 참조하라고 하지 않는가!(카드 참조)
간단히 말해 스콜라 철학은 시에는 전혀 관심이 없었으며 어떠한 시학도 창출하지 못했고 (스콜라 철학에 대해서는 맞는 말이지만, 중세에 대해서는 아니다), 또한 어떠한 예술 이론도 창출하지 못했다(사실이 아니다)! 그러므로 거기에서 문학 및 미술의 미학을 이끌어 내려고 하는 것은 아무런 의미도 없고 소용도 없다. 그러한 비난은 229페이지의 주 1에서 인정되고 있다: 〈근대인들은, 신플라톤주의와 중세가 명백히 갖고 있던, 그러한 지성적 아름다움에 대한 감각을 상실했기 때문에, 예술을 무한하게 과대 평가하고 있다. *Sero te amavi, Pulchritudo tam antiqua et tam nova*라고 성 아우구스티누스는 하느님에게 말한다(*Conf.*, X, 27, 38). 여기에서는, 미학이 그에 대해 아무것도 모르는 아름다움에 대해 말하고 있다. (물론. 하지만 성스러운 아름다움의 인간 존재들에 대한 참여의 문제는?) 스콜라 철학이 아름다움에 대해 말할 때에는, 그 아름다움은 하느님의 속성으로 생각되었다. 아름다움의 형이상학(플라톤을 보라) 및 예술 이론은 서로 아무런 관계가 없다.〉 (사실이다. 그러나 형식 이론의 중립적인 기반 위에서는 서로 만난다!)
(주의. 이 저자는 비온돌릴로와 같지 않다! 서로 연관되는 몇몇 철학적 텍스트들을 모르고 있지만 그런 상황을 알고 있는 사람이다. 정중하게 논박할 것.)

표 13 독서 카드

Marc, A.                                      Th. Tom Gen Trasc(빨강)
「존재론에서 대립의 방법La méthode d'opposition en ontologie」, *Revue Néoscolastique*, I, 1931, 149면

---

이론적인 논문이지만, 유용한 암시들을 담고 있다.
성 토마스의 체계는 대립의 유희 안에서 움직이고 있으며, 그것이 그 체계에 생명을 부여한다.
그것의 원시적 존재관(거기에서는 정신과 현실이 인식 행위 안에서 함께 만나고, 그 인식 행위가 두 가지를 모두 되살리는 그 최초의 현실에 도달하게 한다)에서, 상호 대립의 입장에서 본 초월적인 것에 이르기까지, 동일성과 상이함, 단일성과 다양성, 우연과 필연, 존재와 비존재가 통일을 이룬다. 내적인 경험으로서의 지성과 관계된 존재는 진리이고, 외적인 욕구로서의 진리와 관계된 존재는 선이다. 〈하나의 통합적인 개념은 그 안에 다양한 양상들을 양립시키고, 또한 정신의 내면과 외면을 이루는, 지성 및 의지와 한꺼번에 연관된 존재를 드러낸다. 그러한 존재는 바로 아름다움이다. 아름다움은 단순한 인식에 만족감과 즐거움을 덧붙이며, 마찬가지로 선에다 인식을 덧붙인다. 그것은 바로 진리의 선이며, 선의 진리이다. 그것은 모든 초월적인 것들이 통합된 찬란함이다 — Maritain에서 인용.〉(154)
증명은 다음과 같은 맥락으로 전개된다:

존재: 1. 초월적인 것들
       2. 통일성 속의 다양성의 구성으로서의 유사성
          행위 및 잠재 능력
          존재 및 본질(여기에서는 Grenet와 아주 가깝다. 혹은 그 역으로)
       3. 범주: 존재는 우리가 그것을 긍정하는 범위 안에서 존재하며, 또한 우리가
            그것을 긍정하는 것은 그것이 실체인 범위 안에서이다: 개별화 등.
          관계

모든 상반되는 것들의 조합 및 대립으로 인하여 통일성이 이루어진다. 그러나 사상으로 인하여 불명예였던 것이 그것을 체계로 이끌어 간다.

[초월적인 것에 대한 몇몇 사상들에서 사용할 것.
*pulchra dicuntur quae visa placent*(보아서 즐거운 것은 아름답다고 말할 수 있다)
라는 미학관에 대한 장에서, 즐거움과 만족에 대한 사상들도 역시 참조하라.]

표 14 독서 카드

Segond, Joseph　　　　　　　　　　　　　　　Th. Lux, Clar.(노랑)
「빛과 그림자의 미학Esthétique de la lumière et de l'ombre」
*Revue Thomiste*, 4, 1939, 743면

---

빛과 그림자에 대한 연구, 그러나 물리적 의미에서 이해되고 있음.
토마스의 학설과 관련이 없음.
나와 아무런 관계가 없음.

있을 것이다.

2) **저자에 대한 정보.** 아주 잘 알려진 저자가 아닐 경우.

3) **그 책 또는 논문의 간략한(또는 긴) 요약.**

4) **자세한 인용문.** 여러분이 인용해야 한다고 생각하는 구절들을, 정확한 페이지 표시와 함께, 따옴표 안에 기록한다. **인용문과 부연 설명을 혼동하지 않도록** 주의하라(5·3·2 참조)!

5) **여러분의 개인적인 견해.** 요약의 끝, 시작, 중간에 붙인다. 나중에 그것을 저자의 견해로 간주할 위험을 피하기 위하여, 색깔을 달리 하거나 대괄호 안에 넣도록 하라.

6) 카드 위쪽에 색깔을 칠하거나 약자를 기록하여, 그 카드가 작업 계획의 정확한 부분과 연관되도록 하라. 만약 여러 부분과 연관되어 있으면 여러 개의 약자를 붙인다. 논문 전체와 연관되어 있으면 다른 어떤 방법으로 표시하도록 하라.

이론적인 충고를 계속하기보다는 몇몇 실제적인 예들을 보여 주는 것이 나을 것이다. 〈표 7~14〉에서 여러분은 몇 가지 카드의 예를 볼 수 있을 것이다. 다른 테마와 방법들을 고안하지 않기 위하여, 필자는 필자의 졸업 논문 카드들을 다시 꺼냈다. 그것은 〈성 토마스 아퀴나스의 미학의 문제〉에 대한 논문이었다. 필자의 카드 정리 방법이 가장 좋다는 말이 아니다. 이 카드들은 여러 가지 다양한 유형의 카드를 동원하는 한 가지 방법의 예를 여러분에게 보여 줄 뿐이다. 또한 그 당시의 필자는, 현재 여러분에게 충고하는 바와 같이 그렇게 정확하지 않았다는 사실을 발견할 것이다. 많은 표시들이 누락되어 있고, 또 어떤 것들은 지나치게 결함이 많다. 그것은 필자가 나중에 배운 것들이다. 그렇지만 여러분이 필자와 동일한 실수를 범해야 한다는 말은 아니다. 필자는 문체나 단순함을 전혀 바꾸지 않았다. 이 예들을 그 자체로서 가치 있는 것으로 받아들이기 바란다. 또한 주목할 점은, 필자는 간략한 카드들만 선택했으며, 나중에 필자의 작업에 기본이 된 저술들에 관련된 카드들의 예는 들고 있지 않다는 사실이다. 그런 저술들은 **각각 열 장**의 카드를 차지하기도 했다. 이제 하나하나 살펴보기로 하자.

**크로체** 카드 ― 이것은 크로체라는 저자의 명성으로 인해 중요해진 간략한 서평에 관한 것이다. 서평 대상의 책을 필자는 이미 발견했으므로, 단지 아주 중요한 견해만을 기록했다. 마지막의 괄호를 보라. 필자는 2년 후에 정말로 그렇게 했다.

**비온돌릴로** 카드 — 논쟁적인 카드. 자신의 테마를 경멸적으로 다루는 것을 보는 초보자의 모든 불쾌감이 담겨 있다. 혹시라도 논문 안에 논쟁적인 주를 넣기 위하여 그렇게 기록해 두는 것이 필요했다.

**글룬츠** 카드 — 그것은 방대한 책으로서, 무엇에 대해 말하는가 잘 이해하기 위하여 독일 친구와 함께 재빨리 참조했다. 필자의 논문과 직접적인 연관은 없었지만, 주에 인용할 만한 가치는 있었다.

**마리탱** 카드 — 필자가 별로 신뢰하지는 않지만, 그의 기본서 『예술과 스콜라 철학』를 통하여 이미 알고 있던 저자. 필자는 마지막에다 그의 인용문들을 나중에 확인 없이 그대로 받아들이지 않도록 기록했다.

**슈뉘** 카드 — 필자의 논문에 아주 중요한 테마에 관하여 진지하게 다룬 학자의 짧은 논문. 거기에서 필자는 가능한 모든 핵심을 이끌어 냈다. 2차적 출전을 찾아내는 고전적인 경우였다. 필자는 어디에서 1차적 출전을 확인할 수 있는지 기입했다. 독서 카드라기보다는 일종의 참고 문헌적 보완이었다.

**쿠르티우스** 카드 — 중요한 책이지만, 필자에게는 단지 한 구절만 기록할 필요가 있었다. 필자는 시간이 없었고 나머지는 간단히 훑어보았다. 필자는 논문이 끝난 후에 다른 이유로 그 책을 읽었다.

**마르크** 카드 — 흥미로운 논문으로 필자는 그 핵심만 이끌어 냈다.

**스공** 카드 — 폐지 카드. 필자에게는 그 논문이 필요 없다는 것을 아는 것으로 충분했다.

상단 오른쪽에 약자들을 볼 수 있을 것이다. 필자가 괄호 안에 소문자를 써넣은 것은 색깔을 칠한 부분들도 있다는 의미이다. 지금 약자와 색깔들이 무엇과 관련이 있는지 여러분에게 설명할 필요는 없을 것이다. 중요한 것은 그것들이 있었다는 점이다.

### 4·2·4 학문적 겸손

이번 항의 제목을 보고 놀라지 말라. 이것은 윤리적인 설교가 아니다. 책 읽기와 카드 정리 방법들에 관한 것이다.

필자가 예로 제시한 카드들 중의 하나에서, 당시 젊은 연구자이던 필자가 어느 저자를 조롱하며 단 몇 마디로 끝내 버리는 것을 여러분은 보았을 것이다. 지금도 필자는 그 당시 필자가 틀리지 않았으며, 또한 어쨌든 그럴 만한 이유가 있었다고 확신한다. 그 저자가 단지 열여덟 줄만으로 그토록 중요한 테마를 청산해 버렸기 때문이다. 하지만 그것은 극단적인 경우이다. 어쨌든 필자는 그것을 카드에 기록했고 그의 견해를 고려했다. 그렇게 하는 것은, 우리의 테마에 대한 모든 견해들을 기록할 필요가 있기 때문만이 아니라, **가장 훌륭한 생각은 유명한 저자들에게서만 나오는 것이 아니기** 때문이기도 하다. 이제 여러분에게 발레Vallet 수사의 이야기를 들려주겠다.

그 이야기를 잘 이해하기 위해서는, 필자의 논문의 문제가 무엇이었는지, 또한 1년 전부터 필자가 부딪힌 해석적인 암초가 무엇이었는지 먼저 말하는 것이 좋으리라. 그 문제가 모두의 관심을 끄는 것은 아니므로 간략하게 말하자면, 현대 미학에서는 아름다움을 감지하는 순간은 대개 직관적인 순간이지만, 성 토마스에게는 직관이라는 범주가 존재하지 않는다. 많은 현대의 해석자들은, 그가 어떠한 방식으로든 직관에 대해 말했으리라는 것을 억지로 증명하려고 했으며, 그것은 그에게 폭력을 가하는 셈이었다. 다른 한편으로 성 토마스에게 대상들의 인지 순간은 지극히 순간적이고 빠른 것이어서, 매우 복잡한 미적 성질들의 향유, 비례의 유희, 사물의 본질 및 그 사물이 질료를 조직하는 방식 사이의 관계 등을 제대로 설명하지 못했다. 그에 대한 해결책은(필자는 논문을 끝내기 한 달 전에야 거기에 도달했다), 미적 관조는 바로 **판단**이라는 훨씬 더 복잡한 행위 속에서 제시된다는 사실을 발견하는 데에 있었다. 그러나 성 토마스는 그것을 아주 명백하게 말하지는 않았다. 그렇지만 그가 미적 관조에 대해 말하는 방식에서는 그런 결론에 도달할 수밖에 없다. 해석적 연구의 목적은 종종 바로 다음과 같은 것이다. 즉 어떤 저자가 말하지는 않았지만, 그에게 질문을 한다면 그렇게 말하지 않을 수 없는 것을 명백하게 말하도록 하는 것이다. 바꾸어 말하자면, 여러 가지 주장들을 비교함으로써 연구한 사상의 범위 안에서는 어떻게 그러한 대답이 나와야 하는가를 증명하는 것이다. 아마도 저자는 자기 자신에게는 자명하게 보였기 때문에 그런 말을 하지 않았을 수도 있다. 또는 — 성 토마스의 경우처럼 — 미학의 문제를 전혀 유기적으로 다루지는 않았지만, 언제나 부수적으로 언급하면서 그 문제는 완전히 해결된 것으로 간주했기 때문에 그랬을 수도 있다.

그러니까 필자에게는 하나의 문제가 있었다. 그리고 필자가 읽었던 어떤 저자도 그 문제 해결에 도움을 주지 못했다(그렇지만 필자의 논문에 무언가 독창적인 것이 있다면, 바로 그 질문, 그에 대한 대답이 나와야 할 그 질문이었다). 그래서 의기소침하여 도움이 될 텍스트들을 찾아 헤매고 있을 무렵, 어느 날 파리의 헌책 손수레에서 필자는 조그마한 책자 하나를 발견했다. 그 책은 무엇보다도 멋진 제본으로 필자의 관심을 끌었다. 그 책을 펼쳐 본 필자는 그것이 발레라는 어느 수사의 『성 토마스 아퀴나스의 철학에서 아름다움의 개념』(루뱅, 1887)이라는 것을 발견했다. 필자는 어떠한 참고 문헌 목록에서도 그런 책을 발견하지 못했다. 그것은 19세기의 어느 군소 저자의 저술이었다. 물론 필자는 그 책을 사서(그건 비싸지도 않았다) 읽기 시작했다. 그리고 발레 수사는 다른 사람들의 생각을 되풀이할 뿐 전혀 새로운 것을 발견하지 못한 불쌍한 친구라는 것을 깨달았다. 필자가 그 책을 계속해서 읽은 것은 〈학문적인 겸손〉 때문이 아니라(그 당시에는 아직 그런 것을 모르고 있었으며, 그것은 그 책을 읽으면서 배운 것이다. 발레 수사는 필자의 위대한 스승이었다), 순전히 고집 때문이었고, 필자가 투자한 돈을 회수하기 위해서였다. 필자는 계속 읽었고, 어느 지점에선가, 거의 괄호 안에 들어 있듯이, 아마도 그 수사가 자기 주장의 중요성을 미처 깨닫지 못하고 무심결에 쓴 듯한 언급을, 즉 아름다움의 이론과 관련된 판단의 이론에 대한 언급을 발견했다. 그건 계시였다! 그 열쇠를 발견한 것이다! 그리고 그 열쇠는 바로 그 불쌍한 발레 수사가 제공해 주었던 것이다. 그는 백여 년 전에 죽었고 아무도 그에 대해 연구하지도 않았다. 그런데도 자신의 말에 귀를 기울인 사람에게 무엇인가 가르쳐 줄 것이 있었던 것이다.

이것이 학문적 겸손이다. 누구든지 우리에게 무엇인가 가르쳐 줄 수 있다. 아마도 우리들 자신이 현명하다면, 우리보다 현명하지 못한 사람에게서도 무엇인가 배울 수 있다. 또는 그다지 현명해 보이지 않는 사람도 어떤 감추어진 자질들을 갖고 있다. 또는 갑에 대해서는 훌륭하지 못한 사람이 을에 대해서는 훌륭할 수도 있다. 그 이유는 여러 가지이다. 문제는 누구의 말이든지 겸손하게 들어야 한다는 것이다. 그렇다고 우리 스스로 가치 판단을 내리는 것을 회피하거나, 또는 그 저자가 우리와는 아주 상이한 방식으로 그렇게 생각한다는 것, 이념적으로는 우리와 거리가 멀다는 사실을 잊지 말아야 한다. 또한 가장 오만한 반대자가 우리에게 아이디어를 시사해 줄 수도 있다. 그것은 날씨, 계절, 하루의 시각에 달려 있다. 혹시 필자가 발레 수사를 1년 전에 읽었다면 그러한 암시를 포착하지 못했을 수도 있다. 그리고 필자보다 훨씬 유능한 사람들이 그 책을 읽고도 전혀 흥미로운 것을 발견하지 못했을지도 모른다. 그렇지만 필자는 그 사건에서, 만약 학문 연구를 하고자 한다면, 원칙적으로는 어떠한 출전도 경시해서는 안 된다는 사실을 배웠다. 이것이 바로 필자가 학문적 겸손이라 부르는 것이다. 그것은 많은 자부심을 감추고 있기 때문에 위선적인 정의로 보일지도 모른다. 그렇지만 거기에다 도덕적 문제를 제기하지 말라. 자부심이건 겸손이건 직접 실행하도록 하라.

# 5 　원고 쓰기

### 5·1 누구에게 말하는가

　논문을 쓰면서 누구에게 말하는가? 지도 교수? 모든 학생들에게? 또는 나중에 그 논문을 참조하게 될 학자들에게? 전문 학자들이 아닌 많은 대중에게? 논문을 수천 명의 손에 들어갈 한 권의 책으로 생각할 것인가, 아니면 학문적 아카데미에 제출하는 보고물로 생각할 것인가?
　이것은 중요한 문제이다. 왜냐하면 무엇보다도 여러분의 작업에 부여하는 설명의 형식에 관련될 뿐만 아니라, 여러분이 도달하고자 하는 내부적인 명료함의 수준에 관련되는 문제이기 때문이다.
　곧바로 오해를 없애도록 하자. 대부분의 사람들은, 모두가 이해하도록 설명이 된 보급판 텍스트는 완전히 소수의 특권적인 사람들만이 이해하는 공식들로 설명된 것보다는 전문적인 학문상의 표현력을 덜 필요로 한다고 생각한다. 그건 전적으로 옳지 않다. 물론 아인슈타인의 $E=mc^2$이라는 공식의 발견은 분명히 어떤 멋진 물리학 참고서를 쓰는 것보다 훨씬 더 많은 재능을 필요로 했다. 그러나 어떤 책들은 그 안에 사용되는 용어들을 아주 쉽게 설명하지 않고 있는데(그러고는 서로 알았다고 재빠르게 눈을 찡긋하며 진행되는데), 그런 책들은 대부분, 모든 구절과 모든 언급을 명백하게 밝히는 저자의 책에 비해, 훨씬 더 불확실한 저자가 썼다는 의심이 들게 한다. 위대한 과학자나 위대한 비평가들의 책을 읽어 보면, 극소수의 예외를 제외하고는, 언제나 아주 명료하고 모든 것을 부끄러움 없이 잘 설명하고 있다는 것을 발견하리라.

그렇다면 이렇게 말해 두기로 하자. 논문이란 우연하게도 단지 지도 교수 또는 심사 위원만을 대상으로 하는 작업이지만, 실제로는 다른 많은 사람들, 또 그 학문에 직접적으로 관련되지 않은 학자들까지 읽고 참조한다는 것을 전제로 한 작업이다라고.

그러므로 철학 논문에서 철학이란 무엇인가를 설명하면서 시작할 필요는 없다. 또한 화산학 논문에서 화산이란 무엇인가 설명할 필요는 없다. 그러나 이러한 정도의 명백함 이외에는 독자에게 필요한 모든 정보들을 제공하는 것이 언제나 좋다.

무엇보다도 대상 학문의 규범적이고 이론의 여지가 없는 용어들이 아닌 이상, **사용되는 용어들을 정의해야 한다.** 형식 논리학의 논문에서 〈내포〉와 같은 용어를 정의할 필요는 없다(그러나 루이스의 엄밀한 내포에 대한 논문에서는 실질적인 내포와 엄밀한 내포 사이의 차이를 정의해야 할 것이다). 언어학 논문에서 음소의 개념을 정의할 필요는 없다(그러나 만약 논문의 테마가 야콥슨에서 음소의 정의에 관한 것이라면 설명해야 한다). 그렇지만 바로 동일한 언어학 논문에서 만약 〈기호〉라는 말을 사용한다면, 그 용어를 정의하는 것도 나쁘지 않으리라. 왜냐하면 그 용어가 여러 저자들에게는 다양한 실체를 지칭하는 경우가 있기 때문이다. 그러므로 일반적인 규칙으로서, **우리 논의의 핵심 범주들로 사용된 모든 용어들을 정의해야 한다.**

두 번째로, 독자가 우리가 했던 것과 동일한 작업을 했으리라고 가정하지 말아야 한다. 만약 카보우르에 대한 논문을 썼을 경우에는, 독자 역시 카보우르가 누구인지 알고 있을 수도 있다. 그러나 만약 펠리체 카발로티에 대한 논문을 쓴다면, 비록 간략하게나마 그가 언제 살았고, 언제 태어났으며, 어떻게 죽었는가 상기시켜 주는 것이 좋으리라. 필자가 이 글을 쓰고 있는 동안 필자의 눈앞에는 두 개의 인문학부 논문이 놓여 있다. 하나는 조반 바티스타 안드레이니에 대한 논문이고, 다른 하나는 피에르 레몽 드 생탈빈에 대한 논문이다. 필자가 장담하건대, 아마도 문학이나 철학을 전공한 백여 명의 교수들을 한데 모아 놓더라도, 그 가운데 단지 극소수만이 이 두 군소 저자들에 대해 분명한 생각을 갖고 있을 것이다. 첫 번째 논문은 다음과 같이 (좋지 않게) 시작된다.

> 조반 바티스타 안드레이니에 대한 연구의 역사는, 연극사에 공헌을 한 그리스 출신의 신학자이며 박식한 학자인 레오네 알라치(키오 1586~로마 1669)에 의해 작성된 그의 작품 목록에서 시작되는데…… 등.

안드레이니를 연구한 알라치에 대해서는 그렇게 정확한 정보를 얻으면서 정작 안드레이니에 대한 정보는 얻지 못했을 경우, 누구든지 실망을 느끼리라는 것은 쉽게 짐작할 수 있다. 하지만 — 저자는 이렇게 말할 수도 있다 — 안드레이니는 내 논문의 주인공이 아닌가! 바로 그렇기 때문에, 또한 만약 그가 당신의 주인공이라면, 당신의 논문을 펼쳐 보는 누구든 그와 친숙해지도록 서둘러야 한다. 지도 교수가 그가 누구인지 알고 있다는 사실을 너무 의식하지 말라. 당신은 지도 교수에게 개인적인 편지를 쓴 것이 아니라, 일반적인 사람들을 대상으로 한 권의 책을 쓴 것이다.

두 번째 논문은, 좀 더 적절하게, 이렇게 시작된다.

> 우리 연구의 대상은 1747년에 프랑스에서 나온 텍스트인데, 그것은 자기 자신에 대한 흔적을 거의 남기지 않은 피에르 레몽 드 생탈빈이라는 저자가 쓴 것이다…….

그 다음에 그 텍스트가 무엇에 관한 것인지, 또 그 중요성이 무엇인지 설명하는 것으로 진행되고 있다. 필자의 견해로는 이것이 올바른 시작이다. 필자는 생탈빈이 18세기에 살았다는 것을 알게 되고, 또한 필자가 그에 대해 거의 모르고 있더라도, 스스로 정당하다고 느낀다. 그가 거의 흔적을 남기지 않았기 때문이다.

### 5·2 어떻게 말할 것인가

일단 **누구**에게 쓸 것인가(지도 교수가 아니라 인류 전체에게)를 결정하고 나면, **어떻게** 쓸 것인가를 결정해야 한다. 이것은 아주 어려운 문제이다. 만약 그에 대한 충분한 규칙들이 있다면, 우리 모두가 위대한 작가가 될 것이다. 논문을 여러 번 다시 쓰라고 권할 수도 있고, 또는 글쓰기란 바로 훈련의 문제이므로, 논문을 시작하기 전에 다른 것들을 써보라고 권할 수도 있다. 어쨌든 아주 일반적인 몇 가지 충고는 가능하리라.

**여러분은 프루스트가 아니다.** 긴 문장을 쓰지 말라. 긴 문장을 피하기 어려우면 일단 길게 썼다가, 나중에 쪼개도록 하라. 같은 주제를 두 번 반복하는 것을 두려워하지 말라. 지나치게 많은 대명사와 종속 문장들을 구사하지 마라. 다음과 같이 쓰지 마라.

> 오늘날 많은 사람들이 현대 철학의 걸작으로 간주하고 있는 『논리 철학 논고』를 쓴 그 유명한 철학자의 형제인 피아니스트 비트겐슈타인은, 전쟁에서 오른손을 잃었기 때문에 라벨이 그를 위해 왼손을 위한 협주곡을 작곡해 주는 영광을 얻었다.

차라리 이렇게 쓰라.

> 피아니스트 비트겐슈타인은 철학자 루트비히의 형제였다. 그는 오른손이 절단되었기 때문에, 라벨이 그를 위하여 왼손을 위한 협주곡을 작곡했다.

또는,

> 피아니스트 비트겐슈타인은 그 유명한 『논고』를 저술한 철학자의 형제였다. 피아니스트 비트겐슈타인은 오른손을 잃었다. 그 때문에 라벨은 그에게 왼손을 위한 협주곡을 작곡해 주었다.

다음과 같이 쓰지 마라.

그 아일랜드 작가는 가족과 조국과 교회를 포기하고 자신의 의도에만 충실했다. 비록 어떤 사람은 그의 페이비언주의적이고 〈사회주의적〉인 경향에 대해 말했을지라도, 그가 참여적인 작가였다고 말할 수는 없다. 제2차 세계 대전이 터졌을 때 그는 유럽을 뒤흔든 그 드라마를 교묘하게 회피하려는 경향이 있었으며 오직 자신의 마지막 작품을 쓰는 데에만 몰두했다.

차라리 이렇게 쓰라.

조이스는 가족과 조국과 교회를 포기했다. 그리고 자신의 의도에만 충실했다. 비록 어떤 사람은 조이스의 페이비언주의적이고 〈사회주의적〉인 경향에 대해 언급하고자 했을지라도, 조이스가 〈참여적인〉 작가였다고 분명하게 말할 수는 없다. 제2차 세계 대전이 터졌을 때 조이스는 유럽을 뒤흔든 그 드라마를 교묘하게 회피하려 했다. 조이스는 오직 『피네건의 경야』를 쓰는 데에만 몰두해 있었다.

제발 다음과 같이 쓰지 마라. 비록 더 〈문학적으로〉 보일지라도.

슈톡하우젠이 〈음표군〉에 대해 언급할 때, 쇤베르크 계열이나, 심지어 베베른 계열을 머릿속에 떠올리는 것은 아니다. 그 계열이 끝나기 전에는 12음계의 어느 것도 반복하지 말라는 요구에 직면한 그 독일 음악가는 그것을 받아들이지 않을 것이다. 계열이라는 개념 못지않게 구조적으로 더욱 자유로운 것은 바로 〈덩어리cluster〉라는 개념이다.

다른 한편으로 베베른조차 「바르샤바의 생존자」의 작곡자의 엄격한 원칙들을 따르지 않았다.

이제 「만트라」의 작곡자는 그 이상으로 나아간다. 그리고 전자에 대해서는 그의 작품의 여러 단계들을 구별할 필요가 있다. 베리오도 그렇게 말한다. 이 작곡자를 독단적인 12음계주의자로 간주할 수는 없다.

어느 지점에 이르면 도대체 **누구에 대해** 말하고 있는지 알 수 없다는 것을 발견하리라. 어떤 저자를 그의 작품들 중의 하나를 통하여 정의한다는 것은 논리적으로 옳지 않다. 사실 얼마 전부터 비평가들은 만초니를 지칭하기 위해(또한 마치 멋진 글쓰기 교본들에서 권장하지 않듯이, 그의 이름을 너무 자주 반복하지 않으려는 염려에서) 〈『약혼자』의 작가〉라고 말하기도 한다. 그러나 『약혼자』의 작가는 전기적으로 총체적 인물인 만초니가 아니다. 실제로 비록 전기적으로나 호적상으로 동일한 인물에 대해 말하고 있을지라도, 어떤 맥락에서는 『약혼자』의 작가와 『아델키』[1]의 작가 사이에는 주목할 만한 차이가 있다고 말할 수도 있다. 그렇기 때문에 필자라면 위에 인용된 구절을 다음과 같이 쓰겠다.

슈톡하우젠이 〈음표군〉에 대해 언급할 때, 쇤베르크 계열이나 베베른 계열을 머릿속에 떠올리는 것은 아니다. 슈톡하우젠은, 그 계열이 끝나기 전에는 12음계의 어느 것도 반복하지 말라는 요구에 직면해 있었으므로, 그것을 받아들이지 않을 것이다. 계열이라는 개념보다 구조적으로 더욱 자유로운 것은 바로 〈덩어리〉라는 개념이다. 다른 한편으로 베베른조차 쇤베르크의 엄격한 원칙들을 따르지 않았다. 이제 슈톡하우젠은 그 이상으로 나아간다. 그리고 베베른에 대해서는 그의 작품의 여러 단계들을 구별할 필요가 있다. 베리오도 베베른을 독단적인 12음계주의자로 생각할 수는 없다고 주장한다.

**여러분은 커밍스**e.e.cummings**가 아니다.** 커밍스는 이름의 머리글자를 소문자로 하여 서명을 하던 미국 작가였다. 물론 쉼표와 마침표를 지극히 인색하게 사용했으며, 문장의 행들을 잘게 나누기도 했다. 간단히 말하자면 그는 아방가르드 시인들이나 즐겨 하는 일들을 모두 했던 것이다. 하지만 여러분은 아방가르드 시인이 아니다. 비록 여러분의 논문이 아방가르드 시에 관한 것이더라도 그렇다. 만약 카

---

[1] *Adelchi*. 1822년에 발표된 만초니의 비극.

라바조에 대한 논문을 쓴다면, 여러분은 그림을 그릴 것인가? 그렇다면 비록 미래주의자들의 문체에 관한 논문을 쓴다고 하더라도, 여러분은 미래주의자처럼 글을 써서는 안 된다. 이것은 중요한 충고이다. 왜냐하면 오늘날 많은 사람들이 비평적 논의의 규칙들을 무시하는 소위 〈단절된〉 논문을 쓰는 경향이 있기 때문이다. 하지만 논문의 언어는 **메타언어**, 말하자면 다른 언어들에 대해서 말하는 언어이다. 어떤 정신 분석가가 정신병자에 대해 설명할 때 정신병자들처럼 표현할 수는 없다. 소위 정신병자들처럼 자신을 표현하는 것이 잘못되었다는 말은 아니다. 여러분은 — 합리적으로 — 그 정신병자들은 유일하게 그런 방식으로만 자신을 표현한다고 확신할 수도 있다. 그러나 여기에서 여러분은 양자택일을 해야 한다. 즉 논문을 쓰지 않고, 여러분의 단절된 욕구를 표명하기 위해 졸업을 거부하고 차라리 기타를 치고 있거나, 아니면 논문을 쓰는 일이다. 이 후자의 경우라면, 여러분은 왜 정신병자의 언어는 〈미치광이의〉 언어가 아닌가를 모든 사람에게 설명해야 한다. 또한 그러기 위해서는 여러분은 모든 사람들이 이해할 수 있는 비평적 메타언어를 사용해야 한다. 논문을 시의 형태로 쓰는 가짜 시인은 불쌍한 사람(또는 아마도 형편없는 시인)이다. 마르크스가 노동자들에 대해 말하고자 했을 때, 그는 그 당시의 노동자로서 글을 쓴 것이 아니라 철학자로서 썼던 것이다. 그리고 나중에 엥겔스와 함께 1848년의 『공산당 선언』을 썼을 때에는 매우 효과적이고, 선동적이고, 짧은 문장으로 된 저널리스트적인 문체를 사용했다. 그렇지만 그것은 경제학자와 정치가들을 대상으로 한 『자본』의 문체는 아니다. 시적인 격렬함이 여러분의 〈내부에서 용솟음치고〉,[2] 따라서 비평의 평범하고 단조로운 메타언어의 요구에 굴복할 수 없다고 말하지 말라. 여러분이 시인인가? 그렇다면 졸업을 하지 마라. 몬탈레는 대학을 졸업하지 않았지만 여전히 위대한 시인이다. 가다는 (공학부를 졸업했는데) 완전히 문체를 파괴하고 사투리들로 가득한 나름대로의 방식으로 작품을 썼다. 그렇지만 그는 라디오 방송의 뉴스 편집자를 위한 지침을 작성해야 했을 때에는, 모든 사람이 이해할 수 있는 명백한 문장으로 흥미롭고, 예리하고, 평범한 안내서를 완성했다. 그리고 몬탈레는 비평적 논문을 쓸 때에는 모든 사람들이, 그의

---

2 단테의 『신곡』, 「연옥」 편, 제24곡, 52~54행에 나오는 표현.

시를 이해하지 못하는 사람들까지도 이해할 수 있도록 했다.

**자주 첫머리로 가라.** 필요할 때, 텍스트의 호흡상 요구될 때, 그렇게 하라. 가능한 한 자주 첫머리로 갈수록 좋다.

**머릿속에 떠오르는 것을 모두 쓰라.** 다만 최초의 원고를 쓸 때에만. 강한 주장이 여러분의 손을 사로잡았다가 여러분을 테마의 중심에서 벗어나게 했다는 것을 나중에야 발견할 것이다. 그렇다면 괄호 안의 부분들, 이탈된 부분들을 없애고, 그것들을 **주** 또는 **부록**에 넣도록 하라. 논문은 여러분이 처음에 제기한 하나의 가설을 증명하려는 것이지, 여러분이 모든 것을 알고 있다는 걸 보여 주려는 것이 아니다.

**지도 교수를 실험용 토끼로 활용하라.** 지도 교수가 처음 부분들을(그리고 나중에 차례차례 나머지 모두를) 논문을 제출하기 훨씬 전에 읽도록 하라. 지도 교수의 반응이 여러분에게 도움을 줄 수도 있다. 지도 교수가 바쁘면(또는 게으르면) 친구를 활용하라. 누군가 여러분이 쓴 것을 이해하는지 확인하라. 외로운 천재 놀이를 하지 마라.

**꼭 제1장부터 시작하는 것을 고집하지 마라.** 혹시 여러분은 제4장에 대해서 자료 수집과 준비가 더 잘되어 있을 수도 있다. 그렇다면 이미 앞의 장들을 다 쓴 것처럼 자유롭게 거기에서 시작하라. 용기를 얻을 수 있으리라. 물론 여러분은 출발점을 갖고 있어야 하며, 그 출발점은 바로 처음부터 여러분을 안내하는 가설로서의 차례에 의해 주어진다(4·1을 보라).

**생략 부호, 감탄 부호들을 사용하지 말고, 반어적인 표현으로 설명하지 마라.** 우리는 절대적으로 **지시적인** 언어 또는 **비유적인** 언어로 말할 수 있다. 지시적인 언어라는 말로 필자가 의미하는 것은, 모든 사물들이, 그것들의 가장 일반적인 이름, 즉 모든 사람들이 인정하고 오해의 여지가 없는 이름으로 지칭되는 언어이다. 〈베네치아-밀라노 열차〉는 바로 대상을 지시적으로 가리키는 데 반해, 〈라구나 화살〉은 그것을 비유적으로 가리킨다. 그러나 이러한 예가 보여 주는 것은, 〈일상적인〉 의사 소통에서도 역시 부분적으로 비유적인 언어가 사용될 수 있다는 사실이다. 비평적 논문, 과학적 텍스트는 지시적인 언어로(모두가 정확히 정의되고 단일한 용어들로) 쓰이는 것이 바람직하다. 그렇지만 하나의 은유, 아이러니, 완곡한 표현을 사용하는 것이 유용할 수도 있다. 다음에 지시적인 텍스트가 나와 있고, 그 다음에 허용 가능한 비유적인 용어들로 옮겨 적은 글이 있다.

**지시적 설명** ─ 크라스나폴스키는 다니엘리의 작품에 대한 매우 날카로운 해석자는 아니다. 그의 해석은, 아마도 작가가 말하려고 하지 않았던 것들을 그 작가의 텍스트 안에서 이끌어 낸다. 가령 〈그리고 저녁 무렵 구름을 바라본다〉라는 시행과 관련하여, 리츠는 평범한 자연 풍경의 묘사로 이해하고 있는데, 반면에 크라스나폴스키는 거기에서 시적 활동을 암시하는 하나의 상징적인 표현을 찾고 있다. 리츠의 비평적 예리함을 믿어서도 안 되지만, 또한 동시에 크라스나폴스키를 믿어서도 안 된다. 힐튼은, 〈리츠가 여행 안내서를 닮았다면, 크라스나폴스키는 사순절 설교를 닮았다〉고 평한다. 그리고 〈정말로 그 두 사람은 완벽한 비평가이다〉라고 덧붙이고 있다.

**비유적 설명** ─ 우리는 크라스나폴스키는 다니엘리에 대한 가장 날카로운 해석자라고 확신하지 않는다. 자신의 작가를 읽을 때, 그는 억지를 가하고 있다는 인상을 준다. 가령 〈그리고 저녁 무렵 구름을 바라본다〉라는 시행과 관련하여, 리츠는 그것을 평범한 자연 풍경의 묘사로 이해하고 있는데, 반면에 크라스나폴스키는 상징적인 페달을 밟아 거기에서 시적 활동에 대한 암시를 발견한다. 리츠가 비평적 예리함을 지닌 천재라는 말은 아니지만, 또한 동시에 크라스나폴스키도 조심스럽게 받아들여야 한다. 힐튼이 관찰하는 바대로, 리츠가 여행 안내서를 닮았다면, 크라스나폴스키는 사순절 설교를 닮았으며, 둘 다 완벽한 비평의 모델이다.

보는 바와 같이 비유적 설명은 여러 가지 수사학적 기교들을 사용하고 있다. 특히 **완곡한 표현**을 사용한다. 즉 그 사람이 날카로운 해석자라고 확신하지 않는다는 말은, 그가 날카로운 해석자가 **아니다**라고 확신한다는 것을 의미한다. 그리고 억지를 가한다, 상징적 페달을 밟는다 등의 **은유**들이 있다. 게다가 리츠는 예리함을 지닌 천재가 아니다라고 말하는 것은, 그가 평범한 해석자라는 것을 의미한다(**완곡한 표현**). 여행 안내서와 사순절 설교에 대한 언급은 두 가지의 **직유**이지만, 반면에 그 두 저자가 완벽한 비평가라는 평은 **아이러니**의 한 예로서, 그 정반대를 의미하기 위해 그런 표현을 쓴다.

그렇다면 수사학적 표현들을 사용할 수도 있고, 사용하지 않을 수도 있다. 수사학적 표현들을 사용하는 경우는, 우리의 독자가 그것들을 포착할 수 있으리라는 것을 전제로 하기 때문이며, 또한 그럼으로써 테마가 더욱 인상적이고 설득력 있게 보인다고 생각되기 때문이다. 그렇다면 부끄러워할 필요가 없으며, **그것들을 설명할 필요가 없다**. 만약 우리의 독자가 멍청이라고 생각된다면, 수사학적 표현들을 사용하지 마라. 그러나 수사학적 표현들을 사용하면서 설명을 가한다는 것은, 독자를 멍청이로 생각한다는 의미이다. 그것은 오히려 저자 자신을 멍청이로 만듦으로써 복수를 한다. 다음의 예는 소심한 작가가 어떻게 자기가 사용하는 표현들을 변명하고 중화하는가를 보여 준다.

> **유보적인 비유적 설명** — 우리는 크라스나폴스키가 다니엘리에 대한…… 가장 날카로운 해석자라고 확신하지 않는다. 자신의 작가를 읽을 때 그는 억지를 가하고 있다는 인상을 준다. 가령 〈그리고 저녁 무렵 구름을 바라본다〉라는 시행과 관련하여, 리츠는 그것을 평범한 〈자연 풍경〉의 묘사로 이해하고 있는데, 반면에 크라스나폴스키는…… 상징적인 페달을 밟아 거기에서 시적 활동에 대한 암시를 발견한다. 리츠가…… 비평적 예리함을 지닌 천재라는 말은 아니지만, 또한 동시에 크라스나폴스키도…… 조심스럽게 받아들여야 한다. 힐튼이 관찰하는 바대로, 리츠가…… 여행 안내서를 닮았다면, 크라스나폴스키는…… 사순절 설교를 닮았다. 그리고 그는 그들을 (물론 아이러니하게!) 두 완벽한 비평의 모델이라고 정의한다. 하지만 그렇다면, 농담은 그만두고, …… 등.

이토록 변명의 미소와 소심함으로 가득한 문장을 쓸 정도로 지적으로 소심한 사람은 아무도 없으리라고 필자는 확신한다. 필자는 과장을 했다(그리고 **그것을 말하는** 이유는 패러디는 그 자체로 이해되어야 한다는 것이 교육적으로 중요하기 때문이다). 하지만 이 세 번째 문장은 어설픈 작가의 여러 가지 나쁜 습관들을 압축적으로 담고 있다. 첫째로 **생략 부호**의 사용이다. 그것은 〈이제 내가 거창하게 말하니 주의하시오!〉라는 경고를 하기 위해서이다. 유치한 짓이다. 앞으로 살펴보겠지만, 생략 부호는 단지 인용문 중에서 생략된 구절들을 표시하기 위하여 사용되며, 또한 **기껏해야** 한 문장의 끝에서 어떤 나열이 끝나지 않았다는 것, 아직 말할 것이 남아 있다는 것을 가리키기 위해 사용된다. 둘째로, 어떤 주장을 강조하기 위한 **느낌표**의 사용이다. 최소한 비평적 논문에서는 그것은 좋지 않다. 지금 여러분이 읽고 있는 이 책을 확인해 보면, 필자는 단지 두세 번 느낌표를 사용했다는 것을 발견하리라. 만약 독자가 의자에서 벌떡 일어날 정도로 중요한 것이라면, 또한 〈주의, 절대 이러한 실수를 범하지 마시오!〉와 같이 아주 강렬한 주장을 강조하는 경우라면, 두세 번 정도는 허용된다. 그러나 낮은 목소리로 말하는 것이 관례이다. 중요한 것을 그렇게 말하면 더욱 효과가 클 것이다. 셋째로, 이 세 번째 문장의 저자는 아이러니(비록 다른 사람의 것일지라도)의 사용을 변명하면서 또 그것을 강조하고 있다. 물론 힐튼의 아이러니가 지나치게 예리해 보인다면 이렇게 쓸 수도 있다. 즉 〈힐튼은 예리한 아이러니를 사용하여, 우리는 두 명의 완벽한 비평가를 마주 대하고 있다고 주장한다〉. 그러나 아이러니는 **정말로** 예리해야 한다. 위의 인용에서, 일단 힐튼이 여행 안내서와 사순절 설교에 대해 말했으므로, 그 아이러니는 이미 자체로서 명백하며 그것을 분명한 말로 설명할 필요는 없다. 〈농담은 그만두고〉라는 표현 역시 마찬가지이다. 때로는 갑자기 논의의 어조를 바꾸기 위하여 유용할 수도 있지만, 그건 여러분이 정말로 농담을 했을 경우이다. 위의 경우에서는 아이러니와 비유를 사용하고 있으며, 그것들은 농담이 아니라 아주 진지한 수사학적 기교이다.

여러분이 볼 수 있는 바와 같이, 이 책에서 필자는 최소한 두 번 역설을 표현했으며, 나중에 그것이 역설이라는 것을 필자는 명백히 밝혔다. 여러분이 이해하지 못했으리라고 생각하여 그런 것은 아니다. 반대로 필자가 그렇게 밝힌 것은, 오히려 여러분이 지나치게 잘 이해를 하여, 그 역설을 믿을 필요가 없다고 생각하지 않을까 염려했기 때문이다. 그러므로 필자는 그 역설적인 형식에도 불구하고, 필자의 주장에는 중요한 진리가 담겨 있다는 것을 집요하게 강조했던 것이다. 그리고 필자가 모든 것을 분명하게 밝힌 이유는, 이것은 교육적인 책이며, 이 책에서 필자는 아름다운 문체보다는 필자가 말하는 바를 모든 독자가 잘 이해하기를 바라기 때문이다. 만약 필자가 평론을 썼다면 역설을 말하고도 나중에 그것을 밝히지 않았을 것이다.

**어떤 용어를 처음 도입할 때에는 언제나 그 용어를 정의하라.** 만약 그 용어를 정의할 수 없다면 그 용어를 피하도록 하라. 만약 그것이 여러분 논문의 주요 용어 중의 하나인데 정의를 내릴 수 없다면, 그 자리에서 모든 것을 포기하도록 하라. 여러분은 논문(또는 직업)을 잘못 선택한 것이다.

**팀북투가 어디에 있는지 설명하지 않으면서 로마가 어디에 있는지 설명하지 말라.** 다음과 같은 문장으로 이루어진 논문을 읽으면 소름이 끼친다. 〈유대계 네덜란드 출신의 범신론 철학자 스피노자는, 구초의 정의에 의하자면……〉. 정지! 여러분은 지금 스피노자에 대한 논문을 쓰고 있는 중이다. 그렇다면 여러분의 독자는 스피노자가 누구인지 알고 있을 것이며, 또한 구초가 그에 대한 책을 썼다는 사실을 여러분은 이미 말했을 것이다. 아니면, 여러분은 핵물리학 논문에서 위와 같은 주장을 우연히 인용하고 있다. 그렇다면 독자가 스피노자가 누구인지 모르면서 오히려 구초가 누구인지 알고 있다고 가정하지 말아야 한다. 아니면, 여러분은 젠틸레 이후의 이탈리아 철학에 대한 논문을 쓰는 중이다. 그렇다면 구초가 누구인지 모두들 알고 있을 것이며, 또한 스피노자가 누구인지도 알고 있을 것이다. 역사 논문에서도, 가령 〈영국의 시인, T. S. 엘리엇〉(그가 미국에서 태어났다는 사실은 차치하고라도)이라고 쓰지 말라. 엘리엇은 모두에게 알려져 있다는 것을 전제로 출발해도 된다. 기껏해야, 무언가 중요한 것을 말하기 위해 그가 정말로 영국 시인이었다는 사실을 강조하고자 한다면, 〈……라고 말한 것은 영국 시인, 엘리엇〉이라고 쓰도록 하라. 그러나 만약 엘리엇에 대한 논문을 쓴다면, 모든 자료들을 제공하는 겸손함을 보이도록 하라. 비록 본문 안에 쓰지는 않을지라도, 최소한 첫머리의 주에서 모든 필요한 전기적 자료들을 10여 줄로 요약하여 기록하는 소박함과 신중함을 갖도록 하라. 아무리 전문적인 독자라 하더라도 언제 엘리엇이 태어났는지 기억한다고 장담할 수는 없다. 특히 오래전의 어느 군소 작가에 대한 논문을 쓸 때에는 더욱 그렇다. 그가 누구인지 모두들 알고 있으리라고 생각하지 마라. 그가 누구였고, 어떤 위치에 있는지 등을 곧바로 말하도록 하라. 비록 몰리에르와 같은 작가라 하더라도, 생몰 연도가 담긴 주를 하나 집어 넣기가 얼마나 힘들단 말인가? 그건 알 수 없는 일이다.

**나 또는 우리인가?** 논문에서 1인칭으로 자신의 의견을 밝혀야 하는가? 〈나는 ……라고 생각한다〉라고 써야 하는가? 몇몇 사람들은, **위엄 있는 우리**를 사용하는 것보다는 그렇게 하는 것이 더 정직하다고 생각한다. 필자의 생각은 그렇지 않다. 〈우리〉라고 말하는 것은, 논문에서 주장하는 것이 바로 독자들과 공유될 수 있다는 것을 전제로 하기 때문이다. 글쓰기는 사회적 행위이다. 내가 글을 쓰는 것은, 내가 당신에게 제안하는 것을, 그 글을 읽는 당신이 받아들이도록 하기 위해서이다. 부득이한 경우 인칭 대명사를 피하도록 하고, 다음과 같이 비인칭적인 표현들에 의존할 수도 있다. 즉 〈그러므로 이런 결론에 도달한다, 그렇다면 ……는 확실해 보인다, 이 시점에서는 ……라고 말해야 할 것이다, ……라고 생각할 수 있다, 그러므로 거기에서 ……라는 추론이 나온다, 이 텍스트를 조사해 보면 ……라는 것을 볼 수 있다〉 등. 가령 〈내가 앞에서 인용한 논문〉이라든지, 〈우리가 앞에서 인용한 논문〉이라고 말할 필요가 없다. 그 경우에는 〈앞서 인용한 논문〉이라 쓰는 것으로 충분하다. 그렇지만 〈앞서 인용한 논문은 **우리에게** ……을 증명해 준다〉라고 쓸 수는 있으리라. 왜냐하면 그런 표현들이 과학적 논의의 어떤 개인화를 암시하지 않기 때문이다.

**고유 명사 앞에 절대 관사를 붙이지 말라.** 〈il Manzoni〉 또는 〈lo Stendhal〉 또는 〈il Pascoli〉라고 말할 아무런 이유가 없다. 어쨌든 그것은 낡은 냄새가 난다. 신문에서 〈il Berlinguer〉 또는 〈il Leone〉라고 쓰는 경우는 일종의 아이러니를 표현하기 위해서이다. 왜 그냥 〈De Sanctis가 말하듯이……〉라고 쓸 수 없는지, 필자는 그 이유를 모르겠다.

두 가지 예외가 있다. 하나는, 고유 명사가 탁월한 지침서, 참고서, 또는 사전을 가리킬 때(가령 〈lo Zingarelli에 의하면〉, 〈il Fliche e Martin이 말하듯이〉)이고, 다른 하나는, 비평 잡지에서 별로 알려지지 않은 군소 학자들을 인용할 때(가령 〈이와 관련하여, il Caprazzoppa와 il Bellotti-Bon은 이렇게 지적한다〉)이다. 그러나 이것 역시 웃음을 자아내며, 조반니 모스카의 잘못된 인용을 생각나게 한다. 차라리 〈Romualdo Caprazzoppa가 주목하는 바와 같이〉라고 쓰고, 주에다 참고 문헌적 자료를 덧붙이는 것이 더 낫다.

**외국인들의 이름을 절대 이탈리아어식으로 표기하지 말라.** 어떤 텍스트는 Gian Paolo Sartre 또는 Ludovico Wittgenstein이라고 쓰는데, 이것은 우스꽝스러운 일이다. 신문에서 Enrico Kissinger 또는 Valerio Giscard d'Estaing이라고 쓰는 것을 상상할 수 있겠는가? 그리고 어느 스페인 책에서 Benito Croce라고 쓰면 좋겠는가? 그런데도 이탈리아의 고등학교용 철학책들은 Baruch Spinoza 대신에 Benedetto Spinoza라고 쓰고 있다. 그렇다면 이스라엘 사람들은 Baruch Croce라고 써야 하는가? 물론 여러분이 Bacon 대신에 Bacone를 사용한다면, Francis 대신에 Francesco라고 말해야 할 것이다(아래 참조). 몇몇 예외들이 인정되어 있다. 무엇보다도 Platone(플라톤), Virgilio(베르길리우스), Orazio(호라티우스) 등 그리스나 로마의 이름들에 대한 예외가 있다.

**단지 전통적으로 정착된 경우에만 외국인들의 성을 이탈리아어식으로 표기하라.** 일반적인 맥락에서 Luther를 Lutero로, Descartes를 Cartesio로, Melanchthon을 Melantone으로 표기하는 것은 허용되어 있다. 아랍 문헌학 논문이 아닌 경우에는 Maometto(마호메트)는 통상적으로 사용된다. 그러나 만약 성을 이탈리아어식으로 표기할 경우에는 이름 역시 이탈리아어식으로 표기하라. 말하자면 Roger Bacon을 Ruggero Bacone으로 Thomas Moore를 Tommaso Moro로 표기한다. 그러나 전문적인 논문에서는 Thomas Moore를 사용하기 바란다.

## 5·3 인용문

### 5·3·1 언제 그리고 어떻게 인용하는가: 열 가지 규칙

대개 논문에서는 다른 사람들의 글을 많이 인용한다. 그것들은 대부분 여러분의 연구 대상이 되는 텍스트, 즉 1차적 출전들이거나 또는 테마에 관한 비평적 문헌, 즉 2차적 출전들이다.

그러므로 실제적으로 인용에는 두 가지가 있다. 즉, (1)하나의 텍스트를 인용하고 나서 그것에 대해 해석을 가하는 것, (2)자신의 해석을 뒷받침하는 텍스트를 인용하는 것이다.

  인용을 풍부하게 많이 해야 하는지, 또는 조금만 해야 하는지 말하기는 어렵다. 그것은 논문의 유형에 달려 있다. 어느 작가에 대한 비평적 분석에서는, 당연히 그의 작품의 많은 구절들을 인용하고 분석하는 것이 요구된다. 다른 경우에서는 인용이 게으름의 표시가 될 수도 있다. 왜냐하면 지원자는 어떤 일련의 자료들을 요약할 능력이 없거나, 또는 요약을 하기 싫어서 그것을 다른 사람에게 맡겨 버리는 결과가 되기 때문이다.

  그러므로 다음과 같은 열 가지 인용 규칙을 제시하기로 하자.
  **규칙 1** ― 해석적 분석의 대상이 되는 구절들은 상당히 방대하게 인용한다.
  **규칙 2** ― 비평적 문헌의 텍스트들은, 그것의 권위와 함께 우리의 주장을 뒷받침하거나 확인해 주는 경우에만 인용한다.
  이 두 가지 규칙은 몇 개의 명백한 부수적 규칙들을 내포하고 있다. 첫째, 분석해야 할 구절이 반 페이지를 넘으면, 그것은 무언가 잘못되어 있다는 의미이다. 즉 여러분이 지나치게 방대한 분석 단위를 선택했으며, 따라서 그것을 조목조목 분석할 수 없는 경우이거나, 아니면 여러분은 한 구절이 아니라 텍스트 전체에 대해 말하고 있으며, 따라서 하나의 분석이라기보다는 전체적인 평가를 하고 있는 경우이다. 이런 경우 만약 텍스트가 중요하지만 지나치게 방대하다면, 차라리 그것을 **부록**에서 전체를 인용하고 여러분의 본문에서는 단지 짧은 구절들만을 인용하는 것이 좋다.

  둘째, 비평적 문헌을 인용할 때 그 인용문은 무언가 새로운 것을 말하거나 또는 여러분이 말하는 것을 권위 있게 확인해 주는 것이어야 한다. 다음에 **불필요한** 인용의 두 가지 예가 있다.

  매스 커뮤니케이션은, 매클루언이 말하듯이, 〈우리 시대의 중심적인 현상들 중의 하나〉이다. 우리나라의 경우만 하더라도, 사보이에 의하면, 세 사람 중에서 두 사람이 하루의 3분의 1을 텔레비전 앞에서 보낸다는 사실을 잊지 말아야 한다.

이 두 가지 인용에서 무엇이 잘못되었거나 또는 순진한가? 우선 첫째로, 매스 커뮤니케이션이 우리 시대의 중심적 현상이라는 것은 누구든지 말할 수 있는 명백한 사실이다. 매클루언도 역시 그렇게 말했으리라는 것을 배제하지는 않는다(필자가 그것을 직접 확인해 본 것은 아니며, 또한 이 인용문은 필자가 지어낸 것이다). 그러나 그토록 명백한 것을 증명하기 위해 다른 사람의 권위에 의존할 필요는 없다. 둘째, 그다음에 나오는 텔레비전 시청률에 대한 자료는 비록 정확할 수도 있지만, 사보이가 어떤 **권위**가 되지는 않는다(그것은 필자가 지어낸 이름이며, 가령 핀코 팔리노라 해도 마찬가지이다). 그보다는 오히려 의심할 여지 없이 유명한 학자들의 사회학적 연구, 중앙 통계 연구소의 자료들, 부록에 도표들을 덧붙인 여러분의 조사 결과를 인용해야 한다. 사보이를 인용하는 것보다는, 오히려 여러분 자신이 〈세 사람 중에서 두 사람은 ······하다고 쉽게 짐작할 수 있다〉라고 말하는 것이 더 낫다.

**규칙 3** — 인용 구절 앞이나 뒤에 비평적 표현들이 나오는 경우를 제외하고는, 인용은 바로 인용된 저자의 생각에 동의한다는 것을 전제로 한다.

**규칙 4** — 모든 인용에 대해서는 그 저자와 출전(인쇄된 것이든 필사본이든)을 분명하게 밝혀야 한다. 그것을 명백히 밝히는 데에는 다음과 같은 여러 가지 방법이 있다.

1) 주의 표시 번호와 참조 지시로써. 특히 저자의 이름이 처음으로 나올 경우에 사용된다.

2) 인용문 다음에, 괄호 안에, 저자의 이름과 책의 출판 연도를 밝힘으로써(이에 대해서는 5·4·3 참조).

3) 논문 전체 또는 장 전체가 동일 저자의 동일한 저술에 대해 논의할 때에는, 단순하게 괄호 안에 페이지 숫자를 기록함으로써. 〈표 15〉에서 여러분은, 「제임스 조이스의 『젊은 예술가의 초상』에 나타난 현현 *epifania*의 문제」라는 논문 한 페이지가 어떤 구조로 되어 있는지 볼 수 있다. 여기에서는 일단 언급되는 작품의 판이 결정되고, 또한 편리함 때문에 체사레 파베세의 이탈리아어 번역판을 사용하기로 일단 결정된 다음에는, 논의 대상이 되는 작품을 본문에서 괄호 속의 페이지 숫자로 인용하고 있다. 반면에 비평적 문헌은 주에 인용되어 있다.

**규칙 5** — 1차적 출전의 인용은, 가능하다면 비평적 교정판이나 또는 가장 믿을 만한 판을 기준으로 해야 한다. 발자크에 대한 논문에서 포켓판의 페이지를 인용하는 것은 바람직하지 않다. 최소한 플레이아드 전집에 의존하도록 하라. 일반적으로 고전 작가와 옛날 작가들에 대해서는 통상적인 관례에 따라 문단, 장, 행들을 인용하는 것으로 충분하다(3·2·3 참조). 현대 작가들에 대해서는, 만약 여러 가지 판들이 있다면, 경우에 따라 초판이나 또는 최종적인 교정판에서 인용한다. 나중의 판들이 단순한 재인쇄일 경우에는 초판에서 인용하고, 최종판에 수정, 첨가, 교정이 들어 있을 경우에는 최종판에서 인용한다. 어떠한 경우든 초판과 몇 번째 판이 존재한다는 것을 구체적으로 밝히고 어느 판에서 인용하는지 분명히 밝힌다(이에 대해서는 3·2·3 참조).

**규칙 6** ── 만약 외국의 저자를 연구할 경우에는 원어로 인용해야 한다. 이 규칙은 특히 문학 작품의 경우 절대적이다. 그럴 경우 괄호 안이나 또는 각주에다 번역문을 덧붙이는 것이 다소 유용할 수도 있다. 이에 대해서는 지도 교수의 지시를 따르도록 하라. 만약 어느 저자의 문학적 문체를 분석하는 것이 아니라, 그의 모든 언어적 뉘앙스에서 그의 사상의 정확한 표현을 중요하게 다루는 경우라면(예를 들어 어느 철학자의 구절들에 대한 주석에서), 원래의 외국어 텍스트로 작업하는 것이 좋다. 하지만 그럴 경우 괄호 안이나 각주에 번역문을 첨부하는 것이 매우 바람직하다. 왜냐하면 그러한 번역문은 바로 여러분의 해석 연습이 되기 때문이다. 마지막으로 외국의 저자를 인용하는 것이 단지 거기에서 어떤 정보, 통계적 또는 역사적 자료, 일반적인 평가를 이끌어 내기 위한 경우라면, 훌륭한 이탈리아어 번역판만을 이용할 수도 있다. 또는 독자가 이 언어에서 저 언어로 계속 넘나드는 것을 막기 위해 여러분이 직접 그 구절을 번역할 수도 있다. 원래의 제목을 잘 인용하고 어떤 번역판을 사용하는지 분명히 밝히면 된다. 마지막으로 어느 외국 작가를 다룰 때 그가 시인 또는 소설가이지만, 그의 텍스트를 문체보다는 거기에 담긴 철학적 사상 때문에 인용하는 경우도 있다. 그런 경우에는 만약 지속적으로 많은 인용을 한다면, 논의가 끊기지 않도록 좋은 번역판에 의존하기로 결정할 수도 있다. 다만 어떤 단어의 계시적 용법을 강조하고 싶을 때에는 짧은 구절을 원어로 삽입하면 된다. 〈표 15〉의 조이스에 대한 논문이 그런 경우의 예이다. 또한 규칙 4의 3)항도 참조하라.

**표 15  하나의 동일한 텍스트의 지속적인 분석의 예**

『초상』의 텍스트에는, 『스티븐 히어로』에서 이미 현현(顯現)이라 정의된 그런 황홀감의 순간들이 풍부하게 나타나 있다.

상번득이면서 떨리고, 떨리면서 펼쳐지고, 터져 나오는 빛, 피어나는 꽃처럼 그 환상은 끊임없이 잇따라 펼쳐진다. 그것은 진홍빛으로 폭발하며 펼쳐지다가, 아주 창백한 장밋빛으로 사라져 간다. 한 잎 한 잎, 빛의 물결처럼 온 하늘에 온통 섬세한 광채들을 퍼뜨렸으며, 그 광채는 모두 처음보다 더욱 강렬했다. (219면)

그러나 〈바다 밑〉의 환영도 역시, 붉은 색조들과 광휘의 느낌들이 지배하는 불꽃의 환영으로 즉각 변하는 것을 곧바로 알 수 있다. 아마도 원래의 텍스트는 〈a brakin light〉 또는 〈wave of light by wave of light〉 또는 〈soft flashes〉와 같은 표현들로써, 이러한 이행 과정을 더욱 잘 보여 주고 있다.

그런데 잘 알고 있다시피, 『초상』에서는 불의 은유들이 빈번하게 나오며, 〈fire〉라는 단어는 최소한 59번 나오고, 〈flame〉의 여러 가지 변화 형태들은 35번이나 나타난다.[1] 그렇다면 현현의 경험은 불의 경험과 결합되어 있다고 말할 수 있으며, 그것은 바로 초기의 조이스와 『불Il fuoco』의 단눈치오 사이의 관계를 연구하는 데 열쇠를 제공한다. 그렇다면 다음 구절을 보기로 하자.

아니면 그것은, 그의 수줍은 정신처럼 그의 시력도 약해서, 지극히 다채롭고 휘황찬란한 언어의 프리즘을 통하여 타오르는 감각 세계의 굴절 속에서 제대로 즐거움을 느끼지 못했기 때문일까……. (211면)

여기에서는 놀랄 정도로 단눈치오의 『불』에 나오는 다음 구절을 연상시킨다.

**대장간의 주변처럼 불타오르는** 그 분위기에 이끌려…….

---

[1] L. Hancock, *A Word Index to J. Joyce's Portrait of the Artist*, Carbondale, Southern Illinois University Press, 1976.

**규칙 7** — 저자와 작품에 대한 참조 지시는 **명확**해야 한다. 현재 우리가 말하는 것을 이해하기 위하여 다음의 (잘못된) 예를 볼 필요가 있으리라.

〈우리가 검토하는 문제는 해결될 기미가 보이지 않는다〉는 바스케스의 주장[3]에 우리는 동의한다. 그리고 〈이 오랜 문제에 대해서는 결정적인 조명이 가해졌다〉는 브라운의 널리 알려진 견해[4]에도 불구하고, 우리는 〈충분한 인식의 단계에 도달하기 전에 아직 가야 할 길이 많다〉는 우리 저자의 의견에 동의한다.

첫 번째 인용은 분명히 바스케스의 것이고, 두 번째 인용은 브라운의 것이다. 그렇지만 세 번째의 인용은, 그 맥락이 암시하듯이 정말로 바스케스의 것인가? 그리고 주 3에서 바스케스의 첫 번째 인용은 그의 저술 160면에서 나왔다고 했으므로, 세 번째의 인용 역시 같은 책의 동일한 페이지에서 나온 것이라고 가정해야 하는가? 그리고 만약 세 번째의 인용문이 브라운의 것이라면? 그렇다면 이 동일한 구절은 다음과 같이 수정되어야 한다.

〈우리가 검토하는 문제는 해결될 기미가 보이지 않는다〉는 바스케스의 주장[5]에 우리는 동의한다. 그리고 〈이 오랜 문제에 대해서는 결정적인 조명이 가해졌다〉는 브라운의 널리 알려진 견해[6]에도 불구하고, 우리는 〈충분한 인식의 단계에 도달하기 전에 아직 가야 할 길이 많다〉[7]는 우리 저자의 의견에 동의한다.

주 7에다 우리는 〈Vasquez, *op. cit.*, p. 161.〉이라고 써 넣었다는 점을 주목하라. 만약 그 문장이 동일하게 160면에 있다면, Vasquez, *ibidem*이라고 써넣을 수도 있었다. 그러나 만약 〈Vasquez〉를 구체적으로 밝히지 않고 그냥 〈*ibidem*〉이라고 썼다면 곤란하다. 그것은 그 문장이 방금 전에 인용된 브라운의 책 345면에 있다는

3 Roberto Vasquez, *Fuzzy Concepts*, London, Faber, 1976, p. 160 — 원주.
4 Richard Braun, *Logik und Erkenntnis*, München, Fink, 1968, p. 345 — 원주.
5 Roberto Vasquez, *Fuzzy Concepts*, London, Faber, 1976, p. 160 — 원주.
6 Richard Braun, *Logik und Erkenntnis*, München, Fink, 1968, p. 345 — 원주.
7 Vasquez, *op. cit.*, p. 161 — 원주.

의미가 된다. ⟨*ibidem*⟩은 ⟨같은 곳⟩을 의미하며, 따라서 바로 앞 주의 인용을 그대로 반복하고 싶을 때에만 사용된다. 그러나 만약 본문에서 ⟨우리 저자의 의견에 동의한다⟩라는 말 대신 ⟨바스케스의 의견에 동의한다⟩라고 쓰고, 또한 다시 한 번 160면을 언급하고자 한다면, 주에다 그냥 간단하게 ⟨*ibidem*⟩이라 쓸 수 있다. 단 한 가지 조건이 있다. 즉 바스케스와 그의 저술에 대하여 몇 줄 앞, 또는 같은 페이지, 또는 두 개 이하의 선행 각주 안에서 미리 언급되어야 한다는 점이다. 만약 바스케스가 열 페이지 전에 나왔다면, 각주에서 전체적으로 다시 표시하거나, 또는 최소한 ⟨Vasquez, *op. cit.*, p. 160⟩이라고 표기하는 것이 더 낫다.

**규칙 8** — 인용문이 두세 줄을 넘지 않을 때에는, 그것을 따옴표에 넣어 본문의 몸체 안에 집어 넣을 수도 있다. 지금 필자가 캠벨과 발로의 글에서 ⟨타자로 친 세 줄을 넘지 않는 직접적인 인용문은 따옴표 안에 넣어져 본문에 나올 수 있다⟩[8]라는 문장을 인용하듯이. 그러나 인용문이 그보다 길다면, **앞머리를 들여 쓴 한 줄 띄운 문단**[만약 논문을 세 칸(스페이스) 간격으로 타자한다면, 인용문은 두 칸 간격으로 타자할 수도 있다] 안에 넣는 것이 더 낫다. 이런 경우에는 따옴표가 필요 없다. 줄 간격이 좁고 앞머리를 들여 쓴 문단의 구절들은 모두 인용문이라는 것이 분명하기 때문이다. 그리고 동일한 방식을 우리의 관찰이나 부수적인 논의에는 사용하지 말아야 한다(그것들은 각주에 들어가야 한다). 다음에 앞머리를 들여 쓴 이중 인용의 예가 나와 있다.[9]

> 만약 직접 인용문이 타자 세 줄을 넘으면, 그것은 본문 밖의 한 문단으로, 또는 독자적인 여러 문단으로, 하나의 여백 안에 위치해야 한다.
>
> 원래 출전의 문단 구분은 인용문에서 그대로 유지되어야 한다. 출전에서 직접적으로 이어져 나오는 본문들은, 문단의 여러 줄들과 마찬가지로, 한 줄을 떼어

---

8 W. G. Campbell & S. V. Ballou, *Form and Style*, Boston, Houghton Mifflin, 1974, p. 40 — 원주.
9 현재 여러분이 읽고 있는 것은 (타자 원고가 아니라) 인쇄된 글이기 때문에, 좁은 줄 간격 대신에 작은 활자체(타자기에는 없는)를 사용하고 있다. 여러분이 보는 바와 같이, 작은 활자체는 분명하게 드러나므로, 이 책의 나머지 부분에서는, 앞머리를 들여 쓸 필요도 없고, 위와 아래에 한 줄을 띄움으로써 그 문단을 작게 분리하는 것만으로 충분하다. 여기에서는 단지 타자 원고에서 이런 기법의 유용성을 강조하기 위하여 들여 썼을 뿐이다 — 원주.

서 분리해야 한다. 상이한 두 개의 출전에서 인용되고, 또한 동시에 해설하는 본문과 구별되지 않는 문단들은 두 줄 간격으로 분리되어야 한다.[10]

앞머리를 들여 쓰는 것은 인용문이라는 것을 표시하기 위해서이다. 특히 상당히 긴 문장들을 많이 인용하는 논문에서, 이런 경우에는 인용 부호를 사용하지 않는다.[11]

이러한 방식은 매우 편리하다. 한눈에 인용된 텍스트들을 알아볼 수도 있고, 대충 읽어 볼 때에는 뛰어넘을 수도 있고, 만약 독자가 우리의 주석보다 인용된 텍스트에 더 관심이 많을 때에는 단지 그것들만 살펴볼 수 있고, 또한 마지막으로 참조하기 위해 인용문들을 찾을 때 곧바로 발견할 수 있기 때문이다.

**규칙 9** — 인용문은 원문에 **충실해야** 한다. 첫째로, 있는 그대로의 글자들을 옮겨 적어야 한다(그러기 위해서는, 논문을 작성한 후에 원본에서 인용문들을 확인하는 것이 언제나 좋다. 왜냐하면 원문을 손이나 타자기로 옮겨 적는 과정에서 오류나 누락이 생길 위험이 있기 때문이다). 둘째로, 아무런 표시 없이 텍스트의 일부를 삭제하지 말아야 한다. 그러한 **생략**의 표시는, 빠진 부분에 해당하는 곳에 줄임표(……)를 삽입하면 된다. 셋째로, 아무것도 덧붙이지 말아야 하고, 우리의 견해, 해설, 설명은 **대괄호** 또는 **사각 괄호** 안에 써야 한다. 원저자의 것이 아닌 우리의 강조 표시들도 명백히 밝혀야 한다. 다음에 한 예가 있다. 다음에 인용된 글에서는 무엇보다도, 필자가 해석하는 데 사용하는 것과는 약간 다른 규칙들이 제시되어 있다. 하지만 여기에서도 알 수 있는 것은, 균일하고 일관성 있게 사용되는 한 그 기준들은 여러 가지가 될 수 있다는 점이다.

인용문의 내부에서는…… 몇 가지 문제들이 발생할 수도 있다……. 텍스트의 일부분을 생략할 경우에는, 대괄호 안에 여섯 개의 구두점을 삽입하여 [반면에 우리는 단순하게 괄호 없이 여섯 개의 마침표를 제안했다] 그에 대한 표시를 한

---

10 Campbell & Ballou, *op. cit.*, p. 40 — 원주.
11 P. G. Perrin, *An Index to English*, 4th Ed. Chicago, Scott, Foresman and Co., p. 338 — 원주.

다. 그런데 만약 인용된 텍스트의 이해를 위하여 단어 하나를 덧붙일 경우에는, 그것을 사각 괄호 안에 삽입한다[현재 이 저자들은 프랑스 문학에 대해 말하고 있다는 사실을 잊지 말아야 한다. 프랑스 문학에서는 때로는 원래의 필사본에는 없는데 문헌학자가 있다고 가정하는 단어를 삽입하는 것이 필요할 경우도 있다].

................................................................................

프랑스어의 오류들을 피해야 할 필요성 및 **명백하고 정확한 이탈리아어로 써야 할** 필요성을 기억해야 한다[필자의 강조].[12]

만약 여러분이 인용하는 저자가, 비록 언급할 만한 가치가 있다고 하더라도, 문체나 내용상의 어떤 명백한 오류를 범하고 있다면, 여러분은 그의 오류를 그대로 존중해야 한다. 그러나 최소한 대괄호 안에 [*sic*(원문대로)]라는 표시로 독자에게 그것을 알려 주어야 한다. 그러므로 가령 사보이가 〈나폴레옹 보나파르트가 죽은 뒤, 1820년에 [*sic*], 유럽의 상황은 빛과 그림자로 가득 차 있었다〉고 주장했다고 쓸 수 있다. 그러나 만약 필자라면, 이 사보이는 인용하지 않을 것이다.

**규칙 10** — 인용한다는 것은 재판에 증거를 가져가는 것과 마찬가지이다. 여러분은 언제나 증인들을 찾을 수 있고 또한 그들이 믿을 만하다는 것을 증명할 수 있어야 한다. 그렇기 때문에 참조 표시는 **지극히 정확**해야 하며(어떤 책인지 또 몇 페이지인지 말하지 않으면서 어떤 저자를 인용하지는 않는다), 또한 모든 사람들에 의해 **확인될 수 있어야** 한다. 그렇다면 어떤 중요한 정보나 판단이 개인적인 통지문, 편지, 원고에서 나온다면 어떻게 해야 하는가? 다음과 같은 표현 중의 하나를 각주에 넣음으로써 그런 문장을 아주 잘 인용할 수 있을 것이다.

1. 저자의 개인적인 통지문(1975년 6월 6일).
2. 저자의 개인적인 편지(1975년 6월 6일).
3. 1975년 6월 6일자로 기록된 성명서.
4. C. Smith, *Le fonti dell'Edda di Snorri*, 원고.

12  R. Campagnoli & A. V. Borsari, *Guida alla tesi di laurea in lingua e letteratura francese*(프랑스어 및 프랑스 문학에 대한 졸업 논문 안내), Bologna, Patron, 1971, p. 32 — 원주.

5. C. Smith, 제12차 생리학 치료 학술 회의 보고서, 원고(현재 헤이그에 소재한 Mouton 출판사에서 출판 준비 중).

보는 바와 같이 출전 2, 4, 5에 대해서는 언제나 제시할 수 있는 자료들이 존재한다. 출전 3에 대해서는 약간 모호하다. 왜냐하면 〈기록〉이라는 용어만으로 그것이 녹음 기록인지 또는 펜으로 쓴 메모인지 아직 알 수 없기 때문이다. 출전 1에 대해서는 단지 저자만이 그것을 부정할 수 있을 것이다(하지만 저자는 그동안에 사망했을 수도 있다). 이러한 극단적인 경우 인용문을 최종 형태로 완성한 후에, 저자에게 편지로 통보하여 그가 자신에 대한 생각을 인정하고 또한 그 인용을 허용한다는 내용의 답장을 받는 것이 상례이다. 만약 **엄청나게** 중요하고 편집되지 않은 정보(가령 새로운 공식, 아직 공개되지 않은 연구의 결과)라면, 논문의 부록에다 허락받은 편지의 사본을 첨부하는 것이 좋으리라. 물론 그 정보의 저자가 평범한 사람이 아니라 유명한 학문적 권위를 가진 사람인 경우에 한해서 그렇다.

**사소한 규칙들** — 만약 여러분이 생략 부호(대괄호가 있거나 없는 줄임표)를 삽입할 때 정확히 하고자 한다면, 다음과 같이 구두점을 사용하면 된다.

만약 그다지 중요하지 않은 부분을 생략할 경우에는, …… 생략은 완전한 부분의 구두점 뒤에 나와야 한다. 만약 중심적인 부분을 생략할 경우에는……, 생략 부호는 쉼표 앞에 나온다.

시행들을 인용할 때에는 여러분이 참조로 하는 비평적 문헌의 용법들을 따르도록 하라. 어떤 경우든 단 한 줄의 시행은 본문 안에 인용될 수 있다. 가령 〈그 자그마한 여인은 시골에서 온다〉의 경우처럼. 두 행인 경우에는 본문에서 사선으로 분리하여 인용할 수 있다. 가령 〈높다랗고 말쑥한 보게리의 삼나무들은 / 산구이도에서부터 두 줄로 늘어서 있다〉. 그러나 더 긴 시구의 경우에는 앞머리를 들여 쓴 한 줄 떼기 방식으로 인용하는 것이 더 낫다.

그리고 우리 결혼하면,

나는 그대와 더욱더 행복하리.
그토록 나는 나의 로지 오그라디를 사랑하고
나의 로지 오그라디는 나를 사랑하노니.

만약 단 한 줄의 시행을 다루는데, 그것이 이어지는 기다란 분석의 대상이 될 경우에도 마찬가지이다. 가령 여러분이 베를렌의 시학의 기본적인 요소들을 다음과 같은 시행에서 이끌어 내고자 할 때 그렇다.

De la musique avant toute chose

이러한 경우에는 그것이 외국어로 된 시행이더라도 강조할 필요는 없다고 생각한다. 특히 논문이 베를렌에 관한 것일 경우에는 그러하다. 그렇지 않다면 수백 페이지를 모두 강조해야 할 것이다. 하지만 다음과 같이 쓸 수는 있다.

De la musique avant toute chose
*et pour cela préfère l'impair*
plus vague et plus soluble dans l'air,
sans rien en lui qui pèse et qui pose……
무엇보다도 먼저 음악을,
**그러기 위해서는 기수 각운(奇數脚韻)을 사랑하라**
공기 속에 용해되고 희미한
그 안에 아무런 무게와 흔적을 남기지 않는.

만약 분석의 핵심이 시행의 〈불일치〉 개념이라면, 위와 같이 〈필자의 강조〉를 명백히 밝히면서 인용할 수 있다.

### 5.3.2 인용, 부연 설명과 표절

독서 카드를 작성하면서 여러분은 관심을 끄는 저자를 여러 부분에서 요약했을 것이다. 말하자면 여러분은 **부연 설명**을 했으며 저자의 사상을 다른 말로 반복한 셈이다. 다른 경우에는 구절 전체를 인용 부호 안에 인용했다.

나중에 논문의 원고 쓰기에 들어갈 때, 아마도 여러분은 그 텍스트를 눈앞에 갖고 있지 않은 채 여러분의 카드에서 전체 구절을 옮겨 쓸 수도 있다. 그럴 경우 여러분이 옮겨 쓰는 구절들이 정말로 부연 설명인지, 또한 **인용 부호 없는 인용문**이 아닌지 분명히 해야 한다. 그 반대의 경우에 여러분은 **표절**을 범하게 된다.

이러한 형태의 표절은 논문에서 아주 일반적으로 나타난다. 학생은 앞이나 뒤의 페이지 각주에서 그 특정한 저자에 대해 언급하고 있다는 것을 밝히고 있기 때문에 양심상 꺼릴 것이 없다. 그러나 만약 독자가 우연히 그 페이지가 원래의 텍스트를 부연 설명하는 것이 아니라 실제적으로는 따옴표의 사용 없이 그대로 **베끼고** 있다는 것을 발견하면 좋지 않은 인상을 받게 된다. 그리고 이것은 단지 지도 교수에게만 해당되는 것이 아니라, 나중에 여러분의 논문을 출판하기 위해서나 또는 여러분의 능력을 평가하기 위해 읽어 보는 모든 사람에게 해당된다.

어떤 부연 설명이 표절이 아니라는 것을 어떻게 확신할 수 있는가? 무엇보다도 그것이 원문보다 짧다면 분명하다. 그렇지만 저자가 한 문장 또는 상당히 짧은 구절 안에서 지극히 핵심적인 여러 가지를 말했을 경우에는, 결과적으로 부연 설명이 원래의 구절보다 훨씬 더 긴 경우들도 있다. 그리고 그런 경우 절대 동일한 단어들을 쓰지 않도록 지나치게 예민하게 신경 쓸 필요는 없다. 왜냐하면 때로는 어떤 용어들을 그대로 놔두는 것이 불가피하거나 유용할 수도 있기 때문이다. 텍스트가 눈앞에 없는데도 여러분이 그것을 부연 설명할 수 있을 때에는 더욱 확실한 증거가 된다. 그것은 여러분이 그걸 베끼지 않았을 뿐만 아니라 잘 이해했다는 것을 의미한다.

이 점을 좀 더 분명히 밝히기 위해, 필자는 지금 — 1)번 예에서 — 어떤 책의 한 구절(노르만 콘의 『묵시록의 광신자들』)을 인용하고자 한다.

2)번 예에서는 합리적인 부연 설명의 예를 제시하겠다.

3)번 예에서는 표절이라 할 수 있는 **잘못된 부연 설명**의 예를 제시하겠다.

4)번 예에서는 3)번 예와 동일하지만 솔직하게 인용 부호를 사용함으로써 표절을 피한 예를 보여 주겠다.

### 1) 원래의 텍스트

적그리스도의 출현은 더욱 엄청난 긴장감을 유발했다. 몇 세대에 걸쳐 사람들은 파괴자 악마를 끊임없이 기다렸다. 그 악마의 왕국은 실제로 무법의 혼란, 파괴와 약탈, 고문과 대량 학살을 겪게 될 것이지만, 또한 동시에 그것은 그토록 열망하던 결론의 서곡, 예수의 재림과 성자들의 왕국이 될 것이다. 사람들은, 예언적 전통에 의하면, 마지막 〈혼란의 시대〉를 예고하고 동반해 올 〈징조〉들에 신경을 곤두세우고 언제나 긴장하고 있었다. 그리고 그 〈징조〉들은 사악한 통치자, 내분, 전쟁, 가뭄, 기근, 전염병, 혜성, 유명한 사람들의 갑작스러운 죽음, 전반적인 죄악의 증가를 포함하고 있었으므로, 그것을 발견하는 데 전혀 어려움이 없었다.

### 2) 성실한 부연 설명

이 점에 대해서 아주 명백한 사람은 콘이다.[13] 그는 그 시기, 즉 적그리스도에 대한 기다림은, 고통과 무질서를 가져올 악마의 왕국에 대한 기다림이면서 동시에 소위 재림, 예수의 재림 *Parusia*, 승리하는 예수의 복귀에 대한 서곡이 되는 그 시기의 전형적인 긴장의 상황을 묘사하고 있다. 그리고 비참한 사건들, 약탈, 살육, 기근과 전염병이 지배하는 시대에는, 예언서들이 항상 적그리스도 출현의 전형적인 징후로 말해 왔던 그런 징후들에 상응하는 〈징조〉들이 사람들에게 없지는 않았다.

### 3) 잘못된 부연 설명

콘에 의하면…… (저자가 다른 장들에서 표현한 견해들의 목록이 이어진다).

---

13 Norman Cohn, *I fanatici dell'Apocalisse*, Milano, Comunità, 1965, p. 128 — 원주.

다른 한편으로 잊지 말아야 할 것은, 적그리스도의 출현이 더욱 엄청난 긴장감을 유발했다는 사실이다. 여러 세대의 사람들은 파괴자 악마를 끊임없이 기다렸다. 그 악마의 왕국은 실제로 무법의 혼란, 파괴와 약탈, 고문과 대량 학살을 겪게 될 것이지만, 또한 동시에 그것은 그토록 열망하던 결론의 서곡, 예수의 재림과 성자들의 왕국이 될 것이다. 사람들은, 예언자들의 말에 의하면, 마지막 〈혼란의 시대〉를 동반하고 예고할 징조들에 신경을 곤두세우고 언제나 긴장하고 있었다. 그리고 그 징조들은 사악한 통치자, 내분, 전쟁, 가뭄, 기근, 전염병, 혜성, 게다가 유명한 사람들의 갑작스러운 죽음(전반적인 죄악의 증가 이외에) 등을 포함하고 있었으므로, 그것을 발견하는 데 전혀 어려움이 없었다.

### 4) 표절은 아니지만 거의 텍스트에 가까운 부연 설명

앞서 인용한 콘은, 다른 한편으로 〈적그리스도의 출현이 더욱 엄청난 긴장감을 유발했다〉는 사실을 상기시키고 있다. 여러 세대의 사람들은 파괴자 악마를 끊임없이 기다렸다. 〈그 악마의 왕국은 실제로 무법의 혼란, 파괴와 약탈, 고문과 대량 학살을 겪게 될 것이지만, 또한 동시에 그것은 그토록 열망하던 결론의 서곡, 예수의 재림과 성자들의 왕국이 될 것이다〉.

사람들은, 예언자들의 말에 의하면, 마지막 〈혼란의 시대〉를 동반하고 예고할 징조들에 신경을 곤두세우고 언제나 긴장하고 있었다. 그런데 콘이 주목하는 바에 의하면, 그러한 징조들은 〈사악한 통치자, 내분, 전쟁, 가뭄, 기근, 전염병, 혜성, 유명한 사람들의 갑작스러운 죽음, 전반적인 죄악의 증가 등을 포함하고 있었으므로, 그것을 발견하는 데 전혀 어려움이 없었다.〉[14]

그렇다면 분명한 것은, 4)번의 예처럼 부연 설명을 하려고 수고를 하느니 차라리 전체 구절을 그대로 인용문으로 옮겨 적는 것이 낫다는 사실이다. 하지만 그러기 위해서는 여러분의 독서 카드에 이미 전체적으로 옮겨 적은 구절이 있거나, 아니면 의심할 바 없는 부연 설명이 있어야 한다. 여러분이 논문을 직접 쓰기 시작할

---

14  N. Cohn, *I fanatici dell'Apocalisse*, Milano, Comunità, 1965, p. 128 — 원주.

무렵에는, 카드 정리를 할 때 무엇을 했는지 더 이상 기억할 수 없으므로, 처음부터 올바른 방식으로 작업을 할 필요가 있다. 만약 카드상에 인용 부호가 없다면, 여러분이 쓴 것은 표절이 아니라 부연 설명이라는 것을 분명히 해두어야 한다.

## 5·4 페이지 아래의 각주

### 5·4·1 주는 어디에 필요한가

상당히 널리 확산된 의견에 의하면, 수많은 주가 있는 논문이나 책들은 박식함을 자랑하는 속물 근성의 예이며, 독자의 눈을 흐리게 하려는 시도라고 한다. 물론 많은 저자들이 풍부한 주로써 자신의 연구가 중요하다는 인상을 주려고 하거나, 또한 어떤 저자들은 아마도 자기가 조사한 비평적 문헌에서 무조건 **빼내 온** 비본질적인 자료들로 주들을 가득 채우고 있다는 사실을 전적으로 배제할 수는 없다. 그러나 그렇다고 해서 주가 올바르게 사용되었을 경우 도움이 된다는 점을 무시할 수는 없다. 그 올바른 방법이 무엇인지 간단하게 말할 수는 없다. 왜냐하면 논문의 유형에 따라 다르기 때문이다. 그렇지만 우리는 주가 도움을 주는 경우들과 어떻게 주를 작성하는지 밝혀 보기로 하자.

1) **주는 인용의 출처를 표시하는 데 이용된다.** 만약 출처가 본문 안에 표시되어야 한다면, 그 페이지를 읽기가 무척 어려울 것이다. 물론 주를 사용하지 않고 본문 안에서 필수적인 참조 표시를 하는 방법들이 있다. 5·4·3에 설명된 저자-연도 방식을 참조하라. 그러나 일반적으로 주는 특히 그러한 목적에 이용된다. 참고 문헌적 참조의 주일 경우에는, 책이나 장의 끝 부분보다는 **페이지의 아래**에 두는 것이 좋다. 왜냐하면 무엇에 대해 말하고 있는지 한눈에 곧바로 확인할 수 있기 때문이다.

2) **주는 본문에서 논의된 테마에 관하여 그것을 뒷받침하는 다른 참고 문헌적 표시들을 덧붙이는 데에 이용된다.** 가령 〈이 테마에 대해서는 이러이러한 책도 역시 참조하시오〉의 경우에도 역시 페이지 아래의 각주로 하는 것이 편리하다.

3) **주는 내부 및 외부 참조 지시에 이용된다.** 우리가 어떤 테마를 다루었으면, 주

에다 〈*cfr.*〉(이것은 〈참조하시오〉라는 의미이며, 다른 책이나 우리 논의의 다른 장 또는 본문을 보라는 의미이다)라는 말을 덧붙일 수 있다. 내부 참조 지시는 그것이 핵심적인 것일 경우에는 본문 안에서 할 수도 있다. 이에 대한 실례는 바로 여러분이 읽고 있는 이 책이다. 이 책에서는 이따금 다른 항목에 대한 참조 지시가 나온다.

4) **주는 뒷받침하는 인용문**(본문 안에서는 방해가 될 수도 있는)**을 도입하는 데 이용된다.** 말하자면 본문 안에서 여러분은 어떤 주장을 한 다음에, 논의의 맥락을 잃지 않기 위해, 곧바로 그다음 주장으로 넘어간다. 그러나 첫 번째 주장 다음에, 주에다 참조 표시를 함으로써 어떤 유명한 권위자가 여러분의 주장을 확인한다는 것을 증명할 수도 있다.[15]

5) **주는 여러분이 본문에서 주장한 것을 확대하는 데 이용된다.**[16] 이런 의미에서 주는 매우 유용하다. 왜냐하면 아무리 중요하다 할지라도 여러분의 테마에 비추어 볼 때 주변적인 관찰들, 또는 다른 관점에서 볼 때 여러분이 이미 본질적으로 언급한 것을 반복하는 견해들을 본문에 직접 집어넣음으로써, 본문이 무거워지는 것을 막아 주기 때문이다.

6) **주는 본문의 주장들을 수정하는 데 이용된다.** 여러분이 주장한 것에 대해 확신을 갖고는 있지만, 그것에 동의하지 않는 사람도 있다는 사실을 여러분이 의식하고 있거나, 또는 다른 관점에서는 여러분의 주장에 대해 이의를 제기할 수 있다고 생각할 수도 있다. 그럴 경우 부분적으로 환원적인 주를 삽입하는 것이, 바로 학문적 성실함뿐만 아니라 비판적 정신의 증거가 될 것이다.[17]

15 〈공통적으로 알고 있는 소재가 아닌 사실들에 대한 모든 중요한 주장들은⋯⋯ 그 타당성의 증거에 기초를 두어야 한다. 이것은 본문에서, 페이지의 각주에서, 또는 두 군데 모두에서 할 수 있다〉(Campbell & Ballou, 앞의 책, 50면) ― 원주.

16 내용에 관한 주는 본문의 몇몇 부분들을 논의하거나 확대하는 데 이용될 수도 있다. 예를 들면 캠벨과 발로(앞의 책, 50면)는, 전문적인 논의, 부수적인 논평, 논리적 귀결, 추가 정보들 등은 주에 넣는 것이 유리하다고 말하고 있다 ― 원주.

17 주가 유용하다고 말했지만, 실제로는 캠벨과 발로(앞의 책, 50면)도 강조하듯이, 다음 사항을 분명히 해두어야 한다. 즉 〈정교한 작업을 목적으로 하는 주의 사용은 상당한 신중함을 필요로 한다. 중요하고 의미 있는 정보들이 주에 들어가지 않도록 주의해야 한다. 직접적으로 중요한 생각과 본질적인 정보들은 본문 안에 나타나야 한다〉. 다른 한편으로, 동일한 저자들이 말하는 바와 같이, 〈모든 각주는 실제적으로 자기 고유의 존재를 정당화해야 한다〉. 단지 모양을 갖추기 위해 집어넣은 것처럼 보이고, 또한 그 논의에 대해 전혀 중요한 것을 말하지 않는, 그러한 주들보다 더 짜증나는 것은 없다 ― 원주.

7) 주는, 외국어를 그대로 제시하는 것이 필요한 인용문의 **번역문**을 제공하거나, 또는 논의의 매끄러운 진행을 위해 번역문으로 제시하는 것이 편리한 인용문을 **확인하기 위한 원문**을 제공하는 데에 이용된다.

8) **주는 빚을 갚는 데 이용된다.** 우리가 어떤 문장을 이끌어 낸 책을 인용한다는 것은 바로 빚을 갚는 일이다. 어떤 사상 또는 정보를 제공한 저자를 인용한다는 것은 바로 빚을 갚는 일이다. 그러나 때로는 자료 확인이 어려운 빚을 갚아야 하는 경우도 있다. 가령 우리가 설명하고 있는 원래의 사상들은, 어떤 저술을 읽음으로써 또는 어떤 학자와의 개인적인 대화에서 자극을 받지 못했으면 나올 수 없었으리라는 것을 주에서 밝히는 것이 학문적 정확함의 규정이기도 하다.

1), 2), 3)과 같은 유형의 주는 페이지 아래에 두는 것이 유리하고, 4)와 8)의 주는 장의 끝이나 논문의 끝에 올 수도 있다. 특히 주가 아주 길 때에 그렇다. 그렇지만 **주는 절대로 지나치게 길지 않아야 한다**고 말할 수 있다. 그렇지 않다면 그것은 주가 아니라 하나의 부록이며, 그렇다면 부록으로서 논문의 끝에 덧붙여야 한다. 어쨌든 일관성이 있어야 한다. 즉 모든 주들을 페이지 아래에 두거나, 아니면 모든 주들을 각 장의 끝에 둔다. 아니면 짧은 주들은 페이지 아래에 두고 부록은 논문의 끝에 붙인다.

그리고 다시 한 번 기억해야 할 것은, 만약 여러분이 동질적인 출전, 어느 단일 저자의 저술, 어느 일기의 글들, 원고나 편지, 또는 자료들이나 수집물 등을 조사하고 있다면, 논문의 서두에서 여러분의 출전들에 대한 약자들을 미리 설정하고, 본문 안에서 각각의 인용 또는 참조 표시에 대해, 괄호 안에다 자료나 페이지 번호가 적힌 약자를 삽입함으로써 간단하게 주를 피할 수도 있다. 고전 작품들의 인용에 대한 3·2·3을 참조하고 그 용법들을 따르도록 하라. 미뉴의 『라틴 교부들의 저술 집대성』 안에 출간된 중세의 저자들에 대한 논문에서는, 가령 (*PL*, 30, 231) 하는 식으로 본문 중에서 괄호 안에 넣음으로써 수백 개의 주를 피할 수도 있을 것이다. 본문이나 또는 부록에 있는 도표, 표, 그림들에 대한 참조 지시도 이와 동일한 방식으로 할 수 있다.

### 5.4.2 인용 – 주 방식

그렇다면 이제 참고 문헌 지시를 위한 수단으로서의 주의 용법을 고찰해 보기로 하자. 만약 본문 중에서 어떤 저자에 대해 언급하거나 그의 몇몇 구절들을 인용한다면, 그에 해당하는 주는 적절한 참고 문헌 표시를 제공한다. 이러한 방식은 매우 편리하다. 만약 주가 페이지 아래에 있다면, 독자는 어떤 저술에 대해 언급하고 있는지 곧바로 알 수 있기 때문이다.

그러나 이러한 방식은 필연적으로 이중적인 작업을 부여한다. 왜냐하면 주에서 인용된 바로 그 저술들이 나중에 최종적인 참고 문헌 목록에도 다시 나와야 하기 때문이다(희귀한 경우들은 예외이다. 가령 논문의 특수한 참고 문헌과는 전혀 관계가 없는 저자를 주에서 인용하는 경우가 그렇다. 예를 들면 천문학 논문에서 〈태양과 다른 별들을 움직이는 사랑〉[18]이라는 구절을 인용할 경우에는 주만으로 충분할 것이다).

사실 인용된 저술들이 이미 주에 나와 있으므로 최종적인 참고 문헌 목록은 불필요하다고 말할 수는 없다. 실제로 최종적인 참고 문헌 목록은 참고한 자료들을 한눈에 살펴보는 데 도움을 주며, 논의된 문헌에 대한 총괄적인 정보를 이끌어 내는 데 도움을 준다. 그리고 독자로 하여금 모든 페이지마다 각주에서 원문을 찾아보도록 강요하는 것은 무례한 태도이리라.

그 외에 참고 문헌 목록은, 주에 비해 더욱 완벽한 정보들을 제공한다. 예를 들면 어떤 외국 저자를 인용할 때 주에서는 단지 원어로 된 제목만을 제시하고, 반면에 참고 문헌 목록에서는 번역판의 존재를 인용할 수 있다. 또한 주에서는 통상적으로 저자를 **이름과 성**으로 인용하는 반면에, 참고 문헌에서는 성과 이름별로 알파벳 순서로 정리한다. 게다가 만약 어떤 논문이 잡지에 초판으로 실렸다가 나중에 훨씬 더 찾기 쉽도록 논문집에 재인쇄되었다면, 주에서는 단지 두 번째 판을 논문집의 페이지와 함께 인용할 수 있다. 반면에 참고 문헌 목록은 무엇보다도 초판의 자

---

18 단테, 『신곡』, 「천국」편, 제33곡, 145행 — 원주.

**표 16  인용-주 방식으로 된 페이지의 예**

촘스키[1]는, 카츠와 포도르[2]의 해석적 의미론의 원리를 인정하고 있는데, 그 원리에 의하면 언술의 의미는 그 요소 성분들의 의미들의 총합이다. 그러나 촘스키는 어떠한 경우든 심층적 구문 구조가 의미를 결정하는 주요 요인이라는 주장을 포기하지 않는다.[3]

물론 이러한 최초의 입장에서 촘스키는 좀 더 정교한 입장에 도달했다.

그러나 이러한 입장은 이미 초기의 저술들에서 예고되었으며, 그 저술들에 대한 논의를 통해 그는 「심층 구조, 표면 구조 및 의미론적 해석Deep Structure, Surface Structure and Semantic Interpretation」[4]이라는 논문에서 그런 입장을 요약적으로 보여 주고 있다. 여기에서는 심층 구조와 표면 구조 사이의 중간에 자리잡은 의미론적 해석을 제시하고 있다. 예를 들어 라코프Lakoff[5]와 같은 다른 저자들은, 논리적-의미론적 형식이 바로 동일한 구문론적 구조를 발생시킨다는 발생론적 의미론을 세우려고 시도하고 있다.[6]

1 이러한 경향에 대한 충분한 개관을 위해서는 Nicolas Ruwet, *Introduction à la grammaire générative*, Paris, Plon, 1967 참조.
2 Jerrold J. Katz & Jerry A. Fodor, "The Structure of a Semantic Theory", *Language* 39, 1963.
3 Noam Chomsky, *Aspect of a Theory of Syntax*, Cambridge, M.I.T., 1965, p. 162.
4 D. D. Steinberg & L.A. Jakobovits 편, *Semantics*, Cambridge, Cambridge University Press, 1971 중에서.
5 "On Generative Semantics", AAVV(여러 저자), *Semantics, cit.*
6 동일한 계열에서 James McCawley, "Where do noun phrases come from?" in AAVV, *Semantics, cit.*

표 17  이에 해당하는 표준 참고 문헌의 예

AAVV, *Semantics: An Interdisciplinary Reader in Philosophy, Linguistics and Psychology*, Steinberg, D. D. & Jakobovits, L. A. 편, Cambridge, Cambridge University Press, 1971, pp. X~604.

Chomsky, Noam, *Aspects of a Theory of Syntax*, Cambridge, M.I.T. Press, 1965, pp. XX~252(이탈리아어 번역은 *Saggi linguistici* 2, Torino, Boringhieri, 1970에 실림).

_____, "De quelques constantes de la théorie linguistique", *Diogène* 51, 1965(이탈리아어 번역은 AAVV, *I problemi attuali della linguistica*, Milano, Bompiani, 1968에 실림).

_____, "Deep Structure, Surface Structure and Semantic Interpretation", *Studies in Oriental and General Linguistics*, Jakobson, Roman 편, Tokyo, TEC Corporation for Language and Education Research, 1970, pp. 52~91; 현재는 AAVV, *Semantics* (v.), pp. 183~216에 실림.

Katz Jerrold J. & Fodor Jerry A., "The Structure of a Semantic Theory", *Language* 39, 1963(현재는 AAVV, *The Structure of Language*, Katz, J. J. & Fodor, J. A. 편, Englewood Cliffs, Prentice-Hall, 1964, pp. 479~518에 실림).

Lakoff, George, "On Generative Semantics", AAVV, *Semanitcs* (참조), pp. 232~296.

McCawley, James, "Where do noun phrases come from?", AAVV, *Semantics* (참조), pp. 217~231.

Ruwet, Nicolas, *Introduction à la grammaire générative*, Paris, Plon, 1967, p. 452.

료를 기록해야 한다.

〈표 16〉에서는 페이지 아래에 여러 개의 주가 있는 논문 한 페이지의 예를 보여 주고, 맞은편의 〈표 17〉에서는 그 동일한 참고 문헌 표시들이 최종적인 참고 문헌 목록에서는 어떻게 나타나는지 보여 주고 있다. 그러므로 그 차이들을 주목할 수 있을 것이다.

곧바로 미리 말해 둘 것은, 예로 제시한 텍스트는 다양한 형태의 많은 참조들을 실을 수 있도록 **임시로** 구성된 것이다. 따라서 필자는 그 신뢰성이나 개념적인 정확함을 장담할 수는 없다.

또 한 가지 말해 둘 것은, 간단함을 기하기 위해 참고 문헌은 3·2·3에 열거된 정확함과 완벽함의 요구를 무시하고 핵심적인 자료들만으로 제한했다는 점이다.

〈표 17〉에서 우리가 표준 참고 문헌이라 부르는 것은 다양한 형태를 취할 수 있을 것이다. 즉 저자들을 소문자로 표기할 수도 있고, AAVV(여러 저자)로 표기된 책들을 단지 편자의 이름만으로 표시할 수도 있다.

우리가 볼 수 있는 바와 같이, 주들은 참고 문헌 목록보다 더 자유롭고, 초판을 인용하는 데 구애받지도 않고, 단지 그 텍스트를 확인시키는 것만을 목적으로 하고 있다. 그 텍스트에 대한 완벽한 정보는 참고 문헌 목록으로 돌리고 있다. 또한 꼭 필요한 경우에만 페이지를 표시하고, 언급되는 책이 몇 페이지인지, 또 그 책이 번역되어 있는지 말하지도 않는다. 최종 참고 문헌이 있기 때문이다.

이러한 방식의 결점은 무엇인가? 주 5를 예로 들어 보자. 그 주는 라코프의 논문이 인용된 AAVV, 『의미론』 안에 들어 있다고 말해 준다. 그렇다면 어디에서 인용되었는가? 다행히도 주 4에서 인용되었다. 그러면 만약 10페이지 앞에서 인용되었다면? 편리함을 위하여 인용을 반복해야 하는가? 독자가 참고 문헌 목록에서 확인하도록 내버려 두어야 하는가? 그렇지만 그런 경우에는 잠시 후에 언급할 저자-연도 방식이 더욱 편리하다.

### 5·4·3 저자-연도 방식

많은 학문에서는(그리고 최근에는 더욱 많아지는데) 단지 참조하고 논의하는 주들만을 그대로 유지하고, 나머지 모든 참고 문헌 표시의 주들을 생략하는 방식을 많이 사용하고 있다.

이 방식은, 최종 참고 문헌 목록에서 저자의 이름과 그 책 또는 논문의 초판 발행 연도를 밝힌다는 것을 전제로 한다. 그러므로 참고 문헌 목록은 다음과 같은 형태 중의 하나를 선택적으로 취한다.

Corigliano, Giorgio
1969    *Marketing-Strategie e tecniche*, Milano, Etas Kompas S.p.A. (제2판, 1973, Etas Kompas Libri), p. 304.

CORIGLIANO, Giorgio
1969    *Marketing-Strategie e tecniche*, Milano, Etas Kompas S.p.A. (제2판, 1973, Etas Kompas Libri), p. 304.

Corigliano, Giorgio, 1969, *Marketing-Strategie e tecniche*, Milano, Etas Kompas S.p.A. (제2판, 1973, Etas Kompas Libri), p. 304.

이러한 참고 문헌 목록은 무슨 도움을 주는가? 이것은 여러분이 본문에서 이 책에 대해 언급해야 할 때, 페이지 아래의 설명이나 각주, 인용을 피하면서 다음과 같이 작업할 수 있도록 해준다.

기존의 생산물들에 대한 연구에서 〈견본의 크기 역시 검사의 구체적인 요구들을 좌우하는 기능을 한다〉(Corigliano, 1969: 73). 그러나 코릴리아노 자신은, 그런 범위의 정의는 편리함의 정의를 이룬다고 정의했다(1969: 71).

그렇다면 독자는 무엇을 하는가? 독자는 최종적인 참고 문헌을 참조하여, (Corigliano, 1969: 73)라는 표시는 바로 〈*Marketing*…… 이라는 책의 73페이지〉를 의미한다는 것을 알게 된다.

표 18   〈표 16〉을 저자-연도 방식으로 재구성한 동일한 페이지

촘스키(1965a: 162)는, 카츠와 포도르(Katz & Fodor, 1963)의 해석적 의미론의 원리를 인정하고 있는데, 그 원리에 의하면 언술의 의미는 그 요소 성분들의 의미들의 총합이다. 그러나 촘스키는 어떠한 경우든 심층적 구문 구조가 의미를 결정하는 주요 요인이라는 주장을 포기하지 않는다.[1]

물론 이러한 최초의 입장에서 촘스키는 좀 더 정교한 입장에 도달했다. 그러나 이러한 입장은 이미 초기의 저술들(Chomsky, 1965a: 163)에서 예고되었으며, 그 저술들에 대한 논의를 통해 그는 Chomsky, 1970에서 그런 입장을 요약적으로 보여 주고 있다. 여기에서는 심층 구조와 표면 구조 사이의 중간에 자리 잡은 의미론적 해석을 제시하고 있다. 다른 저자들(예를 들어 Lakoff, 1971)은, 논리적-의미론적 형식이 바로 동일한 구문론적 구조를 발생시킨다는 발생론적 의미론을 세우려고 시도하고 있다(McCawley, 1971도 역시 참조).

---

[1] 이러한 경향에 대한 충분한 개관을 위해서는 Nicolas Ruwet, 1967 참조.

표 19 이에 해당하는 저자-연도 방식의 참고 문헌의 예

Chomsky, Noam
1965a     *Aspects of a Theory of Syntax*, Cambridge, M.I.T. Press, 1965, pp. XX~252(이탈리아어 번역은 Chomsky, N., *Saggi linguistici* 2, Torino, Boringhieri, 1970에 실림).
1965b     "De quelques constantes de la théorie linguistique", *Diogène* 51(이탈리아어 번역은 AAVV, *I problemi attuali della linguistica*, Milano, Bompiani, 1968에 실림).
1970     "Deep Structure, Surface Structure and Semantic Interpretation", in Jakobson, Roman 편, *Studies in Oriental and General Linguistics*, Tokyo, TEC Corporation for Language and Education Research, pp. 52~91; 현재는 Steinberg & Jakobovits, 1971, pp. 183~216에 실림.

Katz, Jerrold J. & Fodor, Jerry A.
1963     "The Structure of a Semantic Theory", *Language* 39(현재는 Katz, J. J., & Fodor, J. A., *The Structure of Language*, Englewood Cliffs, Prentice-Hall, 1964, pp. 479~518에 실림).

Lakoff, George
1971     "On Generative Semantics", in Steinberg & Jakobovits, 1971, pp. 232~296

McCawley, James
1971     "Where do noun phrases come from?", in Steinberg & Jakobovits, 1971, pp. 217~231.

Ruwet, Nicolas
1967     *Introduction à la grammaire générative*, Paris, Plon, p. 452.

Steinberg, D. D. & Jakobovits L. A. 편
1971     *Semantics: An Interdisciplinary Reader in Philosophy, Linguistics and Psychology*, Cambridge, Cambridge University Press, 1971, pp. X~604.

이러한 방식은 본문을 엄청나게 줄여 주며, 주를 80퍼센트 정도 없애 준다. 그 외에 원고 작성의 단계에서 어느 한 책(그리고 참고 문헌 목록이 방대할 때에는 수많은 책들)의 자료들을 **단 한 번** 옮겨 적도록 해준다.

그러므로 이것은 특히 여러 권의 책을 계속해서 인용하거나, 동일한 책을 아주 빈번하게 인용해야 할 때에 권장할 만한 방식이다. 그럼으로써 *ibidem, op. cit.* 등으로 된 아주 귀찮은 작은 주들을 피할 수 있다. 이것은 테마와 관련된 문헌에 대하여 치밀한 조사를 할 때에는 거의 필수 불가결한 방식이다. 실제로 다음과 같은 문장을 예로 들어 보자.

이 문제는, 슈툼프(1945: 88~100), 리가부에(1956), 아치몬티(1957), 포를림포폴리(1967), 콜라치키(1968), 포지본시(1972), 즈비니에브스키(1975)에 의해서 광범위하게 다루어진 반면에, 바르바페다나(1950), 푸가차(1967), 인그라시아(1970)에 의해서는 전혀 고려되지 않고 있다.

만약 이러한 인용 각각에 대하여 그 저술을 표시한 주를 넣어야 한다면, 그 페이지는 엄청나게 많은 주들로 넘칠 것이다. 게다가 독자는 해당 문제에 대한 관심의 전개 과정, 시간의 경과를 그토록 분명하게 한눈에 볼 수 없을 것이다.

그러나 이 방식은 다음과 같은 몇 가지 조건하에서만 제대로 기능한다.

1) 여러분의 논문의 예상 독자들이 이미 잘 알고 있는, 매우 **동질적이고 전문적인** 참고 문헌이어야 한다. 가령 위에 인용된 조사가 (지극히 전문적인 테마인) 양서동물들의 성(性) 행태에 관한 것이라면, 〈Ingrassia, 1970〉이라는 표시는 『양서 동물들에서의 출생 제한』이라는 책을 의미한다는 걸 독자가 미리 알고 있을 것을 전제로 한다(또는 최소한 그것이 인그라시아의 최근 연구들 중의 하나이며, 따라서 인그라시아의 이미 널리 알려진 1950년대의 연구들과는 다른 방식의 연구라는 것을 독자가 직감할 것을 전제로 한다). 그러나 만약 여러분이, 예를 들어 소설가, 시인, 정치가, 철학자, 경제학자들을 많이 인용하는, 20세기 전반기의 이탈리아 문화에 대한 논문을 준비한다고 하면, 이러한 방식은 제대로 기능하지 못한다. 왜냐하면 그 누구도 연도만으로 책을 알아볼 수는 없기 때문이다. 어느 한 전문적인 분야

에서는 알아볼 수 있을지라도, 모든 분야에서 그럴 수는 없을 것이다.

2) **근대적인** 참고 문헌, 또는 최소한 지난 두 세기 이내의 참고 문헌이어야 한다. 그리스 철학에 대한 연구에서는 아리스토텔레스의 책을 출판 연도에 따라 인용하지 않는다(상당히 합리적인 이유로 그렇다).

3) **박식하고 과학적인** 참고 문헌이어야 한다. 일반적으로 소설 『무관심한 사람들』을 가리키기 위해 〈Moravia, 1929〉라고 쓰지는 않는다. 만약 여러분의 논문이 이러한 조건들을 충족하고 이러한 제한들에 상응한다면, 저자-연도 방식은 권장할 만하다.

〈표 18〉에서 여러분은 〈표 16〉의 페이지를 새로운 방식에 따라 재작성한 것을 볼 수 있을 것이다. 그 첫 번째 결과로서, 여기에서는 여섯 개의 주 대신에 단 하나의 주만으로 페이지가 **더욱 간략하다**는 것을 알 수 있을 것이다. 이에 해당하는 참고 문헌(〈표 19〉)은 좀 더 길기는 하지만 더욱 명확하다. 동일한 저자의 저술들이 이어지는 순서가 곧바로 눈에 띄며(동일 저자의 저술이 한 해에 두 권 나왔을 경우에는, 통상 거기에다 알파벳 문자를 덧붙임으로써 날짜를 구체적으로 명시한다는 것을 볼 수 있다), 또한 동일한 참고 문헌에 대한 내부 참조 지시가 더욱 신속하다.

이 참고 문헌 목록에서는 AAVV(여러 저자)가 사라졌고, 논문집은 편자의 이름 아래 나와 있다는 것을 볼 수 있으리라(실제로 〈AAVV, 1971〉은 수많은 책들을 지칭할 수 있기 때문에 아무런 의미도 없다).

또한 논문집에 나오는 논문들을 기록하는 것 이외에, 때로는 참고 문헌 안에는 — 편자의 이름 아래 — 그 논문들이 실린 논문집도 포함되어 있음을 볼 수 있다. 그러나 때로는 논문집은 그 논문에 관한 항목에서만 인용되고 있다. 그 이유는 간단하다. 가령 〈스타인버그 & 야코보비츠, 1971〉과 같은 논문집은, 많은 논문들(촘스키, 1971; 라코프, 1971; 매컬리, 1971)이 준거로 하고 있기 때문에, 그 자체로서 인용되고 있다. 그런데 카츠와 포도르가 편찬한 『언어의 구조』와 같은 책은, 동일 저자들의 논문 「의미론 이론의 구조」와 관련된 항목에서만 인용된다. 왜냐하면 참고 문헌 목록 안에는 그 책을 준거로 한 다른 논문들이 없기 때문이다.

마지막으로 이 방식은 어떤 텍스트가 언제 처음으로 출판되었는지 곧바로 알 수 있도록 해준다. 비록 우리가 나중에 나온 판들을 통해 그것을 알 수 있더라도 그렇다. 그 때문에 저자-연도 방식은 어느 전문적인 학문에 대한 동질적인 논문들에서 특히 유용하다. 그런 학문 분야에서는 종종 어느 특정한 이론을 누가 맨 처음 제시했는지, 또는 어느 특정한 경험적인 연구를 누가 맨 처음 했는지 아는 것이 중요하기 때문이다.

가능한 경우 이러한 저자-연도 방식이 바람직한 또 다른 이유가 있다. 가령 여러분이 페이지 아래의 각주가 매우 많아서 각 장별로 번호를 매기더라도 125번까지 나가는 논문을 완성하여 타자로 쳤다고 가정해 보자. 갑자기 절대 무시할 수 없는 어느 저자의 인용을 빠뜨렸다는 것을 발견했는데, 그것을 바로 장의 첫머리에 인용해야 한다고 가정해 보자. 여러분은 그 새로운 주를 삽입해야 하고 또한 125번까지 모든 번호를 바꾸어야 한다!

저자-연도 방식으로는 이러한 문제가 발생하지 않는다. 여러분은 간단하게 저자의 이름과 연도를 괄호 안에 적어 본문 안에 집어 넣고, 나중에 참고 문헌 총 목록 안에 그 항목을 덧붙이기만 하면 된다(펜으로, 또는 단 한 페이지만 다시 타자하면 된다).

하지만 이미 타자한 논문에까지 이를 필요도 없다. 원고를 작성하는 동안에도 주를 첨가한다는 것은 번호를 다시 매기는 번거로운 문제들을 야기한다. 반면에 저자-연도 방식에는 그런 귀찮음이 없다.

그런 방식이 참고 문헌상 매우 동질적인 논문들에 해당된다면, 최종적인 참고 문헌 목록은 잡지, 지침서, 기록물들에 대해서는 다양한 약자를 활용할 수도 있다. 다음에 두 가지 참고 문헌의 예가 있는데, 하나는 자연 과학 문헌이고 다른 하나는 의학 문헌이다.

Mensil, F. 1896. Etudes de morphologie externe chez les Annélides. *Bull. Sci.* France Belg. 29: 110~287.

Adler, P. 1958. Studies on the Eruption of the Permanent Teeth, Acta Genet. et Statist. *Med.*, 8 : 78 : 94.

이것이 무엇을 의미하는지 필자에게 묻지 마라. 이런 유형의 출판물을 읽는 사람은 그것을 이미 알고 있다는 원칙에서 출발한다.

### 5.5 주의 사항, 함정, 관례

과학적 작업에서 통상 사용되는 기교들은 무수하게 많으며, 여러분이 빠질 수 있는 함정들도 무수하게 많다. 이 짧은 글의 범위 안에서는 단지 순서 없이 일련의 주의 사항들만을 제시하고자 한다. 그런 주의 사항들은 논문을 작성하는 동안에 통과해야 할 〈힘겨운 바다〉만큼이나 끝이 없다. 이 간략한 주의 사항들은 여러분들이 나름대로 발견해야 할 수많은 다른 위험들을 스스로 깨닫도록 하는 데 도움이 될 뿐이다.

**일반적으로 알려진 개념들에 대해서는 참고 자료나 출전을 제시하지 마라.** 그 누구도 〈나폴레옹은, 루트비히가 말하는 바에 의하면, 세인트 헬레나에서 사망했다〉라고 쓰려고 생각하지 않을 것이다. 하지만 종종 그런 순진한 잘못을 저지르기도 한다. 〈마르크스가 말하는 바에 의하면, 방직 기계들의 출현이 산업 혁명의 도래를 유발했다〉라고 쓰기가 쉬운데, 실제적으로 그것은 마르크스 이전에도 보편적으로 인정되었던 개념인 것이다.

**어떤 저자가 다른 사람의 생각이라고 인용하고 있는 생각을 바로 그 저자의 것으로 돌리지 마라.** 그것은 여러분이 무의식적으로 2차적인 출전을 이용했다는 인상을 줄 뿐만 아니라, 그 저자가 그런 생각을 받아들이지 않으면서 인용했을 수도 있기 때문이다. 필자는 기호에 대한 어느 짧은 지침서에서 가능한 여러 분류들을 인용하면서, 기호를 표현적인 기호와 의사소통적 기호로 구분하는 분류를 인용한 적이 있다. 그런데 어떤 대학 세미나에서 〈에코에 의하면, 기호는 표현적인 기호와 의사소통적 기호로 구분된다〉라고 쓴 것을 발견했다. 그러나 필자는 그런 구분이 지나치게 조잡한 것이므로 언제나 거부하고 있었다. 필자는 단지 반박하기 위해 그것을 인용한 것이지, 필자가 그렇게 구분한 것은 아니다.

**단지 번호를 맞추기 위해 주를 덧붙이거나 삭제하지 마라.** 타자로 친 논문(또는 단지 타자 치는 사람을 위해 읽기 쉽도록 이미 정서된 원고)에서는, 잘못된 주를 삭제하거나 또는 어떻게든 새로운 주를 첨가해야 하는 경우가 발생할 수 있다. 이런 경우에는 모든 일련번호가 〈뒤엉키고〉, 차라리 여러분이 논문의 처음부터 끝까지 번호를 매기지 않고 각 장마다 매겼으면 더 나았을 수도 있다(1에서 10까지 고치는 것과 1에서 100까지 고치는 것은 완전히 다르기 때문이다). 그러면 여러분은 모든 번호를 바꾸는 것을 피하기 위해, 다른 보충 주를 끼워 넣거나 또는 다른 주를 하나 삭제하고 싶은 유혹을 느낄 것이다. 인간으로서 당연한 느낌이다. 그러나 그럴 경우에는 가령 $^0$, $^{00}$, $+$, $++$ 등의 첨가 기호들을 삽입하는 것이 더 낫다. 물론 임시방편이라는 느낌을 주며, 어떤 지도 교수는 좋아하지 않을 수도 있다. 그러므로 가능하다면 번호를 다시 매기도록 하라.

**과학적 정확함의 규칙을 준수하면서도 2차적인 출전들에서 인용하는 방법이 있다.** 언제든지 2차적인 출전에서는 인용하지 않는 것이 좋다. 그러나 때로는 그렇게 하지 않을 수 없는 경우가 있다. 몇몇 사람들은 두 가지 방식을 충고한다. 가령 세다넬리가 스미스의 〈벌의 언어는 변형 문법의 용어들로 번역될 수 있다〉라는 주장을 인용하고 있다고 가정해 보자. 첫 번째 경우는 세다넬리가 그런 주장을 자기 고유의 것으로 책임지고 있다는 사실에 우리가 관심을 갖고 강조하는 경우이다. 그렇다면 우리는 주에다 별로 세련되지 않은 방식이지만, 이렇게 쓸 수 있으리라.

1. C. Sedanelli, *Il linguaggio delle api*, Milano, Gastaldi, 1967, p. 45 (C. Smith, *Chomsky and Bees*, Chattanooga, Vallechiara Press, 1966, p. 56에서 인용).

두 번째 경우는 우리는 그 주장이 스미스의 주장이라는 사실을 강조하려는 데에 관심이 있으며, 우리가 2차적인 출전을 사용하고 있으므로, 단지 우리 양심의 가책을 진정시키기 위해 세다넬리를 인용하는 경우이다. 그렇다면 주에다 이렇게 쓸 수 있으리라.

>   1. C. Smith, *Chomsky and Bees*, Chattanooga, Vallechiara Press, 1966, p. 56 (C. Sedanelli, *Il linguaggio delle api*, Milano, Gastaldi, 1967, p. 45에서 재인용).

**비평판, 교정판 등에 대해서는 언제나 정확한 정보들을 제공하라.** 어떤 판이 비평판인지 또 누구에 의해 편찬되었는지 명확히 밝혀라. 또한 두 번째 판 또는 몇 번째 판이 검토, 증보, 수정되었는지 명확히 밝혀라. 그렇지 않으면, 어떤 저자가 자신이 1940년에 쓴 저술에 대한 1970년의 교정판에서 표현한 견해들을 마치 1940년에, 즉 아마도 분명한 발견이 아직 이루어지지 않았던 1940년에 표현한 것처럼 쓰는 일이 발생할 수도 있다.

**옛날의 저자를 외국의 출전에서 인용할 때 주의하라.** 서로 다른 문화권에서는 동일한 인물을 다르게 부르기도 한다. 프랑스 사람들은 Pierre d'Espagne라고 부르는 반면에, (이탈리아인들)은 Pietro di Spagna라고 부르지 않고 Pietro Ispagno라고 부른다. 프랑스 사람들은 Scot Erigène라 부르고 이탈리아 사람들은 Scoto Eriugena라고 부른다. 만약 여러분이 영어로 Nicholas of Cues를 발견하면 그는 바로 Niccolò Cusano를 가리킨다(마찬가지로 여러분은 Petrarque, Petrarch, Michel-Ange, Vinci, Boccace와 같은 인물들을 자연스럽게 알아볼 수 있을 것이다). Robert Grosseteste는 이탈리아에서는 Roberto Grossatesta이다. Albert Le Grand 또는 Albert the Great는 바로 Alberto Magno이다. 신비로운 Aquinas는 San Tommaso d'Aquino이다. 영국인이나 독일인들에게서 Anselm di(of, von) Canterbury로 불리는 사람은 이탈리아에서는 Anselmo d'Aosta이다. Roger van der Wayden과 Rogier de la Pasture에 대해 마치 두 명의 화가인 양 말하지 말라. 그들은 동일한 사람이기 때문이다. Jupiter는 물론 Giove이다. 아주 오래된 프랑스 출전에서 러시아 이름을 옮겨 적을 때에도 주의하라. Staline 또는 Lenine라고 쓰는 오류를 범하지 말고, 또한 이제는 이미 Uspenskij로 옮겨 적고 있는 마당에 Ouspensky로 인용하지 말아야 한다. 도시의 이름에 대해서도 마찬가지이다. Den Haag, The Hague, La Haye는 바로 L'Aja이다.

수백 가지가 넘는 이러한 것들을 어떻게 알 수 있는가? 그것은 동일 테마에 대하여 다양한 언어로 된 다양한 텍스트들을 읽음으로써 가능하다. 또한 전문 집단 안에 들어감으로써 가능하다. 마찬가지로 모든 어린이는 Satchmo가 Louis Amstrong이라는 것을 알고 있으며, 신문을 읽는 사람이면 누구나 Fortebraccio가 Mario Melloni라는 것을 알고 있다. 이러한 것들을 모르는 사람은 초심자 또는 시골뜨기라는 인상을 준다. 그런데 논문의 경우(마치 학위 지원자가 몇몇 2차적인 출전을 뒤적인 다음에 볼테르와 아루에[19] 사이의 관계를 논의하는 논문과 마찬가지로), 그런 사람은 〈시골뜨기〉 대신에 〈무식한 사람〉이라 일컬어진다.

**외국의 고유 명사들에서 나온 형용사형을 어떻게 만들 것인지 결정하라.** 만약 여러분이 〈*voltairiano*(볼테르의)〉라고 쓴다면, 〈*rimbaudiano*(랭보의)〉라고 써야 한다. 그런데 만약 〈*volterriano*〉라고 쓴다면 〈*rimboldiano*〉라고 써야 한다(하지만 이 두 번째 방식은 약간 고어적이다). 〈*nietzscheano*(니체의)〉라고 쓰지 않기 위해서 〈*nicciano*〉처럼 간략하게 쓰는 것은 허용된다.

**영어로 된 책들에서 숫자를 발견할 때 주의하라.** 만약 미국 책에서 2,625라고 쓰인 것을 발견한다면 그것은 이천육백이십오를 의미하며, 반면에 2.25는 2 소수점 25를 의미한다.

**시대의 구분에 주의하라.** 다른 나라에서는 *Cinquecento*(1500년대), *Settecento*(1700년대), *Novecento*(1900년대)라고 절대 쓰지 않고 16세기, 18세기, 20세기라고 쓴다. 그러나 만약 영어나 프랑스어로 된 책에서 *Quattrocento*(1400년대)라고 이탈리아어로 쓰고 있다면, 그것은 **이탈리아**의 문화, 대개는 피렌체 문화의 구체적

---

19 Arouet. 볼테르의 원래 이름.

인 시대를 언급하고 있다. 서로 다른 언어들의 용어를 안이하게 동일시하지 마라. 영어로 〈르네상스〉는 이탈리아의 르네상스rinascimento 시기와는 상이한 시기에 걸쳐 있다. 그 안에는 17세기 작가들까지 포함된다. mannerism 또는 Manierismus 와 같은 용어는 상당히 현혹되기 쉬운데, 이탈리아 예술사에서 〈manierismo〉라 지칭하는 것을 말하지는 않는다.

**감사의 글** — 만약 지도 교수 이외에 누군가가 구두상의 충고, 희귀한 책들의 대여, 또는 다른 종류의 도움을 여러분에게 주었다면, 논문의 앞이나 끝 부분에 감사의 글을 넣는 것이 예의이다. 그것은 또한 여러분이 여기저기 여러 사람들에게 조언을 얻으려고 노력했다는 것을 보여 주기도 한다. 지도 교수에게 감사하는 것은 좋지 않다. 지도 교수가 여러분을 도와주었다면 단지 자신의 의무를 다했을 뿐이다.

여러분의 지도 교수가 증오하고 경멸하고 싫어하는 학자에 대해 감사하는 경우가 발생할 수도 있다. 그것은 커다란 학문적 실수이다. 하지만 그것은 여러분의 잘못이다. 여러분은 여러분의 지도 교수를 믿어야 하며, 만약 지도 교수가 어떤 사람은 멍청이라고 말했다면 그를 참조하지 말아야 한다. 아니면 지도 교수가 개방적인 사람이어서 자기 학생이 자기가 싫어하는 출전에 의존한 것을 받아들일 수도 있다. 그리고 그 문제에 대해 논문 심사의 자리에서 공적인 토론을 할 수도 있다. 아니면 여러분의 지도 교수가 아주 고루하고, 독단적이고, 편파적일 수도 있는데, 그렇다면 여러분은 그런 사람과 논문을 작성해서는 안 된다.

그런 나쁜 습관에도 불구하고 그 지도 교수가 훌륭한 보호자로 보이기 때문에 여러분이 꼭 그와 함께 논문을 작성하고 싶다면, 그렇다면 여러분은 일관성 있게 정직하지 않도록 하라. 여러분은 여러분의 스승과 동일한 부류에 속하기로 선택한 것이므로 다른 학자를 인용해서도 안 된다.

## 5·6 학문적 자부심

4·2·4에서 우리는 연구 방법 및 텍스트 읽기와 관련된 학문적 겸손에 대해 이야

기했다. 이제는 논문 작성의 용기와 관련된 학문적 자부심에 대해 이야기해 보기로 하자.

저자가 불필요한 변명들을 끊임없이 늘어놓는 논문보다 더 짜증나는 것은 없다 (때로는 인쇄된 책들에서도 그런 경우가 있다).

우리는 그런 테마를 다룰 만한 자격은 없지만, 그래도 감히 이러한 가설을 세워 보고자 한다…….

여러분이 어떤 자격이 없다는 말인가? 여러분은 선택한 테마에 대해 몇 달 또는 몇 년 동안 몰두했으며, 아마도 그에 대해 읽어야 할 것들을 읽었을 것이며, 그것에 대해 생각을 하고 메모를 해두었을 것이다. 그런데 이제 와서 자격이 없다고 느끼는가? 그렇다면 그동안에 도대체 무엇을 했단 말인가? 만약 자격이 없다고 느낀다면 논문을 제출하지 마라. 여러분이 논문을 제출한다면, 바로 그럴 준비가 되어 있다고 느꼈기 때문이며, 따라서 어떤 경우든 변명할 필요는 없다. 그러므로 일단 여러분이 다른 사람들의 견해를 설명하고, 일단 그 어려움들을 제시하고, 일단 그 주어진 테마에 대한 여러 대답이 가능하다는 것을 명백히 밝힌 다음에는, 거기에 **뛰어들도록 하라**. 〈우리는 ……라고 생각한다〉 또는 〈……라고 생각할 수 있다〉 하는 식으로 마음놓고 말하라. 만약 **여러분**이 무능력한 전문가임이 드러난다면 여러분에게는 나쁜 일이지만, 그렇다고 망설일 필요는 없다. 여러분은 그 주어진 테마에 대해 공동체의 이름으로 말하는 인류의 기능인이다. 입을 열기 전에는 겸손하고 신중하도록 하라. 그러나 일단 입을 열었을 때에는 자부심과 긍지를 가져라.

X라는 테마에 대해 논문을 쓴다는 것은, 그 이전에는 누구도 그 테마에 대해 그토록 명료하고 완벽하게 언급하지 않았다는 것을 전제로 한다는 의미이다. 이 책이 전반적으로 여러분에게 가르친 것은, 여러분은 테마의 선정에 신중해야 한다는 것, 가능하다면 아주 쉽고, 가능하다면 범위가 좁은, 극도로 제한된 테마를 신중하게 선택해야 한다는 것이었다. 하지만 여러분이 선택한 테마, 가령 〈피사카네 거리와 구스타보 모데나 거리의 모퉁이에 있는 신문 판매대에서 1976년 8월 24일부터 28일까지 팔린 신문들의 변화〉라는 테마에 대해서는, 여러분은 살아 있는 최고의

권위자가 되어야 한다.

비록 여러분이 그 테마에 대해 아무것도 새로운 것을 덧붙이지 않고 모두 다른 사람들이 말한 것을 요약하는 편집 논문을 쓰기로 선택했다고 하더라도, 여러분은 다른 권위자들이 말한 것에 대한 권위자인 것이다. 그 특정한 테마에 대해 언급된 모든 것에 대하여 여러분보다 더 잘 아는 사람은 없다.

물론 여러분은 양심에 거리낌이 없도록 작업해야 한다. 하지만 그것은 별도의 문제이다. 여기에서 문제 삼는 것은 단지 말하는 문체이다. 엄살을 떨거나 콤플렉스에 사로잡히지 마라. 그건 짜증을 불러일으키기 때문이다.

주의 — 다음에 나오는 장은 인쇄되어 있지 않고 타자로 친 것이다.[1] 이것은 여러분에게 논문의 최종 마무리의 예를 보여 주기 위한 것이다. 여기에는 오류나 정정할 곳들도 있다. 필자나 여러분이나 모두 완벽한 사람은 아니기 때문이다.

최종 마무리는 두 순간, 즉 최종적인 원고 작성 및 타자로 옮겨 치기를 포함한다. 겉으로 보기에는 최종 원고 작성은 여러분이 해야 할 일이자 개념적인 문제이고, 반면에 타자 치기는 타자수의 일이며 또한 단지 손으로만 하는 작업처럼 보인다. 하지만 꼭 그런 것은 아니다. 논문에다 타자로 친 형식을 부여한다는 것은 몇 가지 방법적인 선택을 한다는 의미이다. 만약 복사집에서 나름대로의 기준에 따라, 여러분 대신에 그런 선택을 한다고 하더라도, 여러분의 논문이 그 내용에 영향을 주기도 하는 서법(書法)과 설명상의 방법을 갖추어야 한다는 사실이 배제되지는 않는다. 그리고 바람직한 것으로서, 만약 그런 선택을 여러분이 한다면, 어떠한 유형의 편집 방식을 채택하건(손으로 쓰거나, 한 손가락으로 타자를 치거나, 또는 — 놀랍게도 — 녹음기를 사용하건), 그것은 복사집을 위한 서법상의 지침들을 이미 담고 있어야 한다.

바로 그렇기 때문에 이 장에서 여러분은, 여러분 논문의 개념적 차원이나 〈의사

---

1 이탈리아 원서에는 제6장이 〈원고 작성〉이라는 의미에 맞도록 모두 타자체로 인쇄되어 있다. 그러나 컴퓨터가 거의 모든 문서 작업에 사용되는 지금 시대에는 큰 의미가 없으므로 여기서는 본문과 동일한 서체를 사용했다.

소통적 측면〉을 내포하는 서법상의 지침들을 발견할 수 있을 것이다.

그것은 여러분이 타자를 쳐야 할 논문을 꼭 복사집에 맡겨야 하는 것은 아니기 때문이기도 하다. 특히 특수한 서법상의 규칙들이 필요한 작업일 경우, 여러분 자신이 타자를 칠 수도 있다. 또한 여러분이 스스로 최초의 마무리 원고를 타자하고, 복사집에서는 단지 타자 치기의 관점에서 볼 때, 여러분이 이미 타자한 것을 좀 더 깨끗하게 옮겨 치는 작업만 할 수도 있다.

문제는 여러분이 타자를 칠 수 있느냐 또는 타자 치기를 배울 수 있느냐에 달려 있다. 게다가 휴대용 타자기는 복사집에 맡기는 것보다 값이 싸다.[2]

---

2 여기에 예시된 원고의 타자 방식은 우리나라의 방식과는 많은 차이가 있다.

# 6     최종적인 원고 작성

## 6·1 서법상의 기준들

### 6·1·1 모서리와 여백

  이 장은 대문자로 된 제목이 왼쪽으로 정렬된 상태로 시작된다(그러나 제목이 페이지의 중앙에 위치할 수도 있다). 이 장에는 서수(序數)가 나와 있는데, 그럴 경우에는 아라비아 숫자로 되어 있다(이를 대체할 수 있는 가능한 방법들을 나중에 살펴볼 것이다).

  그리고 서너 줄의 빈 여백 다음에, 〈10포인트〉 활자로 된 밑줄이 쳐진 제목이 왼쪽으로 정렬되어 나타난다. 이 절의 제목은 장의 서수 및 그 장과 구별될 수 있도록 기수(基數)로 되어 있다. 그다음 한 줄 아래에는(또는 두 칸을 뗀 다음에) 항의 제목이 나온다. 항의 제목은 절의 제목과 구별하기 위해서 작은 활자로 되어 있다. 본문은 제목 바로 다음 줄에서 시작되며, 그 항의 첫 번째 단어는 2타(한 글자) 안으로 들어가 있다. 현재 우리가 이 페이지에서 하고 있는 바와 같이, 각 문단의 첫머리에서(말하자면 문단을 바꿀 때마다) 또는 항의 첫머리에서만 두 칸(한 글자) 들여 쓰기로 결정할 수도 있다.

  첫머리를 들여 쓰는 것은 중요하다. 왜냐하면 앞의 문단이 종결되었으며, 잠시 후에 논의가 다시 시작된다는 것을 곧바로 알려 주기 때문이다. 앞에서 이미 보았듯이 첫머리로 자주 되돌아가는 것이 좋다. 하지만 우연히 첫머리로 되돌아가서는 안 된다. 첫머리를 시작한다는 것은, 여러 문장으로 구성된 하나의 일관적인 문단이 유기적으로 완결되었으며, 논의의 다른 부분이 시작된다는 것을 의미한다. 그것은 마치 우리가 말을 하면서 어느 순간에 이르러 잠깐 중단하고, 〈알았는가? 동의하는가? 좋다, 그렇다면 계속하기로 하자〉 하는 식으로 말하는 것과 마찬가지이다. 일단 모든 사람이 동의한다면, 다시 첫머리에서 시작하여 논의를 계속하게 된다. 바로 지금 우리가 이 자리에서 하는 바와 같다.

하나의 항이 끝나면, 본문의 끝 부분과 새로운 항 또는 소항목의 제목 사이에 다시 네 줄[네 칸(스페이스)]을 띄운다.

이 페이지는 두 칸으로 타자되어 있다. 많은 논문들이 네 칸 간격으로 타자되어 있는데, 그 이유는 그것이 좀 더 읽기 쉽고 분량이 좀 더 많아 보이고, 또한 어느 한 페이지를 교정하여 바꾸기가 쉽기 때문이다. 네 칸 간격으로 된 원고 작성의 경우에는, 장의 제목과 소항목의 제목 및 다른 부연적인 제목들 사이에는 한 줄이 더 늘어나게 된다.

만약 논문을 복사집에서 타자할 경우에는, 타자 용지의 네 측면에 얼마만큼의 여백을 남겨야 할지 타자수가 잘 알고 있다. 만약 여러분이 타자할 경우에는, 페이지들을 어떤 방식으로든 제본해야 하며, 따라서 글이 잘 읽힐 수 있도록 제본된 측면에 여백이 있어야 한다는 점을 고려해야 한다. 또한 오른쪽 여백도 어느 정도 여유가 있도록 권장한다.

여러분이 이미 깨달았겠지만, 서법상의 기준들에 대한 이 장은 인쇄되어 있지 않고, 타자된 논문의 페이지들을 이 책의 크기에 알맞은 규격으로 바꾸어 그대로 싣고 있다. 그러므로 이것은 여러분의 논문에 대해 말하고 있으면서 동시에 <u>그 자체에 대해서도 말하고 있는</u> 장이다. 여기에서는 여러분에게 언제 또 어떻게 밑줄을 쳐야 하는지 보여 주기 위해 몇몇 용어들에 밑줄을 치고 있으며, 주를 어떻게 넣는지 보여 주기 위해 주들을 넣고 있으며, 장, 절, 소항목들의 구분 기준을 보여 주기 위하여 장과 절들로 나누고 있다.

#### 6·1·2 밑줄 치기와 대문자

타자기에는 이탤릭체 문자는 없고 단지 명조체 문자만이 있다. 그러므로 책에서 이탤릭체로 되어 있는 것에다 졸업 논문에서는 밑줄을 친다. 만약 논문이 어떤 책 한 권을 타자한 것이라면, 타자기로 밑줄을 친 모든 단어들을 인쇄공은 이탤릭체로 바꾸어야 할 것이다.

무엇에다 밑줄을 치는가? 그것은 논문의 유형에 달려 있다. 그러나 일반적인 기준들은 다음과 같다.

1) 일반적으로 사용되지 않는 외래어들(통상 널리 사용되거나 이미 이탈리아어화한 외래어들, 가령 바*bar*, 스포츠, 붐, 크랙, 쇼크 등에는 밑줄을 치지 않는다. 우주 비행학에 대한 논문에서는, 가령 스플래시다운과 같이 그 학문에서 일반적으로 통용되는 단어들에는 밑줄을 치지 않는다).

2) felis catus, euglena viridis, clerus apivorus 등과 같은 학명.

3) 여러분이 강조하고자 하는 전문 용어들: 〈석유 시추 탐사 과정에서 암반 표본 채취 방법……〉.

4) 어떤 주장의 진술 또는 그것의 결론적인 증명을 이루는 문장 전체(지나치게 길지 않다면): 〈그러므로 우리는 《정신 질환》의 정의에 아주 심한 변화들이 나타난다는 것을 증명하고자 한다〉.

5) 책들의 제목(잡지에 실린 논문 또는 장들의 제목은 제외된다).

6) 시의 제목, 연극 작품의 제목, 그림 및 조각의 제목들: 〈루치아 바이나-푸스카는 자신의 논문 「텍스트 연구에서 가상 세계들의 이론 — 브뤼겔의 독자 보들레르」에서, 보들레르의 시 장님들이 브뤼겔의 장님들의 우화에서 영향을 받고 있다는 것을 증명하기 위하여, 힌티카의 지식과 믿음을 인용하고 있다〉.

7) 일간 및 주간 신문들의 제목: 〈1976년 6월 24일 자 레스프레소에 실린 기사 《그리고 선거가 끝난 다음에는?》을 참조〉.

8) 영화, 노래, 오페라의 제목.

주의: 다른 저자들의 인용문에는 밑줄을 치지 마라. 인용문들에 대해서는 5·3에 있는 규칙들을 따르도록 하라. 또한 두 줄 또는 세 줄이 넘는 구절에도 밑줄을 치지 마라. 지나치게 밑줄을 치는 것은, 지나치게 자주 〈늑대다 늑대다〉 하고 외치는 것과 마찬가지이다. 누구도 더 이상 관심을 기울이지 않게 된다. 밑줄 치기는, 여러분이 텍스트를 읽으면서 여러분의 목소리에 부여하는 그런 특수한 억양에 언제나 상응해야 하며, 비록 여러분의 수신자(독자)가 우연히 방심하고 있을지라도 그의 관심을 끌어야 한다.

많은 책들에서는 이텔릭체(말하자면 밑줄 치기)와 함께 작은 대문자를 사용하기도 한다. 그것은 문장의 첫머리에 또는 고유 명사들에 사용되는 활자보다 작은 크기의 대문자이다. 타자기에는 그런 작은 대문자가 없지만, 여러분은 특별하게 전문적 중요성을 갖는 개개의 단어들에 대해서는 대문자를 (지극히 드물게!) 사용하기로 결정할 수도 있다.[1] 그러한 경우 여러분 논문의 핵심 단어들을 〈대문자〉로 쓰고, 그 대신 외래어 문장이나 단어들, 또는 제목들에는 밑줄을 칠 수 있을 것이다. 다음에 하나의 예가 있다.

옐름슬레우는, 〈표현〉과 〈내용〉이라는 두 가지 측면에 속하는, 그렇지 않으면 서로 독립적인, 두 가지 〈기능소〉들 사이에 위치하는 상호 관계를 〈기호의 기능〉이라 부른다. 이러한 정의는 자율적인 실체로서의 기호의 개념을 위기에 몰아넣는다.

분명히 해두어야 할 것은, 여러분이 어떤 전문적인 용어를 작은 대문자로 도입할 때마다(하지만 이것은 여러분이 밑줄 치기 방식을 사용할 경우에도 마찬가지이다), 그 작은 대문자로 도입된 용어는 그 직전이나 또는 직후에 정의되어야 한다는 점이다. 강조하기 위해 작은 대문자를 사용하지 마라(가령, 〈우리가 발견한 것은 우리의 논의에 《결정적》인 것으로 여겨진다〉). 일반적으로 어떠한 방식으로든 절대로 강조를 하지 마라. 느낌표나 생략 부호(인용된 텍스트의 중단을 가리키는

---

[1] 본문의 알파벳 대문자로 된 단어를 번역문에서는 〈 〉 안에 표기했음.

경우를 제외하고는)를 사용하지 마라. 느낌표, 생략 부호, 비전문적인 용어들에 사용된 대문자는 아마추어 작가들이나 즐겨 사용하는 것이며 자비로 출판한 책들에서나 나타난다.

### 6·1·3 절

이 장에서 볼 수 있듯이, 절은 여러 작은 항들을 가질 수 있다. 만약 절의 제목에 밑줄이 쳐져 있으면, 항의 제목에는 밑줄을 치지 않음으로써 서로 구별해야 할 것이다. 소제목과 본문 사이의 간격이 언제나 동일하더라도 그러한 구별만으로 충분할 것이다. 다른 한편으로, 여러분이 보는 바와 같이, 절과 항을 구별해 주는 것은 바로 번호 매김이다. 즉 첫 번째 아라비아 숫자는 장을 가리키고, 두 번째 아라비아 숫자는 절을 가리키고, 세 번째 아라비아 숫자는 항을 가리킨다는 것을 독자들은 잘 이해할 것이다.

<u>6·1·1 절</u> — 여기서 항의 제목을 다시 반복한 것은, 다른 방식을 보여 주기 위해서이다. 즉 이런 방식에서는 제목이 절의 본문 몸체의 일부분을 이루며 <u>밑줄이 쳐져</u> 있다. 이러한 방식은 아주 훌륭하게 사용될 수 있다. 다만(바로 이 장에서 보는 바와 같이) 때로는 아주 유용한 방식으로서, 여러분이 항을 더 세분하여 나누기 위하여 그와 동일한 기법을 사용하지 않는 경우에만 그렇다.

제목이 없는 번호 매김 방식을 사용할 수도 있다. 현재 여러분이 읽고 있는 이 항을 다른 방식으로 도입하는 예가 다음에 나와 있다.

6·1·1 이렇게 본문은 그 숫자들 직후에서 곧바로 시작될 수 있으며, 그 행 전체는 앞의 절과 두 줄 간격으로 분리될 것이다. 그러나 소제목들의 존재는 독자를 도와줄 뿐만 아니라 저자 자신에게도 일관성의 요구를 부여한다. 왜냐하면 저자로 하여금 제목을 통하여 그 해당 절을 정의하도록(그러니까 핵심적인 문제에 초점을 맞춤으로써 그 절을 정당화하도록) 만들기 때문이다. 제목은, 그 절이 하나의 절로서 존재 이유를 갖고 있다는 것을 여러분에게 증명한다.

제목의 유무에 따라서, 장이나 절을 표시하는 숫자들은 전혀 그 성격이 다를 수도 있다. 6·4 〈차례〉를 참조해 보면, 여러분은 번호 매김의 몇 가지 모델을 볼 수 있을 것이다. 차례를 참조하라고 하는 이유는, 차례의 조직은 본문의 조직을 정확하게 반영하고, 또 본문의 조직은 차례의 조직을 정확하게 반영해야 하기 때문이다.

### 6·1·4 따옴표와 다른 부호들

큰따옴표[2](인용 부호)는 다음과 같은 경우에 사용된다.
1) 절의 본문 안에서 다른 저자의 문장 또는 짧은 구절을 인용하는 경우. 현재 우리가 캠벨과 발로의 말대로, 〈타자로 세 줄을 넘지 않는 직접적인 인용문은 인용 부호 안에 넣어 본문 안에 나온다〉[3]라는 말을 인용하고 있는 것과 마찬가지이다.
2) 다른 저자의 개별적인 단어들의 인용. 현재 우리가 앞서 인용한 캠벨과 발로에 의하면, 큰따옴표는 〈인용 부호〉라 일컬어진다(하지만 이것은 외래어이므로 우리는 〈quotation marks〉라고 쓸 수도 있다)는 것을 인용하는 것과 마찬가지이다. 물론 만약 우리가 우리 저자들의 용어를 받아들여 그 전문 용어를 우리의 것으로 한다면, 우리는 더 이상 〈quotation marks〉라고 쓰지 않고, quotation marks라고 쓰거나, 또는 심지어 영미계 인쇄 방식의 논문에서는 QUOTATION MARKS라고 쓸 수도 있다(왜냐하면 여기에서는 우리 논술의 범주들 중의 하나를 이루는 전문 용어이기 때문이다).
3) 다른 저자의 용어 또는 통상적인 용어들에다, 우리가 〈이른바〉라는 함축적인 의미를 부여하려는 경우에 사용된다. 말하자면, 관념론적 미학에서 〈시〉라고 부르는 것은, 출판사의 목록에서 〈소설〉 및 〈평론〉과 대비되는 것으로서의 〈시〉라는 전문 용어가 갖는 것과 동일한 외연적인 의미를 갖지 않는다고 우리는 쓸 수 있다. 마찬가지로 우리는 〈기호의 기능〉이라는 옐름슬레우의 개념이 〈기호〉의 통상적인 개념을 위기에 빠뜨린다고 말할 수 있다. 몇몇 사람들이 하는 바와 같이, 어느 한 용어를 강조하기 위해 따옴표를 사용하는 것은 바람직하지 않다. 왜냐하면 그런 경우에는 대부분 밑줄 치기 또는 〈작은〉 따옴표를 사용하기 때문이다.

---

2 원문의 큰따옴표(" ")를 번역문에서는 〈 〉, 작은따옴표(' ')는 《 》로 표기했음.
3 W. G. Campbell & S. V. Ballou, Form and Style - Theses, Reports, Term Papers(『형식과 문체 - 논문, 보고서, 학기말 리포트』), 제4판, Boston, Houghton Mifflin, 1974, p. 40 — 원주.

4) 연극 작품의 대사들의 인용. 그러나 햄릿이 〈사느냐, 죽느냐? 이것이 문제로다〉라는 대사를 한다라고 쓸 수도 있지만, 필자로서는, 연극의 한 구절을 옮겨 쓸 때에는, 다음과 같이 쓰기를 권하고 싶다.

 햄릿 ── 사느냐, 죽느냐? 이것이 문제로다.

다만, 여러분이 참조하는 특수한 비평적 문헌에서 전통적으로 다른 방식들을 사용하지 않는 경우에 한해서 그렇다.

그러나 다른 사람의 텍스트에서, 따옴표 안에 들어 있는 다른 텍스트를 다시 따옴표 안에 인용할 때에는 어떻게 해야 하는가? 그런 경우에는 작은따옴표를 사용한다.
가령 스미스에 의하면, "그 유명한 대사 '사느냐, 죽느냐'는 모든 셰익스피어의 해석자들이 즐겨 인용하는 문장이었다"라고 말해야 하는 경우와 마찬가지이다.
그렇다면 만약 월프람이 뭐라고 말했다는 것을 브라운이 말했다는 것을 스미스가 말했다면? 어떤 사람들은 다음과 같이 씀으로써 그런 문제를 해결한다. 즉, 스미스의 잘 알려진 주장에 의하면, "브라운이 '존재와 비존재는 서로 일치한다는 월프람의 원리를 거부한다'고 주장한 것을 인용하는 모든 사람들은, 정당화될 수 없는 오류에 빠지게 된다"라고 쓴다. 하지만 여러분이 5·3·1(규칙 8)을 참조해 본다면, 만약 스미스의 인용을 앞머리를 들여 쓴 작은 문단으로 한다면, 여러분은 꺾쇠 따옴표를 피할 수 있으며, 따라서 작은따옴표와 큰따옴표만을 사용할 수 있다는 것을 발견하리라.
어쨌든 앞의 예에서 우리는 소위 《꺾쇠》따옴표, 또는 갈고리식 또는 이탈리아식 따옴표를 살펴보았다. 그것은 지극히 드물게 사용된다. 그 이유는 타자기에는 그런 부호가 없기 때문이기도 하다. 그런데 필자가 쓴 어느 글에서, 필자는 어쩔 수 없이 그런 부호를 사용할 수밖에 없었던 경우도 있었다. 왜냐하면 필자는 짧은 인용문 및 〈이른바〉라는 함축적인 의미에 대해서는 큰따옴표를 사용했고, 반면에 기표(記表)로서의 한 용어의 사용(그럴 경우 그 용어를 /사선 사이에/ 넣음으로써)

및 《기의(記意)》로서의 용어의 사용을 서로 구별해야 했기 때문이었다. 말하자면 필자는 /개/라는 단어는 《다리가 넷이고, 등등의 육식 동물》을 의미한다고 말했던 것이다. 그것은 드문 경우로서, 그런 경우에는 여러분이 참조하는 비평적 문헌에 따라 여러분 스스로 결정을 내려야 한다. 그리고 필자가 바로 이 페이지에서 한 것처럼 이미 타자된 논문에다 펜으로 그런 부호들을 덧붙이면 된다.

　어떤 특수한 테마들은 다른 기호들을 필요로 한다. 그러므로 일반적인 지침들을 제시할 수는 없다. 논리학, 수학, 또는 서구 언어가 아닌 언어들에 대한 논문에서는, 만약 문자 교환이 가능하도록 자석식 볼*ball*이 있는 전동 타자기(어느 특정한 문자의 알파벳이 들어 있는 볼을 교환할 수 있는)가 없다면, 손으로 쓰는 수밖에 없다. 물론 그것은 상당히 힘든 작업이다. 그러나 어떤 공식(또는 그리스어 또는 러시아어 단어)을 자주 써야 하는 경우에는, 그것을 손으로 쓰는 대신에 다른 가능성도 있다. 그리스어 또는 키릴 문자의 경우에는 국제적인 기준 (《표 20》 참조)에 따라 바꾸어 쓰기를 할 수 있다. 반면에 논리적, 수학적 공식의 경우에는 종종 타자기에서 가능한 대체 철자(綴字)들이 있기도 하다. 물론 이러한 대체 방법들을 사용할 수 있는지 지도 교수에게 문의하거나, 또는 그 테마에 관한 문헌을 참조해야 한다. 한 가지 예를 들자면, 다음에 일련의 논리적 표현들이 있는데(왼쪽에), 이것들은 별로 힘들이지 않고 오른쪽에 있는 형식으로 옮겨 쓸 수 있다.

$p \supset q$ 는　　　$p \rightarrow q$ 가 된다.
$p \wedge q$ 는　　　p.q 　가 된다.
$p \vee q$ 는　　　p_vq 가 된다.
$\square p$ 는　　　　Lp 　가 된다.
$\diamond p$ 는　　　　Mp 　가 된다.
$\sim p$ 는　　　　-p 　가 된다.
$(\forall x)$ 는　　　(Ax) 가 된다.
$(\exists x)$ 는　　　(Ex) 가 된다.

　처음 다섯 개의 대체 방법들은 인쇄에서도 역시 받아들여질 수 있을 것이다. 나머지 세 개는 타자된 논문의 범위 안에서 받아들여질 수 있는데, 아마도 첫머리에 여러분의 결정을 정당화하고 명백히 밝히는 주를 넣어야 할 것이다.

이와 유사한 문제들은 언어학 논문에서 나타날 수도 있는데, 거기에서는 하나의 음소를 [b]로 또는 /b/로 표기할 수 있다.

다른 유형의 공식화에서는, 여러 가지 괄호 방식을 일련의 둥근 괄호들로 환원시킬 수 있다. 따라서 가령,

{[(p ⊃ q) ∧ (q ⊃ r)] ⊃ (p ⊃ r)}라는 표현은

(((p → q) . (q → r)) → (p → r))으로 표현될 수 있다.

이와 동일한 방식으로, 언어학 논문을 쓰는 사람은, 나뭇가지형 분기 표시들을 괄호들로 대신 표시할 수 있다는 것을 안다. 하지만 이런 작업을 시작하는 사람은 이미 그런 것들을 알고 있다.

### 6·1·5 판독 부호와 바꾸어 쓰기

바꾸어 쓰기는 원문과는 다른 알파벳 방식을 채택하여 텍스트를 옮겨 쓰는 것을 의미한다. 이 바꾸어 쓰기는 어느 한 텍스트에 음성학적 해석을 가하려는 게 목적이 아니라, 원문을 문자 그대로 재생함으로써, 두 가지의 알파벳만 알고 있으면 누구라도 원래의 문자로 그 텍스트를 재구성할 수 있도록 하는 데 목적이 있다.

대부분의 역사적, 지리적 고유 명사들, 그리고 이탈리아어에는 상응하는 것이 없는 단어들에 대하여 그러한 바꾸어 쓰기에 의존한다.

판독 부호들이란 알파벳의 정상적인 문자들에다 어떤 특별한 음성적 가치를 부여하기 위하여 덧붙이는 부호들이다. 그러므로 이탈리아어의 아주 일반적인 악센트 부호들(예를 들면, 폐음(閉音) 악센트 ⟨ ′ ⟩는, perché와 같이 단어의 끝에 있는 ⟨e⟩에다 폐음을 부여한다), 그리고 프랑스어의 ⟨ç⟩와 같은 세디유, 스페인어의 ⟨ñ⟩와 같은 틸데, 독일어의 ⟨ü⟩와 같은 움라우트, 그리고 다른 알파벳의 잘 알려지지 않은 부호들로서 러시아어의 ⟨č⟩, 덴마크의 ⟨Ø⟩, 폴란드어의 사선 부호 ⟨Ł⟩ 등이 모두 판독 부호들이다.

폴란드 문학에 대한 논문이 아닌 경우에는, 예를 들어 L자 위의 사선을 생략할

## 표 20  비(非)라틴계 알파벳 바꾸어 쓰기

### 러시아어 알파벳

| 대문자/소문자 | 바꾸어 쓰기 | 대문자/소문자 | 바꾸어 쓰기 |
|---|---|---|---|
| А а | a | Р р | r |
| Б б | b | С с | s |
| В в | v | Т т | t |
| Г г | g | У у | u |
| Д д | d | Ф ф | f |
| Е е | e | Х х | kh |
| Ё ё | yo | Ц ц | ts |
| Ж ж | zh | Ч ч | ch |
| З з | z | Ш ш | sh |
| И и | i | Щ щ | shch |
| Й й | j/i | Ы ы | y |
| К к | k | Ь ь | ' |
| Л л | l | Э э | e |
| М м | m | Ю ю | yu |
| Н н | n | Я я | ya |
| О о | o | | |
| П п | p | | |

고대 그리스어 알파벳

| 대문자 | 소문자 | 바꾸어 쓰기 |
|---|---|---|
| Α | α | a |
| Β | β | b |
| Γ | γ | g |
| Δ | δ | d |
| Ε | ε | e |
| Ζ | ζ | z |
| Η | η | ē |
| Θ | θ | th |
| Ι | ι | i |
| Κ | κ | k |
| Λ | λ | l |
| Μ | μ | m |
| Ν | ν | n |
| Ξ | ξ | x |
| Ο | ο | o |
| Π | π | p |
| Ρ | ρ | r |
| Σ | σ ς | s |
| Τ | τ | t |
| Υ | υ | y |
| Φ | φ | ph |
| Χ | χ | ch |
| Ψ | ψ | ps |
| Ω | ω | ō |

주의: γγ=ng
    γκ=nk
    γξ=nks
    γχ=nch

수도 있다. 그러니까 〈Łodz〉 대신에 그냥 〈Lodz〉로 쓸 수 있다. 신문들도 그렇게 한다. 하지만 라틴계 언어는 통상적으로 좀 더 까다롭다. 몇 가지 경우들을 보기로 하자.

대개 어떤 책에서든지 프랑스어 알파벳의 모든 특수한 부호들의 사용을 존중한다. 일반적인 타자기에는 <u>소문자들에 대하여</u> 그런 모든 부호들에 해당하는 키가 있다. 대문자에 대해서는 대개 Ça ira라고 쓰지만, École 대신에 Ecole, À la recherche…… 대신에 A la recherche…… 라고 쓴다. 왜냐하면 프랑스어에서는 인쇄에서도 대문자에는 악센트 부호가 붙지 않기 때문이다.

독일어 알파벳에서는, <u>대문자나 소문자 모두에 대해서</u>, 특수한 세 가지 부호인 ä, ö, ü의 사용을 존중한다. 그리고 언제든지 ue로 쓰지 않고, ü로 쓴다(*Führer*이지, *Fuehrer*가 아니다).

어떠한 책이든지, <u>대문자나 소문자 모두에 대해서</u>, 스페인어 알파벳의 특수한 부호들, 즉 개음(開音) 악센트가 붙은 모음들 및 틸데가 붙은 ñ의 사용을 존중한다. 소문자의 틸데 대신에 시르콩플렉스 부호를 사용하여 n̂이라고 쓸 수도 있다. 그러나 필자라면 스페인 문학에 대한 논문에서는 그렇게 하지 않겠다.

어떠한 책이든지, <u>대문자나 소문자 모두에 대해서</u>, 포르투갈어 알파벳의 특수한 부호들의 사용을 존중한다. 그것은 모두 여섯 개로서, 틸데가 붙은 다섯 개의 모음 및 ç이다.

다른 언어들에 대해서는 경우에 따라 결정해야 한다. 그리고 언제나 그렇듯이 그런 해결책은, 가령 여러분이 그 단어를 개별적으로 인용하고 있는지, 아니면 그 특수한 언어에 대한 논문을 쓰고 있는지에 따라 달라진다.

개별적인 경우들에서는 신문들이나 비전문적인 책들에서 사용하는 관례들에 의존할 수 있다. 가령 덴마크어의 å는 때로는 <u>aa</u>로 쓰기도 하며, 체코 어의 ý는 <u>y</u>가 되고, 폴란드어의 ł는 <u>l</u>이 되기도 한다.

〈표 20〉에는 그리스어 알파벳(문헌학 논문에서 옮겨 쓸 수 있는)과 키릴 알파벳(물론 슬라브학에 대한 논문이 아닌, 러시아어와 다른 슬라브어에 사용되는)의 판독 부호가 붙은 바꾸어 쓰기 규칙이 나와 있다.

#### 6·1·6 구두점, 악센트, 약자

　탁월한 편집자들 사이에서도 구두점들의 사용이나 쉼표, 주, 악센트 등을 넣는 방법은 서로 상이하다. 논문에서는, 인쇄될 준비가 된 타자 원고보다는 정확성이 비교적 덜 요구된다. 어쨌든 이런 기준들에 대해서 알고 있고 또 가능하다면 그것을 적용하는 것도 나쁘지 않다. 단지 안내하는 입장에서 이 책을 출판한 출판사에서 제공한 지침들을 제시하고자 한다. 다만 미리 알려 둘 것은, 몇몇 기준들에 대해 다른 출판사들은 다른 방식을 사용한다는 점이다. 하지만 중요한 것은 그런 기준이 아니라, 바로 그것을 적용하는 데서의 일관성이다.

　<u>마침표와 쉼표</u>. 마침표와 쉼표는, 따옴표 안에 인용문들이 계속해서 나올 때에는, 언제나 따옴표 <u>안에</u> 들어가야 한다. <u>그리하여 따옴표가 완결된 논의를 닫을 수 있도록 해야 한다</u>. 그러므로 스미스가, 월프람의 이론과 관련하여, 〈존재는 어떠한 관점에서 고찰하더라도 비존재와 동일하다〉는 그의 견해를 우리가 받아들여야 할지 스스로 자문한다라고 우리는 말할 수 있다. 여러분이 보는 바와 같이 최종적인 마침표는 따옴표 안에 들어 있다.[4] 그 이유는 월프람의 인용문이 마침표로 끝나고 있기 때문이기도 하다. 반면에 월프람이 〈존재는 비존재와 동일하다〉고 주장할 때, 스미스는 동의하지 않는다라고 말할 수도 있다. 여기에서는 인용문이 그 인용된 문장의 한 구절만으로 되어 있기 때문에 마침표를 인용문 다음에 찍는다. 쉼표에 대해서도 동일하게 한다. 즉 스미스는 월프람의 〈존재는 비존재와 동일하다〉는 견해를 인용한 다음에 그것을 정중하게 반박한다라고 말할 수 있다. 그러나 예를 들어 다음과 같은 대사, 〈나는 정말로 생각하기를,〉 그가 말한다, 〈그것은 불가능하다.〉를 인용할 경우에는 다른 방식으로 한다. 그 외에 괄호를 열 때에는 그 앞에다 쉼표를 넣지 않는다는 점을 기억해야 한다. 그러므로 〈그는 다채로운 단어들, 냄새나는 소리들, (상징주의적 개념), 부드러운 고동 소리들을 사랑했다〉라고 쓰지 말고, 〈그는 다채로운 단어들, 냄새나는 소리들(상징주의적 개념), 부드러운 고동 소리들을 사랑했다〉라고 써야 한다.

---

4 원문에서는 위의 인용문이 문장의 맨 끝에 위치하고 마침표가 따옴표 안에 들어 있다. 반면에 다음에 나오는 인용문에서는 따옴표 밖에 위치하고 있다.

밑줄 주 표시. 주 표시는 구두점 부호 다음에 위치한다. 따라서 다음과 같이 쓴다.

그 테마에 대하여 가장 만족스러운 검토는, 불피우스[5]의 검토 다음에는, 크라에헨빌[6]의 검토이다. 이 후자는 파퍼[7]가 〈명료성〉이라 일컫는 모든 요구 사항들을 충족하지는 못하지만, 그룸프츠[8]에 의해 〈완벽함의 모델〉로 정의되고 있다.

밑줄 악센트. (이탈리아어의 경우) 모음 a, i, o, u가 단어의 끝에 위치하여 악센트가 있을 경우에는, 폐음 악센트 부호를 붙인다(예를 들면, *accadrà, così, però, gioventù*). 그러나 모음 e는, 단어의 끝에 올 때에는, 거의 언제나 개음 악센트 부호를 붙인다(예를 들면, *perché, poiché, trentatré, affinché, né, poté*). 다만 *è, cioè, caffè, tè, ahimè, ohimè, piè, diè, stiè, scimpanzè* 등과 같은 예외들도 있다. 주의할 것은, 가령 *Giosuè, Mosè, Noè* 등의 이름 이외에 *gilè, canapè, lacchè, bebè, bignè* 등과 같이 프랑스어에서 유래한 모든 단어들의 악센트들은 폐음이 된다. 의심스러울 경우에는 훌륭한 이탈리아어 사전을 참고하기 바란다.

강세 악센트들(*subìto, princìpi, mèta, èra, dèi, sètta, dài, dànno, follìa, tintinnìo*)은 대개 사용되지 않는다. 다만 정말로 모호한 문장에서 *subìto*와 *princìpi*는 예외적으로 사용된다. 예를 들면,

*Tra prìncipi e princìpi incerti fallirono i moti del 1821.*
(불확실한 원칙들과 군주들 사이에서 1821년의 봉기는 실패했다.)

그러나 주의할 것은 프랑스어 단어의 첫머리에 나오는 대문자 E에는 악센트가 붙지 않는다(따라서 *Ecole, Etudiant, Edition*이지 *École, Étudiant, Édition*이 아니다).

[5] 정확함을 기하기 위하여 우리는 주와 주의 번호를 일치시켜야 한다. 하지만 이것은 가공의 저자이다 — 원주.
[6] 가공의 저자 — 원주.
[7] 가공의 저자 — 원주.
[8] 가공의 저자 — 원주.

#### 6·1·7 몇 가지 두서없는 충고들

지나치게 대문자로 강조하지 마라. 물론 만약 여러분이 어느 고전적인 저자에서 〈사랑*Amore*〉과 〈증오*Odio*〉라는 두 가지 구체적인 철학적 개념을 고찰하고 있다면, 그렇게 대문자로 쓸 수도 있다. 그러나 오늘날의 〈가족 숭배*Culto della Famiglia*〉에 대해 말하고 있는 어느 현대 저자를 다룬다면, 단지 반어적인 어조에서만 대문자로 쓴다. 문화 인류학에 대한 논의에서, 원래 다른 사람들에게서 나온 개념에 대한 여러분의 책임을 회피하고자 한다면, 차라리 소문자로 쓰는 것이 좋으리라. 〈리소르지멘토*Risorgimento*〉 또는 〈제3교단*Terziario*〉이라 쓸 수도 있지만, 필자로서는 왜 그냥 소문자로 쓰지 않는지 그 이유를 모르겠다.

노동 은행을 Banca del lavoro라고 쓰지 Banca del Lavoro라고 쓰지 않으며, 공동 시장을 Mercato comune라고 쓰지 Mercato Comune라고 쓰지 않을 것이다.

다음과 같이 일반적으로 허용된 대문자들의 예들이 있다. 그 이외의 것들은 피하는 것이 좋다.

l'America del Nord(북미), la parte nord dell'America(아메리카 북부), il mar Nero(흑해), il monte Bianco(몽블랑 산), la Banca dell'agricoltura(농업 은행), il Banco di Napoli(나폴리 은행), la Cappella Sistina(시스티나 소성당), Palazzo Madama(마다마 궁), l'Ospedale maggiore(중앙 병원), la Stazione centrale(중앙역)[고유 명사 〈중앙역〉인 경우. 따라서 Stazione centrale di Milano(밀라노 중앙역), Stazione centrale di Roma(로마 중앙역)[9]이라 표기한다], la Magna charta(대헌장), la Bolla d'oro(황금 봉인), la chiesa di Santa Caterina(산타카테리나 교회), le lettere di santa Caterina(성녀 카테리나의 편지), il monastero di San Benedetto(성 베네딕투스 수도원), la regola di san Benedetto(성 베네딕투스의 규칙), Monsieur Teste(테스트 씨), Madame Verdurin(베르뒤랭 부인). 이탈리아 사람들은 통상적으로 piazza Garibaldi(가리발디 광장), via Roma(로마 거리)라고 말하는데, 반면에 어떤 언어들에서는 Place Vendôme(방돔 광장), Square Gay-

---

9 원래의 중앙역은 테르미니Termini 역이라는 고유 이름이 있음.

표 21  본문 또는 주에서 사용되는 통상적인 약자들

| | |
|---|---|
| Anon. | 익명의 저자 |
| art. | 조항(신문의 기사들이 아닌, 법률 등의 조항) |
| l. | 책[예를 들면, vol. I, t.l, 1. I(제1권, 제1분책, 제1책)] |
| cap. | 장. 복수형은 capp.(때로는 c.로 쓰기도 하지만, 어떤 경우에는 colonna[난(欄)]를 의미하기도 한다) |
| col. | 난. 복수형은 coll.(c.가 되기도 함) |
| cfr. | 비교하시오, ~도 보시오, ~을 참조 |
| ed. | 판(1판, 2판), 하지만 영어권의 참고 문헌에서는 ed.는 편자, 즉 editor를 나타낸다. 복수형 eds. |
| e.g. | (영어 텍스트에서) exempli gratia, 예를 들면 |
| ex. | 예를 들면. per es.로 쓰기도 함 |
| fig. | 그림. 복수형은 figg. |
| fo. | 장(종이의). 복수형은 fol. foll. 또는 f. ff.로 표기 |
| *ibid.* | 또는 *ibidem*, 같은 곳(말하자면 동일한 저술의 동일한 페이지. 만약 동일한 저술이지만 페이지가 동일하지 않을 경우에는, *op. cit.*에다 페이지를 덧붙임) |
| i.e. | (영어 텍스트에서) *id est*, 즉, 말하자면 |
| infra | 아래를 보시오 |
| loc. cit. | 인용된 곳 |
| MS | 사본 원고, 복수형은 MSS |
| NB | 주의 |
| NdA | 저자의 주(대개 대괄호 안에 씀) |
| NdT | 번역자의 주(대개 대괄호 안에 씀) |
| NdC | 편자의 주(대개 대괄호 안에 씀) |
| n. | 주(예를 들면, n.3을 참조 또는 보시오) |
| NS | 새로운 총서(Nuova Serie) |
| n° | 번호(때로는 n. 하지만 단지 번호를 씀으로써 이 약자를 피할 수도 있다) |
| *op. cit.* | 동일한 저자의 앞에서 이미 인용된 저술 |
| passim | 여기저기(저자가 그 개념을 저술 전반에서 다루고 있기 때문에, 단지 |

|  |  |
|---|---|
|  | 한 페이지만을 언급하지 않을 경우-) |
| p. | 또는 pag., 페이지, 복수형은 pp. 또는 pagg. |
| par. | 절(또는 prg.와 prgg.도 사용 ) |
| pseud. | 가짜 이름. 그 저자의 진위가 의심스러울 경우 이 pseud.를 붙임 |
| r°와 v° | 앞면과 뒷면(홀수 페이지와 짝수 페이지) |
| s.d. | 출판 일자 불명 |
| s.l. | 출판 장소 불명 |
| seg. | 이하. sg.로도 표기. 복수형은 sgg.(예를 들면 p. 34 sgg.) |
| sez. | 부문 |
| sic | 그렇게(현재 내가 인용하고 있는 저자가 바로 그렇게 썼음. 신중함을 기하기 위해, 또는 커다란 오류를 범했을 경우 반어적인 강조를 하기 위해서도 사용) |
| tab. | 표 |
| tav. | 도표 |
| tr. | 또는 trad., 번역(번역자 또는 언어의 명칭 다음에 나올 수 있음) |
| v. | 보시오 |
| v. | (시의) 행, 복수형은 vv.(만약 많은 행들을 인용할 경우에는, 〈보시오〉를 표시하려면 v. 대신에 cfr.를 사용) |
| vs. | versus, ~에 반대하여[對](예를 들면, 흰색 vs. 검은색, 또는 흰색/검은색이라고 표기할 수도 있다) |
| viz. | (영어 텍스트에서) *videlicet*. 말하자면 정확하게 |
| vol. | 권. 복수형은 voll(대개 vol.은 여러 권으로 된 저술의 어느 정해진 권을 의미하고, voll.은 그 저술 전체를 이루는 권들의 숫자를 의미한다) |

NB. 이것이 가장 일반적인 약자들의 목록이다. 특수한 테마들(고문서학, 고전 및 근대 문헌학, 논리학, 수학 등)에 대해서는 자체의 고유 약자들이 있으며, 그것은 여러분이 그 테마에 관한 비평적 문헌을 읽으면서 습득할 수 있다.

Lussac(게-뤼사크 광장)이라 말하기도 한다.

　독일어 보통 명사들은, 그 언어에서 그렇게 하듯이, 대문자로 써야 한다(Ostpolitik, Kulturgeschichte).

　본문을 이해하는 데 방해되지 않는 것은 모두 소문자로 쓴다. 예를 들면, gli italiani(이탈리아 사람들), i congolesi(콩고 사람들), il vescovo(주교), il dottor(박사), il colonnello(대령), il varesotto(바레세 사람), il bergamasco(베르가모 사람), la seconda guerra mondiale(제2차 세계 대전), la pace di Vienna(빈 평화 조약), il premio Strega(스트레가상), il presidente della repubblica(공화국 대통령), il santo padre(교황), il sud(남), il nord(북) 등이 그렇다.

　좀 더 정확한 용법들에 대해서는 여러분이 연구하는 학문의 문헌들을 따르도록 하라. 그렇지만 최근 10년 안에 출판된 텍스트들을 모델로 활용하라.

　<u>어떠한 경우든 따옴표를 열었을 때에는 언제나 닫도록 하라.</u> 이것은 어리석은 충고 같아 보이지만, 타자를 친 논문에서 아주 일반적으로 나타나는 소홀함 중의 하나이다. 인용문이 시작되었는데, 어디에서 끝나는지 알 수 없는 경우가 있다.

　<u>아라비아 숫자를 지나치게 많이 사용하지 말라.</u> 물론 여러분이 만약 수학이나 통계학 논문을 쓰거나, 또는 정확한 날짜나 백분율을 인용하는 경우에는 이런 충고가 해당되지 않는다. 그러나 평범한 논의의 맥락에서는, 가령, 그 군대는 오만(50,000이 아니라)의 인력을 갖고 있다, 또는 그 저술은 세 권(3권이 아니라)으로 되어 있다라고 말하도록 하라. 다만, 가령 〈3 voll.〉 하는 식으로 정확한 참고 문헌 인용을 하는 경우는 예외다. 손실이 십 퍼센트 증가했다, 또는 어떤 사람이 예순 살에 사망했다, 또는 그 도시는 삼십 킬로미터 떨어져 있다 하는 식으로 말하도록 하라.

　그러나 날짜에 대해서는 숫자를 쓰도록 하라. 날짜는 언제나 상세하게 쓰는 것이 좋다. 따라서 17/5/73보다는 1973년 5월 17일이라 쓰는 것이 좋다. 하지만 그냥 간단하게 줄여서 15~18년 전쟁이라고 말할 수도 있다. 물론 일련의 자료들, 일기의 페이지들 등의 날짜들을 모두 기록해야 할 경우에만, 날짜를 줄여서 써야 한다.

어떤 사건이 열한 시 삼십 분에 일어났다라고 말해야 할 것이다. 하지만 실험 과정에서 11시 30분에 물이 25cm 상승했다라고 말할 수도 있다. 또한 등록 번호 7535호, 피오리 키아리 거리의 30번지 주택, 어떤 책의 144페이지라고 말한다.

그러나 XIII세기, 피우스 XII세, 제 VI함대와 같은 경우에는 로마 숫자로 표기한다. ⟨XII$^{mo}$⟩[10]세기라고 쓸 필요는 없다. 로마 숫자는 언제나 그 자체로서 서수임을 표현한다.

<u>약호들</u>에 대해서는 일관성이 있어야 한다. U.S.A.로 쓰거나, USA로 쓰거나 상관없다. 그러나 처음부터 USA로 쓴다면, 계속해서 PCI(이탈리아 공산당), RAF(영국 공군), FBI와 같이 써야 한다.

<u>본문에서 책이나 신문의 제목들을 인용할 때 주의하라</u>. 가령 어떤 생각이나 인용문, 관찰 등이 『약혼자』라는 제목의 책 안에 들어 있다고 말하고자 한다면, 다음과 같은 해결책들이 있다.

1) Come è detto ne <u>I promessi sposi</u>……(『약혼자』 안에 언급된 바대로……)
2) Come è detto nei <u>Promessi sposi</u>……
3) Come è detto in <u>I promessi sposi</u>……

저널리스트적 유형의 논의에서는 2)의 형식을 선호한다. 1)의 형식은 약간 고어적이다. 3)의 형식은 때로는 약간 부자연스럽기는 하지만, 정확한 방식이다. 필자의 견해로는, 만약 여러분이 이미 광범위하게 인용된 책에 대해 언급하고 있을 경우에는 2)의 형식을 사용하면 될 것이고, 만약 그 제목이 처음으로 나오고 또한 제목에 관사가 있는지 없는지 아는 것이 중요할 경우에는, 3)의 형식을 사용하면 될 것이다. 어떠한 경우든 일단 하나의 형식을 선택하면, 그 형식을 동일하게 따르도록 하라. 그리고 신문의 경우에는, 관사가 제목의 일부분인지 아닌지 주의를 기울여야 한다. <u>Il Giorno</u>라는 신문도 있고 <u>Corriere della Sera</u>라는 신문도 있다. <u>Tempo</u>는 주간지인 반면에, <u>Il tempo</u>는 일간지이다.

---

10 이탈리아어 숫자에서 서수를 표시하는 방식.

**불필요한 밑줄로 과장하지 말라.** *splash-down* 또는 *Einfühlung*처럼 이탈리아어에 흡수되지 않은 외래어들에는 밑줄을 치지만, *sport, bar, flipper, film* 같은 외래어에는 밑줄을 치지 않는다. 밑줄을 치지 않은 단어는 복수형이 없다. 예를 들면, 〈i film sulle ghost towns(유령의 도시에 대한 영화들)〉. 상표의 이름이나 유명한 유적들의 이름에는 밑줄을 치지 않는다. 예를 들면, 〈gli Spitfire volteggiavano sul Golden Gate(스핏파이어기[11]들이 금문교 상공을 선회하고 있었다)〉. 일반적으로 외래어로 사용되는 철학 용어들은, 비록 밑줄을 치더라도 복수형이 없으며, 물론 격변화도 하지 않는다. 예를 들자면, 〈le Erlebnis di cui parla Husserl(후설이 언급하는 체험)〉, 〈l'universo delle varie Gestalt(여러 다양한 형태들의 우주)〉. 그런데 특히 라틴어 용어들을 사용하면서 어형 변화를 가하는 것은 아주 좋지 않다. 예를 들면, 〈그러므로 우리는, 지각적 경험의 작용 대상이 되는 그 유일한 subiectum에 대해서가 아니라, 모든 subiecta에 대하여 다룰 예정이다〉처럼. 차라리 그에 상응하는 이탈리아어 용어를 사용하거나(대개는 풍부한 교양을 자랑하기 위해 그런 외래어를 사용한다), 또는 그 문장을 다른 방식으로 바꾸어 말함으로써, 그런 어려운 상황에 빠지는 것을 피하는 것이 낫다.

**기수와 서수, 로마 숫자와 아라비아 숫자를 현명하게 교대로 사용하라.** 통상적으로 로마 숫자는 대개 큰 구분을 나타내는 것이 관례이다. 가령, XIII. 3이라는 표시는, 제13권 제3부, 제13곡 3행, 제13권 3호 등을 가리킨다. 물론 여러분은 13. 3이라 쓸 수도 있으며, 일반적으로 사람들은 그것을 이해한다. 그러나 만약 3. XIII이라 쓰면 이상하게 보일 것이다. 간단하게 Hamlet III, ii, 28이라고 쓰면, 여러분은 제3막 제2장의 28행에 대해 말하고 있다는 것을 곧바로 이해할 것이다. 아니면 Hamlet III, 2, 28(또는 Hamlet 3. 2. 28)이라 쓸 수도 있다. 그렇지만 Hamlet 3, II, XXVIII이라 쓰지는 않는다. 그림, 통계 도표, 투사 도면(透寫圖面) 또는 지도 등은 〈그림 1〉 또는 〈표 4〉, 〈그림 I〉 또는 〈표 IV〉와 같이 표시한다. 그러나 **표나 그림의 차례에서는 꼭 동일한 기준을 유지하도록 하라.** 그리고 만약 표들에 대

---

11 제2차 세계 대전 시 영국 공군의 전투기.

해서는 로마 숫자를 사용한다면, 그림들에 대해서 아라비아 숫자를 사용하라. 그래야 여러분이 무엇에 대해 언급하고 있는지 한눈에 알 수 있다.

**타자된 원고를 다시 읽도록 하라!** 단지 타자상의 실수들(특히 외래어들과 고유명사들)을 교정하기 위해서뿐만 아니라, 주의 번호가 맞는지, 또한 인용된 책들의 페이지가 맞는지 확인하기 위해서이다. 여러분이 절대적으로 확인해야 할 몇 가지 사항들은 다음과 같다.

<u>페이지</u>. 순서에 맞게 번호가 매겨져 있는가?

<u>내부 참조</u>. 장 또는 페이지가 정확히 맞는가?

<u>인용</u>. 언제나 처음과 끝이 따옴표 안에 들어 있는가? 생략, 대괄호, 들여 쓰기가 언제나 동일한가? 모든 인용에 참조 표시가 되어 있는가?

<u>주</u>. 본문의 주 표시 번호와 일치하는가? 주가 확연하게 본문과 구별되어 있는가? 주의 번호가 연속으로 매겨져 있는가, 아니면 건너뛴 곳이 있는가?

<u>참고 문헌</u>. 저자의 이름들이 알파벳 순서로 되어 있는가? 누군가의 성(姓)과 고유 이름을 혼동하지 않았는가? 그 책을 확인하는 데 필요한 모든 자료가 들어 있는가? 어떤 제목들에 대해서는 자료가 풍부한 방식(예를 들면, 페이지 숫자 또는 총서의 제목 등)을 사용하고, 다른 제목들에 대해서는 그렇지 않은 방식을 사용하지 않았는가? 잡지의 논문이나 방대한 저술의 장들과 책이 구별되는가? 모든 참조가 마침표로 끝나는가?

### 6·2 최종적인 참고 문헌

참고 문헌에 대한 장은 매우 길고, 매우 정확하고, 매우 신중한 장이 되어야 할 것이다. 그러나 참고 문헌에 대해서 우리는 이미 최소한 두 번 정도 다룰 기회가 있었다. 3·2·3에서는 어떤 저술에 관한 정보들을 어떻게 기록하는가에 대해 말했고, 5·4·2와 5·4·3에서는 어떤 저술을 주에서 어떻게 인용하는가, 그리고 주(또는 본문)에서의 인용과 최종적인 참고 문헌 사이의 관계를 어떻게 설정하는가에 대해 언급했다. 이 세 항으로 되돌아가 보면 훌륭한 최종 참고 문헌을 작성하는 데 필요한 모든 것을 발견할 수 있을 것이다.

어쨌든 무엇보다도 먼저 말해 둘 것은, 논문에서는 주에 있는 참조 사항이 아무리 자세하고 정확하다고 하더라도 최종 참고 문헌이 꼭 <u>있어야 한다</u>는 점이다. 독자로 하여금 관심 있는 정보를 페이지마다 찾아보라고 강요할 수는 없다.

어떤 논문에서는 참고 문헌이 유용하기는 하지만 결정적인 것은 아닌 하나의 첨가 자료인 반면에, 또 어떤 논문(예를 들면, 어느 특정한 분야의 문헌에 대한 조사, 또는 어느 특정한 작가의 모든 출간 및 미출간 저술들에 대한 조사를 하는 논문들)에서는 참고 문헌이 가장 관심 있는 부분이 될 수도 있다. 그리고 두말할 필요도 없이, 가령 「1945년부터 1950년까지의 파시즘에 대한 연구들」과 같이 유일한 참고 문헌인 논문들도 있다. 거기에서는 분명히 최종 참고 문헌은 하나의 보조 수단이 아니라 도달점이 된다.

현재로서는 참고 문헌을 어떻게 구성하는가에 대한 몇 가지 지침들을 덧붙이는 수밖에 없다. 가령 버트런드 러셀에 대한 논문의 예를 들어 보자. 참고 문헌은 <u>버트런드 러셀의 저서들 및 버트런드 러셀에 대한 저서들</u>로 구분될 것이다(물론 좀 더 일반적인 구분으로서 <u>20세기의 철학사에 대한 저서들</u>이 있을 수도 있다). 러셀의 저서들은 연대기 순서로 배열하고, 반면에 러셀에 대한 저서들은 알파벳 순서로 배열할 것이다. 다만 논문의 주제가 가령 〈영국에서 1950년에서 1960년까지의 러셀에 대한 연구〉가 아닌 경우에 그렇다. 만약 주제가 그런 것이라면, 러셀에 <u>대한</u> 참고 문헌 역시 <u>연대기</u> 순서로 배열하는 것이 유용할 것이다.

그런데 만약 〈가톨릭 교도들과 아벤티노 사건〉[12]에 대한 논문을 쓴다고 하면 참고 문헌은 다음과 같이 구분될 것이다. 즉, 의회의 서류들 및 의사록, 가톨릭계 신문이나 잡지의 기사들, 파시스트계 신문이나 잡지의 기사들, 다른 정당의 신문이나 잡지의 기사들, 그 사건에 대한 저서들(그리고 혹시 그 기간의 이탈리아 역사에 대한 일반적인 저술 부문)로 구분될 것이다.

여러분이 알 수 있는 바와 같이, 문제는 논문의 유형에 따라 달라진다. 또한 문제는 1차적 출전들과 2차적 출전들, 엄밀한 연구들과 신뢰성이 적은 자료 등의 구별이 가능하도록 참고 문헌을 작성하는 데에 있다.

결론적으로 앞의 장들에서 언급된 것에 비추어 보면, 참고 문헌의 목적은 다음과 같다. 즉, 1) 참고하고 있는 저서를 알아볼 수 있도록 해준다, 2) 그 저서를 찾기 쉽도록 해준다, 3) 졸업하고자 하는 학문의 관례들에 친숙함을 보여 준다.

그 학문과의 친숙함을 보여 준다는 것은 다음의 두 가지를 의미한다. 말하자면 테마에 대한 모든 참고 문헌을 알고 있다는 인상을 주며, 또한 해당 학문의 참고 문헌적 관례들을 따른다는 것을 의미한다. 이 두 번째에 관해서 보면, 이 책에서 제시하는 표준 관례들이 가장 훌륭한 기준들이 아닐 수도 있다. 그렇기 때문에 테마에 관한 비평적 문헌을 모델로 삼아야 할 필요가 있다. 두 번째 점과 관련하여 당연하게 대두하는 질문은, 참고 문헌에다 단지 참조한 책들만을 넣어야 하는가, 아니면 정보를 얻은 모든 책들을 넣어야 하는가 하는 질문이다.

가장 명백한 대답으로서, 논문의 참고 문헌은 단지 참조한 저서들의 목록만을 담고 있어야 하며, 다른 어떤 해결책도 부정직한 것이라고 말할 수 있다. 하지만 여기에서도 역시 문제는 논문의 유형에 달려 있다. 어떤 연구의 목적이, 모든 항목을 살펴보기에는 인간적으로 불가능한 상태에서 어느 특정한 테마에 대해 쓰인 모든 텍스트들을 밝히는 데에 있는 경우도 있을 수 있다. 그런 경우에 학위 지원자는 자신이 참고 문헌에 있는 모든 저서들을 참조하지 않았다는 것을 <u>명백하게</u> 미리 밝히고, 가령 직접 살펴보지 않은 저서들에는 별표를 붙이는 것으로 충분할 것이다.

하지만 이러한 기준은, 가령 어떤 테마에 대해 이전의 <u>완벽한</u> 참고 문헌이 아직 존재하지 않고, 따라서 지원자의 논문이 흩어진 참고 자료들을 한데 모으는 작업

---

12 1924년 파시즘의 억압적인 상황에서 소수파가 된 야당의 하원 의원들이 의회에서 물러난 사건.

일 경우에 해당된다. 만약 우연히 어떤 완벽한 참고 문헌이 이미 존재한다면, 단지 실질적으로 자기가 참조한 저서만을 기록하고 나머지는 그 기존의 참고 문헌을 참조하라고 하는 것이 좋다.

어떤 참고 문헌의 신뢰성은 그 참고 문헌의 제목에 의해 부여되는 경우가 많다. 가령 참고 문헌의 목록, 참조한 저서들, 테마 X에 대한 일반 참고 문헌 등의 제목을 붙일 수 있다. 그러면 여러분은, 그런 제목을 기초로, 그 참고 문헌이 요구되는 것들을 충족할 수 있는지 또는 충족할 수 없는지 잘 알 수 있게 된다. 이탈리아어로 된 30여 권의 빈약한 제목들만을 모아 놓고 제2차 세계 대전에 관한 참고 문헌이라는 제목을 붙일 수는 없다. 차라리 그냥 참조한 저서들이라 쓰고 하느님의 은총을 기다리는 수밖에 없다.

여러분의 참고 문헌이 아무리 빈약하다고 할지라도 최소한 알파벳 순서로 잘 정리하도록 노력하라. 몇 가지 규칙들이 있다. 물론, 성(姓)부터 시작한다. ⟨de⟩ 또는 ⟨von⟩과 같은 귀족의 칭호는 성의 일부가 아니며, 반면에 대문자로 된 전치사는 그 성의 일부가 된다. 그러므로 D'Annunzio는 D 안에 들어가야 하며, 반면에 Ferdinand de Saussure는 Saussure, Ferdinand de로 써야 한다. De Amicis, Du Bellay, La Fontaine이라고 쓰는 반면에, Beethoven, Ludwig van이라 써야 한다. 그러나 여기에서도 역시 비평적 문헌에 주의해야 하며 관례들을 따르도록 하라. 예를 들어 옛날의 작가들(대략 13세기까지)에 대해서는 이름을 인용하는데, 마치 성처럼 보이는 것은 아버지의 이름이거나 또는 출생한 장소인 경우가 많다.

결론적으로 말하자면, 논문을 위한 일반적인 표준 구분은 다음과 같다.

출전.
참고 문헌 목록.
테마 또는 저자에 대한 저서들(아마도 저서와 논문으로 구분될 수도 있다).
부수 자료들(인터뷰, 기록물, 진술).

## 6·3 부록

하나 또는 그 이상의 부록이 필수적인 논문들도 있다. 가령 여러분이 발견하여 옮겨 쓴 어떤 희귀한 텍스트에 대하여 논의하는 문헌학 논문에서는, 그 텍스트를 부록에 싣고 있을 것이며, 그 부록이 연구 작업 전체에서 가장 독창적인 공헌이 되는 수도 있다. 어느 특정한 기록에 대하여 자주 언급하게 되는 역사 논문에서는, 비록 그 기록이 이미 출판되었더라도, 그 기록을 부록에 실을 수 있다. 어떤 하나의 법률 또는 법률집에 대해 논의하는 법학 논문은 그 법률들을 부록에 실어야 할 것이다(만약 그것이 현행의 일반적인 법전에 들어 있어 누구나 이용할 수 있는 것이 아닌 경우에).

어느 특정한 자료를 부록으로 출판한다는 것은, 본문 안에서의 길고도 지루한 인용을 피하게 해주며 손쉽게 참조할 수 있도록 해준다.

표, 그림, 통계 자료들은, 본문 안에 삽입될 수 있는 간략한 예가 아닌 이상, 부록에 들어가야 한다.

일반적으로, 본문을 무겁게 하거나 읽기 어렵게 만드는 모든 자료들과 기록들은 부록 안에 넣는다. 그러나 때로는 계속해서 부록을 참조하도록 하는 것보다 더 지겨운 것은 없다. 그것은 독자로 하여금 매 순간 그가 읽고 있는 페이지에서 논문의 끝 부분으로 가도록 강요하기도 한다. 그리고 그런 경우에는 여러분은 상식에 비추어서 행동해야 한다. 그것은 무엇보다도 본문을 너무 난해하게 만들지 않도록 최대한 노력하고, 간략한 인용문을 삽입하고, 여러분이 언급하는 부록의 항목에 담긴 내용을 요약함으로써 가능할 것이다.

만약 어떤 논점을 전개하는 것이 적절하다고 생각되면서도, 그것이 지엽적인 것이어서 중심 테마의 진행을 방해한다는 것을 발견하는 경우에는, 그 논점에 대한 논의를 부록에 넣을 수도 있다. 가령 여러분이 아리스토텔레스의『수사학』과『시학』이 르네상스 시기의 사상에 미친 영향에 대하여 논문을 쓰는데, 20세기에 들어와 시카고 학파가 그 텍스트들을 현대적으로 새로이 제시했다는 것을 발견했다고 가정해 보자. 만약 시카고 학파의 관찰들이 르네상스 시기의 사상과 아리스토텔레스와의 관계를 밝히는 데 도움이 된다면, 여러분은 그 학파를 본문 안에 인용할 것이다. 그러나 그 학파에 대하여 독자적인 부록에서 좀 더 광범위하게 따로 언급을 하면서, 르네상스 시기뿐 아니라 20세기 역시 아리스토텔레스의 텍스트들을 어떻게 되살리려고 노력했는가를 하나의 예로서 보여 주는 것이 더욱 흥미로울 수도 있다. 그와 마찬가지로 여러분은 트리스탄이라는 인물에 대한 로망스 문헌학 논문을 쓰면서, 바그너에서 토마스 만에 이르기까지의 탐미주의 문학이 그 신화를 활용한 방법에 대하여 하나의 부록을 할애할 수도 있다. 그런 테마가 여러분 논문의 문헌학적 주제에 직접적인 중요성은 없을지라도, 바그너의 해석이 문헌학자에게도 어떤 암시들을 제공해 준다는 것을 보여 줄 수도 있고, 또는 ― 그와는 반대로 ― 그런 해석은 좋지 않은 문헌학의 모델이 된다는 것을 증명하면서, 이후의 연구와 성찰들을 위한 충고를 줄 수도 있다. 이런 유형의 부록들이 권장할 만하다는 말은 아니다. 왜냐하면 그것은 여러 종류의 박식하고 비판적인 여담들을 늘어놓는 완숙한 학자의 작업처럼 보일 수도 있기 때문이다. 단지 필자로서는 심리학적 이유에서 그런 방식을 권할 뿐이다. 때로는 연구에 열중하다 보면 부수적이거나 대체적인 길들이 열리고, 그런 직관들에 대해서도 언급하고 싶은 유혹을 물리칠 수 없는 경우도 있다. 그런 직관들을 부록에 넣게 되면, 여러분은 논문의 엄격함을 해치지 않으면서 표현하고자 하는 자신의 욕구를 충족할 수 있다.

### 6·4 차례

차례에는 본문의 모든 장, 작은 장, 절들을 기록하고, <u>페이지 번호와 동일한 번호를 매기고 동일한 제목을 기록해야</u> 한다. 이것은 명백한 충고 같아 보이지만, 논문을 제출하기 전에 이러한 요건들이 완전히 갖추어졌는지 주의 깊게 확인해야 한다.

차례는 독자나 저자 자신에게도 역시 필수 불가결한 서비스이다. 무엇보다도 어느 특정한 테마를 신속하게 다시 찾는 데 도움을 준다.

차례는 논문의 <u>첫머리</u> 또는 <u>끝 부분</u>에 둘 수 있다. 이탈리아어 및 프랑스어 책들은 대부분 차례를 끝 부분에 둔다. 영어로 된 책들과 대부분의 독일어 책들은 첫머리에 둔다. 얼마 전부터 몇몇 이탈리아의 편집자들도 이 두 번째의 기준을 채택하고 있다.

　필자의 견해로는 첫머리에 두는 것이 더 편리하다. 그러면 처음 몇 페이지만 펼쳐도 곧바로 차례를 발견하는 반면, 끝 부분에서 참조하려면 더욱 커다란 육체적 노고를 필요로 한다. 하지만 첫머리에 있어야 한다면, <u>정말로 첫머리에 있도록 하라</u>. 영미계의 어떤 책들은 서문 다음에 차례를 넣기도 하며, 종종 서문, 초판의 서문, 재판의 서문 다음에다 두기도 한다. 그건 야만적이다. 그건 정말로 어리석은 일이며, 차라리 책의 한가운데에 두는 것이 나을 것이다.

　다른 방법으로 첫머리에 진정한 고유의 <u>차례</u>(단지 장들의 제목)만을 두고 끝 부분에는 지극히 분석적인 자세한 구분을 하는 몇몇 책들에서 그러하듯이, 아주 상세한 요약이 담긴 차례를 두는 방법이 있다. 그와 마찬가지로 때로는 첫머리에다 장들의 차례를 싣고, 끝 부분에다 테마들의 분석적인 차례를 싣기도 하는데, 대개 거기에는 인명 색인도 붙어 있다. <u>매우 분석적인 훌륭한 내용 요약 차례를, 가능하다면 논문의 맨 앞에, 표지 다음에 곧바로 두는 것으로 충분하다.</u>

　차례의 구성은, 공간적인 의미에서도 역시, 본문의 구성을 반영해야 한다. 말하자면 만약 본문에서 1. 2가 제1장의 더 작은 하위 구분이라면, 그것이 차례의 줄 맞추기에서도 명백하게 나타나야 한다. 이해를 돕기 위하여 〈표 22〉에서 차례의 두 가지 모델을 보여 줄 것이다. 그러나 장들 및 절들의 번호 매김은, 로마 숫자, 아라비아 숫자, 알파벳 문자 등을 사용함으로써 서로 다를 수도 있다.

〈표 22〉의 차례는 다음과 같이 번호를 매길 수도 있다.

A. 제1장
　A. I. 제1절
　A. II. 제2절
　　　A. II. 1. 제2절의 제1항
　　　A. II. 2. 제2절의 제2항
　　　등.

표 22 차례의 예

| 첫 번째 예 |
|---|

찰리 브라운의 세계

| | |
|---|---:|
| 서론 | p. 3 |
| 1. 찰리 브라운과 미국의 만화 | |
|    1. 1. 노랑 꼬마에서 찰리 브라운으로 | 7 |
|    1. 2. 모험적 맥락과 해학적 맥락 | 9 |
|    1. 3. 슐츠의 경우 | 10 |
| 2. 신문의 만화와 일요판 신문 | |
|    2. 1. 서술 리듬의 차이 | 18 |
|    2. 2. 주제의 차이 | 21 |
| 3. 이념적 내용 | |
|    3. 1. 유년기의 시각 | 33 |
|    3. 2. 묵시적인 가족관 | 38 |
|    3. 3. 개인적인 정체 | 45 |
|       3. 3. 1. 나는 누구인가? | 58 |
|       3. 3. 2. 다른 사람들은 누구인가? | 65 |
|       3. 3. 3. 대중적 존재 | 78 |
|    3. 4. 신경 쇠약과 건강 | 88 |
| 4. 그림 기호의 발전 | 96 |
| 결론 | 160 |
| 통계표: 미국의 독서 지표 | 189 |
| 부록 1: 만화 영화 속의 피너츠 | 200 |
| 부록 2: 피너츠의 모방 | 234 |
| 참고 문헌: 단행본 만화 모음 | 250 |
|       슐츠의 기사, 인터뷰, 진술들 | 260 |
|       슐츠의 작품에 대한 연구들 | |
|          — 미국 | 276 |
|          — 다른 나라들 | 277 |
|          — 이탈리아 | 278 |

| |
|---|
| <div align="center">**두 번째 예**</div> |
| <div align="center">찰리 브라운의 세계</div> |
| 서론                                                       p. 3<br>  I. 노랑 꼬마에서 찰리 브라운으로                7<br>  II. 신문의 만화와 일요판 신문                   18<br>  III. 이념적 내용                                   45<br>  IV. 그림 기호의 발전                            76<br>결론                                                       90 |

또는 위의 것을 다른 방법으로 표현할 수도 있을 것이다.

I. 제1장
  I. 1. 제1절
  I. 2. 제2절
     I. 2. 1. 제2절의 제1항
     등.

  이와 동일하게 즉각적으로 명료하고 분명한 결과들을 얻을 수 있는 한, 또 다른 기준들을 선택할 수도 있다.
  앞에서 본 바와 같이 <u>제목들을 마침표로 끝낼 필요는 없다</u>. 마찬가지로 숫자들을 왼쪽이 아니라 오른쪽으로 정렬하는 것이 좋다. 말하자면 다음과 같이 한다.

    7.
    8.
    9.
  10.

<u>다음과 같이 하지는 않는다.</u>

    7.
    8.
    9.
    10.

로마 숫자들에 대해서도 역시 동일하다. 지나치게 섬세한가? 아니다, 그것은 깨끗함이다. 만약 여러분의 넥타이가 비뚤어져 있다면 여러분은 바로잡을 것이다. 아무리 히피일지라도 어깨 위에 비둘기 똥이 묻는 것을 좋아하지는 않는다.

# 7 결론

필자는 다음과 같은 두 가지 관찰로 결론을 맺고 싶다. 즉, **논문을 쓴다는 것은 스스로 즐거움을 얻는다는 의미이며, 논문은 마치 돼지와 같아서 버릴 것이 전혀 없다는 사실이다**.

누군가는 실제적인 연구를 해보지도 않고, 논문을 어떻게 써야 할지 겁을 먹고 있다가, 이 책을 읽은 다음에는 완전히 두려움에 사로잡힐 수도 있다. 그 수많은 규칙들, 수많은 지침들, 거기서 살아 나올 방도가 없으리라…….

그러나 사실은 그렇지 않다. 완벽함을 기하기 위하여 필자는 완전히 아무것도 모르는 독자를 전제로 할 수밖에 없었다. 하지만 여러분은 각자 어떤 책을 읽으면서 거기에서 언급되는 여러 가지 기법들을 이미 자기 고유의 것으로 만들었을 것이다. 필자의 이 책은 아마도 그 모든 기법들을 상기시키고, 여러분 대부분이 무의식적으로 이미 흡수한 것이 의식의 표면으로 떠오르도록 하는 데 도움이 되었을 것이다. 자동차 운전자도 역시 자신의 행동들에 대해 다시 고찰하게 되면, 자신이 절대 실수를 용납할 수 없는 엄청나게 중요한 결정을 단 몇 초 동안에 내리는 경이로운 기계라는 것을 깨닫게 된다. 그럼에도 거의 모두가 자동차를 운전하고 있으며, 교통사고로 죽는 사람들의 숫자가 상대적으로 적다는 사실은 대부분의 사람들이 거기에서 살아남는다는 것을 말해 준다.

모든 일은 **재미있게** 하는 것이 중요하다. 만약 여러분이 관심 있는 테마를 선택했다면, 또 비록 짧지만 미리 정해진 기간(앞서 우리는 최소한 6개월로 한계를 정했다)에 정말로 논문에 몰두하기로 결정했다면, 그렇다면 여러분은 논문을 놀이나 내기, 보물찾기로 경험할 수 있다는 것을 깨닫게 되리라.

찾기 어려운 텍스트를 추적하는 과정에서는 스포츠와 같은 만족감을 느낄 수 있으며, 해결이 불가능해 보이는 문제를 오래 숙고한 끝에 그 해결책을 발견하는 과정에서는 수수께끼 놀이에서와 같은 만족감을 느낄 수 있다.

여러분은 논문을 하나의 도전으로 체험해야 한다. 도전자는 바로 여러분이다. 여러분은 처음에 아직 해답을 찾지 못한 하나의 질문을 제기했다. 그것은 수많은 움직임 안에서 해답을 찾는 일이다. 때로는 논문을 두 사람의 시합으로 체험할 수도 있다. 여러분의 저자는 자신의 비밀을 여러분에게 보이려 하지 않고, 여러분은 그를 포위하고, 조심스럽게 질문을 하고, 말했어야 하는데 말하지 않은 것을 말하도록 만들어야 한다. 때로 논문은 외로운 작업이다. 여러분은 모든 조각들을 갖고 있으며, 그것들을 제자리에 맞추어야 한다.

만약 여러분이 스포츠처럼 즐겁게 경기를 한다면, 훌륭한 논문을 작성할 것이다. 만약 그것이 중요하지 않은 하나의 의식(儀式)이며 관심도 없는 것이라는 생각으로 시작한다면, 여러분은 이미 출발점에서 패배한 셈이다. 만약 그렇다면 필자가 서두에서 말했듯이(그건 비합법적인 것이므로 다시 반복하지 말기로 하자), 차라리 논문을 다른 사람에게 시키고, 베끼고, 여러분 자신의 삶을 망치지 말고, 여러분을 도와주고 읽어 줄 사람의 삶을 망치지 말라.

만약 논문을 재미있게 썼다면, 계속 쓰고 싶은 마음이 생길 것이다. 대개 논문 작업을 하는 동안에는 논문이 끝날 순간만을 생각한다. 그다음에 올 방학을 꿈꾼다. 그러나 논문이 잘되었을 경우에는 논문이 끝난 다음에 엄청난 연구 의욕이 솟아나는데, 그것은 자연스러운 현상이다. 소홀히 했던 모든 논점들을 깊이 연구해 보고 싶고, 머릿속에 떠오르기는 했지만 억눌렀던 생각들을 뒤쫓아 보고 싶고, 다른 책들을 읽고 또 평론을 써보고 싶은 생각이 들 것이다. 그리고 그것은 논문이 여러분에게 지적인 신진 대사를 자극했으며, 긍정적인 경험이 되었다는 신호이다. 그것은 또한 「모던 타임스」에서 채플린이 작업이 끝난 후에도 계속 나사를 조이듯이, 여러분이 이미 억압적인 연구의 희생자가 되었다는 신호이기도 하다. 그러면 여러분은 멈추도록 노력해야 한다.

그러나 일단 멈추고 나면, 여러분이 연구에 대한 소명 의식을 지니고 있으며, 논문이 단지 학위를 얻기 위한 수단이 아니며, 또한 학위가 공무원으로서 승진을 하거나 부모를 만족시키기 위한 수단이 아니라는 것을 깨달을 수도 있다. 그렇지만 연구를 계속하려는 의도가, 꼭 대학에서 경력을 쌓고, 대학의 자리를 기다리고, 즉각적인 일자리를 포기한다는 것을 의미한다는 말은 아니다. 대학에서 자리를 얻지 않고도, 다른 일을 하면서도 상당한 기간 연구에 몰두할 수 있다. 훌륭한 전문 직업인 역시 연구를 계속해야 한다.

만약 여러분이 어떠한 방식으로든 연구에 몰두한다면, 잘 쓴 논문은 전혀 버릴 것이 없는 물건이라는 사실을 깨달을 것이다. 그 첫 번째 활용으로서, 여러분은 거기에서 한두 편의 학문적 논문, 혹은 한 권의 책(약간의 수정 작업을 거쳐)을 이끌어 낼 수도 있다. 하지만 시간이 흐름에 따라 여러분은 인용할 자료를 찾기 위해 논문으로 되돌아가고, 최초 논문의 최종적인 편집 과정에 포함되지 않은 부분들을 이끌어 내기 위해 독서 카드들을 다시 활용하게 된다는 것을 깨달을 것이다. 바로 논문의 부차적인 부분들이 새로운 연구의 시작으로서 여러분에게 새로이 제시되는 것이다. 몇십 년이 지난 후에도 여러분의 논문으로 되돌아가는 일이 생길 수 있다. 그 이유는 마치 첫사랑의 경우와 마찬가지로 잊기가 어렵기 때문이기도 하다. 결론적으로 논문은 여러분이 첫 번째로 해낸 진지하고 엄격한 과학적 연구가 될 것이며, 그것은 결코 간단한 경험이 아니다.

**부록\***
# 국내 학위 논문의 체제와 작성 방법

\* 에코가 이 책의 신판 서문에서 밝힌 바 있듯이, 논문을 작성하는 목적이나 원론적인 방법은 나라별로 크게 다를 것이 없다. 그러나 나라마다 언어가 다르듯이 그 언어로 작성한 논문의 세부적인 표현 규칙들은 다를 수밖에 없다. 이 부록은 국내 각 대학들에서 제시하는 논문 쓰는 방법과 그 세부 양식들을 참조하여, 에코가 본문에서 제시한 내용 외에 알아 두면 유용한 사항들을 편집부에서 정리한 것이다.

# 1 자료 조사

논문을 쓰기 위해서는 그 주제와 내용에 알맞은 자료를 수집해야 한다. 알맞은 자료를 수집하기 위해서는 자료와 관련된 제반 정보들을 조사해야 한다. 자료 조사의 방법에는 문헌 조사, 현장 조사, 실험 조사 등이 있다. 문헌 조사는 대개 도서관에 가서 하는데, 논문에 인용할 자료의 수집과 논문의 주제 선정 및 내용 구성을 위해서는 도서관의 문헌을 이용하는 것이 가장 효율적이다.

## 1·1 도서관

국내 대부분의 도서관에서 〈한국 십진 분류표〉에 따라 장서의 목록을 작성하지만, 도서관별로 책 목록이나 논문 목록, 저자 목록 등을 작성하는 방법이 다를 수 있다. 따라서 연구자는 자신이 이용할 도서관의 체제를 먼저 파악하고 그에 맞추어 도서관을 이용할 수 있어야 한다.

국내에는 여러 종류의 도서관이 있다. 우선 국회도서관이나 서울남산도서관과 같은 약 6백 곳의 공공 도서관들이 있다(이하 2007년도 기준). 그리고 서대문구 충정로에 있는 경기대학교 금화도서관을 비롯하여 약 528곳의 대학 도서관들이 있다. 종로구 삼청동에 있는 감사원 도서실이나, 국립문화재단 연구 자료실 등과 같은 전문 도서관도 618곳이나 있다. 서울 강동구 암사동에 있는 한국점자도서관과 같은 특수 도서관이 11곳가량 있다. 그 밖에 경찰종합학교 도서관과 같은 특수 목적 학교 도서관들도 28곳이 있다.

각 도서관의 주소와 연락처는 문화체육관광부에서 운영하는 〈국가 도서관 통계 시스템〉을 이용하면 쉽게 알 수 있다(http://www.libsta.go.kr). 이 서비스의 경우 각 도서관의 사서와 전자 우편으로 연결하여 찾고 있는 도서나 자료를 검색할 수 있게 해준다.

## 1·2 참고 자료집

자료 분류 목록의 논문 제목이나 도서명만으로는 논문 주제에 알맞은 자료들을 모두 찾아낼 수 없을 때가 많다. 이때 참고 자료집을 이용해 보라. 참고 자료집은 논문에 필요한 많은 자료들을 쉽게 찾게 해준다. 어떤 것은 주제별로 도서 목록이 정리되어 있어 논문을 쓰기에는 더없이 좋다. 참고 자료집은 크게 서지류와 색인류로 나뉜다. 국내에서 많이 이용되는 참고 자료집을 몇 가지 소개하면 다음과 같다. 물론 이외에도 각 나라별 서지 목록, 각 학문 분야별 참고 자료가 존재하므로 자신의 연구에 맞는 참고 자료집을 이용한다.

### 1·2·1 서지류

『규장각 도서 한국본 총목록』, 서울대학교 도서관 편, 서울, 1981, 전 2권.

규장각 도서실에서 소장하고 있는 자료 중 한국에서 간행된 것만을 한국본으로 규정하여 수록하였다. 각 문헌의 도서명, 규장각 도서 번호, 편저자명, 간행 연도, 권-책 수, 내용 차례, 내용 소개 등 자세한 서지 사항을 알 수 있다.

『대한민국 출판물 총목록』, 국립중앙도서관 편, 서울, 1965~.

출판물 납본 제도에 따라 국내에서 나오는 모든 새로운 출판물은 국립중앙도서관에 납본이 되며, 납본 기록이 이 책의 토대가 된다. 정부 간행물은 발행 부처별로 나누고, 그 안에서 서명의 가나다순으로 배열하였다. 일반 도서, 학위 논문, 아동 도서는 〈한국 십진 분류법〉으로 주제 구분을 한 후 저자명의 가나다순으로 배열하였다. 축차 간행물은 잡지와 신문으로 나누어 수록하고 있다. 전체의 서명 색인은 있으나 저자 색인은 없다.

『외국 도서 종합 목록』, 국립중앙도서관 편, 서울, 1970~.

서양서와 동양서(일본과 중국)로 나누어 서양서는 알파벳순으로, 일본서는 히라가나순으로, 중국서는 서명 발음의 한글 자모순으로 수록한 단일 목록이다. 두 곳 이상의 도서관에서 소장한 경우에는 복수 소장 표시를 해서 자료 활용의 편리를 도모하였다. 저자 색인이 있어 편리하다.

『외국 학술 잡지 종합 목록: 인문·사회 과학 편』, 한국학술진흥재단 편, 서울, 1981~.

전국의 종합대학교 도서관과 국립 도서관, 특수 도서관 등의 전문 연구 도서관에서 소장, 구독하는 외국 학술 잡지 목록 및 각 기관의 소장 내용을 상세히 수록하고 있다. 상호 대차(소장 자료의 공동 이용)에 중요한 도구가 될 수 있다. 인문-사회과학 편은 동양서와 서양서로 나누어 각각 한글 자모순과 알파벳순으로 배열하였다. 잡지명 총색인은 주제별로 나누어 작성했다.

『외국 학술 잡지 종합 목록: 과학 기술 편 1998~1999』, 산업기술정보원 편, 서울, 산업기술정보원, 1998.

1998년 9월 초 현재 산업기술정보원을 비롯하여 국내의 각 대학 도서관, 연구소, 기업체 등 269개 기관이 소장하고 있는 과학 기술 분야의 외국 연속 간행물(잡지, 회의 자료, 특허 및 규격 자료 등) 15,271종의 서지 사항과 각 기관의 소장 사항을 수록하고 있다. 서양서는 잡지명의 알파벳순으로, 동양서는 잡지명의 한국어 발음 자모순으로 배열하고 있다.

『장서각 도서 한국판 총 목록』, 문화공보부 장서각 편, 장서각 귀중본 총서, 제1집, 서울, 1972.

장서각 도서는 규장각 도서와 쌍벽을 이루는 우리나라의 귀중한 고서이다. 중국인이나 일본인의 저술까지 포함하여, 국내에서 나온 고서, 고문서류를 뽑아 목록을 만든 것이다. 서명, 편저자명, 편저자의 아호(雅號)별 색인이 있다.

『정부 간행물 목록』, 공보처 편, 서울, 1980~.

정부의 각 기관과 정부 투자 기관에서 발행한 백서, 연보, 통계, 교양지 등 각종 정부 간행물을 종합한 것이다. 발행 기관별로 간행물에 대한 간단한 서지 사항이 기록되어 있다.

『정부 기록 보존 문서 총괄 목록』, 총무처 정부기록보존소 편, 서울, 1974~.

정부 각 기관에서 발간하는 영구 보존서, 인쇄물, 도면 등 보존 가치가 있는 자료를 보존소에서 수집하여 마이크로필름으로 보관한 기록의 목록이다.

『학술총람』, 학술원 편, 서울, 1996~.

국내에서 발표된 학술 논저와 한국인이 국외에서 발표한 논문을 분야별로 나누어 수록하였다.

『한국 석사 및 박사 학위 논문 총 목록』, 국회도서관 편, 서울, 1969~.

각 논문의 저자, 제목, 학위 수여 기관, 학위 수여 시기 등을 수록하고 있으며, 각 권에 대한 인명 색인은 있으나 누적 색인이 없다. 석·박사 학위 논문 목록은 『대한민국 출판물 총 목록』에 수록되고 있으며, 시디롬으로 된 「국회도서관 문헌 정보」에도 수록된다.

『한국 출판 연감』, 대한출판문화협회, 서울, 1963~.

출판계의 일반 개관, 1년 동안 출판된 신간 및 중간(重刊) 도서, 여러 통계와 참고 자료, 출판 관계 법규 그리고 관련 업체, 기관, 인물의 명부로 구성되어 있다.

### 1·2·2 색인류

『정기 간행물 기사 색인』, 국회도서관 편, 서울, 1966~, 격월간.

국내에서 발행되는 연속 간행물의 기사를 주제별로 편성한 색인이다. 주제 분류는 정치, 행정, 경제, 사회, 교육, 예술, 종교, 문학, 순수 과학 등 전 지식 분야를 13개로 크게 나누고, 그 안에 소항목을 두어 기사를 저자명 가나다순으로 배열하였다. 서지 사항은 저자명, 논문 및 기사 제목, 게재 잡지명, 권-호수, 간행 시기 등이다. 「국회도서관 문헌 정보」 시디롬에 수록되고 있다.

**Book Review Index**, Detroit, Gale Research, 1965~, 격월간.
인문 과학, 사회 과학, 소설, 산문, 시, 서지, 도서관학, 청소년 도서 분야에서 220여 종의 일반 잡지와 학술지에 수록된 서평을 색인으로 작성하였다. 서평이 게재되고 약 6주 후에 이 색인에 수록된다.

**Essay and General Literature Index**, New York, Wilson, 1934~.
여러 저자의 논문이나 서로 다른 주제를 다룬 논문이 수록된 단행본(학회지, 전집 등)을 저자명과 주제명으로 찾아볼 수 있는 색인이다.

## 1·3 인터넷

### 1·3·1 유용한 인터넷 사이트

최근에는 각 대학의 도서관이나 국립 도서관들이 서로 연계하여 각종 자료들을 데이터베이스화해 놓아서, 국내외 학위 논문이나 저서의 정보를 인터넷을 통해서 빠르게 검색할 수 있게 되었다. 아래의 사이트들에서는 자료 목록의 검색뿐만 아니라 원문 검색까지도 유—무료로 할 수 있다.

**한국교육학술정보원**(http://www.keris.or.kr)
국내외 각 대학의 학위 논문과 각 학술지 논문, 국내 단행본과 해외의 전자 서적, 일본의 각 대학 소장 자료 등에 대한 정보를 검색할 수 있고, 유·무료로 원문을 열람할 수 있다[KERIS 학술연구정보서비스(http://www.riss4u.net)].

**국회도서관**(http://www.nanet.go.kr)
찾는 논문이나 학술지 기사의 목록을 검색하여, PDF 문서나 TIFF 문서의 형식으로 다운로드하여 무료로 원문을 열람할 수 있다. TIFF 문서 중 어떤 자료들은 저작권 관계로 국회도서관이나 연계 도서관 내의 컴퓨터를 이용해야만 볼 수 있다.

**국립중앙도서관(http://www.nl.go.kr)**
고서, 관보, 단행본 자료 등을 다양하게 검색할 수 있다. 저작권 관계로 국립중앙도서관 5층 디지털 자료실이나, 저작권 협약 도서관 내의 지정된 PC(공인 IP 지정)를 통해서만 원문을 열람할 수 있다.

**교육인적자원개발(http://www.keric.net)**
한국교육학술정보원과 연계된 사이트로, 국내의 각종 학위 및 학술 논문과 해외의 학위 및 학술 논문의 정보를 검색하고, 원문을 열람할 수 있다.

**국가지식포털(http://www.knowledge.go.kr)**
각 분야의 이미지, 문서, 오디오, 비디오 자료들을 구할 수 있다.

**한국언론재단 미디어포털(http://www.mediagaon.or.kr)**
국내 각 지역의 일간지나 시사 잡지 등의 기사를 열람할 수 있다.

**학술데이터베이스서비스(http://www.dbpia.co.kr)**
각종 분야별 학회, 학술지의 논문 정보를 검색할 수 있다.

**학위논문원문공동이용협의회(http://thesis.or.kr)**
가입 대학들의 학위 논문 정보를 검색할 수 있다.

### 1·3·2 유용한 인터넷 검색 엔진

다양한 자료들을 자유롭게 검색할 때에는 인터넷 검색 엔진을 이용하는 것이 좋다. 검색 엔진은 자체 내에 다양한 정보를 보유하고 있기도 하지만, 연구자가 찾는 정보와 관련된 사이트를 간편하게 연결해 주기도 한다. 최근에 많이 사용되는 검색 엔진을 몇 가지만 추려 보면 다음과 같다.

**국내 자료 검색 엔진**
구글(http://www.google.co.kr)
네이버(http://www.naver.com)
야후(http://kr.yahoo.com)
네이트(http://www.nate.com)
다음(http://www.daum.net)
MSN(http://kr.msn.com)

**해외 자료 검색 엔진**
구글(http://www.google.com)
야후(http://www.yahoo.com)
MSN(http://www.msn.com)

# 2 논문 계획서

논문 계획서는 보통 대학생이나 대학원생이 학위 논문을 쓸 때, 지도 교수의 승인을 받기 위하여 미리 제출한다. 그 밖에 대학에서 연구자가 연구비를 신청할 때나, 정부나 연구 자금 후원 기관의 승인과 예산을 얻기 위해서 쓰는 경우도 있다. 일반적으로 대학이나 대학원에서는 연구를 진행하기 전에 논문 계획을 일정한 시기에 발표할 것을 요구한다. 따라서 연구자는 시기에 맞춰 논문 계획서를 작성하는 것이 좋다. 또한 논문을 쓸 때, 논문 작업의 전체적인 윤곽을 파악하거나 진행 상황 등을 면밀히 검토하기 위해서 논문 계획서를 쓰는 것이 필요하다.

## 2·1 논문 계획서의 구성

대부분의 대학이나 대학원에서는 자체 내에서 논문 계획서 양식을 제시하고, 그 양식에 맞춰 논문 계획서를 작성해서 제출할 것을 요구한다. 논문 계획서의 양식은 학교에 따라 다른 점도 있지만, 내용과 항목은 대동소이하다. 따라서 학교에서 제시하는 양식이 따로 없다고 하더라도, 논문 계획서의 일반적인 체제를 따른다면 큰 무리가 없다. 연구 대상의 성격에 따라 연구 계획 가운데 어떤 항목이나 내용은 좀 더 자세하게 명시해야 하는 반면, 어떤 부분은 간략하게 설명하거나 생략할 수 있다. 논문 계획서에 포함되어야 할 중요한 항목과 각 항목에 포함될 내용은 다음과 같다.

### 2·1·1 연구 목적

자신이 선정한 연구 분야에서 기존의 연구가 지니는 한계나 문제점을 지적한다. 자신의 연구가 그 한계나 문제점을 극복하거나 해결하는 데 공헌할 수 있음을 밝힌다. 또 자신의 연구가 응용 이론의 방향을 취하고 있다면, 자신의 연구가 현실 생활에 새로운 의미와 가치를 가져다 줄 수 있음을 분명히 함으로써 연구의 목적과 의의를 밝힌다.

### 2·1·2 기존 연구에 대한 소개

자신의 논문 주제와 관련된 기존의 연구 성과들을 각 관점에 따라서 간략히 소개하여 논문의 이론적 배경을 밝힌다. 그리고 나서 자신이 수용할 수 없는 관점에 대한 비판과 자신이 내세우고자 하는 관점의 타당성을 진술한다. 이 과정에서 연구자의 논문이 해당 분야에서 차지하게 될 위상과 연구사에서의 가치가 드러나기도 한다.

### 2·1·3 연구 방법

문헌 연구에서는 이론적 시각의 확립을 중시하기 때문에, 실험이나 측정 등의 구체적인 연구 방법을 제시하는 경우는 별로 없다. 그러나 경험 연구에서는 자신이 선택한 자료 수집 방법과 각 자료의 성격, 실험 절차나 측정 도구의 성격 등을 구체적으로 진술해야 한다.

한편, 자료 분석 방법도 명시적으로 서술하여 자신의 연구 결과가 논리적 타당성을 얻을 수 있음을 밝힌다. 또한 채택하지 않은 방법론의 문제점을 열거하고, 그와 대비하여 자신의 방법론이 가진 강점을 내세운다. 학위 논문일 경우에는 방법론의 성격이 귀납적인지 연역적인지 등을 명확히 밝히는 것이 좋다.

### 2·1·4 기본 자료의 소개와 특수 용어의 정의

특수한 성격의 문헌 자료나 특정 상황에서 도출되어 나온 자료들에 대한 설명을 덧붙이는 것이 좋다. 읽는 이나 심사자들이 직접 경험하지 못한 자료를 구체적으로 파악할 수 있게 하기 위해서이다. 또한 논문에서 사용될 특수 용어는 미리 엄밀하게 정의해 두는 것이 좋다. 이를 통해 논문의 내용을 정확하게 이해할 수 있을 뿐만 아니라 연구자도 논문을 쓰는 과정에서 개념의 혼동 없이 맥락을 이어 나갈 수 있다.

### 2·1·5 기대되는 연구 성과와 활용 방안

논문에서 거둔 학문적 성과가 이론 논쟁에 던져 줄 수 있는 유익함도 포함시키는 것이 좋다. 그러나 연구 대상이 응용보다 이론적인 문제에 중점을 두고 있으면 앞으로의 〈연구 목적 및 의의〉를 설명하는 부분에 포함시켜도 괜찮다. 반면에 논문이 응용 이론의 성격을 띠고 있으면 그 연구 결과가 가져올 현실적인 의미와 가치 역시 따로 강조한다. 이 항목의 경우에는 학교에 따라 별도의 항목을 두어 그 내용을 요구하기도 하지만, 앞에서 설명한 〈연구 목적 및 의의〉 항목의 내용과 크게 다르지 않다. 따라서 학교별 논문 계획서의 양식에 맞춰 항목을 구성하면 된다.

# 3 ___ 논문의 구성[1]

### 3·1 표지

학위 논문의 경우 표지의 규격이나 색깔은 각 대학이나 대학원에서 정한 대로 따르면 된다. 표지의 규격은 가로 19센티미터, 세로 26센티미터로 하는 것이 일반적이다. 표지의 체제는 논문의 제목, 부제목(꼭 필요한 경우), 소속 대학 및 대학원, 학과, 전공, 이름, 논문의 성격(졸업 논문, 학위 논문), 논문 발간 연도 등을 학교별로 정해진 위치에 기입한다.

### 3·2 제목

제목은 연구의 내용과 성격을 잘 드러낼 수 있어야 한다. 논문의 제목은 간결하면서도 구체적이며 문구의 구성이 어색하지 않도록 해야 한다. 논문의 부제는 원칙적으로 바람직하지 않지만, 정확한 의미 전달이 필요한 경우에는 첨가할 수 있다.

---

[1] 논문의 구성 및 체제에 대해서는 본문에 언급되지 않거나 현저히 다른 부분만 간략히 언급하기로 한다.

### 3·3 간지

표지 다음에 백지로 된 간지(間紙) 1매를 삽입한다.

### 3·4 표제면

학위 논문 청구서와 인준서가 없는 경우에는 간지 다음에 표제면을 둔다. 표제면은 표지와 동일한 인쇄 형식과 내용으로 작성한다.

### 3·5 학위 논문 제출서 및 인준서

학위 논문 제출서와 인준서는 대학이나 대학원에 제출하는 3~7부의 논문에만 해당한다. 학위 논문 제출서는 논문 제목, 지도 교수, 제출 내역(보통 〈이 논문을 ○○ 학위 논문으로 제출함〉이라고 기재), 논문 제출일, 소속 대학이나 대학원, 학과, 이름 등을 정해진 양식에 따라 표기한다.

학위 논문 인준서는 학교에 따라 학위 논문 제출서와 같은 면에 표기하거나 따로 한 면을 두어 표기한다. 인준 내역(대개 〈○○○의 ○○ 학위 논문을 인준함〉이라고 기재), 논문 심사 위원들의 이름과 날인 등을 정해진 양식에 따라 표기한다.

### 3·6 감사문

연구 과정 중에 자료의 수집이나 출처 제공에 공헌한 기관이나 협조자가 많은 경우, 그 소속과 협조 내용을 명기하고 감사의 뜻을 담은 글을 따로 지면을 마련하여 쓰기도 한다. 감사문의 위치는 학교에 따라 다르다. 학위 논문 제출서와 인준서의 바로 뒤에 두거나 참고 문헌이나 부록 다음에 둔다. 생략이 가능하다.

## 3·7 차례

### 3·7·1 내용 차례

내용 차례는 논문의 내용과 구성이 얼마나 논리적으로 구성되어 있는가를 잘 보여 준다. 차례의 총 항목 수는 20개 내외가 적당하고, 많아도 50개를 넘지 않는 것이 좋다. 장과 절까지를 차례 제목으로 나타내는 것이 적당하며, 각 차례에는 페이지 번호를 명기한다. 차례의 제목은 본문과 일치하여야 한다. 차례의 끝 부분에 참고 문헌, 부록, 영문 초록 등을 명기하되 부록이 두 개 이상인 경우에는 각각의 제목을 명기한다.

### 3·7·2 표 차례

표의 수가 3~4개 이상이 되는 경우에는 표 차례를 반드시 만들어야 한다. 이때 표의 번호와 표제는 본문과 일치해야 한다. 각 표의 번호는 〈표-1〉 혹은 〈표 1〉처럼 아라비아 숫자로 표시하고, 오른쪽에 표가 제시되어 있는 논문의 해당 페이지 번호를 명기한다.

### 3·7·3 그림 차례

표 차례와 마찬가지로 〈그림-1〉 혹은 〈그림 1〉 등으로 그림 차례를 만든다. 표와 그림이 아주 적을 때에는 표 차례와 그림 차례를 도표 차례로 통합하여 한 면에 표시할 수도 있다.

## 3·8 서론

서론에서는 연구 목적, 연구 대상, 연구 문제, 문제 설정의 이유, 이론적 배경 및 연구의 중요성을 간략히 서술한다. 특히 어떤 이론을 검증하기 위한 실험적인 연구나 분석적인 연구에서는 그 이론의 개요와 검증하려는 가설의 세부 항목, 그리고 그 가설이 어떻게 그 이론에서 도출되었는가에 대한 논리적인 관계나 근거를 제시한다.

## 3·9 본론

본론에서는 서론에서 제시한 목적이나 범위 내에서 연구 계획에 맞추어 논의를 전개한다. 자신의 의견과는 상반되는 의견도 소개하고 그에 대한 비판도 한다. 이때 논거의 제시와 추론의 과정이 얼마나 합리적이고 타당한가가 중요하다. 따라서 철저히 분석하고 분류한 자료를 바탕으로 명제나 문제점을 해명하는 데 직접적인 관련이 있는 논거를 체계적으로 배열한다. 새로 발굴한 자료라면 그 내용과 가치를 객관적으로 분석하고 제시한다. 기존의 논의에서 문제가 된 것이라면, 그것이 무엇이고 그에 대해 자신이 생각하는 바가 무엇인지를 밝혀서 논문의 독창적이고 창의적인 면을 부각시킨다.

본론에서는 연구자의 비교적 주관적인 해석이 허용되기도 한다. 그러나 논의를 전개해 나갈 때 연구자는 개인적인 이해관계를 떠나 논지의 공정성을 기하며, 연구자의 독단이나 일시적이고 즉흥적인 판단이 개입되지 않도록 주의한다.


## 3·10 결론

결론에서는 본론에서 전개한 사실을 간단히 요약하고 연구의 중요한 결과를 지적함으로써 논문 전체를 매듭짓는다. 특히 자신의 새로운 주장을 다시 한 번 반복하여 논문의 타당성과 가치를 분명히 드러낸다. 또한 논문에서는 설명을 하지 못했지만 그 논문의 범위 밖에서 더 연구할 가치가 있거나 계속해서 연구해야 할 문제점 등을 제시한다.


## 3·11 참고 문헌

참고 문헌은 본문의 각주에 표시된 문헌과 논문에 긴밀히 관계되는 문헌 및 자료를, 참고 문헌 목록으로 따로 작성하여 논문 뒤에 둔다. 논문의 참고 문헌은 일반 도서의 참고 문헌과 달리, 원칙적으로 해당 논문에서 인용한 것만으로 목록을 작성한다.

### 3·12 부록

부록은 참고 문헌 다음에 둔다. 본문에 넣으면 너무 번잡하거나 분량이 많은 것, 또는 참고 자료나 증거 자료가 되는 것을 부록으로 만들어 수록한다.

부록 차례는 내용 차례와 표 차례, 그림 차례 다음에 둔다. 또한 수집된 자료들이 서로 다른 계통의 것일 때에는, 계통별로 세분하기도 한다. 세분화된 각 항에는 기호와 문자를 달고, 머리지면의 차례에도 기재한다.

# 4 원고 쓰기

## 4·1 표현과 표기법

정확한 표기법이 정확한 문장을 만든다. 논문의 문장은 맞춤법과 띄어쓰기가 정확하고 오자(誤字)가 없어야 한다. 논문을 쓰고자 하는 사람들은 국립국어원(http://www.korean.go.kr) 사이트에 접속해 보라. 한글 맞춤법과 표준어 규정, 외래어 표기법, 로마자 표기법 등 논문을 쓰는 데 필요한 표기법 자료들을 여기서 쉽게 확인할 수 있다. 공개 자료실에서는 이와 관련된 유용한 각종 자료들을 내려받을 수 있다. 또 〈가나다 전화〉(1599-9979)에 문의하면 논문을 쓰면서 부딪히게 되는 표기법과 관련된 문제에 대한 해답을 바로 들을 수 있다.

## 4·2 표현의 세부 항목

### 4·2·1 시제
시제는 현재형과 과거형을 주로 사용하고 미래형은 가설의 진술에만 사용한다.

### 4·2·2 인칭
인칭은 원칙적으로 3인칭을 사용한다. 가급적 인칭을 쓰지 않기 위해 수동형을 쓰는 것이 좋다. 3인칭의 경우 연구자, 필자, 저자 등의 간접 표현은 허용된다. 겸손을 나타내기 위한 졸저(拙著), 졸고(拙稿) 등의 표현은 되도록 쓰지 않는다.

### 4·2·3 외래어, 외국어, 고유 명사

하나의 국명, 국어명, 지명 등을 나타내는 말이 여러 가지일 때에는 논문 전체에서 하나로 통일하여 사용한다. 〈프랑스, 불란서, 불국(佛國)〉, 〈라틴어, 나전어(羅甸語)〉 등이 그러한 예이다. 외국의 고유 명사나 고유 형용사는 주로 국립국어원 제정의 외래어 표기법을 참조하는 것이 좋다.

외래어나 외국어로 된 전문적인 술어의 병기는 다음과 같은 원칙에 따른다.

1) 모든 술어는 가능한 한 역어(譯語)를 사용한다. 연구자들 사이에 합의된 방안이 없는 술어나, 사용이 빈번하지 않은 특수한 술어는 반드시 원어를 병기하되 처음 한 번만 병기한다.

2) 역어에 대해서 원어를 병기하는 경우에는 바로 붙여 쓰거나 괄호 속에 삽입한다. 이때 고유 명사를 제외하고는 모두 대문자를 사용하지 않는다.

3) 적절한 역어가 없거나 공통된 역어를 발견하기 어려울 때에는 원어의 음을 한글로 표기하고 원어를 병기한다.

4) 인명을 표기할 때 한국 인명과 중국 인명은 성명을 모두 기입하고, 기타의 인명은 성만을 표기하되 원어를 그대로 표기한다. 이때 일체의 존칭은 생략한다. 흔히 쓰는 〈선생, 씨, 교수, 박사〉 등의 존칭은 감사의 뜻을 표하거나 예의를 표하기 위해서 서문과 각주에서만 사용할 수 있다.

5) 인명을 제외한 고유 명사의 경우에는 한글로 그 발음을 표기하거나 역어로 표기하고 원어를 병기한다.

### 4·2·4 한자

논문에서 한자를 남용하는 것은 금물이다. 하지만 의미의 혼동을 막고 강조를 해야 할 경우에는 한자로 대체하거나 한자를 병기하는 것이 더 좋을 수 있다. 병기할 때에는 바로 붙여 쓰거나 괄호를 사용하는 방법이 있다. 한 문단에서는 물론이고 가능하면 논문 전체에서도 동일한 용어의 표기는 한글이면 한글, 한자면 한자로 통일한다. 그리고 한 단어 속에 한글과 한자의 혼용, 예컨대 〈論문〉이나 〈시驗문제〉와 같은 표기는 바람직하지 않다.

### 4·2·5 약어와 기호

논문이 지나치게 길어지는 것을 막고, 간결하게 표현하기 위해 약어와 기호를 사용할 수 있다. 다음과 같은 원칙을 알아 두자.

1) 한국어의 약어는 되도록 사용하지 않는다. 단, 일반적으로 잘 알려진 기관 명칭의 경우 또는 명칭이 긴 반면에 사용 빈도가 높은 경우에는 약어를 규정하여 사용할 수 있다.

2) 일반적으로 잘 알려진 외국어의 약어는 그대로 사용한다.

3) 외국어로 된 약어만을 사용하였을 때 그 뜻이 명확히 전달되기 어려울 경우에는, 용어 전체를 괄호 속에 삽입하고 다음부터는 약어만을 사용한다.

4) 한국어의 술어를 외국어로 약어화하거나 기호화하여 사용할 수 있다. 단, 이 경우에는 비교적 사용 빈도가 높은 술어만을 약어화한다.

5) 통계적인 기호, 양, 수, 거리를 표시하는 기호는 통상적인 기호 표기에 따른다.

### 4·2·6 숫자

논문에서 통계 수치를 밝히기 위한 것이면 보통 아라비아 숫자를 쓴다. 말(문자)로 표현하든 숫자로 표기하든, 최소한 한 문단 안에서는 표현이나 표기의 통일이 이루어져야 한다. 숙어나 관용어에 수사가 들어 있을 때 이것을 아라비아 숫자로 표기하는 것은 잘못이다.

| 바른 사례 | 그릇된 사례 |
| --- | --- |
| 一場春夢 일장춘몽 | 1場春夢 1장춘몽 |

개수를 나타낼 때는 특히 주의가 필요하다. 가령 〈대여섯〉은 그런 대로 〈5, 6〉으로 나타낼 수 있지만, 〈5백만 내지 6백만〉을 나타낼 때 〈5,600만〉으로 적는다면 〈5천6백만〉으로 오인된다. 그러므로 〈5, 6백만〉으로, 그보다는 〈5백만 내지

6백만〉으로 적는 것이 정확하다. 행이 바뀌면서 하나의 숫자가 중간에서 잘리거나, 숫자와 단위가 분리되는 것은 바르지 않다. 예컨대 〈39469〉를 〈394/69〉로 쓰거나, 〈15/만 권〉이나 〈10/시 30분〉처럼 쓰는 것은 바르지 못하다.

여러 가지 기원이 혼용되지 않는 한, 〈서기 1953년〉처럼 굳이 〈서기(西紀)〉를 붙여 쓰지 않는다. 그러나 〈단기(檀紀)〉, 〈불기(佛紀)〉 등은 명시한다.

얼마에서 얼마까지 수가 계속됨을 가리키는 이른바 포괄적인 숫자는 시작하는 수와 끝나는 수를 물결표(~)로 연결하여 표시하되 다음 요령에 따른다.

1) 앞과 뒤의 숫자가 99 이하일 때는 전부 적는다(35~39로 적되 35~9로 적지 않는다).

2) 앞과 뒤의 숫자가 모두 100 이상일 때 뒤의 숫자는 끝에서 두 자리만 적을 수 있다(235~39로 적되 235~9로 적지 않는다. 또한 2345~49로 적는다).

3) 앞 숫자가 00으로 끝날 때 뒤의 숫자는 전부를 적는다(1900~1948로 적되 1900~48로 적지 않는다).

4) 앞 숫자의 끝에서 두 번째가 0일 때 뒤의 숫자는 끝 숫자, 또는 숫자 전체를

| 아라비아 숫자 | 로마 숫자 | 아라비아 숫자 | 로마 숫자 | 아라비아 숫자 | 로마 숫자 | 아라비아 숫자 | 로마 숫자 |
|---|---|---|---|---|---|---|---|
| 1 | I | 11 | XI | 21 | XXI | 200 | CC |
| 2 | II | 12 | XII | 22 | XXII | 300 | CCC |
| 3 | III | 13 | XIII | 30 | XXX | 400 | CD |
| 4 | IV | 14 | XIV | 40 | XL | 500 | D |
| 5 | V | 15 | XV | 50 | L | 600 | DC |
| 6 | VI | 16 | XVI | 60 | LX | 700 | DCC |
| 7 | VII | 17 | XVII | 70 | LXX | 800 | DCCC |
| 8 | VIII | 18 | XVIII | 80 | LXXX | 900 | CM |
| 9 | IX | 19 | XIX | 90 | XC | 1000 | M |
| 10 | X | 20 | XX | 100 | C | 2000 | MM |

적는다(107~8, 1005~9 또는 107~108, 1005~1009로 적되 107~08이나 1005~09로 적지 않는다).

로마 숫자는 책의 권수, 또는 희곡의 막(act)을 표시할 때 흔히 사용되었으나, 최근에 와서는 특별한 경우가 아니면 아라비아 숫자로 적는 것이 일반적인 경향이다. 그러나 같은 이름의 군왕을 구별하는 〈2세, 3세〉 따위는 여전히 로마 숫자로 표시된다(George VI, Napoléon III). 앞 페이지의 표는 아라비아 숫자와 로마 숫자의 대조표이다.

### 4·3 인용

인용에는 직접 인용과 간접 인용의 두 가지 방법이 있다.

#### 4·3·1 직접 인용
직접 인용은 다음과 같은 경우에 필요하다.
1) 원문의 표현 이외에는 다른 적절한 표현을 찾을 수 없을 때.
2) 원문 그대로 제시하지 않으면 독자가 그릇된 해석을 하게 될 염려가 있을 때.
3) 자기 견해와 상충되는 견해를 더욱 뚜렷하게 부각시키고자 할 때.
4) 수식을 인용할 때.

#### 4·3·2 간접 인용
간접 인용의 방법에는 요약*summary*과 환언*paraphrase*이 있다.
요약은 원문의 요점만 간추려 짧게 줄여 쓰는 것으로, 원문 한 페이지를 반 페이지나 불과 몇 줄로, 경우에 따라서는 한 단어로 요약하기도 한다.

또한 이제마의 사상인론과 더불어 현대에 등장한 체질론은 권도원의 8체질의학(體質醫學)이다. 8체질의학은 독자적인 탐구와 임상을 통해 금양(金陽), 금음(金陰), 토양(土

陽), 토음(土陰), 목양(木陽), 목음(木陰), 수양(水陽), 수음(水陰)의 8개 범주로 체질판별을 하였고, 또 장부의 대소(大小)에 기인한 인지 능력, 직관 능력, 성정, 생리, 병증, 처방에 대해서 이론을 정리했다.

환언은 원문을 다른 말로 바꾸어 부연하는 것으로 원문보다 짧아질 수도 있지만 오히려 더 길어질 수도 있다. 요약이든 환언이든 남의 것을 빌려 오는 방법이므로 간접 인용에서도 당연히 출전 표시를 한다.

베버의 경우 역사학에서 사회학으로 이론을 변화 발전시켰다고 볼 수 있는데 이와 같은 사회학을 발전시키면서 그는 사회학이란 특정 역사 현상을 설명하는 기본적인 예비 작업이라고 말한다. 이 말은 오늘의 우리에게도 유용하다. 즉 베버의 이 말은 사회학과 역사학이 분리되어 있을 뿐 아니라 특수한 역사 현실 조건과 보편적 역사 현실 조건 간의 상호 작용이 있음을 강조한 것으로 받아들일 수 있다. 역사적 특수성에 대한 이해의 강조, 이는 우리 삶을 객관적 이해의 차원으로 끌어올리는 것이며, 사회 현상 자체를 동태적으로 파악하는 것이다.

간접 인용의 경우, 좀 더 효과적인 인용을 하려면 인용 부분의 내용을 자기 글에 적절하게 융화시키는 노력이 필요하다. 인용 부분의 길이나 글의 성격에 따라 달라지기도 하지만, 가령 인용문을 도입할 때마다 〈누구는 이렇게 말했다〉 또는 〈다음과 같이 말했다〉는 식으로 처리한다면, 문장이 단조로워지고 눈에 거슬리게 될지도 모른다. 따라서 다음과 같이 지문 속에 삽입하여 자연스럽게 인용하는 것도 좋은 방법이다.

지용이 문명의 새 아들로서 명랑한 감성을 이끌어 들였다기보다는 고통스럽게 식민지적 현실을 살았던 문사의 한 사람으로 이해하는 것이 더 적절할 것이다. 그는 〈산 그림자 설핏하면 등을 넘어가는 사슴〉이거나 〈서러운 새〉가 되어 있었으며, 산수시(山水詩)에 자신을 숨겨 그나마 버릴 수 없이 시를 쓰고자 했던 것이다.

### 4·3·3 직접 인용의 방법

일반적으로 짧은 인용(200자 미만, 4~5행 정도)은 큰따옴표나 꺾은 괄호(〈 〉)를 사용하여 본문 안에 끼워 넣는다.

 이는 김현이 "우리가 말한 비유를 플라톤이 사용한 것은 이데아계를 설명하기 위해서였다고 말할 것이다. 그러나 우리는 그 비유를 그 이전에 한하여 생각한다"라고 분명히 밝히고 있는 데서 확인할 수 있다.

또 일반적으로 인용 부분이 길면 지문과 구별되는 별도의 문단을 만들어 지문 사이에 삽입한다. 이때 인용 부분의 상하와 지문 사이는 각각 1행씩 비우고, 인용 부분 전체는 한두 자 정도 들여쓰기를 해야 한다. 또한 인용 부분은 지문보다 행간을 좁게 하고, 특히 글자 크기를 지문보다 작게 하는 것이 관례이다. 인용 부분을 지문과 분리해서 처리할 때에는 일반적으로 인용 부호를 붙이지 않는다.

 정지용이 보여 준 우리 시의 모더니즘적 특성에 대해 그는 다음과 같이 설명하고 있다.

 지용의 시가 광균이나 기림의 그것보다 더 비극적일 수 있었던 것은 적어도 지용에게 있어서 모더니즘은 광균이나 기림이 의식하지 못했던 시 이념에 관한 자각에 점차 일깨워졌기 때문이다. 여기서 시 이념이라고 하는 것은 30년대 한극이 수입한 수사학적 모더니즘이 아니라 그 안에 내재한 서구 문화의 정신을 말한다. 그러나 오랜 역사 동안 전통과 문화와 형이상학적 질서가 서구와 다른 한국에 있어서 서구 정신의 내적 필연성에 의하여 발생한 모더니즘의 이념을 한국의 것으로 받아들일 수는 없었다. 이것이 한국 모더니즘 운동이 실패한 가장 중요한 원인이기도 하지만, 지용 자신에게 있어서도 개인적인 비극을 낳게 했다.

 오세영은 서구 모더니즘을 기준으로 하여, 정지용 시가 지니고 있는 한국 모더니즘의 특수성에 대하여 일관되게 해명하려 한다.

위와 같이 인용 부분을 지문에서 따로 떼어 처리하는 것은 반드시 그 길이 때문만은 아니다. 자료로서의 성격, 인용의 빈도, 인용의 목적, 그리고 시각적인 효과까지도 고려해야 한다. 따라서 인용 부분이 상당히 긴 것이라도 필요에 따라 지문 속에 짜 넣을 수도 있고, 반면에 비교적 짧은 것이라도 강조나 비교, 대조를 목적으로 할 때는 따로 떼어 앉힘으로써 돋보이게 하기도 한다.

질베르 뒤랑은 상징의 반복성과 관련하여 말하기를, 〈되풀이되어 나타나는 하나의 형태 속에 가장 모순적인 특질을 통합하기까지 하는 기표의 제국주의는, 스스로를 표명하기 위해 꾸준히 현현*epiphany*행위를 반복하면서, 모든 감각적인 세계까지 넘쳐흐르는 기의의 제국주의와 마찬가지로 반복이라는 공통된 영역을 갖고 있다. 상징이 근본적으로 지니고 있는 비적합성은 바로 이 반복의 힘에 의하여 무한히 메워질 수 있다〉라고 했다. 그러나 상징은 집단성의 의미를 지닌다는 점에서 무의식에서 비롯된 종교의 의미를 지닌다.

이승만 자신은 『일민주의 개술』에서 다음과 같이 밝히고 있기도 하다.

우리는 본래 오랜 역사를 가진 단일 민족으로서 언제나 하나요, 둘이 아니다. 이 하나인 우리 민족은 무엇에고 하나이어야 한다.(이승만, 1956. 4)

하지만 지금까지 대부분의 연구들에 따르면, 이승만 정권의 통치 이념은 서구식 민주주의와 반공일 뿐이다.

직접 인용을 할 때에는 원문을 그대로 옮기는 것이 원칙이지만, 논문의 내용에 직접적인 관련이 없는 부분은 생략할 수 있다. 이때에는 반드시 줄임표(……)로 표시하여야 한다. 서양서에서는 3점 줄임표(...)와 4점 줄임표(....)가 쓰인다. 그리고 이 줄임표는 마침표(.)와 같은 선상에 찍어야 한다. 즉, 〈*When I was young, ...*〉이어야지, 마침표보다 높은 자리에 찍어 〈*When I was young, ⋯*〉처럼 되어서는 안 된다.
서양서에서 3점 줄임표는 한 문장의 중간 부분이 생략되었을 때 쓰인다. 〈*When I was young, I was a very ugly girl. I was so little*〉의 일부를 생략하면, 〈*When I was*

*young, … I was so little*〉과 같은 모양이 된다. 이때 줄임표의 맨 처음 점은 마침표처럼 문자 바로 다음에 찍는 것이 아니라, 반 자 정도의 사이를 두고 찍는다. 즉 〈*young,...*〉이 아니라 〈*young, ...*〉과 같이 표시한다.

서양서에서 4점 줄임표는 ① 인용문의 끝 부분이 생략되었을 때, ② 다음 문장의 첫 부분이 생략되었을 때, ③ 문장 하나가 전부 생략되었을 때, ④ 문장의 한 절이나 그 이상이 전부 생략되었을 때 쓰인다. 이때 맨 첫 점은 3점 줄임표와 달리 문자 다음에 바싹 붙여 찍는다. 즉 마침표로 간주되는 셈이다. 원문에 물음표(?)나 느낌표(!) 따위가 사용되었을 경우는 이것들을 그대로 두고 반 자 정도 뗀 다음 3점을 찍는다.

국립국어원의 한글 맞춤법 규정에 따르면 국내서에서는 보통 6점 줄임표(……)를 원칙으로 써야 하지만, 최근에는 서양서의 규칙들을 따라가는 모습도 보이고 있다.

> Let such Imps of Ill-nature … rail on … But to my gentle Readers of another Cast, I would willingly apologize, and endeavour to rescue my Heroine from sharing too much of their Censure … Pray imagine yourselves in her Situation.
> Why is it that they array themselves against me? …

시의 인용에서 한 행 전부 또는 그 이상이 생략될 때는, 시행과 같은 길이의 줄임표가 쓰인다. 이것은 산문에서 한 절이나 그 이상이 생략되는 경우에도 쓰이는 예가 있다.

> 자네 소리하게 내 북을 치제
> ………………………………
> 떠밧는 명기인듸 잔가락을 온통 이즈오
> 떡 궁! 동중정(動中靜)이오. 소란속에 고요 잇어

시를 인용할 경우, 3~4행 정도라면 지문 속에서 다루되 행과 행은 보통 빗금(/)

으로 구분한다. 연과 연은 겹빗금(//)으로 구분하기도 한다. 인용할 시의 내용이 길면 지문에서 따로 떼어 제시하는 것이 좋다. 이때 원래의 시행을 임의로 잘라 바꾸는 일이 없도록 유의한다.

달이 떠오르는 모습을 그 빛에 따라 옮겨지는 그림자를 통해 그려 보이는 놀라운 감각은 모두 이미지 표현으로 구체화되고 있다. 〈이제 저 감나무 그림자가 / 삿분 한치식 올마오고 / 이 마루우에 빛깔의 방석이 / 보시시 깔니우면〉에서 떠오르는 달과 그 달빛이 빚어내는 감나무 그림자의 모습을 한 폭의 그림으로 엮어 내고 있는 것이다.

인용 부분에 인용자가 임의로 무엇인가를 첨가하는 것을 〈가필(加筆)〉이라고 한다. 가필은 대개 ① 모호한 대목을 독자가 알기 쉽게 밝힐 때, ② 명백한 오기(誤記)를 지적하거나 바로잡아 제시할 때, ③ 강조하거나 돋보이게 할 때에 한다. 인용 부분에 임의로 자구를 삽입할 때는 반드시 [ ]를 곁들인다. 이때 ( )나 〈 〉 등은 허용되지 않는다.

더 나아가 문학적 실천은 단순히 완성된 생산품에 대한 〈소비〉의 차원에서가 아니라 텍스트의 재생산 속에서 이루어져야 한다. 〈우리는 이데올로기가 우리를 위하여 읽어 주는[생산해 주는] 것을 읽는다[소비한다]. 읽는다는 것은 텍스트의 특정한 이데올로기적 생산 속에서 그것의 결정적 물질을 소비한다는 것이다. 왜냐하면 문학 텍스트는 항상 텍스트 그 자체가 기여하는 비판적 수용성이라는 이데올로기적 관습에 의해 채택되고, 읽힐 만한 것으로 간주되고, 해독되는 이데올로기를 위한 텍스트이기 때문이다.〉

그리고 우스펜스키는 문학 작품의 시공간 수준에서 틀이 갖는 기능에 대해 다음과 같이 쓰고 있다.

시간의 특성적 면에서 이것[넓은 시야를 지닌 공간적 위치를 사용하는 것: 인용자]에 못지않게 시사를 주는 것은 서사 시작 부분에서 [서사 결말에 이르러 처음으로 '과거'가 될 일련의 일들을] 미리 회상하는 시점을 사용하여 그 후에 [사건이 일어나는 동시에 그것을 서술하는] 공시적 시점으로 이동해 가는 경우이다.

인용 부분의 한 대목을 특히 돋보이게 하거나 강조할 목적으로 인용자가 밑줄을 그었거나 드러냄표를 찍었을 때에는 그 사실을 밝혀야 한다.

스티븐은 부성을 논하면서 세상도 부성처럼 〈불확실성〉 위에 토대를 두고 있다고 생각한다.

부성은 의식적인 출산의 의미에서 보면 인간이 알 수 없다. 부성은 성부로부터 독생자에게 전해오는 신비한 유산이요, 사도적인 상속물이다. 교회는 <u>이러한 불가사의에 의해 건립된 것이지</u> 결코 교활한 이탈리아의 지성인이 유럽의 대중에게 설파한 성모 마리아에 의해 건립된 것이 아니다. <u>교회는 대우주로서의 세상과 소우주로서의 세상처럼 공허 위에 건립되어 있기 때문이다. 불확실성 위에 불가능성 위에 건립되어 있는 것이다.</u>(필자의 밑줄)

이 땅의 문학의 주조(主潮)가 낭만과 상징 그리고 〈데카당〉에 흐르게 된 것은 우리들이 정치적으로 압박을 받게 되는 환경 속에 있고, 또 3·1운동을 치른 뒤에 오는 절망이 자연히 이 길로 우리의 젊은 문학도를 끌고 들어가게 만들었으니, 모두 다 한이요 절망요 자포자기요 유미 탐구(唯美探究)뿐인 것이었다.(필자의 방점)

이상은 동인(同人)이었던 박종화가 〈백조〉 시대를 회고한 것으로서 〈백조〉의 탄생과 그 낭만주의적 경향의 사회 배경을 설명한 것이다.

외국어 문헌에서 인용할 때는, 원문을 그대로 인용할 것인가 아니면 인용 부분을 번역할 것인가를 선택해야 한다. 논문의 성격이나 대상 독자가 어떤 층이냐에 따라 결정하면 된다. 예컨대, 셰익스피어의 작품에 대한 문체론적 고찰이 목적이라면 원문 인용이 불가피할 것이다. 그러나 특별한 경우가 아니면 인용 부분을 번역하는 것이 원칙이다. 번역된 것이 없거나 있더라도 마땅치 않을 때는 당연히 인용자 자신이 번역하는 것이 좋다. 원문 인용이 아닌 번역의 경우는 간접 인용의 성격을 띤다.

한편, 인용 부분을 번역하거나 우리말로 요약하여 제시하더라도 원문을 따로 각주로 제시하는 경우도 있다. 이것은 논문 내용의 정확성을 높이고 확실한 증거로서의 효과를 얻기 위함이다.

체험을 통해 우연의 편재성을 확인한 데리다는 바로 그러한 우연이 조이스의 작품에 가득 차 있다고 주장한다.

With Joyce, luck is always taken in hand by the law, its sense and its agenda, using overdetermination of figures and ruses.(*UG* 28)

조이스의 『율리시스』에는 요행이 압도적으로 작용한다. 엄청나게 명확한 문채(文彩)와 전략을 활용하여 그 다양한 의미와 전개가 이루어질 수 있도록 말이다.

### 4·3·4 인용의 대상

인용은 1차적 출전에서 하는 것이 원칙이다. 그러나 부득이한 경우, 즉 1차적 출전을 참고할 수 없을 때는 남이 인용한 것을 다시 인용하는 재인용 또는 2차 인용을 할 수밖에 없다. 이런 경우 출전에는 반드시 〈재인용〉이라는 사실을 밝힌다.

이 글에서 이승만은 러시아에 나라를 빼앗긴 폴란드에 대해 다음과 같이 쓰고 있다.

(폴란드 사람들이 러시아에 항거하자) 러시아 병들이 쳐들어와 무수히 노략하고 경향에 편만하여 부녀와 노약을 한없이 살해하고 …… 나라를 팔아먹은 권문세가들의 부인을 접측하며 재물을 탈취하고 고국을 생각하는 자는 시베리아 황무한 땅으로 귀향을 보내어 부자 형제가 평생을 보지 못하게 하며 …… 백성으로 하여금 본국 말을 서로 통하지 못하게 하여 혹 우연히 옛말을 쓸진대 순검이 잡아 혹 가두고 징벌을 행하며, 혹 말 꼬리에 달아 몇십 리씩 말을 몰고 가기도 하였다(이정식, 2002, p. 145 재인용).

### 4·3·5 인용문의 출전 표시

**출전의 기본 요소**

자신이 논문에서 인용한 자료의 객관성을 증명하기 위해서도, 자신이 따온 자료의 저자에 대한 예의를 다하기 위해서도 인용문의 출전 표시는 필수이다. 인용문 출전 표시의 기본 요소는 〈저자명, 인용 대상 자료의 발행 연도, 인용의 범위(페이지 수)〉이며, 이 순서에 따라 본문 중의 적절한 위치를 찾아 소괄호 속에 기재한다. 저자명은 동양인의 경우 성명을 다 기재하지만, 서양인의 경우에는 저자의 성(姓)만을 기재한다. 저자명과 발행 연도 사이에는 마침표나 쉼표 또는 쌍점을 써서 구별을 하거나, 아무런 문장 부호도 사용하지 않은 채 표시하기도 한다. 여기에서는 대체로 쉼표를 사용하여 표시하는 것으로 통일한다. 발행 연도와 페이지 수 사이에도 표준화된 규칙 없이 대개 쉼표를 사용하지만, 마침표나 쌍점을 사용하기도 한다. 항상 지적하는 바이지만, 어떤 방법을 선택하든 자신의 논문에서 자신이 선택한 한 가지 방법만을 일관되게 사용하는 것이 중요하다.

> 이와 같은 새로운 환경은 급속한 정보화에 의해 촉발되었으며(Toffler, 1980), 우리는 지금 산업 사회를 마감하고 정보 사회 또는 지식 사회로 넘어가는 전환기에 있다.

**출전의 표시 방법**

인용문임을 알려 주는 출전의 가장 좋은 위치는 해당 인용이 끝나는 문장 부호 바로 앞이다. 하지만 해당 인용문의 끝에 출전을 두는 것이 부적절하다고 생각될 경우나, 독자에게 혼란을 줄 수 있다고 판명될 경우에는 필요에 따라 저자명 뒤에 혹은 인용문 사이에 출전을 삽입할 수 있다.

> 〈예컨대 운율이 중시된 시들의 경우에는 음운론적 분석 방법이나 형식론적 분석 방법이 적용됨으로써 시의 의미가 보다 더 잘 파악될 수 있다. 그리고 사상이 중시된 시들에 있어서는 의미론적 분석 방법, 통어론적 분석 방법 및 어휘론적 분석 방법이 사용됨으로써 그 시의 의미가 보다 더 잘 이해될 수 있는 것〉이다(노대규, 1999, p. 20).

자연 생태 체험 활동이 학생들의 환경 태도에 미치는 영향(정경주, 2002)에 따르면, 학생들의 행동이 환경친화적인 방향으로 변화되었음으로 나타나, 자연 생태 체험 활동 프로그램이 학생들의 긍정적인 환경 태도 변화에 효과가 있었다고 조사되었다.

인용 문헌을 제시하는 것 이외에 설명을 필요로 하는 경우 원칙적으로 본문에 이를 포함시키나, 특별히 주로 처리할 수도 있다. 이 경우에도 인용 문헌은 〈저자, 발행 연도〉 형식으로 제시해야 한다.

1 발라드 댄스(*Ballad Dance*)설을 체계화하여 주장한 사람은 몰턴(R. G. Moulton, 1849~1924)으로 그는 그의 저서 『문학의 근대적 연구』에서 다음과 같이 말하고 있다.

문학의 근본적인 용도는 발라드 댄스이다. 이것은 운문과 음악의 반주와의 결합인 것이다. 문학이 처음 자연 발생적으로 나타날 때에는 이러한 형태를 취하였다(성기조, 1997, p. 27 재인용).

1 『향약구급방(鄕藥救急方)』의 차자 표기에 대한 연구는 남풍현(1981)과 이은규(1993)가 대표적이며, 이은규(1993, 4)에 의하면 『향약구급방』에 실린 윤상의 발문에 근거하여 『향약구급방』의 연대를 위와 같이 추정하고 있다고 한다.

인용문의 저자명에 해당하는 부분이 이미 본문에 포함되어 있을 때에는, 괄호 속에 저자명을 생략한다.

김선수(2002)는 「현장 체험 학습이 초등학생의 환경 교육에 미치는 효과」에서, 환경 교육의 효과를 높이기 위해서는 지역 사회와 연계한 현장 체험 학습이 체계적으로 이루어져야 한다고 하였다.

인용문과 참고 문헌에 포함되는 데이터의 기본 요소는 전체적으로 정확히 일치해야 한다. 서적이나 학위 논문의 전체 내용을 요약하여 제시하거나 그 핵심 내용을 인용하는 경우에는 〈저자명, 발행 연도〉까지만 표시하기도 한다. 그러나 서적이나 논문의 특정 부분의 내용을 인용하거나 단행본의 특정 장이나 연속 간행물에 수록된 논문을 인용할 때는 인용한 페이지 수를 정확하게 기재하는 것이 좋다.

이국자(1982, pp. 115~116)에서는 예술 기호론을 도입하여, 판소리의 제를 메가타이프(megatype: 제) - 타이프(type: 바디) - 토큰(token: 구체적인 소리)의 체계로 구분하고 있다.

한 저자의 여러 저술을 인용할 때에는 각각의 연도를 따로 표시해야 한다.

국어에서의 모음 조화는 전기 중세 국어와 후기 중세 국어의 교체기에 실현되고 있는 모음 조화와 이 현상을 반영하고 있는 모음체계의 재구에 많은 논란이 있었다(이기문, 1968, 1971, 1972; 김완진, 1978).

동일 연도에 순차적으로 간행된 동일 저자의 상이한 자료를 인용하는 경우, 발행 연도 다음에 영문 소문자 a, b, c를 기재하여 이들 자료를 구분한다.

한때 위아래로 전달되는 정보 소통의 허리 역을 맡았던 중간 간부들은 전에 비해 비중이 줄어든다(이재규, 1998b).

한 인용문에서 둘 이상의 문헌을 참조한 경우에는 이들을 쌍반점(;)으로 구분한다.

판소리는 남도의 서민들을 중심으로 17세기경부터 시작된 것으로 생각된다(김종철, 1993, p. 22; 최동현, 1997, p. 30).

인용문의 저자가 4인 이상일 경우에는, 문헌의 표제면에 첫 번째 기재된 저자명과 〈외〉라는 어구를 이용하여 표시한다. 서양서에서는 〈et al.〉로 표시한다.

우리나라에서 환경 교육은 제7차 초·중·고등학교 교육 과정에서 모든 교과서에서 강조되며, 초등학교에서는 재량 시간에 환경과를 지도할 수 있고, 중학교에 〈환경〉과, 고등학교에 〈생태와 환경〉과가 설치되었다(박태윤 외, 2001).

이러한 변화로는 기업의 재구조화와 다운사이징, 그리고 새로운 환경에 적응하기 위해 개발된 팀제, 아웃소싱, 네트워크, 학습조직 등 새로운 조직화 원칙들을 들 수 있다 (Defillippi & Arthur, 1994; Brousseau, et al., 1996).

표제면에 저자명이 정부 기관명이나 협회명, 기타 단체명으로 되어 있는 경우에는 개인 저자명 대신 해당 단체명을 표시한다.

또한 홍윤표(1993, p. 450)에 따르면, 『구급방언해(救急方諺解)』의 연구 항목 아래 고정의(1984) 『구급방언해』에 대한 언급을 추가했는가 하면, 『우리말 큰사전』(한글학회, 1992, p. 2870)에서도 〈『향약구급방』=『구급방언해』〉라 하여 동일 문헌으로 규정하고 있다.

문학 작품이나 기타 예술 작품을 인용하는 경우에는, 작품명 뒤나 인용 부분 뒤에 〈저자명, 발표 연도〉를 표시하기도 한다.

우선 필자는 윤동주의 「슬픈 족속」(1938년 9월)의 여인과 약 16개월 후에 제작된 「병원」(1940년 12월)의 여인은 심상의 세부적인 사항에 이르기까지 매우 정교하게 일치하고 있음을 지적하고자 한다.


## 4·4 주

### 4·4·1 주의 종류
주란 본문에서 인용한 글의 근거나 인용문에 대한 다른 연구자들의 여러 가지 견해를 밝히기 위해서 사용하는 논문 작성의 한 방법이다. 주에는 그 표시 방법에 따라 각 쪽의 맨 밑에 따로 공간을 마련하여 제시하는 각주(脚註)와, 각 장이나 절의 말미에 앞의 본문에서 거론한 내용에 대한 주를 한데 모아 제시하는 미주(尾註)가 있다. 보통의 학위 논문에서는 각주만 쓰는 것을 원칙으로 삼는다. 주는 그 대상에 따라 내용 주와 문헌 주로 나뉜다.

### 4·4·2 내용 주

내용 주는 특수 용어나 전문 용어의 개념을 정의하거나 그 뜻을 풀이할 때 사용한다. 저자나 소속 기관의 변경 사항, 저자의 지위 등을 밝힐 필요가 있을 때에도 내용 주를 사용한다. 또한 본문에서 다룬 내용과 관련하여, 비록 직접적인 관련이 없을지라도, 논의를 심화하거나 확장하는 데 필요한 내용을 부가할 때 사용하기도 한다.

내용 주의 경우, 너무 자주 사용하면 본문의 중요성이 희석될 수 있으므로 남용하지 않는다. 그리고 주의 내용은 정확하고 간결해야 한다. 1백 자 정도를 넘지 않아야 한다. 본문의 내용을 따로 두고 주의 내용이 지나치게 장황해지면 본말이 전도되는 격이 된다. 주는 본문의 내용을 보완하거나 뒷받침하는 것이기 때문이다.

   1 여기서 1917년 문화 혁명 이후부터 1949년 신중국(新中國) 출범까지의 문학을 신문학(新文學)이라고 명명하는 것은 중국에서 현대 문학이라는 명명 자체가 우리가 생각하는 가치 개념 혹은 시간 개념과 상당한 차이를 내포하고 있기 때문이다. 본 논문은 세계관과 형식, 내용이 근본적으로 전환되기 시작한 1917년 이후의 문학이 과거 구문학과 대립되었던 사실에 주목해 이를 대비적 차원에서의 신문학으로 설정하고 논의를 전개한다.

   2 해방 이후의 행적을 살펴보면 해방이 되자 9월 24일 상경하여 조선 프로레타리아 예술연맹의 성립에 주도적인 역할을 한다. 1946년 월북하여 북조선 문예총의 기관지『문화전선』창간호에 토지 개혁을 다룬「개벽」을 발표하고, 조선 친선협의회 중앙위원회 위원장에 선임되어 이후 1982년까지 35년간 맡게 된다.「땅」,「두만강」,「한 여성의 운명」등 장편을 발표하며 30년 동안 북한 문학의 일인자로 군림하게 된다. 최고인민회의 부의장,

조선 문학예술 총동맹 중앙위원장 등의 요직을 거치고 1984년 8월 9일 사망하며 평양 신미리 애국 열사릉에 묻혔다(이상경, 앞의 책, pp. 452~457. 연보 참고).

3 「조선 문학 연구의 일 과제」는 동아일보에 1940년 1월 13일부터 1월 20일까지 연재되었던 것으로, 자신의 문학사에 대한 방법론에 관하여 쓴 논문이다. 이는 1940년 학예사에서 발간된 평론집 『문학의 논리』에 재수록되면서 「신문학사의 방법」으로 게재되며, 몇 군데를 수정하였다.

4 이와 관련하여 당시의 계몽가들이 외래의 사상을 우리의 실정에 맞게 우리화한 예를 이광린의 앞의 논문에서도 발견할 수 있다. 즉 당시 지식인들이 가장 큰 영향을 받았다 할 양계초의 『음빙실문집(飮氷室文集)』에서의 중요한 개념인 〈진화〉와 〈단체〉에 관련된 맥락을 우리의 역사에 맞게 수정해서 사용했다는 것이다(이광린, 앞의 논문, pp. 283~284). 그러나 본 연구자가 판단하기에 이러한, 외래의 영향을 수용해서 우리화하는 양상에 대해서는 본격적인 연구가 별도로 있어야 하는 것이 아닌가 한다.

### 4·4·3 문헌 주

문헌 주는 본문에서 인용한 내용의 구체적이고 정확한 출처를 밝혀 논문 내용의 타당성을 입증하기 위해서 쓰는 방법이다. 그런데 대개의 경우 본문에서 인용한 저서나 논문은 뒤의 참고 문헌 목록에서 밝히게 되므로, 꼭 필요한 경우가 아니라면 습관적으로 쓰는 것은 자제한다. 지나친 사용은 논문의 초점을 흐려 놓을 수 있기 때문이다.

1 프로이트, 『문명 속의 불만』, 김석희 역, 서울, 열린책들, 1997, p. 60.

### 4·4·4 문헌 주의 기입 방법

**저자명**

문헌 각주의 기입 방법은 참고 문헌의 작성 방법과 대동소이하다. 다른 것이 있다면, 각주에는 참고한 문헌 부분의 페이지 수를 표시하지만, 참고 문헌에는 문헌의 일부분을 참고했을 경우, 꼭 필요한 경우에만 한다는 점이다. 그리고 저자명의 경우 참고 문헌에서는 국내서나 서양서 모두 〈성, 이름〉의 순서로 표시하지만, 주에서는 국내서와 달리 서양서의 저자명은 〈이름, 성〉의 순서에 따라 표시한다.

■ 참고 문헌
1 김명인, 「1930년대 시의 구조 연구」, 고려대학교 대학원 박사학위논문, 1985.
2 Joyce, James, *Ulysses*, Harmondsworth, Penguin, 1971.

■ 각주
1 김명인, 「1930년대 시의 구조 연구」, 고려대학교 대학원 박사 학위 논문, 1985, p. 56.
2 James Joyce, *Ulysses*, Harmondsworth, Penguin, 1971, p. 394.

**주 번호**

본문 가운데 주를 필요로 하는 부분에 주의 번호를 숫자로 표시하고, 이것과 상응하는 주의 머리에 동일 번호를 붙인 것이 주 번호이다. 주 번호는 논문이 아주 방대하여 주의 개수가 엄청나게 많지 않은 한, 논문 전체에서 일련 번호로 매기는 것이 통례이다. 주 번호에는 번호의 중복이나 결번이 있어서는 안 된다. 그리고 주 번호 다음에 마침표를 찍어서는 안 된다. 주의 내용에 표시되는 번호는 본문에 표시된 것과 동일한 번호와 표기 방식으로 적는다.

주 번호는 보통 본문보다 작은 아라비아 숫자로 나타낸다. 국내의 논문에서는 주 번호에 반괄호[3)]를 붙이기도 한다. 그런데 수식이 많이 쓰이는 수학이나 그 밖의 자연 과학 계열의 논문에서는 다른 숫자와 주 번호의 혼동을 막기 위해서, 때로는 아라비아 숫자 대신 별표(*)나 단검표(†) 등의 부호를 쓰기도 한다.

종양 즉 세포가 병적으로 불어나 생리적으로 아무 쓸모가 없는 덩어리인 혹을 대개 양성 종양과 음성 종양의 둘로 나눈다.[3]

**주 번호의 위치**

본문의 주 번호는 인용된 문구의 끝이나 문장의 끝 또는 설명을 요하는 내용의 바로 다음에 붙인다. 인용의 출전을 밝히는 주는 주 번호가 반드시 인용 부분의 뒤에 붙는다. 각주 번호는 줄표(—)를 제외한 모든 구두점이나 부호 다음에 붙인다.

〈……그럼에도 완전히 소멸되지는 않는다는 점에서 그 적절성을 인정할 수 있다.〉[15]

〈……사람들이 어떤 특정한 기술의 산물처럼 보여지도록 하고 있다.〉(Parrish, 2002, p. 79)[5]

1998년 미국인으로서는 처음으로 예루살렘 국제도서상을 수상했으며,[3] 2002년에는 ……

알려진 것들[8] — 석탄을 사용한 제철 ……

**주의 내용**

주는 주 번호가 붙은 본문 해당 지면의 하단 왼쪽에 지면 폭 4분의 1 정도의 횡선을 긋고 그 아래에 적는다. 주 하나의 길이가 아주 길어 전부를 기입하기가 곤란한 경우에는 다음 쪽의 하단에 이어서 기입할 수 있다. 다만 이것은 그 쪽에 다른 주가 없을 때에 한한다.

하나의 주 번호 밑에 둘 또는 그 이상의 문헌을 표시할 경우에는 두 번째 또는 세 번째 문헌이라도 행을 구분하지 않고, 첫 번째 문헌에 연속시킨다. 이때 각 문헌은 쌍반점(;)으로 구분하고 맨 끝에만 마침표(.)를 찍는다.

---

1 민경희, 「임화 소설론 연구」, 서울대학교 석사 학위 논문, 1990; 송근호, 「30년대 후반 임화의 문학론 연구」, 연세대학교 석사 학위 논문, 1992; 김병구, 「임화의 소설론 연구」, 서강대학교 석사 학위 논문, 1992.

**단행본의 출판 사항**

단행본의 출판 사항을 각주에 기입할 때는 〈출판지, 출판사, 출판 연도〉의 순서로 표시한다. 간혹 소괄호로 묶어서 표시하기도 한다.

   1 박용철, 『병자(丙子) 시단(詩壇)의 1년 성과』, 박용철 전집, 제2권, 서울, 시문학사, 1940, p. 105.
   1 박용철, 『병자 시단의 1년 성과』, 박용철 전집, 제2권(서울, 시문학사, 1940), p. 105.

**페이지 수**

인용하거나 참고한 페이지는 반드시 다음과 같은 양식으로 표시해야 한다. 한글로 표기할 경우에는 인용한 페이지 수 다음에 〈쪽〉 또는 〈면〉이라는 용어를 사용하지만, 영문으로 표기할 때는 한 면만 인용했을 경우 〈p.〉를, 여러 면에 걸쳐 인용했을 경우 〈pp.〉를 사용한다. 서양서에서는, 〈pp.37f〉라고 표시하기도 하는데, 이는 〈*page 37 and following page*〉로 〈37면과 그다음 한 쪽〉을 의미한다. 그러나 이것보다는 〈37~38면〉, 혹은 〈pp. 37~38〉로 표시하는 것이 알기 쉬워 좋다.

   1 에른스트 블로흐, 『희망의 원리』, 제1권, 박설호 옮김, 서울, 열린책들, 2004, 99면.
   2 에른스트 블로흐, 『희망의 원리』, 제1권, 박설호 옮김, 서울, 열린책들, 2004, p. 99.
   3 에른스트 블로흐, 『희망의 원리』, 제1권, 박설호 옮김, 서울, 열린책들, 2004, 99~100면.
   4 에른스트 블로흐, 『희망의 원리』, 제1권, 박설호 옮김, 서울, 열린책들, 2004, pp. 99~100.

**판 수**

초판이 아닌 경우에는 판 수를 저서명 다음에 적는다. 국내서의 경우, 판 수를 표시하는 용어에는 〈개정판〉, 〈증보판〉, 〈개정 증보판〉, 〈제3판〉과 같은 것들이 있다. 그런데 저작권지에 표시된 〈제3판 인쇄·발행〉 같은 표현은 단순히 중판(重版)을 의미하는 경우가 많다. 판*edition*이란 내용의 변동, 또는 인쇄판의 변동을 의미하는 말로서, 동일한 판으로 다만 인쇄의 시기만을 달리하는 쇄(刷)와는 다르다. 서양서는 판을 새로이 하였을 경우, 흔히 〈revised edition〉의 생략형 〈rev. ed.〉나

⟨revised and enlarged edition⟩의 생략형인 ⟨rev. & enl. ed.⟩를 쓴다. 두 번째 판일 경우에는 ⟨2nd ed.⟩ 또는 ⟨2d. ed.⟩라고 쓴다.

**동일 저자 문헌의 재인용**

문헌 각주를 작성할 때 동일 논문의 앞부분에서 소개한 동일한 저자의 동일한 문헌을 표시하는 경우에는 그 중간에 인용된 다른 문헌에 대한 각주가 없다면, 국내 문헌은 상게서(전게서, 위의 책, 앞의 책)라고 표시할 수 있다. 서양서의 경우에는, ⟨같은 자리에⟩라는 뜻을 지닌 라틴어 ⟨ibidem⟩의 약자인 ⟨Ibid.⟩를 이탤릭체로 써서 나타낸다.

1 조지훈[조동탁], 『시의 원리』, 서울, 나남출판사, 1996, p. 36.
2 상게서. ·························· 같은 책의 같은 페이지
3 상게서, p. 45. ················· 같은 책의 다른 페이지
4 *Ibid*. ···························· 같은 책의 같은 페이지
5 *Ibid*., p. 45. ··················· 같은 책의 다른 페이지

앞에서 소개한 문헌을 다시 소개하고자 하나, 중간에 다른 문헌에 대한 각주가 있을 경우에는, ⟨*Ibid.*⟩를 쓰는 대신, ⟨인용된 작품에서⟩라는 뜻을 지닌 라틴어 ⟨*opere citato*⟩의 약자인 ⟨*op. cit.*⟩를 써서 나타낸다. 약자이기 때문에 마침표를 각각의 뒤에 표기하고, 반드시 저자명과 페이지 수를 함께 표시한다. 보통 같은 저서의 다른 페이지를 인용할 때 쓰기 때문이다. 단, 논문의 앞부분에서 같은 저자의 책이 두 권 이상 인용되었을 경우에는 ⟨*op. cit.*⟩를 쓸 수가 없다. 어느 책을 가리키는지 불분명해질 수 있기 때문이다.

1 움베르토 에코, 『거짓말의 전략』, 김운찬 옮김, 서울, 열린책들, 2003, 23~27면.
2 움베르토 에코, *op. cit.* 34~48면.

**정기 간행물의 각주**

정기 간행물에 수록된 기사의 경우, 보통 [저자명, 「제목」, 『간행물명』, 권-호수 (잡지의 경우), 간행 일자, 인용 면수.]와 같은 방식으로 표시한다. 물론 경우에 따라 기사 제목에 큰따옴표를 쓰고 인용 페이지의 위치를 달리 표시하기도 하지만, 어떤 방식을 선택하든 일관성을 유지하는 것이 중요하다.

1 황주호, 「요동치는 국가 원자력 체제, 한국의 딜레마: 외면하면 기술 지체, 섣불리 수용하면 원자력 수출 낭패」, 『신동아』, 통권 제559호, (2006. 4. 1): 424~433면.

## 4·5 참고 문헌 목록의 작성

### 4·5·1 과학적인 필요조건

참고 문헌이란 논문을 집필하기 위해 참고하거나 인용한 자료들을 일정한 양식에 맞게 제시하는 목록을 말한다. 독자들에게 논문 집필에 사용된 자료나 아이디어의 출처를 밝히고, 논문의 이론적 배경을 알려 주며 연구자의 주장이나 추론의 타당성과 객관성을 뒷받침하는 자료의 역할을 한다.

영어로는 논문을 쓸 때 직접적으로 인용된 문헌만을 가리키는 ⟨*bibliography*⟩와, 논문을 쓸 때 인용하거나 참고한 문헌 및 기타 자료(면담, 강연, 음반, 영화, TV나 라디오 프로그램, 그림 등)를 포괄하여 나타내는 ⟨*reference*⟩라는 말이 있다. 우리 말에는 이 두 용어를 구분하기에 적당한 말이 없으므로, 보통 ⟨참고 문헌⟩이라는 말을 쓰고 있다.

참고 문헌의 범위를 정하는 일은 쉽지만은 않다. 논문 집필에 조금이라도 참고된 것이라 해서 무엇이든 이 목록에 넣어서는 안 된다. 또한 논문에서 실제로 인용한 것이라도 그 원전이 논문의 주제와 직접적인 관련이 없는 주제에 관한 저술이면 목록에 포함시키지 않는다. 한편 논문 집필에는 개인 면담이나 강의, 강연, 방송 대담 등도 참고가 되는 일이 있으므로, 논문에 따라서는 이러한 비문헌 자료까지도 ⟨참고 문헌⟩이 된다.

참고 문헌을 작성하는 방법은 각 학문 분야나 학술 단체, 혹은 출판사 등에 따라 관행이 다를 수 있다. 심지어는 같은 분과 학문이라도 학회나 학회지에 따라서 다른 표기 방법이 사용되기도 한다. 따라서 특정한 방법만을 고집할 필요는 없다. 학위 논문의 경우에는 각 학교에서 요구하는 양식에 맞춰서 작성하면 된다. 중요한 것은 자신의 논문 내에서 한 가지 양식을 일관되게 사용해야 한다는 점이다.

#### 4.5.2 분류와 배열

참고 문헌의 분류와 배열은 알파벳순으로 하거나, 연도순으로, 혹은 테마별로 하기도 한다. 알파벳순 기입 방식은 저자명을 알파벳순으로 배열하는 것으로, 독자들이 저자와 저서를 쉽게 찾아볼 수 있게 해준다. 연도순 기입 방식은 특정 저자의 저작을 보여 주고자 할 때 사용하지만, 보통의 경우 알파벳순 기입 방식과 병행한다. 마지막으로 테마별 분류 방식, 예를 들면 소설, 시, 연구서 등으로 분류하는 방식은 논문의 내용에 맞추어 서지를 배열함으로써 내용에 대한 참고 사항을 제시하는 데 효과적이다. 가장 보편적으로 사용되는 배열 방식은 연도순, 알파벳순을 병행하는 것이지만 이런 분류 방식에 정해진 원칙이 있는 것은 아니다. 각자의 논문에 맞추어서 효과적인 배열 방식을 택하되, 해당 학문의 관례에서 벗어나지 않으면 된다.

알파벳순으로 하는 경우, 국내 문헌과 국외 문헌으로 기본적인 구분을 하고 단행본, 잡지, 시청각 자료 등으로 하위 구분하여, 알파벳순으로 기입한다. 연도순이나 특정 테마로 분류하여 배열하고자 할 경우에는, 꼭 이런 하위 분류를 하지 않아도 된다. 국내 문헌과 국외 문헌의 배열 순서에서 일반적인 원칙은 없다. 두 가지 가운데 서지 수가 적은 것을 뒤에 기입하기도 하고, 그 수에 상관없이 국내 문헌을 국외 문헌보다 앞에 위치시키기도 한다. 그 밖에 일반적으로 통용되는 방식들을 살펴보면, 다음과 같다.

단일 저자의 저서는 공저한 다른 저서보다 앞에 기입한다.

김홍규, 『한국 문학의 이해』, 서울, 민음사, 1986.

김흥규·김우창, 『문학의 지평』, 서울, 고려대학교출판부, 1989.

동일 저자 혹은 편자나 역자의 저서가 다수일 경우 두 번째 저서부터는 밑줄을 저자명 혹은 편자명이나 역자명 대신 넣고 연대순으로 기입한다.

김현, 『시칠리아의 암소』, 서울, 문학과지성사, 1990.
\_\_\_\_, 『르네 지라르 혹은 폭력의 구조』, 서울, 나남, 1987.
\_\_\_\_, 『몽상의 시학』, 서울, 홍성사, 1978.

동일 저자의 상이한 저서가 동일 연도에 간행된 경우에는 발행 연도 다음에 영문자(a, b, c 등)를 발행 연도에 부기하여 구분하고 인용문과 일치시킨다.

강만길, 『역사는 변하고 만다』, 서울, 당대, 2003a.
\_\_\_\_\_, 『조선민족혁명당과 통일전선』, 서울, 역사비평사, 2003b.

### 4·5·3 참고 문헌 작성의 일반 규칙

**구두점**

참고 문헌을 기재할 때 각 요소들 사이에는 쉼표나 마침표를 쓴다. 쉼표를 쓸 경우에도 맨 뒤에는 마침표를 쓴다. 단행본의 부제를 표시하는 경우에는 쌍점(:)을 쓰고, 발행지와 발행처를 구분할 때 쌍점을 쓰기도 한다.

최연홍, 『한국 환경 정책과 행정: 진단과 처방』, 서울, 신광출판사, 2002.
최연홍. 『한국 환경 정책과 행정: 진단과 처방』. 서울. 신광출판사. 2002.
최연홍. 『한국 환경 정책과 행정: 진단과 처방』. 서울: 신광출판사. 2002.

**발행 연도**

맨 뒤나 저자명 뒤에 기재한다. 저자명 뒤에 기입할 때는 연도를 괄호 속에 넣기도 한다.

박상진, 『에코 기호학 비판: 열림의 이론을 향하여』, 서울, 열린책들, 2003.
박상진(2003), 『에코 기호학 비판: 열림의 이론을 향하여』, 서울, 열린책들.
박상진, 2003, 『에코 기호학 비판: 열림의 이론을 향하여』, 서울, 열린책들.

### 저자명

인명을 기입할 경우에는 동서양을 막론하고 성과 이름의 순서대로 기재한다. 서양 인명의 경우에는 성과 이름 사이에 쉼표를 기재하고, 동양 인명의 경우에는 성과 이름 사이에 쉼표를 쓰지 않는다. 서양 인명의 경우 유럽이나 미국에서는 성을 대문자로 기입하기도 한다.

이규호, 『교육 철학: 교육과 사상』, 서울, 연세대학교 출판부, 2005.
Rosenberg, M., *Conceiving the Self*, New York, Basic Books, 1979.
MICHAUX, Henri, *Ailleurs*, Paris, Gallimard, 1967.

### 서명

서양서는 서명을 이탤릭체로 기재하거나 밑줄을 쳐서 나타낸다. 이 글에서는 이탤릭체로 통일해서 나타내기로 한다. 동양서는 겹낫표(『 』)를 이용하여 기재하는 것이 일반적이지만, 글자를 굵게 해서 나타내는 경우도 있다.

윤희순, 『조선 미술사 연구』, 서울, 범우사, 1995.
김상현, **환경·환경 운동·환경 정치**, 서울, 학민사, 1994.
Selye, H., *The Stress of Life*, New York, McGraw-Hill, 1976.
Selye, H., The Stress of Life, New York, McGraw-Hill, 1976.

### 들여쓰기

참고 문헌의 기술이 길어지면 다음 줄로 넘어가게 된다. 이때에는 들여쓰기를 해야 한다.

이이화, 『이이화와 함께 한국사를 횡단하다: 이이화 한국사 이야기 전 22권 완간 기념 특별 기획』, 한길사 편집부 편, 파주, 한길사, 2004.

### 4·5·4 단행본의 기재 요소와 형식

단행본의 경우에는 〈저자명, 서명, 부차적 역할 표시(편, 역), 판 표시, 총서명, 총서 번호, 출판 사항(발행지, 발행처), 발행 연도〉의 방법으로 기재한다.

카뮈, 알베르, 『시지프의 신화』, 이환 옮김, 박영문고, 81, 서울, 박영사, 1976.

**저자명**

단일 저자일 경우에는 맨 앞에 저자명을 쓴다.

서울대학교 수의과대학, 『한국 수의학대학원 교육 강화를 위한 조사연구』, 서울, 서울대학교 수의과대학, 1982.

공저자(2인이나 3인)일 경우 국내서의 경우에는, 저자명 사이에 가운뎃점( · )이나 쉼표( , )를 써준다. 서양서의 경우, 첫 번째 저자명은 성과 이름순으로 기재하고, 두 번째 이하의 저자는 참고 서지에 기재된 형식 그대로 기재하고 식별을 위해 저자들 사이에 쉼표와 접속사로 구분한다.

이정식·이정욱(공저), 『돈을 다루는 사람의 돈 이야기』, 서울, 열린책들, 2002.
이정식·이정욱, 『돈을 다루는 사람의 돈 이야기』, 서울, 열린책들, 2002.

공저자가 4인 이상일 경우, 국내서는 첫 번째 저자명 다음에 〈외〉 혹은 〈외 몇 명〉이라고 밝혀 주고, 서양서의 경우에는, 〈et al.〉 혹은 〈alii〉라고 기재한다. 때에 따라 나머지 저자명 기재를 생략하거나 참고 서지에 기재된 순서대로 모든 저자명을 쓸 수 있다. 이때 서양서에서 모든 저자명을 기재하는 경우에는, 맨 마지막 저자명 앞에만 〈and〉를 붙인다.

이강수 외 3명, 『중국 철학 개론』, 서울, 한국방송통신대학교 출판부, 1995.

이강수 외, 『중국 철학 개론』, 서울, 한국방송통신대학교 출판부, 1995.

Gilman, Sander, et al., *Hysteria beyond Freud*, Berkeley, Univ. of California P., 1993.

Gilman, Sander, et alii, *Hysteria beyond Freud*, Berkeley, Univ. of California P., 1993.

Gilman, Sander, Helen King, Roy Porter, George Rousseau and Elaine Showalter, *Hysteria beyond Freud*, Berkeley, Univ. of California P., 1993.


■ 서명에 포함된 저자명

자서전이나 서한집, 전집에서 저자명이 인용 문헌의 서명에 포함된 경우에도 인용문과 참고 문헌에서는 이를 저자명으로 기재한다.

김윤식, 『김윤식의 비평 수첩: 김윤식 비평집』, 한국 현대 문학 총서, 제4권, 파주, 문학수첩, 2004.


■ 저자명이 없는 저작

책 표지에 기재되어 있지 않으나 다른 곳에서 책의 저자를 확인할 수 있는 경우에는, 저자명을 대괄호([ ]) 속에 기재한다. 저자를 추정할 수 있는 경우에는 저자명 다음에 물음표와 함께 대괄호 속에 기재한다. 인용문에서는 위의 참고 문헌의 저자명(성)을 대괄호 속에 기재하고, 후자의 경우에는 물음표와 함께 기재한다.

[허균], 『홍길동전』, 경성, 박문서관, 1926.

저자명을 확인할 수 없는 경우, 참고 문헌을 서명으로 기재하면서 저자명은 생략하고 발행 연도를 다음에 기재한다. 로마자로 작성된 참고 문헌 목록에서 첫 번째 관사는 배열할 때 무시된다.

『박씨전』, 서울, 세창서관, 1952.

*Encyclopedia of Virginia*, New York, Somerset, 1993.

필명은 저자명과 같이 취급한다. 본명을 알 수 있는 경우에는 참고 문헌에서 이를 대괄호 속에 기재할 수 있다.

조지훈[조동탁], 『지조론』, 서울, 삼중당, 1962.
이상[김해경], 『이상 시집(李箱詩集)』, 서울, 정음사, 1973.

저자의 본명을 확인할 수 없는 경우, 필명을 사용하되 참고 문헌 안에서는 〈필명〉이라는 표시를 하고, 영미 서적의 경우 〈pseud.〉를 대괄호 속에 기재한다.

박노해[필명], 『노동의 새벽』, 서울, 해냄출판사, 1998.
Quester, Jack[pseud.], *Searching for the Real Shakespeare*, London, Grieff Publications, 1946.

책 표지에 저자명 대신 편자나 역자가 기재된 경우 편자나 역자명을 저자명 대신 기재한다. 국내서의 경우 〈편〉이나 〈역〉 또는 〈옮김〉이라고 상황에 맞게 기재하고 영미 서적의 경우 〈ed./eds.〉, 〈comp./comps.〉이나 〈trans.〉 등을 이름 다음에 기재한다.

김재원 편, 『서해도서조사복고(西海島嶼調査報告)』, 서울, 을유문화사, 1993.
von Halberg, Robert, ed., *Canons*, Chicago, University of Chicago Press, 1984.

■ 저자와 편자, 역자

〈저자명, 서명, 편자나 역자명〉의 순서로 기재한다. 이때 발행 연도는 원서가 아니라 편저나 역서의 발행 연도를 기재한다. 영미서에서는 〈edited by〉, 〈compiled by〉 혹은 〈translated by〉라는 어구를 사용하여 기재하거나 〈ed.〉, 〈comp.〉이나 〈trans.〉라는 단어를 편자나 역자명 앞에 기입한다.

아브람스, M. H., 『문학 용어 사전』, 최상규 옮김, 서울, 대방출판사, 1985.
베버, 막스, 『사회 경제사』, 조기준 옮김, 서울, 삼성출판사, 1982.
Maurois, André, *Lélia*, translated by Gerard Hopkins, New York, Hoper, 1954.

■ 기관, 협회, 단체

특정 기관에서 간행한 서지나 저서의 경우, 저자명 위치에 기관명을 기재한다.

한국원자력안전기술원, 『국민 의료 방사선량 평가』, 대전, 한국원자력안전기술원, 2005.

**발행 연도**

자료의 발행 연도는 참고 문헌의 맨 뒤에 기재할 수도 있고, 저자명 다음에 기재할 수도 있다. 저자명 다음에 기재하는 경우에는 소괄호 안에 기재하기도 하고, 괄호 없이 기재하기도 한다. 어떤 방식을 선택해도 상관없지만, 한 가지 방식을 일관되게 사용해야 한다.

김운찬, 『현대 기호학과 문화 분석』, 서울, 열린책들, 2005.
김운찬, 2005, 『현대 기호학과 문화 분석』, 서울, 열린책들.
김운찬(2005), 『현대 기호학과 문화 분석』, 서울, 열린책들.

인쇄 중이거나 출판 중인 자료는 국내서의 경우 실제 발행 연도 대신 〈출판 예정〉, 〈인쇄 중〉이라고 써서 나타내거나 〈발행 연도 불명〉이라고 표기한다. 영미서의 경우 〈n.d.〉라는 어구를 대괄호로 묶어 사용할 수 있다. 예상 발행 연도가 표기된 경우에는 참고 문헌 말미에 〈출판 예정〉이라고 기재하고, 영미서는 〈forthcoming〉이나 〈in press〉라고 기재한다.

하종강, 『그래도 희망은 노동운동』, 서울, 후마니타스, [2006. 5], 출판 예정.
McGinnis, J. P., [n.d.], *The Surprising Modernism of "Troilus and Cressida"*.
McGinnis, J. P., *The Surprising Modernism of "Troilus and Cressida"*, [2001. 1], in press.

**서명**

국내서는 서명을 겹낫표(『 』)로 구분하여 기입하거나 활자를 굵게 하여 구분한다. 이것 역시 일관성 있게 기입해야 한다. 서양서는 이탤릭체로 기재하거나 서명에 밑줄을 그어 기재할 수 있다.

홍세원, 『교회 음악의 역사』, 서울, 연세대학교출판부, 1999.

홍세원, **교회 음악의 역사**, 서울, 연세대학교출판부, 1999.

Lowenstein, Karl, *Political Power and the Government Process*, Chicago, Univ. of Chicago Press, 1965.

Lowenstein, Karl, Political Power and the Government Process, Chicago, Univ. of Chicago Press, 1965.

부제는 필요한 경우, 제명과 부제명 사이에 쌍점(:)을 이용하여 나타낸다. 부제는 생략 가능하다.

주정, 『뤼쉰 평전: 나의 피를 혁명에 바치리라』, 홍윤기 옮김, 서울, 대한교과서, 2006.

서명 중에 포함된 문장 부호, 예를 들면 큰따옴표, 물음표, 느낌표 등은 있는 그대로 기재한다.

이현복 외 4명, 『한글 맞춤법, 무엇이 문제인가?』, 서울, 태학사, 1997.

번역 서명을 제시할 필요가 있을 때는 고유 서명을 번역 서명 다음에 소괄호 안에 기재한다.

헤세, 헤르만, 『지와 사랑(*Narziß und Goldmund*)』, 홍경호 옮김, 범우비평판세계문학선, 29-1, 서울, 범우사, 1998.

**한 저술 중의 일부**

단행본의 특정 부분을 인용한 경우, 참고 문헌에서는 다음과 같은 순서로 기재한다. 인용한 특정 장의 제목 혹은 절을 홑낫표나 따옴표로 기재한 후에, 출처(서양서의 경우 in 다음에)를 기재한다.

롬멜, 엘빈, 「벨기에 및 프랑스 북부 기동전(1914년)」, 출처: 『롬멜 보병 전술』, 서울, 일조각, 2001.

Hosfstadter, Richard, 1948, "Abraham Lincoln and the Self-Made Myth", in *The American Political Tradition and the Man Who Made It*, New York, Alfred A. Knopf., 1948.

**판 표시**

참고 문헌에서 판 수가 나타난 경우에는 판 수를 책 제목 다음에 기재한다. 권수 표시나 통권 표시가 있는 경우에는 판 표시 다음에 기재한다. 서양서의 경우, 판 수를 의미하는 용어 ⟨second⟩, ⟨third⟩ 등은 아라비아 숫자로 기재한다. 초판 연도가 명시된 경우에는 기재할 수 있다.

권대훈, 『교육 심리학』, 개정판, 서울, 원미사, 2004.

Keir and Lawson, F. H., *Cases in Constitutional Law*, 6th ed, by F. H. Lawson and D. J. Bentley, 1979.

**영인본**

원작의 발행 연도를 서명 뒤에 기재하고 그 다음에 발행 사항을 기재한다.

한국한문교육학회, 『한문교육연구 제1~8호』, 1985~94, 서울, 박이정, 1999.

원작에서 발행 사항의 일부가 변경되었을 경우에 그 내용을 기재한다.

Ishiguro, Kanzuo, *The Remains of the Day*, London, Faber, 1989, New York, Knopf, 1990.

재발행 시 서문 등이 추가되면 그것을 언급한다.

Dreiser, Theodore, *Sister Carrie*, 1900, Introd. E. L. Doctorow, New York, Bantam, 1982.

재판된 책의 서명이 원작의 서명과 달리 출판되었을 경우에 영미서의 경우 〈rpt. of〉, 〈reprint of〉를 사용하여 원제를 나타내 준다.

*The WPA Guide to 1930s New Jersey*, New Brunswick, Rutgers UP, 1986, rpt. of New Jersey, A Guide to Its Past and Present, 1936.

**다권본**
여러 권으로 된 다권본(多券本) 전체를 인용할 경우에는 전체 권수를 책 제목 다음에 기재한다.

Doyle, Arthur Conan, *The Oxford Sherlock Holmes*, ed. Owen Dudley Edwards, 9 vols, New York, Oxford UP, 1993.

다권본에서 특정 권을 인용하는 경우에는 권수 표시와 그 권의 제목을 원제목 다음에 표시한다.

조정래, 『태백산맥』, 제4권: 민중의 불꽃 1, 서울, 한길사, 1988.

어떤 다권본에서 각 권의 편자나 저자가 다를 경우, 인용한 부분의 저자명이나 편자명을 기재한다.

Lach, Donald F., *The Literary Arts*, bk. 2 of *A Century of Wonder*, vol. 2 of *Asia in the Making of Europe*, Chicago, University of Chicago Press, 1977.

**총서명**

총서명은 〈『서명』, 총서명, 총서 번호, 발행지, 발행처, 발행 연도〉와 같은 순서로 기재한다. 서양서의 경우, 총서명의 중요 단어 첫 번째 문자는 대문자로 기재한다. 국내서의 경우, 〈제○권〉 혹은 〈○권〉이라고 기재하거나 아라비아 숫자만 기재한다. 서양서는 〈vol.〉이라는 용어를 사용한다.

김용수, 『영화에서의 몽타주 이론』, 영상원 총서, 1권, 서울, 열화당, 1986.
김용수, 『영화에서의 몽타주 이론』, 영상원 총서, 제1권, 서울, 열화당, 1986.
김용수, 『영화에서의 몽타주 이론』, 영상원 총서, 1, 서울, 열화당, 1996.
Caldwell, Helen, *The Brazilian Othello of Machado de Assis: Study of "Dom Casmurro"*, Perspestives in Criticism, vol. 6, Berkeley, University of California Press, 1960.

**발행 사항**

참고 문헌에서 발행 사항에 해당되는 것은 발행지와 발행처이다. 발행지와 발행처는 쉼표( , )나 쌍점( : )으로 구분하여, 〈발행지, 발행처〉의 순으로 기입하면 된다.

김성식, 『통계로 풀어 보는 서울시 행정』, 서울, 길벗, 1991.

발행지를 확인할 수 없는 경우, 국내서는 [발행지 불명]이라고 대괄호 속에 기재하고 서양서는 〈n.p.(*No place of publication given*)〉라고 기재한다.

한용운, 『건봉사급건봉사말사사적(乾鳳寺及乾鳳寺末寺史蹟)』, [발행지 불명, 발행처 불명], 1914.
Lowenstein, Karl, *Political Power and the Government Process*, n.p., Univ. of Chicago

Press, 1965.

발행처를 추정하여 알 수 있는 경우는 대괄호 속에 기재한다. 발행처를 기재하지만 확실하지 않을 경우에는 대괄호 속에 물음표를 넣는다. 또한 발행처를 알 수 없는 경우, 국내서는 대괄호 속에 [발행처 불명]으로 기재하고 서양서에는 〈n.p.〉라는 용어를 사용한다.

『별춘향가』, 청주, [발행처 불명], 1909.
Lowenstein, Karl, *Political Power and the Government Process*, Chicago, n.p., 1965.

둘 이상의 상이한 발행처에서 동시에 간행된 문헌인 경우, 두 개의 발행처를 쌍반점(;)으로 구분하여 모두 기재할 수 있다.

Wells, H. G., *The Time Machine*, London, Dent; Rutland, Tuttle, 1992(1895).

### 4·5·5 연속 간행물의 기술 요소와 형식

**학술지**

학술지의 논문명은 홑낫표(「 」)나 큰따옴표(" ")와 함께 기재하는 것이 일반적인 방법이다. 대학에 따라서는 부호 없이 기재하기도 한다. 학술지명은 국내서인 경우에는 겹낫표(『 』)를 사용하여 나타낸다. 서양서인 경우에는 이탤릭체를 사용하여 연속 간행물임을 나타낸다. 번역된 논문명을 밝히는 경우에는, 번역된 논문명을 원제 다음 소괄호 속에 기재하여 나타낸다. 결론적으로 학술지의 참고 문헌은 〈저자명, 「논문명」, 『학술지명』, 권차, 호차, 학회명, 발행 연도, 페이지 수〉와 같은 방식으로 나타낸다.

이성수, 조성민, 「역마이셀에 의한 나노미터 크기의 PbS입자의 합성」, 『화학 공학』, 38(1), 한국 화학 공학회, 2000, 43~46면.

학술지 논문의 페이지 수는 기술 사항의 맨 마지막에 표기한다. 국내서의 경우에는 〈면〉, 〈쪽〉이나 〈pp.〉를 사용하여 기재하고, 서양서의 경우에는 〈pp.〉만을 사용하여 기재한다.

최동호, 「현대 시사의 연구 방향」, 『어문논집』, 42(1), 민족어문학회, 2000, 223~238면.
Benjoseph, John J., "On the Anticipation of New Metaphors", *Cuyahoga Review*, 24(2), 1988, pp. 6~10.

학술지의 발행지는 참고 문헌에서 기술하지 않지만, 동일한 학술지명으로 여러 곳에서 발행될 경우에는 학술지명 다음 소괄호 속에 발행지를 기술한다.

Garrett, Marvin P., "Langage and Design in Pippa Passes", *Victorian Poetry*(West Virginia University) 13(1), 1975, pp. 47~60.

학술지의 권차나 호차를 기재할 때에는, 국내서의 경우 〈권〉이나 〈호〉를 써서 기재한다. 서양서의 경우에는, 권을 표시할 경우 〈vol.〉을 사용하고, 호를 표시하는 경우에는 〈No.〉를 사용하여 기재한다.

원미랑, 유혜선, 「국민학교 아동의 영양 교육」, 『국민 영양』, 제23권, 대한영양사회, 1980, 14~15면.
Moody, Peter R., "Political Liberalization in China: A Struggle Between Two Lines", *Pacific Affairs*, vol. 57, No. 1, Spring, 1984. pp. 24~32.

권차와 호차를 병기하는 경우, 권차는 문헌에서 학술지명 다음에 기재하고, 쉼표를 써서 나타낸다. 호차는 권차 다음에 괄호나 마침표를 사용하여 기재한다.

김우창, 「학제 간 연구와 인식론적 반성」, 『인문사회과학논총』, 3(1), 인제대학교 인문사회과학 연구소, 1996, 33~56면.

조동일, 「국문학 연구의 현황과 과제」, 『한국학 논집』, 17.1, 계명대학교 한국학 연구소, 1990, 45~59면.

학술지에 권차 표시가 없고 호차만 기재된 경우, 국내 학술지는 호차(예: 제3호)를 학술지 다음에 기재하고, 영미서는 〈No.〉를 기재하여 나타낸다.

구옥희, 「해양력이 해양 개발에 미치는 영향」, 『해양전략(海洋戰略)』, 제79호, 1993, 69~122면.

Grabowski, M., "After Post-Modernism", *Journal of the American Aesthetic Association*, No. 3, 1990, pp. 39~47.

학술지의 간행월이나 계절은 권(호)차 다음에 기재한다. 다만 호차를 소괄호 속에 기재한 경우 간행 월이나 계절은 생략한다.

박윤재, 「청심보명단 논쟁에 반영된 통감부의 의약품 정책」, 『역사비평』, 제67호, 여름, 2004, 191~206면.

학술지의 간행 연도는 권(호)차 다음, 페이지 수 앞에 기재한다.

박성식, 「사상의학(四象醫學)의 일반적 이해」, 『한국의료복지시설학회지(韓國醫療福祉施設學會誌)』, 5(8), 1999, 100~106면.

연속적으로 두 호 이상에 걸쳐 게재된 논문을 인용한 경우, 연속해서 오는 권(호)차, 페이지 수를 쌍반점(;)으로 구분한다. 이 경우 페이지 수는 〈면〉과 〈pp.〉를 생략한 채로 연도 앞에 기재하고 쌍점(:)으로 연도와 구분한다.

김란기, 「포스트모더니즘 건축의 이론적 배경에 관한 연구(1, 2)」, 『대한건축학회논문집』, 8(4): 13~19; 8(5): 3~9, 1992.

**정기 간행물**

주간이나 월간의 대중 잡지는 간행 연도(월)만을 기재한다. 기사의 저자가 나타나 있지 않은 경우는 잡지명으로 시작한다. 신문의 경우도 잡지의 경우와 기입 양식은 같다.

 이동훈, 「실력? 오만? CEO형 정치인 연구」, 『신동아』, 통권 560호, 2006. 5, 238~247면.

### 4·5·6 미간행 자료의 기술 요소와 형식

**학위 논문**

⟨저자명, 학위 논문 제목, 학위명, 학위 수여 기관, 학위 연도⟩의 순서로 기재하되, 학위명에는 ⟨석사 학위 논문(영미서에서는 *Master's thesis*)⟩ 또는 ⟨박사 학위 논문(영미서에서는 *Ph. D. diss.*)⟩이라는 어구를 기재한다. 국내 논문명은 홑낫표(「 」)를, 서양 논문명은 큰따옴표(" ")를 사용하여 단행본과 논문을 구별한다. 학교에 따라서, 국내 논문명에도 큰따옴표(" ")를 사용하기도 하고, 글자를 굵게 하여 논문명을 표시하기도 하는데, 중요한 것은 논문을 쓸 때, 하나의 원칙을 통일적으로 사용해야 한다는 점이다.

 안병국, "한국 원귀설화의 비교문학적 연구", 중앙대학교 대학원 박사 학위 논문, 1992.
 최숙형, 「간장 발효에 대한 생물학적 연구」, 이화여자대학교 대학원 석사 학위 논문, 1959.

**학술회의 발표 논문**

⟨논문명, 학술 회의명, 개최일, 개최지, 발행 연도⟩와 같은 방식으로 기재한다. 영미서의 경우에는 개최지명 앞에 ⟨at⟩을 사용하여 기재한다.

 양윤섭, 「동서사택(東西舍宅)의 수상(數相)에 관한 상징성 고찰」, 제10회 한국 정산과학 학회 춘계 학술 대회, 1999년 4월 17일, 서울, 연세대학교 구경영관, 1999.

    Royce, John C., "Finches of Du Page County", Paper presented at 22nd Annual Conference on Practical Bird Watching, 24~26 May, at Midland University, Flat Prairie, Illinois, 1988.

**문고에 포함된 필사본**
특정 문고에 포함된 다수의 필사본을 인용한 경우 문고명과 소장 기관명을 기재한다.

    House, Edward M., "Papers", Yale University Library.

### 4·5·7 특수 형태 참고 자료의 기술 요소와 형식
**참고 도서**
널리 알려진 사전이나 백과사전류의 도서, 혹은 불교 경전이나 기독교 성서 같은 경우에는 참고 문헌에 기재하지 않는 것이 보통이지만, 꼭 명시해야 할 필요가 있을 때에는 이를 참고 문헌에 기재한다.

    장욱진, 1958, 「까치」, 『두산세계대백과사전』, 개정판, 서울, 두산동아, 1996.

**희곡과 시**
논문의 내용을 뒷받침하는 데 필요한 특정 판의 희곡이나 시를 인용한 경우에는, 인용한 판을 참고 문헌에 기재할 수 있다.

    김억 선, 『소월시초(素月詩抄)』, 서울, 박문서관, 1939.

**고전**
일반적으로 고전은 참고 문헌에는 기재하지 않는다. 그러나 고전 작품의 편자가 제시한 정보를 참조하는 경우나, 동일 자료의 상이한 판을 인용하는 경우에는 판 표시를 한다.

『주역전의대전(周易傳義大全), 1~14』, 정유자복각본(丁酉字覆刻本), 한성부, 내각, 1820.

Dryden, John, *Dramatic Essays*, Everyman's Library, 1906.

Horace, *Satires, Epistles, and Ars Poetica*, Loeb Classical Library, 1932.

### 국회 문서의 기술 요소와 형식

국회에서 발간되는 연속 간행물은 〈『국명 간행물명』(서양서는 이탤릭체로), 회기 연도, 페이지 수〉의 방식으로 기재한다.

『대한민국 국회 공보』, 제17대 국회, 제259회 국회(임시회), 2006년 4월 21일.

*U. S. Senate Journal*, 1819, 16th Cong., 1st sess., 7 December.

■ 국회의 보고서나 문서

대한민국, 국회, 『국회 회의록: 제7차 본회의』, 제259회, 2006. 4. 19.

U. S. Senate, Committee on Foreign Relations, *The Mutual Security Act of 1956*, 84th Cong., 2nd sess, S. Report, 2273.

### 대통령의 공문서

〈국명, 대통령(수상 혹은 왕), 공문서 내용(포고문·성명서·연두 교서 등), 『해당 문서의 제목』, 문서 번호, 발표지, 발표 기관, 발표 연도〉의 방식으로 기재한다. 필요에 따라 특정 대통령의 이름을 〈대통령〉 다음 차례에 기입한다.

한국, 대통령, 연두 교서, 『대통령 연두 교서』, 서울, 청와대, 1966.

### 정부 문서

한국, 교육인적자원부, 『전문 대학원 도입 관련 교육인적자원부 계획 및 입장』, 서울,

교육인적자원부, 2005.

**정부의 각종 위원회 출판물**

한국, 정책평가위원회, 『2005년 하반기 정부 업무 평가 종합 보고서』, 서울, 정책평가위원회, 2006.

**조약**

연도 기입 시 참고 자료의 발행 연도를 기입하는 것이 아니라 조약을 체결한 연도를 기입한다.

한국, 외교통상부, 『대한민국과 브라질 연방 공화국 간의 형사 사법 공조 조약』, 브라질리아, 외교통상부, 2002년 12월 13일.

**지방 자치 단체의 출판물**

강서구청, 『강서구보 제1004호』, 강서구청 기획공보과, 2006.

**국제 기구의 출판물**

단행본의 기입 양식을 따른다.

UNESCO, *The Development of Higher Education in Africa*, Paris, 1963.

### 4·5·8 기타 인쇄 및 비인쇄 자료

**방송 프로그램**

프로그램명, 방송사명, 방송 날짜를 기본 사항으로 하여 기재한다. 프로그램명은 국내 프로그램의 경우, 홑낫표나 큰따옴표와 함께 기재하고 해외 프로그램의 경우는 이탤릭체로 기재한다.

「PD수첩」, MBC, 2006년 1월 10일 방영.

*The Bucaneers*, by Edith Wharton, Adapt., Maggie Wadey, Perf., Mira Sorvino, Alison Elliot, and Carla Gugino, 3 episodes, Masterpiece Theatre, Intro., Russell Baker, PBS, WGBH, Boston, 27 Apr.~11 May 1997.

**녹음테이프**

국내 테이프의 경우에는, 홑낫표나 큰따옴표와 함께 기재하고, 서양 테이프의 경우에는 이탤릭체로 기재한다.

「중 1 Active 영어 듣기, 말하기」, 안명수, 이은희(공저), 서울, 교학사, 2000.
Bartoli, Cecilia, *Chant d'amour*, London, 1966.

드라마나 산문, 시 낭독, 강의 등의 녹음 자료는 발행자명, 주소, 녹음 일자나 판권 일자를 기재한다.

「그리운 바다 성산포」, 한국시낭송가협회, www.park.or.kr, 2004. 11. 12.

**필름이나 비디오테이프**

일반적으로 단행본에 적용되는 기준을 따른다. 슬라이드, 필름스트립, 비디오카세트 등임을 밝혀 준다. 국내 테이프의 경우 홑낫표나 큰따옴표와 함께 기재하고 서양 테이프의 경우는 이탤릭체로 기재한다.

「킬러들의 수다」, 장진 감독, 서울, 시네마서비스, 2002.
*It's a Wonderful life*, dir., Frank Capra, perf., James Stewart, Donna Read, Lionel Barrymore, and Thomas Mitchell, RKO, 1946.

**공연**

「지하철 1호선」, 김민기 번안·연출, 학전그린소극장, 서울, 2006. 4. 23.

**악보**

작곡가 이름을 기재한 후, 국내 작곡가의 작품인 경우에는, 홑낫표나 큰따옴표를 써서 작품명을 나타내고, 서양 작품의 경우에는 이탤릭체로 기재하거나 밑줄을 친다.

윤이상, 「자유에의 헌정: 실내 교향곡 2번」, 1989.
Berlioz, Hector, *Symphonie fantastique*, op. 14.

책으로 출판되었을 경우에는 아래와 같이 기재한다.

Beethoven, Ludwig van, *Symphony No. 8 in F, Op. 93*., New York, Dover, 1989.

작품의 연도는 작품명 뒤에 쓴다.

Beethoven, Ludwig van, *Symphony No. 8 in F, Op. 93*., 1814, New York, Dover, 1989.

**회화, 조각, 사진**

회화나 조각 작품은 〈작가명, 「작품명」, 소장 기관명, 소장 도시〉와 같은 방법으로 기재한다.

이중섭, 「흰 소」, 홍익대 박물관, 서울.

개인 사진의 경우에는 사진의 촬영 날짜를 기재한다.

*Saint Paul's Cathedral*, London, Personal photograph by author, 7 March, 1999.

**인터뷰**

인터뷰 자료에는 간행되거나 기록된 인터뷰나 라디오 인터뷰 자료, 설문자가 행한 인터뷰 자료 등이 있다.

황정민, 「NGO 월드비전 긴급구호팀장 한비야와의 인터뷰」, 『황정민의 인터뷰』, KBS, 서울, 2003. 10. 30.

### 지도나 차트
지도나 차트류는 지도나 차트임을 명시해야 한다.

「지리산 등산 안내도」, 지도, 서울, 중앙지도문화사, 2000.

### 만화
만화 또는 카툰임을 명시해 준다.

장봉군, 만화, 〈한겨레 그림판〉, 「한겨레」 2006년 2월 3일, 3면.
Chast, Roz, Cartoon, *New Yorker*, 7 Apr. 1997.

### 광고
광고물, 광고 회사를 명시하고 광고임을 기재한다.

「경제 자신감 회복-판소리 편」, 광고, 코리아 하베스트, 2006.
*Air Canada*, Advertisement, CNN, 15 May 1998.

### 원고나 타이프 작성 문서
영미서의 경우 〈ms.〉 혹은 〈ts.〉라고 기재한다.

Chaucer, Geoffrey, "The Canterbury Tales", Harley ms. 7334. British Lig., London.
Twain, Mark, *Notebook 32*, ts., Mark Twain Papers, Univ. of California, Berkely.

### 4·5·9 전자 문헌의 기술 요소와 형식

대부분의 참고 문헌은 출판일이 유일하지만, 전자 문헌의 경우 수시로 새로운 내용이 업데이트되므로 유일한 날짜가 존재하지 않는다. 따라서 이러한 경우 접속한 일자를 출판일로 기재한다. 기존 논문의 경우 전자 문헌 기술 요소를 살펴보면, URL만을 기재하여 놓았지만, URL뿐만 아니라 이것을 다른 방법으로 확인할 수 있는 정보(예: 저자명, 제목)를 기재한다. 이렇게 함으로써 그 주소로 접속이 되지 않을 경우 다른 검색 엔진을 통해 그에 준하는 정보를 독자들이 얻을 수 있다.

**데이터 베이스, 컴퓨터 프로그램**

「프로젝트나 데이터 베이스의 제목」, 프로젝트나 데이터 베이스의 편집자명(기재된 경우), 전자 문헌의 정보, 갱신 일자나 개정 일자, 후원 업체나 기관, 접속 일자와 전자 주소를 기재한다.

『*EnCyber*(두산세계대백과)』, 2006. 5. 4., 두산동아, 「한국의 탑」, 2006. 5. 5, 〈http://www.encyber.com〉.

*Britannica Online*, Vers. 98. 2. Apr. 1998, Encyclopedia Britanica, 8 May 1998, 〈http://www.eb.com〉.

**전문 사이트 혹은 개인 사이트**

사이트를 만든 사람의 이름, 사이트의 제목을 기재한다. 사이트의 제목이 나타나 있지 않을 경우 홈페이지임을 밝혀 주도록 하며, 영미 쪽의 경우 〈Home page〉라는 어구와 함께 기재한다. 그리고 이 사이트와 관련이 있는 단체명, 접속 일자, 전자 주소를 기재한다.

박진형, 「박진형 홈페이지」, 2000. 5. 1, 〈http://members.iworld.net/pjh1968/cindex.htm〉.

*Romance Languages and Literatures Home Page*, 1 Jan. 1997, Dept. of Romance Langs. and Lits., Univ. of Chicago, 8 July 1998, 〈http://humanities.uchicago.edu/

romance/⟩.

**온라인 도서**
단행본과 동일한 기재 양식을 취한다.

■ 온라인 단행본
정진권, 『한국고전수필선』, 사르비아총서, 제412권, 서울, 범우사, 2005, http://www.genomad.co.kr/digitori/eBookDetail.laf?category=001&barcode=4808908033238⟩.

■ 학술 프로젝트의 온라인 도서
Keats, John, *Poetical Works*, 1884, Project Bartleby, Ed., Steven van Leuwen, May 1998, Columbia U., 5 May.

■ 온라인 도서의 일부
Barsky, Robert F., Introduction, *Noam Chomsky: A Life of Dissent*, By Barsky, Cambridge, MITP, 1997. 8 May 1998, ⟨http://mitpress.mit.edu/e-books/chomsky/intro.html⟩.

■ 온라인 정부 간행물
행정자치부, 「(대한민국 정부) 관보」, 제16240호, 2006. 4. 24, ⟨http://gwanbo.korea.go.kr/⟩.

**온라인 정기 간행물**
■ 학술 잡지의 기사
서양서의 경우 기사 제목을 큰따옴표로 기재하고, 국내서의 경우에는 홑낫표나 큰따옴표로 기재한다. 그리고 잡지명과 서명은, 서양서는 이탤릭체 혹은 밑줄로 표기하고 국내서의 경우에는 겹낫표로 표기한다.

최수봉,「당뇨병 완치는 불가능한 것인가?」,『당뇨와 인슐린 펌프』, 2006. 4, 〈http://dminsulinpump.co.kr〉.

Denning, Peter J., "Business Designs for the New University", *Educom Review*, 31. 6(1996). 23 June 1998, 〈http://educom. edu/web/pubs/review/reviewArticles/31620.htm〉.

■ 신문이나 뉴스 기사
「어제도 말할 수 있었다 제4탄 — 전봇대의 진실 편」, 딴지일보, 제200호, 2005. 3. 21, 〈http://www.ddanzi.com〉.

■ 잡지 기사
채만수,「한미 FTA, 무엇을 보여 주고 있는가」,『디지털 말』, 2006. 4. 19, 〈http://www.digitalmal.com〉.

**시디롬, 디스켓, 마그네틱 자료**
다른 출판물과 마찬가지로 기입하되, 판매처와 출판일을 덧붙이는 것이 좋다.

■ 단행 시디롬, 디스켓, 마그네틱 자료
〈저자명, 시디롬(디스켓, 혹은 마그네틱테이프)명, 편자나 번역자명, 발행 사항(발행지, 발행 매체), 발행 연도〉의 방식으로 기재한다. 저자명이 명시되지 않은 경우에는 시디롬 표제명으로 시작해도 좋다.

『아! 고구려』, 시디롬, 서울, 솔빛 조선 미디어, 1995.

■ 정기 발행 시디롬
〈저자명, 제목, 매체명, 출판 사항〉 순서로 기록하되, 서양 자료의 경우에는 데이터 베이스 명칭을 이탤릭체로 나타낸다.

국회도서관, 『한국 박사 및 석사 학위 논문 총목록』, 시디롬, 서울, 국회도서관, 2005. 6, ⟨http://www.nanet.go.kr⟩.

Coates, Steve, "Et Tu, Cybernetica Machina User?" *New York Times* 28 Oct. 1996, late ed. : D4. *New York Times Ondisc*, CD-ROM, UMI-ProQuest, Dec. 1996.

■ 전집류의 시디롬 자료(Multidisc Publication)

*World of Explore*, CD-ROM, 10 disc, 서울, 대한영상, 1999.

■ 여러 매체로 발행된 자료

Perseus 1.0: *Interative Sources and Studies on Ancient Greece*, CD-ROM, laser disc, New Haven, Yale UP, 1992.

**기타 온라인 자료들**

기재 양식은 단행본 양식의 ⟨기타 인쇄 및 비인쇄 자료⟩ 항목의 내용과 동일하며, 여기에 URL 주소만을 추가하면 된다.

■ TV나 라디오 프로그램

이병훈, 이정표, 「허준」, MBC, 서울, 2000. 5. 1,⟨http://kr.drama.yahoo.com/xfile/xfile0014.html⟩.

■ 녹음테이프

Nader, Ralph, Interview with Ray Suarez, *Talk of the Nation*, Natl. Public Radio, 16 Apr. 1998. 3. July, ⟨http://www.npr.org/ramfiles/980416.tontn.01.ram⟩.

■ 영화

변혁 감독, 「인터뷰」, CINE2000, 2000. 5. 4, ⟨http://www.loveinterview.co.kr/interview/home.htm⟩.

■ 회화, 조각, 사진

미켈란젤로, 「아담의 창조」, 천장화, 로마, 시스티나 성당, 2000. 3. 2, 〈http://jupiter.interpia98.net/~myc5/indexs.html〉.

■ 지도

「거제도」, 지도, 영남대, 2000. 4. 25, 〈http://culture.yonam-c.ac.kr/agp/거제지도.htm〉.

# 이 책에 언급된 사람들

**가다 Gadda, Carlo Emilio**(1893~1973)  이탈리아의 실험적인 소설가. 사투리, 속어, 여러 가지 언어 등의 혼합을 통하여 전통적인 소설 구조의 파괴를 시도했음.

**가리발디 Garibaldi, Giuseppe**(1807~1882)  이탈리아 통일에 결정적인 기여를 한 장군.

**고티에 Gautier, Théophile**(1811~1872)  프랑스의 시인, 소설가, 비평가. 프랑스 낭만주의 문학의 중심 인물.

**공고라 Gógora y Argote, Luis de**(1561~1627)  스페인의 바로크 시인. 그의 이름에서 유래한 공고라주의 *gongorismo*는 특이한 은유, 섬세한 수사학적 기교 등을 가리킴.

**궤라치 Guerrazzi, Francesco**(1804~1873)  이탈리아의 소설가. 극단적인 공화주의자. 프랑스 자연주의의 영향을 받은 작품들을 썼으나 주로 멜로드라마적인 요소를 강조했음.

**그라시안이모랄레스 Gracián y Morales, Baltasar**(1601~1658)  17세기 스페인 바로크 문학의 대표적인 작가.

**단코나 D'Ancona, Alessandro**(1835~1914)  이탈리아의 언어학자, 문학사가. 피사 대학 교수를 역임했으며 소위 문학사의 〈역사적 방법〉을 주창했음.

**델라 볼페 Volpe, Galvano Della**(1895~1968)  이탈리아의 철학자, 비평가. 반관념론적인 신아리스토텔레스주의적 미학 이론을 주창했으며, 대표적인 저술로는 『취미 비평 *Critica del gusto*』이 있음.

**도르스 d'Ors, Eugenio**(1882~1954)  스페인의 카탈루냐 평론가. 문학, 조형 예술, 역사, 미학 등 여러 분야에 관심을 가졌으며, 특히 바로크를 예술사에서 자주 나타나는 초역사적인 범주로 간주했음.

**도르플레스 Dorfles, Gillo**(1910~ )  이탈리아의 화가, 미학자, 비평가.

돌치 Dolci, Danilo(1924~1997)  이탈리아의 사회, 정치 문제들에 대해 활동적으로 참여한 운동가.

라 카프리아 La Capria, Raffaele(1922~ )  이탈리아의 소설가. 주로 비현실적이고 무기력한 세대를 작품화함.

라이몬디 Raimondi, Ezio(1924~ )  볼로냐 대학 교수. 바로크 문학과 매너리즘 작가들에 대한 문헌학적 연구로 널리 알려져 있음.

란돌피 Landolfi, Tommaso(1908~1979)  이성과 본능, 의식과 무의식 사이의 갈등을 테마로 이 세상의 신비와 역설에 직면한 인간의 공포감을 작품화한 이탈리아의 소설가.

레오파르디 Leopardi, Giacomo(1798~1837)  서정성 짙은 운문으로 염세적이고 비관적인 인생관을 노래한 이탈리아의 대표적인 서정시인.

로베르텔로 Robertello, Francesco(1516~1567)  이탈리아의 학자. 대학에서 웅변술을 강의했음. 아리스토텔레스의 『시학』에 대한 최초의 주석자로 알려져 있음.

로스타니 Rostagni, Augusto(1892~1961)  이탈리아의 문헌학자, 비평가. 아리스토텔레스의 『시학』과 호라티우스의 『시학』에 대한 연구들로 널리 알려져 있음.

롱기 Longhi, Roberto(1890~1970)  이탈리아의 대표적인 예술 비평가.

루카시에비치 Lukasiewicz, Jan(1878~1956)  폴란드의 논리학자, 수학자. 레시니에프스키와 함께 바르샤바 논리학파를 창시했음.

릴라당 L'Isle-Adam, Auguste de Villers de(1838~1889)  프랑스의 시인, 소설가, 극작가. 자연주의에 반기를 들고 낭만적, 이상주의적 작품을 보였음.

릴리 Lyly, John(1554?~1606)  영국의 대표적인 바로크 작가.

마리노 Marino, Giambattista(1569~1625)  바로크 시대의 대표적인 이탈리아 시인. 대표작으로 『라도네 L'Adone』가 있으며, 그의 이름에서 유래한 마리노주의 marinismo는 17세기 이탈리아의 특징적인 바로크 문학의 경향을 지칭함.

마리탱 Maritain, Jacques(1882~1973)  프랑스의 가톨릭 철학자. 신(新)토미즘의 대표자.

마스카르디 Mascardi, Agostino(1590~1640)  다양한 방면의 글을 남긴 박식하고 잡다한 저술가.

메넨데스이펠라요 Menéndez y Pelayo, Marcelino(1856~1912)  스페인의 비평가. 마드리드 대학 교수 역임.

모스카 Mosca, Giovanni(1908~1983)  이탈리아의 작가, 저널리스트.

몬탈레 Montale, Eugenio(1896~1981)  이탈리아의 시인. 1975년 노벨 문학상 수상. 그의 작품들은 주로 언어의 잠재적 표현력을 극대화하려는 경향을 보이며 지극히 난해한 내면세계를 노래하고 있음.

미뉴 Migne, Jacques-Paul(1800~1875)  프랑스의 가톨릭 사제. 신학 문헌의 편찬과 집성에 힘을 기울였음.

**밀리치아 Milizia, Francesco**(1725~1798)　이탈리아의 예술 이론가이자 평론가로서 신고전주의 예술의 최대 이론가들 중의 하나.

**바르바로 Barbaro, Ermolao**(1454~1493)　이탈리아의 철학자, 인문주의자. 1475~1476년에 파도바 대학에서 아리스토텔레스의 저술들에 대한 해설을 강의했음.

**바사니 Bassani, Giorgio**(1916~2000)　현실적인 사건들보다는 개개인의 내면적이고 심리적인 상황을 작품화한 이탈리아의 소설가.

**바티스티 Battisti, Eugenio**(1924~1989)　이탈리아의 미술 사학자.

**발지밀리 Valgimigli, Manara**(1876~1965)　이탈리아의 문헌학자, 평론가. 여러 대학에서 그리스 문학을 강의했음.

**보애스 Boas, Franz**(1858~1942)　독일 태생의 미국 인류학자. 상대주의적, 문화 중심적 인류학의 창시자.

**보즌켓 Bosanquet, Bernard**(1848~1923)　영국의 철학자. 헤겔의 철학을 영국에서 부흥시키는 데 진력했음.

**뵐플린 Wölfflin, Heinrich**(1864~1945)　스위스가 낳은, 20세기의 중요한 미술 사학자.『미술사의 근본 개념』등의 저서가 있음.

**부차티 Buzzati, Dino**(1906~1972)　소설가이자 이탈리아의 최대 일간지「코리에레 델라 세라」의 기자, 편집인이었음. 그의 대표작『타르타르의 사막』은 카프카의 작품 경향과 비교되기도 함.

**브라운 Brown, Frederic**(1906~1972)　미국의 추리 소설 및 SF 작가.『미치광이 우주』등의 작품이 있음.

**비코 Vico, Giambattista**(1668~1744)　이탈리아의 철학자. 데카르트의 합리주의와 갈릴레이 이후의 과학적 전통에 반대했던 그의 사상은『새로운 과학 Scienza nuova』에 집약적으로 나타나 있음.

**비토리니 Vittorini, Elio**(1908~1966)　제2차 세계 대전 후 네오레알리스모 운동을 이끌던 이탈리아의 비평가, 소설가. 대표작으로『시칠리아에서의 대화 Conversazione in Sicilia』가 있음.

**사비니오 Savinio, Alberto**(1891~1952)　본명은 안드레아 데 키리코 Andrea de Chirico로 화가이자 작가로 활동했음.

**사페뇨 Sapegno, Natalino**(1901~1990)　이탈리아의 대표적인 문학사가. 로마 대학 교수 역임. 원래 크로체의 미학에서 영향을 받았으나 점차 마르크스적 역사주의로 흘렀음.

**상구이네티 Sanguineti, Edoardo**(1930~ )　이탈리아의 작가, 비평가. 〈63 그룹〉과 네오아방가르드 문학론의 대표적인 이론가. 언어의 해체를 통하여 이데올로기의 위기를 표현하고자 했음.

**세그레 Segre, Cesare**(1928~ )　이탈리아의 비평가, 언어학자. 현재 파비아 대학 교수. 처음에는 문체 비평에 몰두했으나 현재는 구조주의적, 기호학적 방법론에 관심을 기울이고 있음.

**세니 Segni, Bernardo**(1504~1558)  이탈리아의 역사학자. 아리스토텔레스의 저술들을 번역했으며, 『피렌체의 역사 *Storie fiorentine*』를 쓰기도 했음.

**세인츠버리 Saintsbury, George**(1845~1933)  영국의 문학사가, 비평가. 그의 비정통적인 접근과 문체는 학계와 대중 양쪽에서 주목을 받았음.

**셰클리 Sheckley, Robert**(1928~2005)  미국의 SF 작가. 풍자적인 작풍이 특징. 『불사 판매 주식회사』 등의 작품이 있음.

**스트로슨 Strawson, Sir Peter Frederick**(1919~2006)  영국의 철학자. 분석 철학과 형이상학의 접목을 시도.

**아른하임 Arnheim, Rudolf**(1904~2007)  독일 태생의 미국 심리학자. 미학에 대한 심리적 접근의 대표자. 『미술과 시지각』(1954) 등의 저서가 있음.

**아베로에스 Averroes**(1126~1198)  스페인에서 태어난 아랍 철학자, 과학자. 아리스토텔레스의 저술들에 대한 주석자로서 유럽 라틴 문화에 지대한 영향을 끼쳤음.

**아피아 Appia, Adolphe**(1862~1928)  스위스의 극작가, 무대 장치가.

**안체스키 Anceschi, Luciano**(1911~1995)  이탈리아의 비평가, 평론가. 볼로냐 대학의 미학 교수. 미적 형식들의 현상학으로서의 미학 이론을 펼침.

**오피츠 Opitz, Martin**(1597~1639)  독일의 시인, 문학 이론가. 흔히 독일시의 아버지로 불림.

**제토 Getto, Giovanni**(1913~2002)  토리노 대학 교수. 주로 텍스트의 심리적이고 문체적인 가치들을 중심으로 작가의 개성을 분석했음.

**젠틸레 Gentile, Giovanni**(1875~1944)  파시즘의 이론적 토대를 제공한 20세기 이탈리아의 대표적인 철학자.

**체키 Cecchi, Emilio**(1884~1966)  20세기 이탈리아의 대표적인 평론가 중의 한 사람.

**카라바조 Caravaggio, Michelangelo Merisi da**(1571?~1610)  르네상스기 이탈리아의 화가.

**카르두치 Carducci, Giosué**(1835~1907)  이탈리아의 시인. 1906년 노벨 문학상 수상. 고전주의적 성향과 낭만주의가 융합된 독특한 시 세계를 형성했음.

**카발로티 Cavallotti, Felice**(1842~1898)  이탈리아의 활동적인 정치가, 저널리스트.

**카보우르 Cavour, Camillo Benso di**(1810~1861)  외교 정책을 통하여 이탈리아의 통일에 결정적인 기여를 한 독립 운동가.

**카스텔베트로 Castelvetro, Lodovico**(1505~1571)  이탈리아의 문학자. 당시의 문학 논쟁들에서 아리스토텔레스의 『시학』을 기본 텍스트로 하여 널리 보급시켰음.

**칼로제로 Calogero, Guido**(1904~1986)  이탈리아의 철학자. 고대 사상을 연구했음.

**콘테 Conte, Giuseppe**(1945~ )  이탈리아의 시인. 바로크적인 감각성과 강렬한 서정성을 특징으로 함.

**콘티니 Contini, Gianfranco**(1912~1990)  현대 이탈리아의 대표적 비평가, 언어학자. 언어학적이고 구조주의적인 텍스트 분석을 특징으로 함.

**콰인 Quine, Willard Van Orman**(1908~2000)  미국의 논리학자, 철학자. 『논리적 관점에서』(1953) 등의 저서가 있음.

**쿠르티우스 Curtius, Ernst Robert**(1886~1956)  독일의 문학사가. 그의 주저 『유럽 문학과 라틴 중세』(1948)는 호메로스에서 중세를 거쳐 괴테까지 유럽 문학의 연속성을 탐구한 책임.

**크래쇼 Crashaw, Richard**(1613?~1649)  영국의 시인. 바로크 시학의 특징인 감각적인 문체를 사용했음.

**크로체 Croce, Bendetto**(1866~1952)  20세기 이탈리아 및 유럽의 사상계에 결정적인 기여를 한 철학자, 역사학자, 문학사가, 비평가.

**크립키 Kripke, Saul Aaron**(1940~ )  미국의 철학자, 논리학자. 현재 뉴욕 시립대 대학원 교수. 『이름과 필연』(1972) 등의 저서가 있음.

**클라인 Klein, Christian Felix**(1849~1925)  독일의 수학자. 〈클라인 씨의 병(甁)〉의 창안자.

**키아브레라 Chiabrera, Gabriello**(1552~1638)  이탈리아의 시인. 영웅 희극시, 비극, 교훈시, 서정시, 멜로드라마 등 당시에 유행하던 거의 모든 장르에 걸쳐 작품들을 남겼음.

**타르스키 Tarski, Alfred**(1902~1983)  폴란드 태생의 미국 논리학자, 수학자.

**타소니 Tassoni, Alessandro**(1565~1635)  17세기의 대표적인 영웅 희극시 작가. 대표작으로 『도둑 맞은 양동이』와 『신(神)들의 농담』이 있음.

**테사우로 Tesauro, Emanuele**(1592~1675)  이탈리아의 문인. 그가 남긴 『아리스토텔레스의 망원경』은 바로크 문학의 특징인 기발한 착상주의 concettismo에 대한 최고의 논문으로 알려져 있음.

**톨리아티 Togliatti, Palmiro**(1893~1964)  이탈리아 공산당의 지도자.

**파노프스키 Panofsky, Erwin**(1892~1968)  독일 태생의 미국 미술 사학자. 성상과 르네상스 미술에 대한 업적을 남김.

**파베세 Pavese, Cesare**(1908~1950)  페놀리오와 같은 고향 출신의 시인, 소설가. 전쟁 후에는 네오레알리스모 운동에 관여하기도 했으나 고독감과 우울증을 이기지 못하고 자살함.

**펄링게티 Ferlinghetti, Lawrence**(1920~ )  미국의 시인. 샌프란시스코를 근거지로 한 비트 운동의 창시자 중 한 사람.

**페놀리오 Fenoglio, Beppe**(1922~1963)  제2차 세계 대전 중에 무장 레지스탕스 활동에 참가했던 이탈리아의 소설가. 그의 작품들은 거의 평생 살아온 자기 고향 랑게와 빨치산들에 대한 이야기를 다루고 있음.

**포스콜로 Foscolo, Ugo**(1778~1827)  열렬한 애국자이자 낭만주의적인 성향이 강했던 이탈리아의 시인, 소설가. 대표작으로 시집 『묘지들』과 자전적 소설인 『야코포 오르티스의 마지막 편지』 가 있음.

**프라츠 Praz, Mario**(1896~1982)  이탈리아의 비평가, 평론가. 로마 대학에서 영문학을 강의했음.

**프로프 Propp, Vladimir Yakovlevich**(1895~1970)  러시아의 민속 문학 연구가. 『이야기의 형태론』 (1928), 『민담의 역사적 기원』(1946) 등 고전적인 연구를 남김.

**플라치도 Placido, Beniamino**(1929~ )  이탈리아의 평론가, 저널리스트. 로마 대학에서 강의하고 여러 언론 매체에서 활동하다가 현재는 「라 레푸블리카」에 고정적으로 기고하고 있음. 에코와 함께 『미국의 재발견』이라는 책을 편집하기도 함.

**플로라 Flora, Francesco**(1881~1961)  작가, 비평가. 볼로냐 대학의 이탈리아 문학 교수를 역임.

**피에로 델라 프란체스카 Piero della Francesca**(1420?~1492)  15세기 이탈리아의 대표적인 화가 중의 하나.

**피콜로미니 Piccolomini, Alessandro**(1508~1578)  이탈리아의 철학자, 희곡 작가. 아리스토텔레스의 『시학』 주석자로 널리 알려져 있음.

**하인라인 Heinlein, Robert Anson**(1907~1988)  미국의 SF 작가. 가장 문학적인 SF 작가의 한 사람. 『여름으로 가는 문』, 『므두셀라의 아이들』 등의 작품이 있음.

**헤일스의 알렉산더 Alexander of Hales**(1183~1245)  신학자, 철학자. 보나벤투라 등의 신학자에게 영향을 줌. 스콜라 철학자들에게 〈논박할 수 없는 학자 *Doctor Irrefragabilis*〉로 알려짐.

**호케 Hocke, Gustav René**(1908~1985)  독일의 미술 사학자. 『미궁으로서의 세계』, 『문학 속의 매너리즘』 등의 저서가 있음.

**휘슬러 Whistler, James Abbott McNeill**(1834~1903)  미국 태생의 영국 화가. 인상주의를 영국에 소개하는 데 노력함.

**힌티카 Hintikka, Jaakko**(1929~ )  핀란드의 철학자, 논리학자. 현재 보스턴 대학 교수. 『수학의 원리 재론(再論)』(1988) 등의 저서가 있음.

### 옮긴이의 말

이 책은 원래 움베르토 에코가 이탈리아의 대학생들을 위하여, 졸업에 필요한 논문의 작성 지침서로 쓴 것이다. 에코의 명성과 학문적 성과는 세계적으로 널리 알려져 있다. 우리나라에도 이미 몇 편의 묵직한 소설과 기호학에 관한 저술들이 소개되어 상당한 관심을 끌고 있다. 그런데도 그가 새삼스럽게 이러한 지침서를 쓰게 된 이유는 무엇일까? 무엇보다도 졸업 논문을 써야 하는 대학생이 부딪히는 문제에 대해 충고를 해주려는 것이 첫 번째 의도일 것이다. 하지만 단순하게 학생만을 대상으로 한 논문 작성법 강의를 넘어서, 이 책은 여러 학문 분야에 종사하고 있는 전문 학자에게도 유용한 내용을 담고 있다. 출간되자마자 앞을 다투어 여러 언어로 번역된 것만 보아도 그 중요성을 가히 짐작할 수 있다.

에코 자신은 이 책이 학문 연구의 방법론을 설명하는 것은 아니라고 말하고 있지만, 각종 논문들로 표현되는 제반 학문의 기본 요건들을 제시하고 있다. 역설적으로 보자면 그렇게 기본적이면서도 중요한 요건들이 간과되는 경우가 많다는 사실을 반증하는 것이다. 에코는 학문의 길로 들어서기 위한 첫 단계로서 졸업 논문이 갖는 중요성에서 시작하여 그 논문의 여러 가지 의미를 예시하고 있다. 또한 자신의 경험담을 소개하면서 학생의 입장을 충분히 고려하고 있다. 그리고 졸업 논문을 제대로 작성한다는 것은 굳이 학문의 길이 아니더라도, 개인적인 삶에서 여러 의미가 있다는 점을 강조하고 있다.

가능한 한 원서에 충실하게 번역했는데, 에코 자신의 표현대로, 이 책에서 제시한 논문 작성법은 절대로 결정적인 기준이 아니다. 이것은 이탈리아에서 널리 통용되는 하나의 관례에 지나지 않으며 따라서 우리나라에는 적용되지 않는 방식도 있다는 사실을 고려해야 할 것이다. 그렇지만 작성 방식은 서로 다를 수 있지만, 논문 또는 학문의 기본적인 방향은 누구에게나 공통적일 것이다. 그러므로 이 책에 예시된 에코의 조언들은 학생이나 전문 학자에게 동일하게 적용되리라고 생각한다.

김운찬

옮긴이 **김운찬** 1957년생으로 한국외국어대학교 이탈리아어과와 동 대학원을 졸업하였고, 이탈리아 볼로냐 대학교에서 움베르토 에코의 지도하에 화두(話頭)에 대한 기호학적 분석으로 박사 학위를 취득하였으며, 현재 대구가톨릭대학교 문과대학 이탈리아어과 교수로 재직 중이다. 저서로 『현대 기호학과 문화 분석』, 『신곡-저승에서 이승을 바라보다』가 있으며, 옮긴 책으로 단테의 『신곡』, 마키아벨리의 『군주론』, 에코의 『나는 독자를 위해 글을 쓴다』, 『거짓말의 전략』, 『이야기 속의 독자』, 『대중문화의 이데올로기』, 『신문이 살아남는 방법』, 칼비노의 『우주 만화』, 『마르코발도』, 모라비아의 『로마 여행』, 파베세의 『피곤한 노동』, 과레스키의 『신부님 우리 신부님』 등이 있다.

# 논문 잘 쓰는 방법

| | | |
|---|---|---|
| 발행일 | 1994년 3월 30일 | 초 판 1쇄 |
| | 1999년 9월 10일 | 초 판 7쇄 |
| | 2001년 3월 15일 | 신 판 1쇄 |
| | 2006년 4월 25일 | 신 판 16쇄 |
| | 2006년 7월 10일 | 증보판 1쇄 |
| | 2024년 3월 10일 | 증보판 22쇄 |

지은이 **움베르토 에코**
옮긴이 **김운찬**
발행인 **홍예빈·홍유진**
발행처 **주식회사 열린책들**

경기도 파주시 문발로 253 파주출판도시
전화 031-955-4000 팩스 031-955-4004
www.openbooks.co.kr

Copyright (C) 주식회사 열린책들, 1994, 2006, *Printed in Korea.*
ISBN 978-89-329-0684-3 93800

이 도서의 국립중앙도서관 출판예정도서목록(CIP)은 서지정보유통지원시스템 홈페이지(http://www.nl.go.kr/ecip)와 국가자료공동목록시스템(http://www.nl.go.kr/kolisnet)에서 이용하실 수 있습니다.(CIP제어번호: CIP2006001240)